金公七教授停年退任記念

耽羅語 研究

- 濟州方言의 源流 -

金公七 著作集 2

한국문화사

머리말 ─────────────────

    일찍이 필자는 '탐라어 연구 序說 및 자료'(국어국문학 35, 1967)를 쓰고, 이어서 제주도지 또는 신문 등을 통해서 그 후속편을 발표하였다. 이것들이 나중에 졸고『방언학』(1977. 正向출판사, 1988. 3판. 신아사)의 일부로 수록되면서 수정되기도 하였는데, 초판 당시 고교 교사로서 보충수업까지 떠맡는 바쁜 와중에 그것도 활판식자의 오식 투성이의 교정지가 몇 차례 서울-제주 왕복하다 그만 上梓된 것이니 모든 면에서 역부족한 것이었다.

    게다가 필자의 이러한 글들이 나오는 당시만 하더라도 탐라 내지 탐라어 연구에 대하여는 별로 내키지 않는 그런 시대적 환경이었고, 더욱이 선행연구도 없고 관련분야의 연구나 연구서의 출판사정마저 충분치 못하던 시기였으니 더욱 그럴 수밖에 없었다.

    지금은 PC가 보급되어 오자의 소인이 제거되고 듣기엔 연구비도 사람에 따라서는 지원혜택을 부여받는 분위기라고 하니 어쩌면 역부족의 탓의 일부를 시운의 탓으로 돌릴 수 있을지도 모른다.

    1978년에 대학에 옮겨서는 연구환경도 바뀌고 그 후 긴 세월이 흐르는 동안 모든 학문이 급속도로 발전하는 상황인데도 필자의 탐라어 연구는 여전히 답보 상태에 있었다. 하나의 언어 그것도 과거의 언어의 연구에는 주변언어의 비교연구라는 벅찬 멍에가 씌어져 있기에 그럴 수도 있다. 이러한 작업은 한도가 없는 것이므로 일단은 이전에 이룩한 기반을 되돌아보고 미흡했던 과거의 연구를 가능한 한 보완하면서 앞으로의 연구를 위한 새로운 디딤돌을 구축할 필요가 있다고 느꼈다. 그래서 졸저(『방언학』)에 수록했던 부분을 다시 고쳐 쓰기로 했다. 겸해서 그 동안 현장의 지명

조사를 통해서 발굴한 탐라어와 신화, 전설에서 추출된 탐라어 어휘도 개진하기로 하였다. 이 부분은 이미 신문 등에 발표한 바도 있으므로 각 말미에 그 연월일을 첨기하였다.

결과적으로, 탐라어와 주변언어와의 비교과정을 통해서 탐라어의 기원, 계통문제를 위시하여 원시 내지 고대한국어의 실상과 그 전파에 관한 비견을 나름대로 정리할 수 있었던 것은 다행으로 여긴다. 미흡했던 점을 열심히 보완하노라고 했지만 부족한 것은 마찬가지다. 앞으로 두고두고 기워야 할 것으로 느낀다.

변변찮은 이 책자가 그런 대로 탐라어 내지 원시한국어의 연구와 그 비교 연구에 다소라도 도움이 될 수 있으면 하고 바랄 뿐이며, 독자 여러분의 기탄 없는 叱正을 바라마지 않는다.

1999년 8월 1일

지은이 씀

이 책자를 저의 40여년 간의 교직생활의 마감을 기념하는 저작집 중의 하나로서 재판하게 된 것을 기쁘게 생각하며 이를 기획·출판하여 주신 김진수 사장님과 김정희 님 외 편집진에게 심심한 사의를 표한다.

2000년 2월 29일

지은이 씀

차 례

1. 탐라어 연구의 뜻

1.1. 방언의 역사적, 계통적 연구

어떤 언어(방언을 포함해서)든 그것은 동일 언어 계통의 하나의 分派 언어이기 때문에 이들의 상호관계를 추구하는 '系統的' 연구를 통하여 분파 이전의 상태, 그리고 분파의 위치, 순서 또는 특수한 변천 등을 알아낼 수 있다.

계통적 연구는 언어의 역사를 거슬러 올라가 그 起點을 구명하는 게 목적이며, 언어마다 이러한 작업을 진행하면 궁극적으로는 하나의 원천에 歸一될 수 있고 분파 이전의 原狀으로 도달할 수 있게 된다. 그러한 언어를 祖語라 한다. 그러나, 실지로 그러한 祖語가 시간적으로 지리적으로 하나의 체계적인 통일성을 지니고 존재하고 있었는지는 증명할 수는 없고 그것은 하나의 가정에 불과하다. 그렇지만, 그러한 가정이 언어와 언어 사이의 관계, 변천, 역사, 起源 등을 설명하는 데 가장 설득력이 있는 출발이 되는 것만은 틀림없다.

가정된 것이기는 하나, 그러한 공통의 기원에서 分化된 언어는 同系에 있다고 하며 同系의 언어들은 姉妹語가 된다. 물론, 같은 나라 안의 언어는 방언이 되고 방언끼리는 자매관계가 되는 것은 두말할 것 없다. 과거에는 이러한 祖語 再建은 이미 同系로 단정된 한 나라 안의 방언과 방언 간에 행해졌다기보다는 同系로 예측되는 언어 사이에 행해진 경향이 농후하다.

그러나, 방언 사이에서도 방언의 系譜가 밝혀지면 그만큼 방언의 역사적인 변천 또는 分化 과정을 이해하는 데 도움이 된다.

방언의 변천 과정을 시간적 순서로 서술하면 방언의 역사가 된다. 그러므로 계통과 역사의 문제는, 전자는 始發點으로 거슬러 올라가는 것이고, 후자는 시발점으로부터 내려오는 것이므로 서로 補完되는 처지이다. 이러한 방언의 계통 내지 역사 문제의 解明은 지금으로서는 고대 문헌의 결핍과 방법상의 애로 때문에 아직은 힘에 겨운 作業들이다.

그런 가운데서도 방언의 계통 문제가 논의될 수 있는 좋은 보기를 제주 방언에서 얻을 수 있다. 왜냐하면, 제주 방언은 문헌상 혹은 지리적으로 다른 어느 방언보다 일찍부터 獨自的 위치에 있었고, 그로 인해서 한반도 언어와는 획을 긋고 독자적으로 또는 서로 연관을 지으면서 명시적으로 논의될 수 있는 여지가 있기 때문이다.

1.2. 탐라어 연구의 뜻

탐라어의 연구는 제주도의 先人들이 이룩한 耽羅國의 기원 문제와 種族의 계통 문제와도 밀접한 관계가 있다. 왜냐하면, 국가의 기원 내지 種族 계통 문제의 해결은 역사적 기록만을 가지고는 도저히 불가능하고, 인류학, 고고학, 언어학 등의 總體的 연구가 시도됨으로써 비로소 가능하기 때문이다. 이 문제는 넓게는 한국 민족의 기원 문제뿐만 아니라 그와 연계되는 일본 국가의 기원 문제와도 관련되기 때문에 탐라어의 연구 내지 계통을 추정하는 일은 그 분야의 연구에도 적지 않은 공헌이 있을 것으로 기대된다.

탐라국은 이미 三韓 시대에 九韓의 하나로서 독립국가로서 존립하고 있었던 것은 여러 가지 문헌을 통하여 의심할 여지가 없지만, 그 기원 문제에 대해서는 아직도 神話的인 三姓 설화나 단편적인 고고학적 지식을 가지고 추론하는 수준에 머무르고 있다.

그러한 가운데서도 필자의 과문(寡聞)과 과독(寡讀)의 탓인 줄 모르겠으나, 先住民의 移動 코스 및 定着 연대는 물론 種族 系譜 내지 언어 계통 문제도 초보적인 가설에 머무르는 미개척의 처지에 놓여 있지 않은가 싶다. 문헌만 하더라도 世人에 공개된 것이 얼마 되지 않으며, 그것의 내용조차 기껏해야 數行의 古記 云云의 引用的인 언급에 불과한 것도 주지의 사실이다.

그러기에, 原住 종족 내지 기원에 대해서는 지금까지도 많은 가설과 억설(臆說)이 활개를 치고 있다. 或者는 中國 徐市의 上陸說을, 심지어는 倭史 隸屬說을 주장하는 이도 없지 않았다. 요즈음에도 그런 말을 아무 근거 없이 함부로 하는 것도 보인다(鳥越 1992:86 참조). 혹은, 採集된 몇 개의 유물을 가지고 金石倂用期로 소급 추정하는 이도 있었다. 그 중에서도 가장 주목할 만한 것은 巨石 문화의 유물인 dolmen이 제주시 龍潭洞에 그리고 사라 마을에 존재한다는 사실인데, 그것이 고고학적으로 충분히 고증된 것이라면 제주도의 先祖는 북방 요소를 많이 가지고 있다는 증거로서 대단히 중요하며, 그것이 또한 본 연구 가운데서 기원 문제 部分의 일부 결론과 부합하는 점에서 유익한 증언이라 아니할 수 없다.

어떻든, 이러한 문제의 최종 결론은 앞에서도 말했지만 인류학, 고고학 등의 지식이 고도로 발달한 연후에 매듭이 지어 질 것이므로, 그것은 各己의 전공 분야에서 각자가 탐색 작업의 일부를 분담하고 상호간 협력함으로써 천착(穿鑿)되는 성과의 集大成에서 얻을 도리밖에 없다. 그래서, 본연구는 언어학적인 분야에서, 탐라어의 기원 내지 계통을 탐구하여 탐라국의 기원 문제, 나아가서 한국과 일본 민족의 형성 내지 친족 관계의 구명에 이바지하고자 한다.

다음으로, 탐라어 연구는 이러한 탐라국 기원과 형성을 아는 데만 그치지 않고 그 문화적 전통과 성격을 분석하고 해명하는 데도 큰 도움이 된다. 즉, 사회적으로는 오늘의 제주 사회의 구조나 문화적 성격을 파악하고,

언어학적으로는 제주 방언의 성격을 구명하는 데 적지 않은 도움이 될 것이다.

특히, 방언의 交通性에서 과거의 탐라국이 정치적 지배권을 확립하고 있었다는 역사적 事象이 탐라어와 동일 또는 異系 언어 상호간의 交通傳播性을 강렬하게 만들었고, 방언의 固着性에 있어서도 지리적인 요인 이외에 제주 사회의 특이한 습관, 전통과 제주도민의 鄕土 根性이 방언의 특이성을 형성한 일들이 自明하게 될 것이다.

게다가, 무엇보다도 방언의 다양성에서의 人種的 요소 또는 基層 현상을 파악하는 데도 한층 더 그 필요성이 인정될 것이다. 인종적 영향이란, 여러면에서도 볼 수 있지만 長期的 공동 생활을 하면서 형성된 언어 습관이 새로운 언어를 배울 때 그것에 변화를 준다든지, 그 새로운 언어를 말하기 시작한 후에도 옛 습관이 다소는 殘存한다는 의미로 해석되고 있다 (Dauzat 1929=1955:131). 이러한 현상은 그 범위도 대단히 복잡하고 細部的으로는 어휘 분포의 불규칙성으로 나타난다. 왜냐하면, 끊임없는 人種과 민족 집단과의 혼합이 있을 수 있고 移民, 전쟁, 인구의 증감, 도시의 발전 등의 사건 때문에 지금까지 몇 번이나 그 기층이 분해되고 또 만들어지고 했는지 모르기 때문이다.

그렇지만, 이러한 기층 현상을 우리나라의 방언 현상 안에서 찾을 수 있느냐는 문제가 된다. 즉 Dauzat가 말하고 있는 바와 같이 異民族의 혼합 및 集散이 심하였던 유럽에서는 그렇더라도, 우리나라와 같이 단일 민족의 분파에서 생긴 방언 간에는 엄격한 의미에서 해당되지 않을지도 모르기 때문이다. 다만 제주도는 많은 사람에 의하여 일찍부터 Ainu, 蒙古, Tungus, 중국, 일본, 琉球, 대만, 베트남, 필리핀, 기타 南方의 異民族의 原住, 占據, 來往, 漂着 등으로 인한 그 인종적 영향이 지적되어 왔으므로 바로 탐라어의 연구는 그 眞否와 정도를 가려내는 데 유익한 면이 있다.

끝으로, 탐라어의 연구는 15세기 문헌 이전의 국어 연구 및 국어 재건에도 적지 않은 도움이 될 것으로 사료된다. 즉, 탐라어의 연구는 제주방언의 역사적 연구로서 그 最古限을 탐라어의 기원 문제로서 다룰 수 있고, 最下限은 본 연구의 '탐라어의 범위'(2.1.)에서 언급한 것처럼 15世紀語로서 곧 문헌어 및 잔존어 문제로서 다룰 수 있다.

어떠한 언어를 역사적으로 연구한다는 것은 한 시대 내지 여러 시대에 걸치는 언어 현상을 비교 연구한다는 것이 되고, 그러다 보면 동일 계통에 속하는 다른 언어와의 비교가 자연히 뒤따르게 되기 마련이다. 그러다가 대응이 발견되고, 나아가서 공통 원형이 재구되는 데까지 미치게 되므로, 제주방언에 대한 역사적 연구는 국어 내지 동계 언어의 연구에도 기여가 있을 것으로 본다.

그러한 처지에서, 우리나라에서는 제주방언이 살아있는 最古의 언어로서 그 가치가 높이 평가된지도 오래며, 李朝 초기 이전의 언어 재건을 기도하는데 그 중요 자원으로서 그 이용도가 중요시되고 있다. 그러나, 흔히 과거에 그리 여기듯 그 이용도는 현재 사용되고 있는 제주방언의 조사와 비교에서 이루어졌다고 하겠다. 물론 이러한 일도 중요하지만, 한편으로는, 과거의 제주방언, 바꿔 말하면 탐라어의 연구에서 결과될 수 있을 것이며 보다 그 가치가 클 것으로 믿어 의심하지 않는다.

2. 탐라어 연구의 범위

2.1. 탐라어의 범위

탐라어는 좁게는 탐라 건국으로부터 국명이 제주로 개칭되면서 고려 내지는 이조의 一郡縣으로 예속되기까지에 탐라에서 사용된 또는 사용되었으리라 믿어지는 一連의 언어를 지칭한다.

일련의 언어란 횡적으로는 탐라 전역에서 사용된 언어, 그리고 縱的으로 탐라의 흥쇠, 服屬, 귀속에 따르는 고유어의 변천, 외래어의 현상 등을 모두 포괄하는 전 언어를 의미한다. 따라서, 문헌에 정착된 채 사라져 버린 문헌어이거나 문헌에 정착되었으면서도 현재 사용되고 있는 것, 그리고 당시의 언어로 소급, 추정할 수 있는 잔존어를 전부 그 속에 포괄한다. 그리고 넓게는 탐라의 명칭의 구애됨이 없이 탐라 건국 이전의 先史시대, 州胡, 乇羅의 언어에까지도 미친다.

탐라는 본래 九韓의 하나로서 별칭 乇羅, 耽牟羅라 하는 엄연한 독립국가였다.

海東安弘記云九韓者一日本二中華三吳越四乇羅五鷹遊六靺鞨七丹國八女眞九穢貊

(三國遺事 卷一馬韓)

本九韓之一或稱毛羅 安弘記列九韓毛羅居四 或稱耽羅或稱耽牟羅 (耽羅誌)

耽羅國名本九夷之一 亦曰九韓之一 ……其在昔時或稱島夷 (耽羅紀年)

本耽羅國或稱毛羅……新羅時高乙那之後高厚與其弟二人渡海來朝

(東國輿地勝覽)

文周王二年……夏四月耽羅國獻方物 (三國史記百濟本紀四)

其南海行三月有聃牟羅國……附庸於百濟 (隋書東夷傳 百濟)

龍朔初有儋羅者其王儒李都羅遣使入朝國居新羅武州南島上 (唐書東夷傳)
(용삭초에 담라의 왕 유리도라가 사신을 보내어 입조하게 하였다. 그 나라는 신라 무주의 남도상에 있다.)

耽羅 건국은 다음의 史書에 있는 三姓始祖 신화에서 그 윤곽을 알 수 있다.

세종실록(권151)지리지, 동국여지승람(新增, 권38), 해동역사(권16)에도 보인다. 가장 연대가 앞선 것은,

耽羅縣,在全羅道南海中其古記云太初無人物三神人從地湧出 其山北麓有穴曰毛興是其地也 長曰良乙那次曰高乙那三曰夫乙那三人遊獵荒僻皮衣肉食一日見紫泥封木函浮至東海濱就而開之函內又有石函有一紅帶紫衣使者隨來開石函出現靑衣處女三及諸駒犢五穀種乃曰我是日本國使也吾王生此三女云西海中岳降神子三人將欲開國而無配匹於是命臣侍三女而來爾宜作配以成大業使者忽乘雲而去三人以歲次分娶之就泉

甘土肥處射失卜地良乙那所居曰第一都高乙那所居曰第二都夫乙那所居曰第三都始
播五穀且牧駒犢日就富庶至十五代孫高厚高淸昆第三人造舟渡海至于耽津盖新羅
盛時也于時客星見于南方太史奏曰異國人來朝之象也逐朝新羅王嘉稱長子曰星主
^{以其動}
^{星象也} 二子曰王子^{王金淸出勢}_{王愛如己子} 季子曰都內邑號曰耽羅盖以來時初泊耽津故也各賜寶盖
衣帶而遣之自此子孫蕃盛敬事新羅以高爲星主良爲王子夫爲徒上後又改良爲梁
(국역은 7.1. <p.180> 참조)

(高麗史 卷 57 志卷 11 地理 2)

그 人種 기타에 대하여는 아직은 국내의 史書에 보이지 않는 모양이고,
다만 다음과 같은 斷片적인 기록이 散見될 따름이다.

又有州胡在馬韓之西海中大島上其人差短小言語不與韓同皆髡頭如鮮卑但衣
韋好養牛及猪其衣有上無下略如裸勢乘船往來市買中韓 (三國志 魏志 韓傳)

(또 주호가 마한의 서해중의 큰 섬에 있다. 그 사람들은 키가 작고 언어가 한과
같지 않다. 모두 선비족처럼 머리를 깎았고 가죽으로 된 옷을 입고 소와 돼지를
잘 길렀다. 옷은 웃옷이 있고, 아래옷은 없으니 거의 나체와 같았다. 배를 타고 왕
래하여 中韓에서 팔고 사고 하였다.)

嘉祐中蘇州崑山縣上海有一船風飄抵岸船中有人衣冠如唐人語言不可曉試令
書字亦不可讀自出一書示人乃唐天祐中告授屯羅島^{盖屯羅}_{之誤} 首領陪戎副尉又有一
書乃是上高麗表亦稱屯羅島皆用漢字盖東夷之臣屬高麗者^{夢溪筆O詳見交}_{聘志標流條}

(海東繹史 卷 16)

(가우(1056 - 1097)중에 곤산현 바다에서 어떤 배 한 척이 바람에 밀리어 해안에
닿았다. 배 안에는 의관은 당인과 같고 말은 이해할 수 없었다. 글자를 쓰도록 시
켜 보았으나 읽을 수 없었다. 스스로 하나의 서찰을 꺼내어 사람들에게 보이는데
그것은 당 천수(690 - 692)중에 屯羅島^{살펴봄건대}_{屯羅이 잘못} 수령 배용 부위에게 고하는 것이
고 또 하나의 서찰은 고려에 올리는 표문으로 역시 둔라도라 칭하였으며 모두 한
자를 사용하였다. 대개, 동이의, 고려에 신속한 자이다.)

위 기록이 과연 탐라를 지칭하는지는 몰라도 그 인종, 언어, 의복, 문자 등에 관하여 흥미있는 자료를 제공하고 있다고 생각한다. 특히, 언어에 대하여는 일찍부터 특이한 특질을 지니고 있었음을 짐작할 수 있으니(島名 屯羅는 毛羅이 자음접변형으로 생각된다) 다음의 기록은 이를 더욱 뒷받침할 것이다.

俚語艱澁 村民俚語艱澁先高後低(東國輿地勝覽卷之 38 濟州牧 風俗)

俚語艱澁 村民俚語艱澁先高後低金淨風土錄土人語音細高如針刺且多不可曉
州記語多殊音以京爲西那藪爲高之以岳爲兀音謂爪爲蹄謂口爲勒草韁謂之祿大鐵
銜謂之加達其音類如此   (耽羅志 濟州 風俗)

(방언이 어렵고 힘들다. 시골 사람의 말은 어렵고 힘들다. 처음은 높고 끝은 낮다. 김정의 풍토록에 토박이의 말소리는 가늘고 높아서 바늘로 찌르는 것 같으며, 또한 이해할 수 없는 것이 많다. 주기에 말에 유별한 것이 많으니 경을 서나라하고, 숲을 고지라 하며, 산악을 오름이라 하고, 손톱을 콥이락 하며, 입을 굴레라 하고, 말고삐를 녹대라 하며, 재갈을 가달이라 하는데 이 말들이 그렇다.)

탐라 건국과 그 호칭의 내력에 대하여는 아직은 그 체계적인 기술이 없는 터이므로 단편적인 문헌 기록에 의존할 도리밖에 없다. 그 중요한 것만을 摘記한다면 다음과 같다.

新羅時高厚高淸及季熱髻 航海來朝……國號曰耽羅   (耽羅志)
新羅時高乙那之後高厚與其弟二人渡海來朝 (東國輿地勝覽)
至十五代孫高厚高淸昆弟三人造舟渡海至于耽津盖新羅盛時也
                                    (高麗史地理志, 世宗實錄地理志)
建國曰毛羅‥‥‥ 泊耽津(今唐津)卽新羅南界 (耳溪集 卷 14)

탐라 이전의 호칭으로 생각되는 탁라(닥라)가 건국시에도 쓰인 것으로 기술된 점은 주목된다.

위 기록을 후속하는 百濟 東城王 云云의 기록 이전의 사실로 오착하여 삼국 시대 초기의 신라와의 교통을 나타낸 것으로 생각되기도 쉬우나, 이는 후세의 添記 그대로의 粗作이고, 실은 서술의 순서가 도치된 것이다. 그렇게 생각되는 것은 훈독상의 이유뿐만이 아니고 당시의 情勢로 보거나 지리상으로 볼 때, 신라와의 교통보다는 차라리 낙동강 하류의 현재의 金海에 위치한 金官國(駕洛, 加羅, 大伽耶의 하나, 이하 加羅)과의 교통이 훨씬 더 가능하였으리라 믿어지고, 先事百濟後事新羅의 기록도 더러 보이기 때문이다(金錫翼 : 1918).

응당 있어야 할 三國史記 新羅本紀에 일언반구의 언급도 안 보이며 윗 기록의 新羅 盛時란 당시의 정세로 볼 때 신라의 초기로 보기에는 너무 황당한 기록이라고 보겠다. 당시의 사정을 잘 보여 주는 다음과 같은 史記의 기록에 의하면,

百濟	文周王	2年	(476)	耽羅貢物
	東城王	20年	(498)	耽羅遣使乞罪
新羅	智證王	4年	(503)	始祖創業已來國名未定……謹上號新羅國王
	法興王	19년	(532)	金官國主金仇亥……以國帑寶物來降
	眞興王	23년	(562)	加耶叛王命異斯夫討之

즉 이미 탐라와 백제가 수교를 맺고 있는 신라 초기는 자신의 국가 체제 확립이 미숙한 때이고, 남해안 일대에는 辨辰 諸國, 그 가운데서도 가라국이 건재하고 있을 때이다. 특히 가라국은 洛東江 河口인 지금의 金海에 웅거한 辨辰 諸國 중 가장 유력한 盟主國이었고 당시의 국제 무역항이었으므로, 후일에 前漢 말기인 王莽 시대의 貨泉 한 개가 金海 貝塚과 제주 山地港에서 출토된 사실을 미루어 보더라도(李丙燾 1959:315, 金泰能 1964), 내륙에 자리잡은 신라보다는 연안 일대를 주름잡는 가라국이 탐라하고 일

찍부터 밀접한 관계에 놓여 있었으리라고 하는 것은 가히 상상할 수 있는 일이다.

가라국은 원래 伽倻 또는 駕洛國으로 호칭되어 왔고, 金官國이라는 이름이 쓰이기도 하였다. 그것은 文武王 20년(663) 伽倻郡置金官小京이라는 기록이 처음이라고는 하나 언제부터인지 시(새), 又(ㄱ, 한)나라라 불리던 것은 틀림없는 사실이고, 이것이 후세에 신라와는 同音異寫로 보게 되고 양자간의 혼동을 초래할 수 있었을 것이다.

더욱 간과할 수 없는 것은 다음과 같은 중요한 기록이다.

> 文武王 2年(662년) 耽羅國主佐平徒多音律(作津)來降耽羅自武德以來臣屬
> 百濟故以佐平爲官號至是降爲屬國(三國史記 卷 6)
> (탐라국주 좌평 도동음률(률은 진이라고 함)이 와서 항복하였다.
> 탐라는 무덕 이래로 백제에 신속하니, 이에 좌평으로써 관호를
> 삼았다. 지금에 이르러 신라에 항복하여 속국이 되었다.)

윗 기록에 의하여 탐라가 武德 이후 백제에 신속(臣屬)한 것을 알 수 있는데, 武德은 바로 가라국 최후의 군주 제10대 金仇亥(또는 仇衡)의 第二子이다. 참고로 삼국유사 駕洛國記와 삼국사기 新羅 本紀에 의거하여 신라 文武王까지 이르는 가라국의 世系를 비교하면,

[駕洛國記]

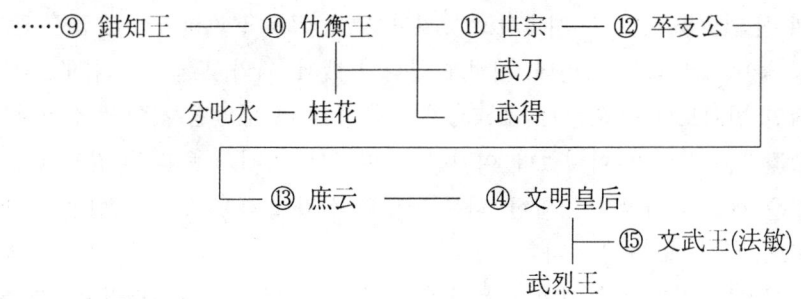

[三國史記]

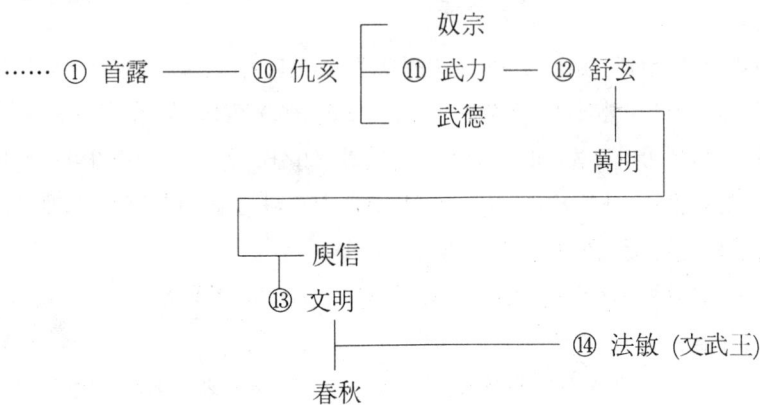

　　世宗과 奴宗 및 武德과 武得은 同音異寫로 보아 틀림없겠고, 武力과 武刀는 字形의 類似로 인한 어느 한 쪽의 誤寫로 보면, 윗 兩表의 世系는 비교적 일치하는 셈이 된다(三品 1964 : 117 – 118).

　　따라서, 앞에서 武德 이후 百濟에 臣屬했다는 사실은 이전에 신라와의 服事 관계가 없었다는 것을 반증하며, 오히려 가라와의 親交가 두터웠다는 것을 말해 준다. 더욱이, 가라의 병합과 더불어 탐라가 신라에 臣屬하지 않았다고 하는 것은 퍽 흥미있는 문제로서, 그러한 이유로는 다음과 같은 일들을 想定할 수 있겠다. 즉 신라가 미처 海上에 손을 뻗치지 못했다는 것, 바꿔 말하면 탐라를 經略한 일이 없다는 것을 뜻하며, 文周王 이후 백제와의 신속(臣屬) 관계가 계속되고 있었다는 것, 그리고 가라와도 밀접한 관계에 놓여 있었다는 것인데, 이렇게 본다면 백제, 가라, 탐라는 儀禮的, 외교적인 친교보다는 系列的, 部族的인 친근성이 더 있었던 것이고 신라와는 敬遠하는 사이가 아니었나 여겨진다. 따라서, 당시의 탐라의 집권세력이 같은 계열의 가라를 병합한, 다른 계열의 신라에 대한 일종의 반항이었다고도 볼 수 있는 일이다.

　　어떻든, 신라 통일기인 문무왕대에 이르러 비로소 탐라가 臣屬하게 된

것은 明若觀火하나 이것이 앞의 新羅時(盛時)……渡海(來朝) 云云의 기록
과는 一見 모순되는 것 같이도 보인다. 그러나, 그것은 앞에도 언급한 바
와 같이 후속하는 백제 東城王 云云의 기록 이전의 사실도 아니며, 또한
연대순으로 배열한 기록도 아닌 것이다. 삼국유사에서 海東安弘記에 실렸
던 것을 인용 첨가한 것이, 그 출전 부분이 제거됨으로써 잘못된 시대순
으로 배열된 것에 불과하다. 하나의 政治的 修史的인 고려에서 그렇게 첨
삭된 것으로 볼 수 있으며, 다른 의미에서 粗作이라고 할 수 있다. 이에
대해서는 高麗史地理志, 世宗實錄地理志를 일별하면 능히 식별할 수 있을
줄 믿는다.

　단적으로 말해서, 新羅 盛時 云云의 기록은 다음 기록의 내용과 동일
하다.

新羅文武王元年壬戌耽羅國主佐平　恩率佐平百濟官名　徒冬音律來降(耽羅志)
　　　　　　　　　　　　　　　　　百濟封其主爲佐平

新羅文武王元年耽羅國主佐平徒冬音律來降(東國輿地勝覽, 高麗史, 世宗實錄)
文武王二年……耽羅國主佐平徒冬音律(一作津)來降(三國史記 卷 6)

　즉, 新羅 盛時와 文武王代는 시대적으로 일치되고, 世系로 볼 때도 十五
代인 점에서 耽羅星主나 文武王이 동일하며, 泊(于)耽津과 冬音律(津)과는
同音異寫이므로 지리적으로도 合致된다. 耽津과 冬音津과 同音異寫로 보
는 데는 다음과 같은 유력한 증언이 있다.

　舫津縣本百濟冬音縣(三國史記 卷 36)
　耽津縣本百濟冬音縣新羅景德王改今名爲陽武郡領縣高麗移屬靈岩後來屬別
號鼇山有富仁島恩波島碧浪島仙山島又有莞島(高麗史 卷 57)
　(탐진현 본래 백제의 동음현인데 신라 경덕왕이 지금 이름으로 고쳐 양무군의
영현으로 삼았고 고려에서 영암으로 이속하였다가 뒤에 내속하였다. 별호를 오산
이라 하였다. 부인도, 은파도, 벽랑도, 선산도가 있고 또 완도가 있다.)

耽津縣本百濟多音縣新羅改耽津縣爲道康領縣高麗改爲靈岩任內……號鼇山
(世宗實錄)

　이상과 같이, 예컨대 東國與地勝覽의 기록을 가지고 말한다면, 記事의 서술이 뒤죽박죽하다는 것 곧 新羅盛時가 나오고, 古記云厥初가 나오고, 다시 신라 新羅盛時가 나오는 것은, 이 두 신라 盛時는 동일한 시기이고, 구체적으로는 후대의 文武王代로 보면 저절로 先事新羅後事百濟說이 잘못이라는 것을 알게 된다. 지금까지 이렇게 장황하게 논의한 이유를 밝혀 둔다면 이것이 탐라의 기원 문제와 깊은 연관성이 있기 때문이다.

　이어서 신라 멸망 이후의 변천 과정의 주된 점을 摘記한다면,

太祖21年冬12月耽羅國太子末老來朝賜星主王子爵(西紀 938) (高麗史卷 2)
(탐라국의 태자 말로가 내조하니 성수왕자의 작위를 주시다.)
穆宗5年有山開四孔赤水湧出五日而止皆水皆成瓦石(西紀 1002) (耽羅 紀年)
文宗6年3月 三司奏耽羅國歲貢橘子改定 − 百包子永爲定制從之(西紀 1052) (高麗史卷 7)
(삼사에서 주청하기를 탐라국에서 해마다 바치는 귤을 1백포로 개정하여 길이 제도로 삼으소서 하니 이에 따랐다.)
肅宗10年乙酉改乇羅爲耽羅郡(西紀 1105) (耽羅志)
毅宗3年時改置郡縣(西紀 1149) (耽羅紀年)
高宗幾年時改耽羅爲濟州置副使判官(西紀 1120 年頃) (耽羅紀年)
高宗40年王封漢挐山神加號濟民春秋致祭(西紀 1253年) (耽羅紀年, 高麗史卷 24)

　결국, 탐라는 三韓 시대에 벌써 독립 국가로서 존재하여 乇羅, 涉羅, 乇牟羅, 儋羅 등 이름을 기록상에 남겼고, 기록상 처음에는 같은 계열의 百濟이며, 당시 해상권을 쥐고 있던 가라와 교통하다가 가라 멸망 후에는 백제에 專屬, 백제 멸망 후로는 신라에 來降, 또는 經略을 당하게 되었다. 이후 고려와의 예속(隸屬) 관계를 오래 지속하여 왔으나 일시 元에 直屬한 일까

지 있었고, 郡縣制로의 格下가 실시된 이후로는 叛亂과 不肯이 끊이지 않더니, 李朝에 들어서서는 적극적인 按撫策으로 끝내 李朝의 一地方 官署로 定立하기에 이르렀다.

濟州 定名에 대하여는 高宗 幾年(耽羅紀年) 혹은 忠烈王 21年(耽羅志), 太宗 2年 등으로 잡을 수 있겠으나, 그 시대의 情勢 즉 元의 지배 또는 復號, 그리고 원주민의 間斷없는 반란 등을 미루어 볼 때 역시 그 완성을 太宗 2年으로 잡는 게 무난하고 또 일치된 견해이기도 하다(金斗奉 1936. 3., 梁洪植 외 1958 : 10~, 金泰能 1965). 따라서, 독립 국가로서 또는 예속(隷屬) 국가로서의 성격과 지위의 완전한 상실은 李朝 太宗時로 본다.

이렇게 탐라국의 군현화의 經路를 결정지운다면 역시 탐라어의 史的 범위를 이와 병행해서 규정지을 수 있다. 곧, 最古限을 현실적으로 확언할 수 없다 하더라도, 最下限을 李朝 初期 즉 14세기말로부터 15세기초로 줄잡을 수 있다. 最古限은 탐라어의 기원 문제가 되고, 最下限은 한글 문헌어에 대비되는 제주방언의 古語 현상이 될 것이다.

2.2. 탐라어와 주변 언어

탐라어를 연구하려면, 그 주변에 있는 여러 종족의 언어를 살펴보고 그들과의 관계를 비교 연구할 필요가 있다.

탐라는 아시아 대륙의 동부인 한반도의 최남단에 위치하면서 태평양 서북단에서 위치하여, 중국 본토 및 일본 열도, 琉球列島와의 환상(環狀)의 중심을 점유한다. 그러므로, 예로부터 북방의 內陸으로부터 남하하는 혹은 중국의 본토에서 東으로 이동하는 흐름에 밀렸고, 남방의 해양으로부터 북상하는 조류와 동방에서 서방으로 역류하는 물결에 밀렸었다.

멀리 북쪽으로는 대륙의 동북단에 Chukchee, Eskimo 그 남쪽에 Koryak, 사할린(Sakhalin), 시베리아·아므르 지방에 Giliak, 사할린 남부와 북해도에

Ainu 등이 散在하고 있는데, 이들을 통틀어 古아시아族(이들 언어 사이에 계통관계는 不明)이라고 한다. 寒冷地 적응을 겪은 새로운 Mongoloid이다. 다만, 아이누인들은 그것을 겪지 않는 古 Mongoloid로 보고 있다. 이들은 Altai族에게 밀리기 전에는 아시아 內陸에 있었으므로, 그들이 동쪽과 북쪽으로 이동하였을 때, 그 일부(특히 Ainu)는 한반도를 거쳐 탐라로 밀려 왔을지도 모른다. 이들의 언어는 한국어처럼 모음이 다양하다. 어순은 Giliak, 아이누어만 비슷하고 나머지는 抱合語的이다. 아이누어도 抱合語로 보는 이도 있으나, 실상은 그렇지 않는 것 같다. 탐라어에는 官名, 地名으로서 그 흔적인 듯한 것이 더러 남아 있는 듯 보이며, 古跡인 三姓穴의 古稱 毛興穴의 '毛'는 Ainu族의 문헌명과도 어떤 관련이 있을지도 모른다.

이들을 내쫓은 Altai族의 發祥地는 아직 분명하지 않아 여러 說이 있다. 지금까지 Altai 산맥 근처로 보아 왔으나, 지리적인 명칭과는 관계 없는 것으로 보고 있다. Altai族은 서쪽으로는 중앙 아시아를 거쳐 유럽의 동쪽까지 이르고(Turkic), 동쪽으로는 시베리아(Northern Tungus), 滿洲(Manch-Tungus), 蒙古(Mongolian)의 광범위에 분포하는데, 이들은 모두 Altai 語族에 속한다. 이들의 一派가 한반도를 거쳐 西日本에까지 이르렀다고 하는 것이 通說이다. 그 통설대로라면 대체로 현재의 한국어 및 제주방언은 Altai 系에 속한다. 그러나, 고대한국어 또는 탐라어는 순수한 Altai 계통이라고 말할 수 없는 여러 자취가 있다. 알타이어에도 한국어에서 볼 수 없는, 인칭어미 등의 특이한 특징들이 많다. 한국어도 한국어 나름의 특징이 있는 것이다. 南韓 一帶의 古地名에는 南方系 언어의 영향이 있다는 증언도 더러 있다(坪井 1924).

멀리 남쪽으로는 臺灣, 필리핀, 보르네오, 말레이, 수마트라, 자바에 이르기까지 비교적 광범위에 걸치는 Indonesia語族, 하와이, 뉴질랜드, 사모아, 폴리네시아 諸島에 분포하는 Polynesia語族, 카로민, 마샬群島 및 赤道 以南의 비스마르크, 소로몬 群島에 걸치는 Melanesia 語族들이 있다. 이들을 통틀어 Malayo-Polynesia 語族이라고 하는데 이 중에서도 인도네시아어족과의 관계가 거론된다.

이들의 고대에 있어서의 민족 이동의 코스는 未知數이나 이들도 넓은 의미에서 古Mogoloid에 들어가므로, 新Mongoloid에 밀려 내려갔을 가능성이 크다. 1929년 중국 북경에서 발견된 北京原人 시난트로프스(Sinanthropus)와 1890년 자바에서 발견된 Java原人 피테칸트로프스(Pithecantropus) 사이에 유사점이 있는 데서 북방 및 남방 민족과 어떤 접점이 있었음은 분명하므로 일찍이 그 얼마나 많은, 南方에 가고 오고 하는 민족 이동이 있었는가는 가히 짐작할 수 있는 일이다.

이들 언어의 音韻 조직과 고대일본어의 음운 특징과의 유사점은 일찍부터 지적되어 왔지만, 최근에는 한국어와의 관계 여부도 주목되고 있다. 정말로 이들이 일본에까지 北上한 정도라면 다른 코스로 제주도에까지 미쳤을지 모른다. 그렇다면 탐라어 및 지금의 제주방언에도 어느 정도 이들의 흔적이 남아 있을 가능성이 있다.

서쪽으로는 중국 민족이 있다. 중국 민족도 그 종족적 계통이 간단하지 않다고 본다. 즉 北方的 요소와 南方的 요소 혹은 西方的 요소가 복합되어 있는 것 같다. 古代로부터 北中國은 東夷族에 가까운 殷民族이, 黃河 中流 以西는 서방적 요소를 다분히 띠고 있는 周民族이, 揚子江 以南은 南方 민족 곧 Malayo-Polynesian이 占居하였다고 한다. 이들은 크게는 같은 Mongoloid이다. 다만, 북부는 新Mongoloid의 영향이 있었을 것이고 남부는 古Mongoloid적이었지 않나 하는 것이다. 北中國人은 平均 長身長이고, 南中國人은 短身長에 속하는 것도 이에 관련될 것이다.

한반도는 그 가운데 지리적으로는 북중국과의 관계가 밀접하기 때문에, 문화적으로는 그 영향을 많이 입었다. 그 중 한 가지가 한자의 輸入이다. 漢字의 시작은 B.C. 2000년 내지는 1400년 쯤으로 보고 있기 때문에, 세기 기원 이전 오래 전부터 상당한 수준의 것이 사용되어 온 것으로 보인다.

한편, 東中國 내지는 南中國의 관계도 중시된다. 하나는 중국의 동쪽 해안으로부터 연안을 따라 한국에서 일본으로 혹은 東支那海를 가로 질러한국의 남해안과 일본으로 가는 경로이고, 다른 하나는 대만(臺灣), 오키나와(沖繩)를 거쳐 北上하는 경로인데, 이들의 일부는 남해안의 金海 일대에, 일부는 西日本에 정착하여 독자적인 南方系 문화를 移植하지 않았나 본다. 도작(稻作) 문화의 傳來도 南中國에서 직수입된 것으로 보고 있다.[1] 最下限 B.C. 3세기 이전의 北九州의 倭人을 吳越系로 보기도 한다.

그러나 이들의 언어 즉 고대중국어는 언어학의 입장으로는 1음절의 단어(문자)로서 하나의 의미를 나타내는 것을 원칙으로 하는 孤立語이기 때문에, 단어의 accent와 어순에 의하여 의미의 차이를 나타내므로, 한국어와는 근본적으로 성격을 달리한다. 하지만, 고대한국어 및 탐라어에 전연 영향을 주지 않았다라고는 생각되지 않는다. 漢字式 造語法에 의한 官名 등의 문헌어와 殘存 語彙들이 그것이다. 정강(健康 jiǎnkāng), 청산(城山 chéngshān), 촐(草儿, cǎor), 시상(世上 shishāng) 등은 중국음에 가깝고, 즈냥(節約)은 한국 한자음에서 나왔다고 보겠다.

멀리 서남쪽으로는 후술하겠지만, 지금의 安南 산맥으로부터 인도의 앗삼 지방에 散在하고 있는 Mon‒Khmer이라는 種族이 있다. 이들이 고대에는 번영한 자취가 있다. 그들의 언어는 고대 기록을 지니기 때문에 중요시된다. 代名詞의 構成法 내지는 人體語에 있어서 일본어와 유사한 점이 있다고 지적되고 있다.

그 다음에 Tibet‒Burmese族과의 관계를 추구하는 비교 연구도 보인다. 문법적 관계가 어순, 조사, 조동사, 접속사 등에 의하여 규정되는 것이 유사하다면 그렇다할 정도로 그 이상의 관계 구명에는 별 진전이 없다.

---

1) 中國의 '史記'와 後漢書 東夷傳에 나오는 徐福의 傳說은 특히 東支那海 經路를 傍證한다. 山東琅邪의 方士 徐福이가 秦始皇帝의 명을 받고, 童男童女 3千人을 이끌고 五穀 種子, 百工을 데려 長生不死의 藥을 구하여 떠나 東海의 어느 섬에 이르러 끝내 돌아가지 않았다고 한다. 唐代의 地理書 '括地志'에는 그 섬은 '亶州'라고 한다. 그 音은 耽羅와 관련이 있는 것 같지만, 現 제주도의 전설에는 여기에 머물지 않고 西歸浦 海岸壁에 '徐市過此'라는 기록을 남기고 일본쪽으로 갔다고 한다. 그래서 '亶州'를 日本으로 풀이하기도 하기로 한다. 일본 측에서도 徐福을 日本의 첫임금인 神武天皇으로 보는 說도 있거니와 그 墓(徐福塚)가 和歌山縣 新宮(Singuu) 熊野(Kumano) 서남에 있다고 한다.

위에서 말한 西南方 민족과의 관계는 언어학적인 입장보다도 주로 인류학적, 고고학적인 추정에서 강조된 면이 있다. 즉, Mon‒Khmer 族, Tibet‒Burmese 族들이 紀元前까지 揚子江口에서 인도양까지, 태평양에서 티벳까지 종횡(縱橫)으로 전지역을 지배하고 있었다는 것이며, 이 種族들이 揚子江口에서 중국 동북 연안을 따라 한반도의 서해안으로 내려오고 혹은 직접 한반도 남해안으로 가로질러서 일본에까지 건너갔거나, 대만, 오키나와를 거쳐 일본에까지 건너왔을 것이라는 추정이다.

이렇게 보아 온다면, 동쪽의 민족인 일본 민족도 그 구성 요소가 단순하지 않다. 사실, 일본 학계에서도 北方系인 Altai語族의 渡來 이전은 南方系의 언어가 행하여지고 지금도 그 殘影이 남아 있는 것으로 보고, 알타이어(결국은 한국어)와의 重層性을 인정하고 있다. 즉 Zyoomon(繩文) 시대(B.C. 3세기 이전 土器 시대)에는 인도네시아語族과 같은 音韻 조직을 가진 南方系의 언어가 행하여지고 Yayoi(彌生)式 文化의 전래(B.C. 3세기 이후 金石併用期)와 함께 Altai어적인 문법체계와 모음조화를 가진 한반도 남부의 언어가 渡來하여, 그것이 東方으로 확대하여 原始일본어를 성립시킨 것으로 보고 있다. 東中國, 한국, 日本(北九州), 오키나와의 求心圈인 탐라가 이들과 有形, 無形의 접촉이 있었던 것만은 부인할 수 없는 일이다.[2]

당시의 일본으로서는 거의 西日本에 국한된 일이며, 東日本은 이에 대해서 언어상, 사회상, 문화상, 體質上으로 볼 때 그 성격을 달리한다. 북부에 올라갈수록 그 차이는 현저하다. 그래서, 현재 그 곳에 남아 있는 지명

---

2) 탐라와 일본과의 正式교류가 문헌상에는 7세기에 나타난 것을 미루어 그 이전부터 빈번한 왕래가 있는 것으로 본다.
  • 耽羅始遣王子阿波伎等貢獻(日本書紀 26 齊明紀 7年 5月) (661년)
  • 耽羅遣使來朝(日本書紀卷 27 天智紀 4年 秋 8月) (665년)
  • 耽羅遣王子姑如等貢獻(日本書紀 卷 27 天智紀 5年 春正月) (666년)
  • 耽羅遣王子久麻藝都羅宇麻等貢頁(日本書紀 卷 29 天武紀 2年 閏 5月) (673년)
  • 耽羅王遣佐平加羅來獻方物(日本書紀 卷 30 持統紀 2年 8月) (688년)
  그리고, 탐라의 開國신화에 의하면, 일본국 使者가 王命을 좇아 탐라에까지 이르고 탐라의 三神子에게 三處女를 배필로 바쳤다고 한다.

과 習俗의 연구에서 Ainu의 殘影이 아닌가 보고 있다. Ainu가 Altai族에 쫓겨서 대륙의 東北部로 이동할 때, 이들은 사할린, 北海道를 거쳐 일본의 北半部에 도달하였다는 것도 상상할 수 있는 일이고, 한편 그 일부가 한반도를 거쳐 西日本에서 東日本으로 몰려갔다는 주장도 내세울 수 있다. 그리고, 이들의 언어가 종래에는 일본어와는 전혀 관계가 없는 것으로 주장되어 왔지만 지금은 먼 친족 관계가 있을 수 있는 蓋然性이 있을 뿐만 아니라, 그 原語 내지 자매어라는 주장까지 나오고 있다.

南方의 오키나와 곧 琉球列島에서 사용되고 있는 琉球語는 지금까지 일본어의 친족 언어로 밝혀진 유일한 언어이다. 그래서, 일본의 한 방언으로 다루어지기도 한다. 이와 달리 琉球列島의 지리적 환경과 일본 및 중국에 兩屬한 역사적·정치적 관계로 兩語混合說이 나오기도 한다. 사실, 어휘에서는 일본어와 異質的인 지명들이 많다. 그리고, 琉球人들이 多毛하고 琉球에는 Ainu語와 관계된 地名들이 많고, 琉球語의 발음, 語調, 어휘마저 Ainu語와 비슷한 점 등을 미루어 Ainu族이 한반도와 九州를 거쳐 그 쪽으로 南下하였을 가능성도 있다. 그 과정에서 탐라어와의 접촉 여부도 주목되는 일이다.[3]

2.3. 탐라어와 한반도 언어

지금까지 탐라어의 주변 언어를 넓게 잡아서 동아시아 민족과 그 언어의 갈래를 대충 보고, 탐라어와의 접선의 가능성을 타진해 보았다. 이젠 그 視點을 한반도로 돌려서 반도 全域에 두루 분포된 고대 원시 부족과 그 언

---

3) 隋書 流求國傳에 7세기경에 중국과의 교섭이 있었다고 하며, 일본과는 推古朝때부터 왕래가 있었던 것이 기록에 나타난다. 주2)의 탐라의 외교 활동이 7세기의 기록이라는 점에서 7세기는 東方史에 있어서의 중요한 에폭이 된다고 할 수 있다. 일본의 역사도 7세기에 이르러 그 면모를 드러내기 시작한다.

어를 살피고, 그 관계 여부를 연구할 필요성에 대해 언급하기로 한다.

Altai족이 동쪽으로 이동한 시기는 대체로 新石器 이후로 추정한다. 그 이후에 지금의 韓民族의 근본적 요소가 형성된 것으로 보는데, 이들은 기원전 四·五세기경부터 한반도 각처에 여러 부족으로서 분포하였다. 북으로 만주 중부 및 그 이남의 松花江 유역 일대에는 夫餘族이, 遼河의 東과 南에는 古朝鮮族 곧 예맥족(濊貊族)이, 만주의 東北에는 肅愼族이 분포하고 있었다. 한반도 내부의 구체적 분포는 平安, 黃海道 지방에는 古朝鮮族이, 咸鏡道 지방엔 沃沮族이, 江原道 지방엔 濊族, 京畿, 忠淸, 全羅, 慶尙道 지방에는 馬韓, 辰韓, 辨韓의 부족들이 점거하였다. 이들은 숙신족만을 제외하고 그 根幹的 요소는 대개가 古조선족(예맥족)이란 점에서 일치한다. 이 고조선족이, 기원을 전후하여 형성한 나라들이 고구려, 예, 옥저, 백제 등의 소위 북부 계열의 부족 국가다. 중국의 古記錄에 의하면 이들 北部 계열은 그 人型, 언어, 의복, 풍속 등이 대체로 동일하며, 동일 문화를 가진 동일 계통인 것이 명백하나, 남부 지역의 부족과의 관계가 명백하지 않다. 고조선의 유민들이 신라의 6村을 형성한 이후에 진한의 땅에서 일어선 新羅의 지배층과 加羅도 역시 北部 계열에 속한다고 보는 게 옳다. 그렇게 본다면, 한반도의 지배 세력은 북방계로서 한반도 일대를 풍미한 것을 알 수 있다. 耽羅는 그러한 북부 계열 세력의 풍미에 휩쓸려간 것은 물론일 테고, 또 그 이전에도 원시 種族이 점거하고 있었던 것도 틀림없는 일이다.

최근 한반도 각처에서 발굴되는 구석기 유물은 민족 이동 이전의 원시 종족의 존재를 입증한다. 그리고, 북부계열 優勢 세력이 지배권을 장악하기 이전에 原住 종족이 존재하고 있었던 것만은 한국측 기록만을 미루어도 의심할 여지가 없다. 지금도 남한 일대에는 농업(稻作), 민속(禁繩), 地名(開音節) 등에는 南方的 요소가 다분히 있다고 한다. 그것이 과연 南方 또는 西南 민족이 北上 定着한 遺影인지 아니면 이와 다른 原住 종족이 점거하고 있었는지, 그리고 이 두 가지 모두 가능한 경우 그들의 관계가 어떤 것인가는 그 究明에 좀 더 시일을 요하나, 어떻든 한반도의 북부와 남부와는 다소의 異質性이 있는 것은 사실이다.

그러면, 그들이 사용하는 언어가 중국측 문헌상(魏志東夷傳)으로 어떻게 기록되고 있는지를 살펴보기로 한다. 그 기록은 거의가 언어의 異同을 말한 것인데, 거기에 기준이 되는 언어는 高句麗語와 辰韓語(新羅語)이다. 이를 북부 계열과 남부 계열의 대표 언어로 꼽는다.

이 경우, 남부 계열이란 한반도의 남부 지역계란 뜻으로 남쪽 바다에서 건너왔다는 뜻은 아니다. 언어 계통의 구별의 오해의 소지가 있으므로 북부 계열은 후단계 언어, 남부 계열은 선단계 언어로 고쳐도 무방하다. 한반도에서의 선단계 언어(古朝鮮語)는 辰語가 될 것이다.

後漢書東夷傳 韓條의 기술을 보면 韓의 前身이 辰이며, 魏志東夷傳 韓條의 기술을 보아서는 辰韓의 前身이 辰이다. 여기서 辰 → 三韓 → 辰韓의 축소를 거친 것으로 볼 수 있다. 辰言의 몇 가지가 전자의 문헌에 남아 있는데 그것이 모두 아이누어로 해독이 가능하다는 것은 선단계 언어는 그것과 연관성이 있음을 말해준다.

후단계 언어도 그 대표격이 되는 高句麗語와의 비교에서 전단계적인 夫餘語(言語諸事多與夫餘同), 東沃沮語(其言語與句麗大同時時小異), 濊語(言語法俗大抵與句麗同) 등의 언어는 같다고 하였으니, 두 단계 사이에도 현저한 차이는 없었다고 본다. 挹婁(肅愼)語(言語不與夫餘句麗同)와는 같지 않다고 하였다. 아마도 挹婁(肅愼)는 中世의 여진족 및 현대의 만주족의 계열이 아닌가 싶어진다.

선단계 언어에 속하는 辰韓語와의 비교에서 馬韓과는 다르다고 한 것(其言語不與馬韓同)을 보면 馬韓에는 이미 후단계 언어가 침투한 것처럼 보인다. 辨韓과는 비슷하기도 하고(辨韓與辰韓雜居…言語法俗相似), 다르기도 하다고(言語風俗有異) 하는데 그와 같이 기록의 혼선이 있는 것은 그만한 이유가 있을 것이다. 선후 단계의 혼재에서 오는 것으로 본다. 진한과 변한 일부 그리고 州胡에는 선단계의 언어가 남아 있어서 그런 것이지 그것은 결코 언어 계통의 차이에서 온 것은 아닐 것이다. 종전에 제주방언을 異語視하던 시기가 있었던 것을 생각하면 헤아릴 수 있는 일이다. 자세한 것은 다음(5.3.)에서 논의될 것이다.

그런데, 언어의 異同을 논하는 기준으로 제시한 高句麗語와 辰韓語에 대한 언어상의 차이에 대해서는 一言半句의 언급도 없다. 다만, 우리는 약간의 기록을 통하여 암시를 얻을 도리밖에 없다. 곧 오래 전부터 三國史記 地理志에 있는 古地名을 통해서 南北 방언군의 親疏 관계가 측정되어 왔던 것이다. 지금은 고구려 지명과 원시일본어와의 비교에서 유사점이 발견되고 있다. 그러나, 신라어의 그것과는 대조적이라고 한다. 탐라어는 과연 지명상으로는 선후 단계의 어느 쪽에 가까운 언어이고, 원시일본어와의 親疏 관계는 어떻게 되느냐 하는 것도 퍽 흥미 있는 문제가 아닐 수 없다. 이 결론도 역시 後說되는 성질이고, 여기서는 비교 대상이 되는 남북계열 대표 언어인 高句麗語와 新羅語의 어휘 목록을 일별하고, 이 두 언어의 중간적 위치에 있는, 그리고 일찍이 탐라국이 服事 관계에 있던 백제의 언어에 대하여도 언급하기로 한다.

중국측 문헌에서 언어의 異同이 논해지던 고대 諸語 가운데 약간이나마 실질적으로 어휘가 문헌에 남아 있는 것은 신라어, 고구려어, 백제어이고, 이 중에서 어휘 목록이 많은 것은 신라어였다. 고구려어, 백제어가 주로 외국 史籍 또는 삼국사기 지리지의 古地名에서만 抽出될 수 있는데 반하여, 신라어는 비교적 어휘 자료가 많은 셈이다. 그 중요한 것으로는 삼국사기, 삼국유사에 실린 人名, 地名, 官名 또는 중국, 일본의 史籍에서 나오는 몇 개의 어휘[4]와 삼국유사 및 均如傳 所載의 鄕歌 25首 등을 들 수 있다. 그 중 비교 자료로서 자주 인용되어 온 특징적인 것은 麻立(마리 – 高處), 川里 (나리 – 川), 勿(믈 – 水), 吐(토 – 堤), 乙(을 – 井), 梁(돌 – 水堰), 健牟羅(근모

---

4) 중국측 史籍의 關係文을 인용하면,
　。其名國爲邦弓狐賊爲寇行酒(梁書에는 洒一筆者注)爲行觴相別爲徒 (後漢書東夷傳辰韓)
　。城曰健牟羅其邑在內曰啄評在外曰邑勒中國之言郡縣也(梁書諸夷傳新羅)
　。冠曰遺子禮襦曰襦尉解袴曰柯半靴曰洗…言語待百濟以後通焉(南書東夷傳新羅)

라－城), 城叱(잣－城), 岳音(오름－岳), 秋察(ᄀ술－秋)…… 등이다.

고구려어는 유별하게 중국 史籍에 그 語例가 나타나지 않는다. 있다면 다음과 같은 것으로, 그러한 方向, 部族 等의 呼稱을 미루어 種族 이동 또는 성격을 이해하는 데 암시를 얻는다.

> 曰內部卽漢桂婁部也亦號黃部
> 曰北部卽絶奴部也或號後部
> 曰東部卽順奴部也或號左部
> 曰南部卽灌奴部也亦號前部
> 曰西部卽消奴部也(新唐書東夷傳高麗－줄 바꾼 것은 筆者)
> 溝漊者句麗名城也(魏志東夷傳高句麗)
> 　(구루란 (고)구려에서 성을 이른다.)
> 其俗言朱蒙者善射也(魏書高句麗傳)
> 　(<부여> 속언에 주몽이란 활을 잘 쏜다는 뜻이다.)

고구려어는 삼국사기지리지의 검토를 통하여 約 80餘의 어휘를 얻을 수 있다. 그러한 가운데, 지금까지 활용되어 온 것은 內米(ᄂᆞ미－海), 吐(도－堤), 呑, 旦(단－谷), 於乙(얼－泉), 達(달－山), 古次(곶－口), 奴, 內, 惱(너－壤), 買(미－水), 述爾(수리－峰)…등이다. 이러한 어휘들은 한편으로는 女眞語, 滿洲語, 퉁그스語와 공통적인 면이 있는가 하면, 또 한편으로는 신라 및 일본어와 공통적인 것을 가지고 있는 점에 착안하여, 고구려어를 퉁구스 諸語와 韓系 諸語의 중간 위치에 서는 것이라고 보는 이도 있다. 신라어와 유사한 것으로는 於乙 : 乙 '泉', 波旦: 破珍 '海'가 있다.

百濟語의 어휘 목록은 삼국사기지리지에 관한 한, 세 言語 가운데 가장 빈약하다. 公(곰－熊), 述(술－峰), 所比(소비－赤) 등이 많이 擧論되었다. 이들 어휘는 고구려의 功木, 述爾, 沙非斤과 유사하다. 한편 夫里(지명접미사), 翰(大)은 신라어의 火, 韓과 비슷하다 이러한 목록의 片鱗을 통해서는 백제어는 원래는 辰語系 언어이고, 그 基層에다 고구려어 계열의 지배 부족어의 영향이 가미된 것으로 보고 있다. 그 보기로서, 중국측 史籍에는 다음과 같이 擧例되고 있다.

治固麻城其外更五方中方曰右沙城東方曰得安城南方曰久知下城西方曰刀先城北方曰熊津城王姓夫餘氏號於羅瑕民呼爲健吉支夏言竝王也妻號於陸夏言妃也(周書異域傳百濟)

(도읍은 고마성이다. 그 바깥으로는 다시 오방이 있다. 중방은 고사성, 동방은 득안성, 남방은 구지하성, 서방은 도선성, 북방은 웅진성이다. 왕의 성은 부여씨로 어라하라 부르며, 백성들은 건길지라고 부르니 하언으로 모두 왕이라는 뜻이다. 왕의 아내는 내륙이라 호칭하니 왕비라는 뜻이다.)

號所都城曰固馬謂邑曰檐魯如中國之言郡縣也……言語服章略與高麗同好呼帽曰冠襦曰複衫袴曰褌其言參諸夏亦秦韓之遺俗云(南史東夷傳百濟)

(도성을 고마라고 하며 읍을 담로라 하는데 중국말로는 군현과 같다.…… 언어와 복장은 거의 고(구)려와 같다. 모를 관이라 부르며, 유(저고리)를 복삼, 고(바지)를 곤이라 부른다. 그 말에는 하의 것이 섞여 있으니 이 또한 진·한의 유속이라 한다.)

지명에서 抽出된 어휘 비교에서 고구려 지명에는 '忽'이 붙는 것이 특징적이고, 신라어는 '火'(불), 백제에는 夫里가 붙는다. 신라어와 백제어는 이 점에서는 매우 중요한 일치를 본다. 고구려 지명 '忽'은 이 점에서 대조적이다. 이를 만주어의 holo(谷)와 대비시키기도 한다. 그러나 백제의 지명에서도, 寶城郡의 伏忽, 辟城縣의 辟骨과 같은 忽의 흔적이 전연 없는 바도 아니니, 忽·骨 등을 종합적으로 고려할 필요가 있고 언어 변화의 선후 단계일 수 있음도 유의할 필요가 있다.

다음은 數詞에 있어서 고구려의 數詞들은 중세 국어의 수사와는 다른 한편, 특히 일본어와 매우 가까움은 주목할 만하다. 그 대표적인 것은 難隱(나는 - 七), 密(밀 - 三) 따위이다. 신라에서 두 유형의 數詞가 행해진 가능성이 많다. 하나는 悉(실 - 三)과 같이 중세 국어와 유사한 것이며, 다른 하나는 推(밀－三)과 같이 고구려 및 日本과 유사한 것이다. 후일의 삼국 통일은 신라 경주를 중심으로 한 중세국어 계열의 공통어를 형성시켰다고 본다. 또한 그것이 高麗語(開城 中心), 李朝語(漢陽 中心)를 거쳐 오늘의 한국어로 계승된 것이다.

이상의 三國의 어휘 대조표 외에도 소위 加羅語의 어휘 목록을 중요시한다. 얼마되지 않은 것 중에서 推(밀－三), 梁(도－門), 吐(도－堤), 巨老(거로－鵝, 고구려어 古衣 '鵠') 등의 어휘의 유사성과 특수한 지리적 조건을 고려하여, 고구려어와 원시일본어와의 징검다리 노릇을 한 것으로 간주하기도 한다. 탐라어에서도 고구려가 보여서 특히, 가라와 탐라와의 친근성을 강조하는 필자의 처지(2.1. 참조)에서는 그것을 특히 重視하지 않을 수 없다. 어떻든, 이상의 고대 諸語의 어휘 목록과의 비교를 통하여 탐라의 어휘가 어느 목록과 가까우며 어느 계열과 대응 또는 대조되는가를 살펴봄으로써 탐라어의 윤곽을 잡을 수 있다.

3. 탐라어 연구자료 · 방법

3.1. 연구자료

연구자료는 보통 직접자료와 간접자료로 나눈다. 전자는 일상적으로 쓰이는 口頭語나 그것으로 기록된 것으로서 언어의 共時的 연구에는 불가결한 것이고, 후자는 언어와 관련된 기록으로 되어 있는 문헌이 그것인데, 주로 과거의 국어를 연구하는데 이용되는 자료이다.

탐라어 연구는 물론 과거의 연구이기 때문에 과거의 어느 시점의 직접자료가 매우 중요하지만 사실상 얻기 어려우며, 간접자료인 문헌이 중요한 자료가 되는 것은 말할 것도 없다. 그리고, 현대어의 연구에서도 과거의 소설이나 방언집 등의 문헌을 참조자료로 삼듯이, 과거의 국어 연구에도 현존의 방언, 전설, 민요 같은, 항상 사람의 입에 잘 오르내리는 口頭語 같은 것을 자료로 삼을 수도 있을 것이다. 아니, 오히려 그것이 보다 중요한 자료로서 활용되기도 한다. 왜냐하면, 거기에는 古語가 보존, 포함되어 있을 수 있기 때문이고, 직접자료는 물론이고 간접자료적인 문헌마저 결핍되어 있는 처지이기 때문이다. 탐라어의 연구인 경우는 더 그럴 것이다.

여기서는 그러한 구별없이 과거의 문헌은 그대로 문헌으로 다루고 현재의 자료는 방언, 지명, 기타 등으로 구분하고, 이러한 문헌과 자료의 분석이 본 연구에 있어서 어떠한 의의가 있나 살펴보기로 한다.

3.1.1. 문 헌

탐라어를 연구하는데 이용되는 문헌은 희귀하다. 우선 직접적으로 탐라어를 기록한 문헌은 없다. 있다면 史實에서 단편적인 인용 정도다. 탐라어의 범위에서 언급한 바 있는 耽羅志 所載의 俚語艱澁 云云과 以京爲西那…… 등 몇 개의 語例가 그것이다. 그러므로, 간접적으로 기록된 여러 가지 문헌에서 관계 어휘를 추출할 도리밖에 없다. 여기서 탐라어 연구에서 문헌 이용의 특수성이 있다.

그러나, 간접적으로 기록된 문헌은 일반적으로 異字, 誤字가 많으므로, 諸本의 校合이 없는 처지로서는 관계 어휘 추출에 대단한 위험을 느낀다. 그리고, 간접적으로 기록된 문헌들은 그 저술이 목적과 수준이 동일하지 않을 것이며, 그로 말미암아 原典의 引用 과정, 저술 과정에서 오류를 전연 범하지 않았다고 보증할 수 없다. 삼성신화의 여러 곳에서 그것을 느낀다.

또, 이러한 문헌들의 시대적 위치가 문제된다. 거의 諸史書를 참고한 雜志 형식으로 저술된 문헌들이 16세기 이후에 출간된 것들이다. 言語史의 연구에는 문헌이 연대적으로 공백이 생기지 않도록 적당한 간격을 유지하고, 그것이 오랜 옛적으로 소급할수록 역사적 변천 과정을 구명하는 데 유력한 것이지만, 國語史의 15세기 이전이 그렇듯이 탐라어의 연구에서도 그런 점에서는 문헌상으로는 그것을 기대하기가 어렵다.

그러한 큰 효용은 당장은 기대할 수 없다 하더라도 꾸준히 문헌적 연구에 주력할 필요는 있다. 현재로서 어휘 추출에만 이용될 수 있으리라 생각되는 주요 문헌을 소개하면,

○ 耽羅志(李元鎭) 1654년

濟州, 族義縣, 大靜縣의 山川條의 지명 자료와 古跡條의 三姓穴의 古記云(건국신화)과 지명 등이 이용된다. 風俗조에 金淨의 풍토록에 실린 土人語音과 州記의 제주도 특유의 어휘 몇 가지가 이용된다.

o 耽羅紀年(金錫翼) 1918년

  탐라기년 序의 外書에서 탐라의 여러 호칭의 자료와 건국신화에 대
  한 여러 가지 注記사항을 얻을 수 있다. 碧浪國 三神女가 來泊한 곳
  이 延婚浦이며 지금의 정의현 열운지가 그곳이다라고 함과 같다.

o 濟州風土錄(金淨) 1521년

  土人語音細高如針刺 且多不可曉 (토박이의 말소리는 가늘고 높아서
  바늘로 찌르는 것 같으며, 또한 이해할 수 없는 것이 많다.)의 구절이
  있다.

o 瀛洲誌(未詳)

  제주도의 건국신화 이야기로 되어 있다.

o 南槎錄(金尙憲) 1601~1602年間의 見聞錄

  卷4에서 古記云의 건국신화가 인용되어 있다. 기타 地誌를 인용한
  탐라의 여러 古稱이 보이며, 筆淡의 屯羅島 이야기가 乇羅島로써 인
  용되고 있다.

o 濟州風土記(李健) 1628~1635年間의 見聞錄

  三姓의 湧出에 대한 數行의 언급이 있다.

中央 史籍의 地理書로서는,

o 高麗史地理志 1451년

  고려사 권 27志 권 11 지리 2의 탐라현에 古記를 인용하여 제주도의
  건국신화가 피력되고 있다.

○ 世宗實錄地理志 1454년

세종실록 권 제151, 지리지 제주 牧에서 古記를 인용하여 제주도의 건국신화가 피력되고 있다. 현별로 지명이 몇 가지 예시되고 있는 것도 참조된다.

○ 東國輿地勝覽 1486년

新增(1530년)의 卷 38, 제주 牧의 建置 연혁에 고려사 古記云으로 제주도의 건국신화가 피력되고 있다. 풍속에 俚語艱澁 村民俚語艱澁 先高後低의 기술이 있다. 각 현별의 山川과 古跡에 있는 地名들도 많아서 참조된다.

등이고, 濟州道敎育委員會: 耽羅文獻集(1976)에 瀛州誌, 濟州風土錄, 南槎錄, 耽羅志, 耽羅紀年의 原文 및 譯文이 수록되어 있다.

개인문집으로는 (모두 이조 英正祖代의 것이다.)

○ 海東繹史(韓致奫)

卷16 世紀16 탐라에 건국신화에 대한 간단한 언급이 있고, 제주도의 古名이 열거되고 東國方言으로 島는 剡이고 國은 羅羅라 하고, 古名의 어원풀이가 있다. 夢溪筆談의 屯羅島의 이야기가 인용되고 屯羅는 乇羅의 잘못이라 하였다.

○ 燕岩集(朴趾源)

刊行은 1901년. 卷6에 海東繹史와 마찬가지로 東國方言과 屯羅島의 이야기가 있다. 屯羅는 乇羅의 잘못이다 하였다.

○ 耳溪集(洪良浩)

刊行은 1843년. 卷14 耽羅 三姓記에 건국신화가 피력되어 있다. 특이한 것은 東海碧浪國 三王女가 당도한 곳이 金塘之岸(지금의 朝天沙)으로 되어 있고, 射矢卜地하여 高乙那가 所居한 자리는 한라산 北의 一徒里(지금의 濟州), 良乙邦는 한라산 右 山方里(지금의 大靜), 夫乙那는 한라산 左 土山里(지금의 族義)로 되어 있는 점이다.

다음은 탐라어 연구에 직접 관련이 없으면서도 탐라어의 범위를 규정하고 탐라국 史實을 입증하는 문헌들이 내외에 더러 보인다. 이미 인용된 것으로 주요한 것은,

○ 三國史記 1145년
신라, 고구려, 백제의 각 本紀에 있는 國名·王號·王名·人名·官職名과 雜志地理에서의 地名의 표기방법과 그 음가를 제대로 파악하게 되면 15세기 한글 문헌어, 방언, 주변언어와의 대비를 통하여 상당한 양의 고대 어휘 목록을 얻을 수 있고, 그것으로써 탐라어와 대비할 수 있다.
백제 本紀 東城王 20년에 耽羅는 곧 耽牟羅의 기록이 있다.

○ 三國遺事 1277~1283
삼국사기의 경우와 같으나 다르다면 지명 어휘가 풍부하지 않고 대신 신라의 향가 14수가 수록되어 있어 당시의 귀중한 언어자료가 제공되고 있다. 그러나 아직은 표기방식이나 음가가 제대로 파악되지 못하고 대비자료가 결핍된 상태여서 정확한 해독이 이루어지지 못하고 있다. 그런 면에서 탐라어의 연구하고는 서로 보완적으로 이루어질 수도 있다.
卷1 馬韓에서 海東安弘記를 인용하여 九韓의 하나로 乇羅를 보이고 있다.

o 魏志東夷傳 297년 이전

夫餘로부터 倭까지의 各條에 있는 官名, 地名, 人名 기타 어휘들이 있고, 고구려의 五部族名, 韓의 50餘國, 辰韓의 12國, 弁辰의 12國의 國名, 倭의 國名들도 많아서 탐라어와의 대비에 참조된다. 고구려어를 중심으로 한 주변언어의 대조 및 韓語를 중심으로 한 언어대조도 참고된다. 韓條의 州胡의 기술은 중요하다.

이 魏志와 상대되는 吳志(吳書) 第2(吳主傳2)에 진시황이 方士 徐福 등을 제주에 보내어 仙藥을 구했다는 長老의 傳言이 기록되어 있다. 이 때의 제주도의 호칭은 亶州로 나온다.

o 後漢書東夷傳 1022년 이전

위지동이전의 경우와 같으나 條別에서 高句麗와 句麗가 분리되고 있다. 韓條에 辰韓·弁韓이 포괄된다. 고구려어, 韓語를 중심으로 한 주변언어 대조도 보인다. 韓條의 國爲邦 등의 辰語는 귀중한 자료가 된다.

o 梁書諸夷傳 629년

條別이 高句麗·百濟·新羅·倭·扶桑國으로 되어 있다. 각 條의 官名·王號·人名·官職名·地名·기타 어휘들이 참조된다. 그리고 백제의 城曰固麻邑檐魯, 신라의 其俗呼城曰健牟羅 등의 曰記, 신라의 辰言에 대한 國爲邦 등의 爲記도 참조된다.

o 周書東夷傳

高麗條와 百濟條로 되어 있다. 地名·人名·官名 등이 참조된다. 五方에 대한 曰記, 王에 대한 號記와 爲記(王姓夫餘氏號於羅瑕民乎爲鞬吉支夏言竝王也妻號於陸夏言妃也) 등이 보인다.

○ 南史東夷傳

高句麗·百濟·新羅·倭國·扶桑國의 조별로 되어 있다. 고구려의 5
族, 백제의 城曰固麻와 같은 日記 외에 신라의 冠曰遺子禮襦曰尉解
袴曰柯半靴曰洗의 日記와 無文字刻木爲信語言待百濟而後通焉(문자
가 없으니 나무에 새겨서 신표로 삼는다. 말은 백제말을 통한 다음 소통된
다)의 기술 등이 보인다.

○ 隋書百濟倭國傳(636년)

倭國에 사신이 갈 때 백제를 지나서 竹島에 이를 때 躭羅國을 남쪽
을 바라보면서 都斯麻國(지금의 對馬島)를 지나고 一支國(지금의 壹
岐)을 지나 竹斯國(北九州의 筑紫인 듯)에 이르고 또 東쪽으로 秦王
國에 다다르는데 그 사람들은 華夏와 같다는 주목된 기술이 있다.
다만 그 다음에 竹斯國 以東은 모두 倭에 부속된다고 하였다. 백제
傳에는 躭牟羅國의 호칭이 보인다.

○ 新舊唐書東夷傳(신당서 편찬 1060년경)

流鬼條에 儋羅의 國名과 儒李都羅의 王名이 보인다. 이 나라가 신라
武州의 南島上에 있다고 했으니, 제주도를 지칭한다 하겠다. 諸書의
東夷傳 高句麗條에 보이는 對盧, (魏志, 梁書, 南史) /大對盧(周書)/
次對盧(隋書) 그리고 앞서의 梁書에서 扶桑國條에 國王을 乙祁, 貴人
第一者를 大對盧, 第二者를 小對盧로 한 부분은 주목된다. 어쩌면 제
주도를 가리키는 것 같기도 하고, 딴 곳일 경우라도 제주도와 관련
되는 것으로 본다. 對盧, 都羅는 ter(a)의 표기로 볼 수 있다. 이 책에
서는 ter은 제주도의 건국신화에서 고구려계의 호칭으로 나온다.

중국 正史의 한국 관계 기록의 원문과 국역이 수록되어 있는 책으로 국
사 편찬위원회: 국역中國正史朝鮮傳(1986)이 있다.

○ 日本書紀 720년

탐라와의 交流記事에서 탐라국명과 王子名 등의 人名이 보인다. 神功紀와 應神紀에 忱彌多禮가 보인다. 또는 소위 萬葉 Kana로 씌어진 가요(128首) 혹은 고유명사 및 그 訓注 등에서 고대일본어 어휘가 추출될 수 있고 비교 자료로 활용된다. 神功紀의 신라 征討설화는 원래 제주도의 건국신화 속의 日本國 三神女奉賀의 이야기와 유관한 것으로 보인다. 忱彌多禮의 호칭도 종전의 tomitare에서 to₂mitare로 읽으면 제주도의 耽(羅)의 호칭에 가까워진다.

○ 古事記 712년

萬葉 Kana로 씌어진 가요(112首) 혹은 고유명사 및 그 訓注 등이 참조된다. 仲哀王條의 신라 征討 설화는 神功紀의 것과 경우가 비슷하다. 垂仁條에 多遲摩毛理를 tokoyo(常世)의 나라에 보내어 겨울에도 열매가 여는 귤을 구하도록 했는데 이 to₂ko₂를 州胡(to₂ka), 乇(羅)(tak)의 교체형으로 본다면 제주도를 가리킨다 하겠다.

등이 있지만 이들의 인용에 대하여도 좀더 정확한 考證과 검토가 필요할 것이다. 이외에도 탐라어와 유관한 고대일본어 자료로서는 出雲國風土記 (733년) 같은 몇 군데의 風土記, 萬葉集(일본의 현존 最古歌集, 약 4500여 수 수록) 등이 있다.

끝으로, 탐라어 중 殘存語의 연구 또는 中世 한국어와의 비교에서 불가결한 12~16세기 한국어 문헌도 중요하게 이용된다. 참고로 그 목록을 제시하면 다음과 같다.

○ 雞林類事 1093~1153년
○ 朝鮮舘語譯語 1403~1424년
○ 龍飛御天歌 1447년

- ○ 訓民正音諺解本 1455년(이후?)
- ○ 釋譜詳節 1447년
- ○ 月印千江之曲 1449년(?)
- ○ 月印釋譜 1459년
- ○ 其他諸佛經諺解
- ○ 分類杜工部詩諺解 1481년
- ○ 訓蒙字會 1527년
- ○ 기타 주변 언어 연구서, 사전

그 중에서 계림유사(355항목)와 조선관서역서(597항목)는 중국어에 대한 우리말의 音譯을 단 것으로 고려 중기 내지 이조 초기의 우리말을 아는 데 귀중한 자료가 되는 것이다. 그 다음 것들은 우리말이 한글로 표기되어 있어서 15, 6세기어의 귀중한 자료가 된다.

3.1.2. 방 언

언어의 역사적 연구의 자료로서 중요한 것으로는 문헌뿐만 아니라 고대 언어의 연속체로서의 현대어 곧 방언이 있다. 방언이라면 현대어의 테두리에 묶여서 중앙의 표준어와 상대되는 의미로 파악하기 쉬우나, 오래 전부터 시간적, 공간적, 사회적, 문화적으로 분열되어 온 동일 언어의 분파언어를 의미한다고 봄이 옳다. 물론 표준어의 기반이 되는 언어도 분파언어의 한 갈래로 방언의 일종이라고 할 수 있다. 여기에는 전 시대의 문헌에 나타나는 각종의 언어적 차이라든지 上流, 中流, 下流 등의 각 사회층의 사용 언어 혹은 직업 기타 원인에 의하여 생긴 특수 언어도 포괄되는데, 이들에 대한 비교 및 방언 내의 동일 어원의 어휘 즉 변이형의 비교를 통하여 그 層位 및 古形을 탐색함으로써 유효한 연구 자료를 획득할 수 있다. 문헌을 통해서는 문자에 의해서만 국한된 古代 언어를 알 수 있는 데 대해, 方言을 통해서는 방법 여하에 따라 옛것을 되살릴 수 있는 무한의 가능성이 있다.

더욱이, 文獻이 결핍된 오늘의 실정에서는 그 補缺을 위해서도 그 가치가 일찍부터 높이 인정되어 왔다.

특히, 제주도 방언은 직접으로 고대 언어의 지식에 중대한 기여가 있을 것이다. 왜냐하면, 여러 가지 조건으로 인해서 비교적 다른 방언에 비해 古形을 유지하고 있기 때문이다. 그래서, 제주방언의 연구는 다른 지방의 방언의 연구보다는 그 개척이 앞서고 수많은 어휘집이 간행되었다. 이른 시기의 것으로는,

- ○ 南部朝鮮の方言　　　　　　　　小倉進平 著　1924년
- ○ 朝鮮語方言の 研究 前編 資料篇　小倉進平 著　1944년
- ○ 濟州島方言集　　　　　　　　　石宙明 著　　1947년
- ○ 제주방언연구　　　　　　　　　박용후 著　　1960년
- ○ 濟州島方言硏究(資料篇)　　　　玄平孝 著　　1962년(수정판 1985년)

등이 있다.

탐라어 연구를 위해서는 전문적인 俚語 수집이 필요하다. 그것은 방언 가운데서도 비교적 俚語에는 古形이 많고, 또 방언의 古形은 그만큼 固定性이 있기 때문에 고대어 연구에 도움이 되기 때문이다.

제주방언의 경우, 陸地語에 비해 古形이 많다고 하는 것은 言語地理學上의 하나의 定說이 되고 있어서 이것을 가리켜 新羅語 云云 또는 古耽羅語의 殘存이라고 한다. 新羅語 云云하는 것은 제주방언을 가지고 향가의 해독이 가능하다는 것이고, 古耽羅語의 잔존이라고 하는 것은 한반도에 존재하지 않는 여러 어휘가 제주도에 가끔 존재하기 때문이다. 그러나, 그 향가 해독은 오직 부분적인 것으로, 아직은 멀었고, 또 한반도에 인정되지 않는 말이 반드시 古耽羅語라고 가볍게 단정할 수도 없는 노릇이다. 육지부

방언을 가지고도 향가를 부분적으로 해독할 수 있는 것이고, 한반도에 행하여진 것이라도 어떠한 흔적을 남김없이 消失한 것 중에 제주도에 남아 있을 수 있다.

탐라어 연구에서 특히 후자의 판별도 중요한 것이니, 이는 방언과 문헌, 방언과 방언간의 대조 비교에서 가능하므로 加一層의 방언의 조사 수집과 연구가 필요하다.

3.1.3. 지 명

방언 이외에 古語를 가장 충실히 또 풍부히 제공하고 있는 것이 地名이다. 실지 고대 언어의 연구에 있어서 일상 쓰고 있는 방언보다도 지명이 그 固着性과 保存性이 큰 데서 그 효과가 인정되어 왔다. 그래서, 곧잘 古文獻에 나타난 지명을 통하여 고대어를 추출하여 왔던 것이다. 그 대표적인 것으로 三國史記地理志를 통한 삼국의 어휘 추출과 비교를 들 수 있다. 탐라어의 문헌어도 주로 지명 관계의 문헌을 대상으로 하는 점에서 예외는 아니다. 다만, 삼국사기지리지인 경우는 고유 지명과 한자 지명과의 重層性이 옛 문헌상에서 완전히 그 대응이 일치됨으로써 얻어진 결과임을 유의해야 할 것이다. 제주도의 경우는 구전의 속칭과의 대응에서 확인할 수밖에 없다.

지명은 대개의 경우 종족의 이동과 같이 한다. 따라서, 지명의 연구는 고대어의 연구에서뿐만 아니라 민족의 형성, 이동의 경로를 밝히는 데도 큰 도움이 된다. 즉, 外來의 종족은 정착 또는 귀화와 동시에 그 本住地의 지명을 동반하는 것이 보통이다. 따라서, 현재 남아 있는 제주도의 古地名과 한반도 및 일본의 지명들을 대비하다 보면 종족 이동의 경로를 확인할 수도 있을 것이다.

한편, 지명은 種族의 이동과 같이 하는 것 뿐 아니고, 오히려 보다 前代의 언어의 자취가 지명에 남는 일이 많다. 가까운 일본의 동북부 지방만 하더라도 지명의 대부분이 Ainu어의 흔적으로서 해독이 된다고 한다. 이것은 비단 東北部 지방에 한한 것은 아니고, 西日本에서 東日本, 東北 日本에 갈수록 농후하다는 것이다. 오키나와에서처럼 제주도에서도 Ainu어적인 흔적이 발견될 가능성이 다분히 있다.

삼국사기지리지에 記載된 고구려 故地名 또는 현재 한반도의 북부 지방의 지명을 보더라도, 오늘의 우리말과 직접 연결시키기 힘든 Tungus 계통의 語例를 많이 발견할 수 있다는 것도 탐라어 연구와 전연 무관하다고는 생각되지 않는다. 지명의 분석을 통해서 意外의 소득이 나올 가능성이 많기 때문이다.

따라서, 古地名의 수집과 분석이 필요하다. 지금까지 이른 시기에 공개된 것으로 앞서의 古文獻의 지명 이외에

   ○ 耽羅巡歷圖(1702~1703년)
   ○ 1959年에 실시된 各級 地名制定委員會의 地名調査
   ○ 1960年에 간행된 濟州島 地名의 由來集(秦麒聖 編)

이 있다. 前一者는 그림과 곁들여 한자 표기의 지명을 제공해 준다. 지명은 한자로 표기되어 있기 때문에 속칭과의 대응에서 그 독음을 확인할 수밖에 없다. 衣貴, 孤村 등은 訓音讀으로 良多時·可文(岳)은 音音讀으로, 黑岳은 訓訓讀으로 土坪은 音訓讀으로 읽을 것으로 보인다. 이 역시 절대적이지 못하고 어떻든 고문헌의 한자 지명을 音訓으로 읽을 경우에는 특별한 주의를 요한다. 後二者는 거의 내용이 일치된 것으로 俗傳에 위치하고 있다. 古文獻 또는 口傳하는 지명의 명칭의 유래에 대하여는 으레 俗傳이 따르기 마련인데, 이러한 俗傳에는 유의는 하되 구애되지는 말아야 할 것이다. 왜냐하면, 그것들은 학술적으로 근거가 매우 희박하기 때문이다. 이 책 7장에서의 지명 해독에서 한라산, 延婚浦 설화, 山房山 등에서는 속전이 참고가 되었고, 成佛岳, 元堂岳 등에서는 참조하지 않았다. 이후 地名의

연구에 있어서 현장에서의 확인 그 채집에 주력하고 분석 및 비교 방법에 도 유의해야 할 것이다. 단순한 音形의 유사만으로 同源, 同系로 속단한다 는 것은 매우 위험한 일이다.

3.1.4. 기타 : 민요, 전설, 巫歌 등

지명 이외에도 고어를 발견할 수 있는 것으로는 민요, 전설, 무가 등을 들 수 있다.

제주도는 여러 가지 특수성에서 이러한 민속적인 殘存 문화가 양적으로 풍부할 뿐더러 질적으로 희귀한 것들이 많아서, 이들의 採掘, 精鍊에서 많 은 탐라어의 채취가 가능할 것으로 기대된다.

다만, 현존 민요의 형성은 그다지 오랜 일은 아니고, 또 민요는 그 改作 이 공간적으로 시간적으로 부단히 행하여지는 것이므로, 의외로 改傳이 심 하여 그 效用이 적을지도 모른다. 전설, 무가도 어학적인 면에서는 마찬가 지일 것이나, 그 가운데 무가의 가치가 좀 낮지 않을까 생각되지만 본 연 구에서는 활용하지 못하였다.

그러나, 이들은 대개가 口傳적이고 집단적, 유동적인 것이기 때문에 고 유한 민족 생활의 殘影을 잘 반영하고 있으므로, 그러한 문화의 해명을 통 하여 간접적으로 탐라어 연구에 좋은 자료를 제공할 것으로 본다.

참고로, 이른 시기에 수집 공개된 자료를 적으면,

○ 濟州島民謠集　　　　金永三 著　中央文化社, 1958.
○ 濟州島巫歌(1), (2)　　張籌根 著　1958, 1960 (국어국문학 19, 22)
○ 濟州島說話集(1)　　　秦聖麒 著　1959
○ 濟州島民謠(1, 2, 3)　　　〃　　　1960, 1963.
○ 濟州島巫歌集(1, 2)　　　〃　　　1960, 1963
○ 南國의 巫歌　　　　　　〃　　　濟州民俗文化硏究所, 1960.

○ 濟州島民謠解說   洪貞杓 著 省文社, 1963.
○ 濟州島民謠研究(上)   金榮敦 著 一潮閣, 1965.
○ 濟州島 民謠의 類別的 考察 林憲道 著 1967~1968. (제주도 31, 33, 34.)

文庫本으로는,

○ 玄容駿 : 濟州島神話, 瑞文堂, 1976.
○ 玄容駿 : 濟州島傳說, 瑞文堂, 1976.

3.2. 연구방법

앞에서 탐라어 연구에 있어서 주변 및 한반도 언어와의 비교 및 문헌과 자료의 중요성과 과제 등을 제시하여 왔는데, 이번은 이를 마무리하는 뜻에서 그 연구방법에 대하여 한마디하기로 한다.

탐라어의 연구는 그 뜻에서도 밝혔지만 과거의 언어의 연구다. 곧 옛 제주도 언어의 실상을 연구하는 것이다. 그러므로, 그 방법에 있어 역사적 연구의 방법에 의존할 수밖에 없다.

그러나, 탐라어에 대한 직접 자료가 없기 때문에 우선은 탐라어 자체의 발굴이 급선무다. 그렇다고, 연구의 목적이 탐라어의 발굴과 究明에서 끝나는 것은 아니므로, 할 수 있다면 탐라어의 어휘 목록을 비롯하여 음운, 문법의 실태까지 파악하고 이를 기술하는 데까지 미쳐야하기 때문에, 기술적 연구도 소홀히 할 수 없다. 역사적 방법과 기술적 방법은 서로 대립하는 것이 아니고 相補의 관계에 있으므로, 앞으로 두 가지 방법의 병행으로써 음운, 어휘, 문법의 제법칙을 연구해야 한다.

흔히 역사적 연구의 방법으로는,

(1) 文獻的 연구

(2) 方言의 調査 연구

(3) 比較 연구

(4) 言語年代學

의 네 가지를 든다.

(1)은 言語史 연구에 있어서 시간의 흐름을 따라서 내려오는 언어의 역사적 기록을 조사하여 내려옴으로써 그 언어의 역사를 밝히는 것이며, (3)은 문헌 이전의 시대의 언어를 비교 방법에 의해서 거슬러 올라가는 방법이다. (2)와 (4)는 (1)과 (2)의 결함을 보충해 줄 것이다.

이들의 연구가 언어의 역사적인 생성 발전 과정, 그 중에서도 특히 共通祖語의 재건 또는 변천사를 다루는데 주목적이 있는 것이므로, 탐라어 연구에서 불가결한 방법이겠지만 지금의 처지로는 그러한 궁극적 목적의 달성이라는 實效를 기대하기란 어려운 일이다.

그러한 通時的인 고찰보다는 기술과 비교를 통한 탐라어의 발굴 자체가 더 급하고 또 실지로 더 실효를 거둘 것으로 예상된다. 즉, 탐라어의 어휘 목록을 작성하고 그 실태를 진단하는 일이다. 이 작업은 문헌에서의 추출, 방언에서의 古形의 판별, 인근 언어와의 비교 혹은 語彙統計的 방법 등으로 상호관계의 판단의 방법 등으로 전개될 것이다.

3.2.1. 문헌적 연구

탐라어 연구에서 가장 시급한 것은 문헌의 분석과 註釋을 통하여 탐라어 어휘를 제격으로 추출하는 일이다.

원래, 문헌적 연구는 어떤 언어의 역대 기록을 조사해 내려옴으로써 그 언어의 역사를 밝히는 것이다. 그러므로, 여기서는 그 기록들에 대한 비판이 중심 과업이 된다. 이 방법은 어느 정도 풍부한 문헌이 있는 시대에 대해서만 가능하다. 가령, 15世紀 이후의 한국어에 대해서는 이 방법을 적용할 수 있다.

그러나, 탐라어 연구에 있어서는 직접문헌의 결핍으로 인해서 시기와 관계없이 도저히 그 역사를 엮을 수는 없고, 간접문헌 및 자료의 주석을 통한 관계 어휘의 추출에 만족할 도리밖에 없다.

현존하는 문헌 및 자료에 대하여는 앞에 소개한 바 있거니와, 이들의 주석과 비판을 통하여 어휘 목록을 제대로 작성하는 일이다.

이를 위해서는 첫째, 문헌을 정확히 비판하는 방법을 터득하지 않으면 안 된다. 즉, 원본의 탐색과 음미를 비롯하여 저자 연대의 결정, 저자의 탐색 등의 원전 비판과 각 문헌에 나오는 표기의 어느 부분이 前時代의 영향을 받은 擬古的인 것인가, 혹은 그대로 베낀 것인가, 또는 어느 부분이 당시의 실지 언어를 반영하는 것인가, 또는 보태어 놓은 것인가에 대한 판단도 해야 할 것이다. 고대의 중국 正史의 한국에 관한 기록에서 그러한 문제가 제기된다. 또 그것들을 史籍에 따라서는 중국 原音 그것도 上古音으로 읽을 것인가 中古音으로 읽을 것인가의 판단도 필요하게 된다. 誤記, 誤字는 물론 표기법과 실제의 발음과의 관계도 정확히 판단할 수 있어야 한다. 音讀인가 訓讀인가의 문제가 있게 된다. 되도록 諸本과의 校合에서 異文을 밝힐 필요가 있으며, 한자의 경우 異字體와 通用體에 대하여 오인없도록 할 것이다. 예컨대 단군신화(삼국유사)에서의 神市를 kamit으로 읽을 것인가 kampur로 읽을 것인가의 문제가 있고 똑같은 문제로 제주도 전설에 중국 秦나라 진시황의 명을 받아 長生不死의 약을 구하러 제주에 왔다가 서귀포 해안벽에 徐市過此라는 기록을 남기고 일본 쪽으로 갔다는 대목에서 徐市를 어떻게 읽느냐의 문제가 있다.

다음은 문헌 주석을 위하여 충분한 기초적 연구가 필요하다. 고대 언어의 어휘, 어법을 면밀히 검토하여 이를 터득하여야겠고, 古地名, 人名, 官名 혹은 金石文의 借字를 광범위하게 수집하여 그 표기법을 익혀야 할 것이다.

그런 면에서 지금까지 신라 시대의 吏讀文, 鄕歌, 地名 등의 漢字 記寫體系와 形態 등의 究明은 꾸준히 시도되어 왔고, 고대국어 한자음을 중국의 中古 漢音(切韻 廣韻)에 대비하여 재구하는 작업도 진전되어 왔다. 이러한 成果를 조감(照鑑)하여 글자 하나 하나의 충실한 해석이 요구되며, 그러다 보면 새로이 고쳐져야 할 일이 나올 것으로 본다.

특히, 字句의 해석을 위해서는 특정 언어에 깊이 파고들지 않으면 안 될 것이며, 주변 언어와의 비교도 요구되는데 그러기 위해서는 그 문헌들 곧 연구서, 辭書 등을 충분히 활용할 수 있어야 할 것이다.

3.2.2. 방언의 조사연구

지방 언어를 자료로 하는 방언의 연구에는 두 가지 방향이 있다. 하나는 단어 등을 단위로 하는 개별적인 연구이고, 하나는 지방을 단위로 하는 체계적인 연구이다. 전자는 소위 言語地理學的 방법이고, 후자는 종래의 소위 방언학이다.

言語地理學的 방법에서는 一事物에 대하여 지방의 異稱(예를 들면 '木'에 대한 나무, 나모, 남, 낭, 낭기)을 조사하여 한 시대에 있어서의 분포 상태를 지도상에 그려서 밝히는 동시에, 그 新古를 따져서 낱말의 발생, 성장, 변화, 사멸하는 과정을, 지도상에 나타난 그 지방적 분포와 관련시켜 구명한다.

이에 대하여, 하나의 지방을 단위로 하여 그 지역에서 보이는 모든 언어 현상의 종합적 조사와 체계의 확립을 목적으로 하는 것이 방언학이다. 言語地理學과는 下位 부위에서 대립하지만, 그 上位 부위에서는 그것을 안에 포괄하기도 한다.

탐라어 연구는 바꿔 말해서 제주도의 古代 내지 中古 方言의 연구이며, 方言史의 연구이다. 방언 연구의 두 가지 방향은 탐라어 연구에도 두 가지 방향을 제시한다. 하나는 탐라어 전체의 체계를 再構하는 것이며, 또 다른 하나는 탐라어의 어휘의 新古를 헤아리는 부분적 연구이다.

전자는 현단계로서는 성과를 거두기는 이르고, 후자는 문헌에만 의존할 수 없는 탐라어 연구의 특수성에 비추어 언어의 역사를 제공하는 유력한 방법이기에 이 방면에 주력할 수밖에 없다. 곧 언어지리학적 방법을 준용하여, 매몰된 탐라어 기층을 탐색, 분해하며 현재 노출된 어휘를 캐내어서 그 新古를 가려내고, 最古形 또는 基語를 재건하는 것이다. 꼭 지도를 그리지 않아도 된다. 방언과 지명의 현장조사를 통하여 변이형이나 분포형을 확인함으로써 목적을 달성할 수도 있다.

그러한 방법을 밟는 절차로는 우선은 보다 古形인 俚語를 되도록 많이 조사, 수집하는 것이고, 그것을 쉬지 않고 지도상에 그려 나가거나 分布相을 체크하는 것이다. 그러므로, 지도를 그린다든지 분포상을 해석하는 방법을 알아야 할 것은 물론이다. 新古의 판별에는 해당 언어가 문헌상 고대에 출현한 前例를 찾아서 기준 삼을 수도 있다. 단, 주변 언어 혹은 死語에서의 차용 여부는 확인해야 한다. 그리고, 해당된 단어가 同系 언어 또는 俚語 중에서 가까운 形이 있는 경우에는 될 수 있는 한, 그것을 채용한다. 前記의 '木'의 해당 단어 가운데서 12세기의 鷄林類事의 木曰南記라는 前例와 方言의 '낭기', '남'의 形에서 '남기' 또는 남(+기)라는 基層을 가정하는 것이다[5]. 이러한 가정이 맞게 된다면, 나무·나모는 남에 기생모음이 부가된 것이고 '낭기'는 자음접변형, '낭'은 그것의 분리되거나, '남'으로부터의 ŋ음화한 것이라 할 수 있다. 가라어에서 남(南)은 松이다.

3.2.3. 比較方法

비교란 두 개 이상의 대상을 갖다 놓고 그 간의 異同을 관찰하는 것이다. 그래서, 그 대상을 정리하고 체계 중 타당한 관계에 놓는다. 앞서의 언어지리학적 방법도 하나의 사물에 대한 여러 가지 異稱을 비교하는 점에

---

5) 日語의 '木'은 古문헌에 그들이 소위 말하는 乙類 한자인 紀, 幾, 奇(kï)로 나타나는데, 그 ㄱ. 重母音性을 착안해서 南島語 기원으로 보는 분도 있다. '南記'와는 전연 관계가 없을까? 일본어 '幹'은 'miki'다.

서는 같다고 하겠다. 그러나, 엄밀한 의미에서는 구별된다. 비교의 방법으로는,

첫째, 일반적인 비교방법이 있다. 계통적, 문화적, 지리적, 기타의 관계 여하를 불문하고 두 언어를 비교하는 것이다. 한국어와 영어를 일반적으로 비교하는 따위이다.

둘째, 어떠한 역사적 관계가 있는 여러 언어간의 비교로서 특히 借用을 연구의 대상으로 하는 것이다. 한국어와 중국어를 차용 관계를 중심으로 비교하는 따위다. 이 방법은 비교 대상간의 계통적 관계를 고려에 넣지 않는 점에서 다음의 방법과 다르고, 지리적 문화적 상관을 조건으로 하는 점에서 제일의 방법과 다르다.

셋째, 起源을 같이 하는 一群의 여러 언어의 비교 연구에 의하여 같은 계통에 속하는 언어간의 相似, 異同을 검토하여 그 관계를 밝히고, 나아가서는 起源을 같이 하는 언어와 下位 언어들과의 역사적 관계를 考究하는 방법이다. 오늘날 비교언어학, 비교문법이라는 이름으로 불려지는 비교방법은 이러한 연구를 말한다.

예를 들어, 아래 表를 가만히 보면,

	英語	獨語	佛語	伊太利語	스페인語
<足>	foot	Fuss	pied	piede	pie
<生>	life	Leben	vie	vita	vida
<夏>	summer	Sommer	été	estate	estio
<授>	give	geben	donner	donare	donar

영어와 독일어는 하나의 비슷한 집단으로 묶을 수 있고, 프랑스어, 이태리어, 스페인어는 그들대로 묶을 수 있다. 이는 이전의 관계는 어떻든, 위의 단계에서는 두 계열로 분화된 것으로 보인다. 영어와 독일어와는 독일어가 先단계로 보며 그와 비슷한 관계에 있는 것을 보이면,

	英語	和蘭語	獨語	덴마크語
<手>	hand	hand	Hand	hannd
<父>	father	vader	Vater	fader
<母>	mother	moeder	Mutter	moder
<持>	have	hebben	haben	have

와 같이 한층 더 유사함을 나타낸다. 이러한 유사성이 우연의 일치라 볼 수 없고(많은 어휘에 나타나므로), 또 어느 한 나라에서 차용해 온 것으로 보지 않는 한(기본 어휘면서 또 문법 구조 마저 비슷하므로), 이들 언어는 원래 하나(同系)의 언어로서 거기에 분파된 것으로 본다. 일단 그렇게 가정 했을 때, 이러한 유사성이 음운면에서 규칙적으로 대응하고 문법적으로 비슷하게 나타날 때, 이는 同系의 증명이 된다. 위의 표에서는 영어의 語中의 th[ð]가 독일어의 t[t]에 대응하고 있다. 그 규칙성을 음운규칙이라고도 한다. 비교 방법은 언어간의 이러한 대응을 찾아 그 同系性을 밝히고, 분파 이전의 형을 재건하는 것이다. 한국어와 일본어 사이에는 이와 같은 음운 대응의 예들이 보인다.

- yə介母音의 分化

한국어	sjəm 島	kjət 傍	kjər 族	njək 中	njət 行
일본어	sima	kata	kara	naka	ika

- t : k 교체

한국어	tɐt>tɐr 月	pat 吐	put 吹	kɯt 劃	mat 任
일본어	tuk	pak	puk	kuk	mak

• p : k 교체

한국어	yəp 側	thop 鋸	haphum 欠伸	capɯ 握
일본어	yo_2ko_2	noko/nopo	akubi	cukam

탐라어 연구에는 아직은 이러한 방법을 적용할 단계는 아니지만 시도해 볼 가능성은 있다. 예컨대 탐라어의 乙那(현대어의 어른, 으뜸), 일본어의 otona(<ətəna), 아이누어의 ottena에서 어두 모음 ə의 재건으로 대응이 성립함과 같다. 어떻든, 第一의 방법은 계통적 연구로서는 무의미하고 第二의 방법으로 차용이 아닌 同系의 가능성을 추구하는 식으로 접근해 갈 것이다.

비교 대상인 언어의 선정은 직접 또는 간접으로 탐라어와 관계 있는, 그리고 그 결과 문화적으로 영향을 미치고 혹은 입은 것이 아니면 안 된다. 그러한 盖然性이 있는 언어에 대하여는 탐라어의 주변 언어에서 일별(一瞥)한 바 있다. 특히, 고대에 있어서 탐라, 金海, 北九州, 南中國, 南島 여러 지방을 一環으로 한 어떤 특수한 공통성을 찾아내고 문화권의 형성 여부를 확인하는 일도 중요한 일로 생각한다. 따라서, 이들 언어 사이의 차용 관계에도 유의하고 문화의 흐름, 언어의식 등도 이해할 필요가 있다. 또한 차용의 경우도 언어 변화의 자연적인 것과 함께 변화의 한 원인이 되므로, 이들 변화의 파악은 탐라어의 성격을 이해하는 데도 도움이 될 것이다.

그러나, 第三의 방법을 포기하는 것은 아니다. 가능한 한 한반도 혹은 주변언어와의 대응을 찾아 그 규칙성을 수립하는데 노력할 것이다.

3.2.4. 言語年代學

言語年代學(glottochronoplogy)이란 同系의 기초 어휘를 비교하고, 그 殘存率의 算出에 의하여 그 언어들의 분열 연대를 산출하려는 것이다. 이 방법은 언어의 변화는 일정한 속도로 변한다는 가정과 변화에 中性적이고 안정된 기초 어휘의 존재를 전제로 한다. 기초 어휘 200으로 계산할 때 A라는 공통 祖語에서 분파된 a, b 두 언어는 1,000년 후에는 기초 어휘가 81% 남고, 다시 1,000년 후에는 첫 81%의 81%가 남는다고 본다. 따라서, c, d 두 언어의 殘存語의 百分率(기초 어휘의 共有率)을 산정함으로써 그 두 언어의 共通 祖語로부터의 분열 年數를 계산할 수 있다는 것이다.

d=logC÷2logr (d=分裂年數 C=殘存語 r=保有率=0.81)의 공식으로 나타낸다. 이제 殘存語의 百分率에 따른 分裂 年數를 概算的으로 나타내면,

96%=100, 90%=250, 85%=400, 80%=500, 75%=650, 70%=800, 65%=1,000……
과 같이 된다.

기초 어휘 100단어, 200단어의 리스트 및 그것에 따른 분열 연대가 다르게 나타난 것은 졸저(김공칠 1987:203〜217)를 참조 바란다. 종래의 비교방법이 과거의 음운과 문법에 치중한 데 대하여, 이는 현존의 어휘를 가지고 지난 연대를 알아내는 방법으로 시도되었다.

문제점으로는 창시자 Swadesh의 조사 항목이 우리 국어를 對內外的(방언과 방언, 혹은 주변언어 사이)으로 조사하는 척도로서 타당한가 하는 점이다. 문화 어휘가 아니고 기초 어휘이고, 또 어느 정도 빈출도(頻出度)의 통계적 조작을 거친 점으로 봐, 일단은 AB 두 언어의 공통 잔존어를 조사하는 기틀은 될 것이다.

방법상에서 조사 항목에 따라서 두 언어를 조사하여, 形이 유사한 것을 +, 유사하지 않는 것은 -로 부호 표시하고, 그 全數로써 +의 相對數를 나누어 殘存率을 산정하고 공식에 대입해서(아래의 C에 해당, r=0.81)

$$d=logC÷2\ logr$$

分裂 年數(1,000單位) d를 구하는데, +-의 판정에 주관성이 개재될 수 있어서 어느 정도의 유사성까지가 +로 인정하느냐 하는 문제가 있다. +의

몇 개 차이로 상당한 연차가 생긴다. 규칙적인, 대응까지 논의하게 된다면 아주 전문적인 것이 될 것이다.

만약 비교하는 A, B 두 言語가 같은 시대의 것이 아니고, A는 현대어이고 B가 과거의 언어의 경우(예를 들면 중세 국어와 現 제주방언의 비교 따위)는 어떻게 되느냐 하는 것도 있지만 이에 대해서는 다음 공식이 제안되고 있다.

$$d=(logC \div 2\ logr)+(dB \div 2)\quad (dB는\ 몇\ 년전의\ 언어인가\ 하는\ 年差)$$

이러한 방법으로 산출된 年數가 AB 두 언어의 分裂 年數를 정확히 나타낸다고 보기는 어렵다. 어디까지나 하나의 가정이고 비교 연구의 하나의 보강에 불과한 것으로 증명의 수단으로 자립하지 못한다. 다만 조사 항목에 따른 두 언어의 조사 어휘가 충분히 그 대응이 입증된 것이라면 유력한 방증의 방법의 하나는 될 것이다.

4. 탐라어와 남방언어

4.1. 머리말

이는 탐라어 연구의 일부로서 남방계어와의 비교연구의 도입에 해당된다. 국어사의 연구에서 신라어 및 韓系 諸語에 남방계 요소가 있었느냐 하는 문제는 오래 전부터 제기되어 왔다.

이와 비슷한 문제가 이웃나라 일본에서도 오랫동안 논의되어 온 것인데, 그 초점은 先住 민족에 관한 것이다. 즉 북방계인 Altai계의 도래 이후의 Yayoi(彌生)식 문화와 도래 이전의 Zyoomon(繩文)문화와의 문화적 gap을 어떻게 해석하느냐 하는 데 있다. 神話上, 古墳構造上, 기타 풍속, 언어 등의 異質的인 重層性을 미루어 Altai계 도래 이전에 대륙 남방계의 문화가 북상하여 Zyoomon(繩文)문화를 이룬 것으로 보고 있지만, 이러한 문제의 궁극적인 해결은 특정과학의 단독의 힘으로는 불가능한 것이고, 고고학, 민족학, 인류학, 언어학 등의 종합적인 연구의 진전을 기다릴 수밖에 없다.

일본의 경우를 제쳐놓고 우리나라에서도 언어학적인 견지에서 남방계와의 관련이 있다고 보는 견해가 대두한 바 있다. 그 뒷받침은 주로 남부지방의 지명과 인체적인 어휘에서 그 잔존이 보인다는 것이다. Cuboi(坪井九馬三)가 최초로 지적하고 이후 몇 사람이 추종한 바 있는 南方系 地名說의 요지는 고대의 지명에는 북방적 요소와 남방적 요소가 있는데, 三韓의 古地名에는 고구려 계통의 북방적 요소가 희박하고 개음절화된 남방계 지명이 많다는 것이며, 그 이유를 문화가 남에서 북으로 올라온 데 있는 것으로 보고 있는 것이다.

예컨대, 산스크리트(Sanskrit) 혹은 몬·크멜어계 지명을 몬·크멜어계 移民의 말로 보고 있다. 그 어례로 불(伐·夫里·火) skt. pur 'fort', 牟羅·牟禮 skt. mùla 'cleaving'·'plantation', 히 skt. hari 'sun'·'day', 首露·徐羅 mon. jeröl·jran 'high'… 등을 들고 있다. 이보다 Cham語(몬·크멜어계 방언)로 많은 지명을 해석하고 있으며, Cham족이 고대 일본으로부터 三韓에 이주한 것으로 보고 있다(坪井1924). 약간 의도적인 데가 있다.

인체적인 어휘에서는 배(腹), 빰, 보지(女陰), 굴(口), 부아(肺) 등 5~6개의 어휘의 유사가 보인다는 것이다(大野 1957:192). 이에 대하여 학계 일부에서는 매우 비판적이다. Altai계어에서도 개음절의 현상이 보이고, 이상의 몇 개의 인체어에 대응되는 단어도 있을 수 있다고 한다(李基文 1967:106). 이러한 논의는 앞으로 더욱 심화되겠지만, 어떻든 우리 국어가 북방계 일색이 아니고 북방계 요소로 설명할 수 없는 특수한 基層이 있는 것만은 확실하다. 따라서, 남방계 언어와의 관계 여부는 계속 추구될 것이다.

여기서는 특히 일찍부터 고고학적으로, 민속학적으로 남방계의 요소가 있다고 지적되어 왔고, 또 사실상 지리적 위치로나 島嶼적인 조건으로 보아 그 연관성이 어느 정도 농후하다고 할 수 있는 탐라와의 관계, 특히 그 중에서도 언어적인 관계가 있었을 가능성 여부를 타진해 보려는 것이다.

巫俗 또는 혼인 형태상으로는 남방적 요소가 있을 수 있는 가능성이 일부에서도 조심스러이 지적된 바 있다(玄容駿 1967:19~). 또 이웃인 琉球, 南九州에서도 지명상 또는 주민의 체질상 Indonesia계의 흔적이 발견되고 있다. 그 예로 與論, 瑞慶覽, 勝連, 阿波連 등의 l-n어미의 지명과 與那國, 八重山, 永良部, 屋良部, 伊江, 伊良部 등 y(i)계 어두의 지명은 인도네시아, 琉球, 南九州가 일찍기 동일 언어권이 아니었나를 추측하게 한다고 하는데 臺灣의 l-n계 지명으로는 蘭, 欒, 鸞, 崙, 籠, 巒, 瀾, 鍊…, 필리핀, 보르네오 일대에는 luan, lan.…가 예거된다.

生體 計測(頭最大長, 頭最大幅, 頭長幅示數, 頰骨弓幅, 鼻幅, 身長의 6항목)에서도 비교群의 관계 편차(적을수록 유사성이 강함)를 보면 南島群에서 南九州의 地方群과 유사성이 강하지만(0.17~0.49), 北九州人 그리고, 제주도하고는 현저히 어긋난다는 것이다(0.89). 그러나 對馬島는 0.32이다. 그리고 腋臭者가 많은 점도 남방적인 경향이라고 한다(金關 1955). 과연 이러한 흔적, 즉 언어학적인 술어로는 기층 현상이 있을 수 있느냐 하는 것은 흥미있는 문제가 아닐 수 없다. 특히, 오래 전부터 제주방언의 특이성이 많은 사람에 의하여 회자되었고, 그것은 주로 古語적인 성격과 혼합어적인 현상으로 설명되어 왔다. 그러나, 이보다 더한 근본적인 이유가 있는 것이 아닐까? 즉 통설화되다시피한 북방계인 Altai어의 침입 이전에 원주민의 다른 언어가 있지 않았는가 하는 것이고, 그 흔적이 아직도 남아 있어서 특히 음운면에 큰 영향을 끼치지 않았는가 하는 것들이다.

여기서는 이러한 문제를 탐라어 연구의 일부로 다루고, 탐라어의 기원 내지 국어형성사 이전의 문제와 연관시키는 한 계기를 마련하는데 그 의도가 있다. 물론, 모든 여건이 가설 이상의 작업을 이룰 수가 없고 거의 핵심에서 떨어져 있겠지만, 그런대로 이후의 계속 작업의 전제로서 의의가 있는 것으로 사료된다.

4.2. 남방계 민족과 언어

4.2.1. 남방계 민족의 분포와 이동

우리가 흔히 남방계 민족이라 하여도 그 사용 범위가 대단히 막연하다. 종족의 구성과 그 분포 영역이 대단히 복잡하기 때문이다.

첫째로, 태평양 남양에 분포되어 있는 소위 Malayo-Polynesia 종족을 뜻할 수 있지만, 이것 역시 분파가 복잡하여 그 계통과 범위를 잡기가 어렵다. 그것은 해양적인 조건, 도서(島嶼)적인 조건에서도 오지만 과거의 종족적인 이동과 事象이 無常하였기 때문이다.

둘째, 남방계라면 꼭 태평양 남양에 분포되어 있는 종족만이 아니고 동남아(東南亞)의 내륙 내부에 분포되어 있는 종족 가운데 언어상, 문화상 유관하다고 생각되는 종족을 일부 포함시켜서 이야기하는 것이 과거의 예다. 여기서 지금까지 거론되어 온 종족으로는 Tibet – Burmese족, Mon – Khmer족, Leptcha족 등이 있다.

P. W. Schmidt는 첫째의 남양 諸族을 南島語族(Austonesisch), 둘째의 대륙 종족 가운데 Mon – Khmer 계통을 南亞語族(Austroasiatisch)이라고 불러 이 둘을 南方語族(Austrisch)으로 크게 묶기도 한다. 이에 더 나아가서 A. Conrade같은 분은 Tibet – Burmese족까지 포함시키기도 한다6). 어떻든 우리가 말하는 남방계어와의 관계라는 것은 이러한 민족의 북상을 예상하고 과연 이러한 민족과의 관계가 Altai계 도래 이전에 맺어지고, 그 흔적이 오늘날 남아 있느냐 하는 문제가 된다. 最下限 B.C. 1세기 이전의 弁辰人 및 北九州의 倭人들의 文身은 이들과 관계있을 것이라고 보고 있다. 吳越系라고 보는 의견하고는 언어적인 연관이 안 되는 게 문제이다.

이제, 이를 구명하기에 앞서 우선 고대에 있어서 남방계 종족의 주요소와 그 이동에 대해 알아볼 필요가 있다. 우선 주목되는 것으로는 인류 최초의 부류에 속하는 종족이 인도네시아에 살았었다는 것이다. 1890년 홀랜드의 保健省 관리 E. Dubis가 赤道直下의 Java에서 발견한 Java原人 Pithecanthropus가 현재 인류의 직계적 조상이 아닐지는 몰라도 그와 관계있는 것만은 틀림없는 것이고, 화석 연대는 洪積世(빙하시대)의 중기경(약 23만년 전)으로 보고 있다. 홍적세는 바로 구석기시대이며, 이 중 어느 시기는 한랭한 기후에서 몸을 지키기 위하여 인류가 穴居 또는 洞穴 생활을

---

6) 松本(1942:249~258)에 Schmidt P.W.의 說(Die Mon – Khmer – Völker, ein Bindeglied Zwischen Völkern Zentralasiens und Austronesiens 1906)과 Conrady A.의 說(Neue austris ch – indo – chinesche Parallelen 1920)이 요약되어 있음.

하던 때이다.

1929년 대륙의 깊숙한 北京 西南 周口店에서 발견된 北京原人 Sinanthropus 는 같은 시대의 Pithecanthropus에 비해 한층 원시적이지만, 그것과 유사성 이 많고 또 놀랍게도 출토품도 비슷한 데가 있다. 이것은 Java原人과 北京 原人이 관계가 있다는 것이 입증되는 것으로, 남양의 지질적 구조를 미루 어 대륙 漂移 이전에 陸續으로 가능했던 고대인의 이동을 쉽사리 예상할 수 있다. 또한 이것은 아시아대륙 남부로부터 인도네시아의 여러 지역, Micronesia, Melanesia 등의 넓은 지역에 걸쳐 잔존하는 巨石문화의 자취에 서 뒷받침을 얻을 수 있다. 早期 이동의 분포상황은 명확하지 않다 하더라 도 신석기 시대에 있었던 대이동 때에는 아시아대륙의 동남단에서 인도네 시아 지역에까지 파급하여, 그 일부는 뉴기니아를 거쳐 오스트레일리아에 까지 미쳤고, 일부는 서남 태평양을 북상하여 Melanesia제도, 필리핀, 대만, 琉球에까지 올라왔다고 한다. 동남아 일대에 분포되어 있는 有肩石斧의 형식에서 뒷받침된다[7]. 더욱이, 그 본거지 또는 경유지를 H. Kern은 Austronesia어의 여러 가지 기구 또는 동식물의 어휘의 연구에서 印度支那 (越南지방)의 해안지대로 추리하였다[8].

이후에도 종족의 이동은 계속되었는데, 결코 이들은 定住하는 일은 없 었고, 단순히 생존을 위하여 혹은 뒤에 오는 종족에 쫓겨 방황 유랑하였다.

이러한 종족 이동의 최후는 인도네시아족의 결합, 발전에 주요 부분을 이룬 도이테·마레종족이고 그 시기는 B.C. 5세기경이다(大谷 1943:452). 이 들은 이주 당초에 상당히 높은 문화를 가지고 항해술에 뛰어나서 남양의

---

7) 松本(1942)에 의하면 Heine-Geldren R.의 Urheimat und frühest Wanderugen den Austronesier(1932)에서 有肩石斧 분포도는 동남아(보르네오, 수마트라 자바 제외), 필리핀, 대만, 일본에 이른다. 제주도 이북은 처음은 권외로 했다가 후에 북해도, 한국에까지 이른다 고 補訂하였다 한다.

8) Kern H.: Taalkundige gegevens ter bepaling van het stamland der Maleisch-Polynesische volken. 1889. Malay-Polynesia어의 기구와 동식물의 어휘의 연구에서, 原住地는 甘蔗, 椰子, 바나나, 대(竹)나무, 藤나무, 벼가 자라고 상어(鮫), 오징어(烏賊), 새우(蝦)-가 알려져 있고 boat, 돛(帆), 鰐魚, 水牛, 象 등의 어휘가 보이는 열대지며, 海濱이며 항해민족이 거주하는 지역으로 추정함(Hoop 1994).

다도해를 종횡으로 누벼 각지의 先住 종족과 교섭하고, 마레이인으로서의 기본요소를 지탱하면서 수많은 인종적 분화를 이루었다. 이같은 南島語族의 복잡성은 자연히 언어의 세분화를 가져왔는데, 인도네시아어만 하더라도 그 방언이 무려 200을 넘는다고 한다[9]. 이들의 분포 범위와 특징에 대하여는 다음 항에서 언급하기로 한다.

4.2.2. 티벳·버마어

먼저 南亞語族 가운데서 특히 일본에서 언어 기원 문제와 결부시켜 문제삼고 있는 종족 곧 티벳·버마족, 몬·크멜족의 언어에 대하여 알아보고 한국에서의 논란의 필요 여부를 검토하기로 한다.

이들 종족은 A.C. Hadden에 의하면 버마의 해안은 인도네시아인에 의하여 지배되어 있었지만, 대륙 내부는 몬·크멜족에 의하여 점거되었었고 최초로 인도지나를 휩쓸은 것은 티벳·버마족 및 타이족이라고 한다 (矢崎 1959). 티벳·버마족의 原住地는 양자강 水源 지방으로서 양자강 이남 뿐만 아니라, 이북의 연안을 따라 한국의 서해안을 거쳐 일본 쪽으로 갈 수 있었을 것이고, 대만, 琉球를 거쳐 일본 또는 한국의 남해안에 밀어닥칠 수도 있었으므로, 그들과의 긴밀한 상관이 가정되는 것은 무리가 아니다.

그럼, 이들과의 언어에서 어떤 상관이 발견될 수 있느냐가 큰 관심인데, 티벳·버마어도 그 계통이 복잡하여 문제가 있다. 티벳·버마어는 Tibet, Himalaya – Assam제어, Bodo어, Kachin어 등과 同系로서 이들 언어는 중국어, 티벳어와 더불어 티벳·차이나어를 구성한다. 7, 8천년 전에 티벳어와 중국어는 分岐된 것으로 보고 있다. 티벳은 高原 쪽으로 중국은 中原 쪽으로 나간 것이다. 安南語(越南語)를 여기에 소속시키기도 하며, A.

---

9) 1966년 9월부터 1967년 10월까지 만 1년여 제주제일고에서 근무한 미평화봉사단원인 Jackie Tanny 양이 필자에게 들려 준 것이다. Jackie 양은 인도네시아어 전공이었다.

Conrade같은 이는 南島語族과의 친족관계를 풀이하여 크게 南方語族으로 묶기도 한다10). 이들 언어는 본래 단음절이고 聲調언어로서의 공통점을 지닌다. 성조는 티벳어·중국어는 4聲(廣東語는 6聲), 越南語(베트남)는 6聲이다.

그 중에서 티벳·버마어족과 일본어와는 동계라는 학설이 일찍부터 주장되어 왔는데, 그것이 바로 C.K. Parker의 티벳·버마어족 일본어동계론이다(Parker 1939). 그 序說에서는 몬·크멜족, 티벳·버마족은 기원 전후에 揚子江口 이북 연안을 따라 한국에서 일본으로, 동지나해쪽으로부터 일본 → 한국으로의 두 코스를 거칠 수 있었다고 하고 거기서 한국어와 일본어의 유사성을 설명하려고 하였다. 그것은 주로 대명사, 접속사, 수사, 동사 등에 비교를 시도한 것인데, 아직도 내부체계가 재구되고 있지 않은 티벳어와 버마어를 합해서 그 많은 방언 가운데서 유사한 어휘를 찾아 無理로 맞춰놓은 듯한 느낌이 든다. 예시하면(Parker 1939:92),

Group	Dialect		
Old Japanese	Nara	na	you
		nare	
Luchuan	Nago	nā	you
	Nase	nang	you
	Sumi	nāng	you
Burmese		nang	you
Kachin		nāng	thou
Himalayan	Magari	nang	you
	Dhimal	nā	thou
Bodo	Atong	nāng	thou

---

10) Conrady, A. Eine merkwurdige Beziehung zwischen den austrischen und den indochinesischen Sprachen 1916(松本 1942:249~250 참조).

	Bara	nang	thou
	Lalung	nā	thou
Kuki-chin	Meithei	nang	you
	Chiru	na	thou
Old Kuki	Kolren	na, nang	thou

고대일본어에서 제1인칭 단수대명사에 *na도 보이고 위와 같이 제2인칭 단수에 na가 보이지만, 한국어의 경우처럼 제2인칭 단수를 na/nə 교체로 본다면 위의 예들이 과연 한·일어의 형태와 관련되는지는 더 두고 볼 일 이다. 몽고어에서는 제1인칭 단수가 여격, 목적격, 탈격, 기구격, 공동격에 서 na 형태로 노출한다.

그러나, 엄밀한 의미에서의 체계의 대응과 동계의 증명이 성립되지 않 는다 하더라도 이러한 작업은 그의 말대로 이후 언어학적인 방법 이외의 인류학, 고고학, 민족학 등의 넓은 안목에서 다루어 나가게 하고, 또 당시 에 학계의 관심이 일반적으로 북방계인 Altai어계에만 쏠렸던 것을 남방에 도 탐색의 관심을 돌리게 하는 데는 충분했던 것이다. 중국, 티벳트의 동 부, 북라오스부터 雲南에 걸치는 瀾滄江변의 도시 卡若(karuo)에서 기원전 3천년 전의 신석기 시대 유적이 발견되었는데 거기서 조의 재배와 돼지의 사육이 행해졌다고 한다(崎山 1990:78). 이는 제주도의 사정과 비슷하여 양 자의 관계가 전파적인 것인지 환경자생적인 것인지는 분명치 않지만 관심 이 쏠리는 것은 마찬가지이다.

또, 사실상 이들 언어는 일본어 및 한국어와 유사한 점이 있다.

1) 우선, 문법적인 어순이 비슷하다. 주어, 목적어, 서술어의 순이고 직접 목적어와 간접 목적어의 위치는 교체해도 상관이 없다.
2) 성, 수, 격의 어형변화가 없고, 명사에 대한 관사도 없다.
3) 문법적인 체계는 조사, 조동사, 접미사를 첨가하여 나타낸다. 격조사

는 주격, 관형격, 처소격, 목적격, 기구격, 여격, 탈격 등이 주가 된다. 동사는 조동사, 접사의 도움을 받아, 여러 가지 문법적인 관계를 나타낸다.

4) 인칭대명사는 대단히 많고, 대화자간의 연령, 신분, 지위, 성별에 따라 다르게 쓰인다. 한국어 "나"에 대한 na "저"(彼)에 대한 su, 기타 지시대명사 "이"(this)에 대한 'i', "저"(that)에 대한 'thui' 등의 유사형이 보인다.

5) 복수는 엄밀한 구별은 없다. 그러나, 대개 생물인 경우 tui, 무생물인 경우 'mya'라는 접미사를 붙인다.

6) 性은 문법적인 것은 없고 자연적인 性 구별은 있다. 원형은 남성이며 여성은 ma라는 접미사를 붙인다.

7) 수사는 바로 뒤에 형식명사(불완전명사…匹 枚)가 따른다.

이처럼 유형적으로 몇 가지 닮는다고 해서 그것이 동계의 증명이 되지는 않는다. 다음과 같은 접두사의 용례도 유사한 것이 있는데, 특히 가족관계의 a접두사, wu(bu) o접두사가 흥미를 끈다.

	父	母	姉	兄
일본어			a-ne	a-ni
琉球語	a-ya	a-yā	a-n'e	a-ni
	a-sa	a-s'ē	a-sē	a-dza
	a-z'a	a-nna	a-bā	a-n'o
쇼오어	a-pō	a-nü	a-nü-bi	atā
차이레르어	a-pha	a-u	a-chū	a-ko
안드로어	a-pa	a-mē	a-na	
셍마이어	a-po		a-pī	a-pi

琉球방언에서도 a-bu(祖父), a-mu(祖母), app'ī(兄), a-f'ī(兄), a-z'ī(祖父), a-z'ī(祖母), a-mi(叔母), 티벳·버마어에서도 a-dai(祖父), a-jang(弟)와 같은 a-前置形이 보인다. 그러나 다음과 같은 bu前置形도 보인다. 琉球語에서 bu-ba, bū-a, bu-wā(모두 小母), bu-d'i, bu-dza(모두 小父), bu-g'e(父), bu-ya(祖母).

ō형도 보인다.

	父	母	兄	小父
듀마-사語	bū-p'ā	bō-mā	ō-tā	bi-di
로타-나가語	ōp-	ō-yō	ō-tā	ō-pō-rō

제주방언(기타 방언의 경우도 마찬가지지만)의 가족 어휘도 가만히 보면 모음 접두의 형식으로 분류될 수도 있다.

	제주방언	기타 방언
父	a-pa-ci/ŋ	a-pu/pa-ci/uŋi
母	ə-mə-ni/ŋ	ə-mə/mu/ma-ni/ŋi
親		ə-pə/pu/pɛ-i
男兄	o-r-a-paŋ	o-r-a-pu/pa-ŋi/ni
弟	a-si	a-si/su

기타 onui(兄姉), adɐr(子), acimaŋ(叔母, 兄嫂), acipaŋ(媤兄弟)

그러한 모음 접두 다음에 있는 어근은 어떻게 보면 한자어(父, 母, 弟)에서 온 것 같기도 하다. 티벳·버마어족도 크게는 한자 문화권에 드는 것이므로 그러한 가정도 황당한 것은 아니다[11].

---

11) 중세국어 əmi(母)는 Altai계로 보기로 한다.

그런데, 명사의 비교에서는 유사점을 찾기 힘들다. 일본어와 유사한 명사로 지적되는 것으로는(Parker 1939:146~),

1. pig	Burmese	wak	Lunchan Japanese wā
2. name	Dungmali	nang	Japanese na
3. mosquito	Munipuri	kang	Japanese ka
4. large fly	Ao-naga	abung,	Japanese abu
5. tooth	Lai	ha	Japanese ha
6. eye	Mikir	(ā)-mek	Japanese me
7. blood	Lushai	thi	Japanese chi
8. eight	Bahing	ya	Japanese ya
9. first(ly)	Ao-Naga	mazung	Japanese mazu
10. wife	Tibetan	a-dun-ma	Japanese a-dzu-ma
11. child	Miri	kō	Japanese ko
12. tomorrow	Khari Naga	asang	Japanese asa
13. belly	Langrong	pung	Japanese pon-pon
14. sleep	Burmese	ip	Japanese i
15. house	Thado	in	Japanese i-he

이외에도 다른 이들에 의하여 많은 비교 예가 제시되었으나 그 대응여부는 미지수이다.

그 외에, 동사의 활용이 복잡하지 않은 것, 형용사가 명사의 바로 다음에도 올 수 있다는 것 등도 아주 다른 점이라고 하겠다. 음운면에서도 어두 ŋ음의 존재, 어두자음군의 존재 등이 있다. C_1 C_2 C_0 C_3 V…에서 C_1은 단일의 요소 p, C_2는 원래 문법적 기능과 의미를 지닌 생산적인 접사였다.

고대일본어 ömö(於毛, 於母), 만주어 eme, 몽고어 eme(女, 妻)와 동계로 본다.
그러나 그 어근을 *em-(吸乳, 튀르크어 eme-(吸)에서 모두 '젖을 빨리는 성숙한 者' 즉 「母」
이란 의미가 된다는 것인데 이것은 再考의 여지가 있다.

『k, p, t, r, l, s, m, '』의 8 개가 여기에 설 수 있다. C₀는 기본자음이고 C₃는 介母音이다. 그러나 모든 단어가 이들을 모두 갖추어 있는 것도 아니고 갖추고 있다고 하더라도 실지 발음은 두 자음 정도이다. 중세한국어의 pst-, psk- 자음군과 비슷한 점이 있다.

4.2.3. 몬·크멜어

다음에, 비교의 대상이 되는 것은 인도 동북부의 앗삼지방과 버마, 인도지나반도에 산재하고 있는 민족에 의해 사용되는 Mon-Kkmer어이다. 이 언어는 마레이반도의 산지민인 Semang, Senoi, Khasi, Munda, Nikobar 등과 같은 語群이며, P.W. Schmidt는 이를 Austroasiatisch라 부르고 Austronesisch 즉 말라야·폴리네시아어족과 親緣관계가 있다고 밝혀 이들을 Austrish로 묶고 있다[12].

이들 언어와 일본어와의 상관관계에 대하여는 일찍부터 Macumoto(松本信廣)에 의해 주장되어 왔다. 南方語 가운데 가장 관계가 깊은 것으로 삼고 있다. 이들 언어가 접사(접두, 접요, 접미)가 붙어서 형성되는 특수한 조어법에 착안하여 이는 고대Ural-Altai어에 보이지 않는 성질로, 이 점에서 일본어에 있어서의 접두사(p, ka, ta, ma, i)의 역할은 이와 깊은 관련이 있는 것으로 보아야 한다고 하였다. 일본어 대 한국어의 Ogura(小倉進平)의 비교예가 일본어 대 M.P로 바뀌고 있다(M.P는 Malay반도의 약). 예컨대 Jap. para(belly) Kor. pɛ를 M.P. Malay. pĕrut, Bougi. parok에, Jap. pati(bee), Kor. pəl를 M.P. padau에 비교하는 것과 같다(松本 1948). 특히 어휘의 유사는 현저하다고 하여 97 개의 어휘 대응표를 제시하기도 하였다(松本 1942:267〜).

---

12) Schmidt P.W.:Die Mon-Khmer-Völker, ein Bindeglied Zwischen Völkern Zentralasiens und Austtonesiens 1906.
親緣관계의 이유로 1) 음운조직의 절대적 유사, 2) 단어조직의 완전한 본질적 일치(어간은 cVc형식, 접두·접요·접미함), 3) 문법상 중요한 일치점, 4) 어휘의 다수 일치를 들고 있다(松本 1948 254〜259 참조).

그 중 일본어 mi(mu) '身'는 한국어 mom, 일본어 pi '火'는 한국어 pul과 결부시키는 입장을 상기할 필요가 있다(mi에 대하여는 河野 1971:313, 김선기 1968). 그 가운데는 인체어와 토착적인 생활어가 대부분이다. 그 중 인체어만을 여기에 제시하고, 보태서 제주방언을 付記하기로 한다.

		일본어	마레이반도어	제주방언
1.	手	ta, te	ti, tik, tök, ton	
2.	顔	kapo	kăpo, kapo(頰)	
3.	頰	popo	pipi	popo
4.	目	ma, me	med, mat, mot	
5.	顎	ago, agi	dago, anka, anko	agortak
6.	腹	para[13]	pĕrok, perut	pɛ
7.	肝	kimo	kĕmet, kĕmöd, kĕmut(膽囊)	
8.	臍	pozo	puset	pɛtorong
9.	身體	karada	kre, krät, kret	chire
10.	心	kokoro[14]	grês, grêh, kröh(肝)	
11.	乳	ti	tuh, tuk(女胸)	cəs
12.	皮	kapa[15]	köp(cha-kop(樹皮))	kəp'ur(皮)

그리고 대명사 조직에 있어서 近稱, 中稱, 遠稱의 구별(kô, me, ta, Smith

---

13) 김선기(1968)에서는 한국어의 bari 〉 bai 〉 bɛ의 과정을 想定. 일본어 para와 결부시킴. 몽고어 'kebeli'의 두음절 'ke'의 탈락형과 동일시함.

14) 몽고어 kökün(乳房), 원시퉁구스어 kökün(乳房), 고대터어키어 kökü와 비교하고 ro/ra는 본래 복수접미사라고도 한다(村山 1974:10~11). 김공칠(1992)에서는 한국어 kək情의 前項에서 온 것으로 봄.

15) Parker(1939)에 의하면 kapo(頰)를 들고 있다. 이 외에도 베시시어의 mbĕri, mĕri, murree '森'와 일본어의 mori '森', 琉球語의 muri '森', 고전일본어 haha hahe '蛇', 琉球語의 habu, pabu, pawu '蛇'를 각 방언의 pamba, pabe, pambu, havu, pavu '蛇'에 상응시키고 있다. 이는 한국어의 mɛre, mori(山·高), piam, pɛm(蛇)계로 보는 것과 다르다.

1975:132)이 Altai계에서 찾아볼 수 없는 이러한 구별이 한국어, 일본어에서 발견되는 것도 주목되는 일이다. 음운적으로도 한국어와 대비해서 현저하게 차이나는 것은 아니다. 어두에서 실현되는 중자음은 중세한국어에서도 보이는 일이다. 현대크멜어의 모음체계는 제주방언의 그것과 흡사하다.

i	ɯ	u
e	ə	o
ɛ	a	ɔ

그러나, 주어, 서술어, 목적어 그리고 수식어+피수식어의 어순으로 표현하고, 한국어와 정반대로 어근 앞에 접사를 얹힘으로써 사동화, 명사화하는 등의 현저한 차이도 있다. 그러나, 제주방언에서는 주어-서술어-목적어의 사용 예도 없지 않으며,

느 먹언댜 밥?
느 먹어라 저 괴기. (괴기는 고기)
느 가라 집에.

피수식어 + 수식어의 순은 한국어, 일본어에서 보이는 형용사 술어문에 계사를 개재시키지 않는 점에서 그 흔적일 수 있다. 어근 앞에 접사를 얹혀서 사동화하는 유형은 아이누어에서의 수동화가 있다. 원래 이런 용법이 있었는지 모른다. 地名上으로는 한국어에 영향을 끼친 것으로 日人 학자가 지적한 것은 전술한 바다. 그 외에 가장 현저한 것으로는 島名의 영향이다 (후술).

4.2.4. 레프차어

또 한 가지 南亞語族 가운데, 지금은 인도의 동히말라야 골짜기에 있는 레프차(Leptcha)족의 언어와의 비교가 있다. 레프차어는 티벳어군 중의 하나로, 인도 북방의 티벳 접경 지방 西부탄, 東네팔에서 쓰고 있는 잘 알려지지 않은 언어이지만, Yasuda(安田 1955, 1956)가 레프차어는 일본어와 동계이며, 그들은 萬葉시대(A.D. 629~778년경)의 일본어를 그대로 지껄이고 있고, 일본인의 조상은 기원전에 히말라야 지방에 살고 있었다고 주장한 데서 유명해진 것이다. 이 언어의 문법은 버마어와 마찬가지로 접두, 접요사를 많이 쓰고 어순은 일본어와 별로 다름이 없으나 重子音이 쓰이는 게 다르다. 특이한 점으로는 20진법의 수사체계다. 그것은 Ainu어와 비슷하다. 그 습관은 수를 헤아리는데 손가락으로 모자라면 발가락으로 보태서 세는 까닭에 20을 하나의 단위로 만들게 된 것인데, 한국어의 열(10)은 양손을 열었다는 뜻이고, 레프차어의 '10'의 'ka'도 손의 뜻이며 Ainu어의 '10'의 'wan'도 양손을 뜻하는 것(大野 1957:49, 117)을 미루어 볼 때 퍽 흥미있는 일이라고 하겠다.

그리고 레프차어의 어휘 가운데는 의성어와 의태어가 많다. 의성어와 의태어는 세계 어느 나라를 막론하고 없는 나라는 없지만, 특히 한국어와 일본어에 발달되어 있다. 제주방언의 경우는 더욱 현저하다.

레프차어	제주방언
bŭl-la bŭl-lă	perong perong
cing cing	ccɛngkɯs ccɛngkɯs
frok frok	huruk huruk
far far	hwarɯk hwarɯk
byár-ra byár-ra	merrak merrak
tar-ră tar-ră	ttɯrɯk ttɯrɯk
tám-má tám-má	tɯmun tɯmun

뉘앙스로나 형태상으로는 약간의 차가 있다 하더라도, 구조적으로 비슷한 데서 우리의 주목을 끌게 한다.

어휘의 비교에서는 예컨대 mă-ro(人), mŭ(身), tok(頭), hlo(山), ǐok·djók(時), afong(靑), ao(未熟), si·sini(死)와 같은 많은 단어(그것도 남방제어를 총동원해서)를 일본어와 자유자재로 결부시켜 비교를 시도했지만(安田 1956), 그 방법이 음운의 대응법칙을 간과한 점에서 자기네 학계의 비판을 받아야 했다.

그러나, 티벳과 버마어족이 원래 남방 몽고인종이란 점을 상기한다면 지금까지의 남방계로서의 추구뿐만 아니라 Altai계로서의 오랜 옛날의 관계를 구명하는 데도 이러한 언어와의 비교연구는 결코 무의미한 일이 아니라고 생각한다.

4.3. 인도네시아어족과 언어

4.3.1. 인도네시아어

西는 인도양으로부터 東은 하와이까지 태평양 남양 전역에 뻗쳐 있는 말라야·폴리네시아 여러 언어 즉 P.W. Schmidt가 말하는 南島諸語는 ① 인도네시아(Indonesia)어파 ② 멜라네시아(Melanesia)어파 ③ 폴리네시아(Polynesia)어파로 나누어지는데(泉井 1959) 그 중에서 특히 그 관계가 중요시되어 온 것은 인도네시아어파이다. 해양은 이동에 유리한 조건이 되므로 자바, 말레이에서 북상하여 세레베스, 보르네오, 필리핀, 대만에까지 미쳤다. 심지어 琉球지방의 원주민도 인도네시아 계통이라고 하는 주장이 유력하다.

인도네시아어족과 앞서의 대륙종족과의 관계에 대하여는 긴밀한 관련성이 있다는 것이 과거의 통설이다. H. Kern이 말라야·폴리네시아어 어휘의 연구에서 말라야·폴리네시아어족이 인도지나의 동해안에서 발생하였다고 논했고(주 3) 참조), Heine Geldern은 석기의 형식을 고고학상의 연구에서 오스트로네시아(Austronesia)족은 말레이 반도에서 남하하여 남태평양에 뻗쳤다는 의견을 발표하고 있다(주 2) 참조). 그 발원지가 어디든 남도어족은 대륙에서 진출되어 온 것이며 대륙 종족과는 그리 가깝지 않다 하더라도 먼 親緣관계가 있는 것만은 확실하다.

인도네시아어의 특징은 얼핏 보기에 음운상으로 일본어의 음운의 특징과 일치되는 점이 많다. 그래서, 또 그것은 고대 한국 지명의 음운체계 혹은 현 한국 방언의 성조체계와 비교되기도 한다. 즉『a, i, u, e, o』의 다섯 개의 모음구조를 지니고 uo, ui 등의 重母音이 없다. 5모음에 대해서도 祖語는 *a, *i, *u, *ə의 4모음과 *au, *aj 의 이중모음이 있었다. *ə와 *au의 합류에서 o가 생기고, *aj의 변화로써 e가 생겼다고 한다(村山 1974a). a, i, u, ə의 4모음체계는 원시한국어와 일본어에서도 지니고 있었다(김공칠 1995:256). 그러나 모든 음절은 원칙적으로 개음절로 형성된다. 그리고 인도네시아어는 원칙적으로 일정한 어미를 가진 단음절 cVc의 akarkata를 중핵으로 접사합성, 복합으로 단어를 형성한다. 여기서 인도네시아어는 원래 단음절어에서 발달되어 온 것으로 본다(中西 1959). 그리고 高低의 accent를 가지고 있다. 아직까지 정확하게 구명이 안 되고 있지만 temporral accent(음의 고저와 강약과 音時量이 협조 관계에 있는)로서 대체로 끝에서 두번째 음절(단 弱性低母音 e(ə)일 때는 최후 음절에)에 있다고 한다(中西 1962). 2음절어 경우는 맨앞에 오게 되는 것인데(접두사인 경우 예외) 원래 인도네시아어가 akarkata를 중핵으로 그 이하에 accent의 急降이 있지 않았나 생각된다. 탐라어의 '先高後低'의 어조와 어떤 관련이 있을지 모르겠다. 어두에 탁음 또는 중자음이 오지 않으며[16), 'r'와 'l'의 구별도 없다. 특히 자음 조직이 간단하여 모음적인 언어라 하는 점에서도 그렇다.

문법적인 구조도 성별이 없고, 격을 격조사에 의해 표현하며, 동사는 인

---

16) 그러나, 원시일본어에는 *b-, *d-, *g-, *j- 탁음이 어두에 있었을 가능성이 지적되고 있다(小澤 1963).

칭, 수에 의한 어형의 변화도 없다는 것, 관사도 없거니와 의문문에서 종지법의 의문형이 있다는 것, 이중주어문이 많다는 것 등 공통되는 부분이 많다.

그러나, 이것들은 산발적으로 공통된 부분만을 간추린 것이고, 이것도 근본적으로 파고들면 문제되는 것이 많고, 문장상의 근본적인 구조면에서도 현저한 차가 있다. 어순에서 수식어가 피수식어 뒤에 온다든지 목적어 및 보어도 서술어의 뒤로, 본동사도 조동사의 뒤에 오는 경우가 많은 것 등이 그것이다. 이러한 문법적인 차이가 남방계 언어와의 관련을 추구하는 데 곤란하게 한다. 그러나 이러한 어순은 시대에 따라 변할 수 있는 것이므로 그렇게 비관적인 것만은 아니다.

또 문법적인 것 외에도 어휘면에서 數例의 인체어휘를 제외하고는 비교가 그리 용이하지 않다는 것이다[17]. 그러나 아직까지는 Altai계어에서 볼 수 없는 인체어가 몬·크멜어족과 일련의 남방어족인 인도네시아어계에서 역시 발견된다는 것은 주목되는 일이다. 한국어와는 배(腹), 뺨(頰), 보지(女陰), 굴(口), 부아(肺) 등 불과 몇 개만 지적되어 왔지마는, 일본어의 경우는 상당수에 이른다. 이제 그 대강을 보면,

	인도네시아어	폴리네시아어	마샬어
(1) 眼	mata		medzi
(2) 乳(房	susu, téték		
(3) 腹	perut		
(4) 頰	pipi		
(5) 臍	pusat		
(6) 口		gutu	
(7) 背		tua	
(8) 胃·腸		puta	

---

17) 服部(1959)의 일본어와 南島語系의 수심측량의 비교 예나 Labberton(1925)의 비교 예, 기타에서 많이 擧例되어 있으나 정확하지 못함.

기타 祖語의 재구형으로 耳 mimi 〈 bibi, 身 mi 〈 mui, 鼻 pana 〈 paŋa, 舌 sita 〈 tsita 〈 tiitah, 髮 pige 〈 piNkai가 거론되고 있다(村山 1973, 1974). 그리고 南島諸語 형태의 비교에서 인도네시아어파에서는 접두사재구형 *maN- *paN- *baN- *ma- *pa- *ba-의 前鼻音化현상형으로서 어근(대개가 제2차 적어근=語基)의 어두음이 파열음·파찰음·모음의 경우 同器官的 비음을 접두사와의 사이에 나타나게 한다(batja 읽기 → mə-m-batja 읽다). 무성의 어근 두자음을 비음으로 대체하는 현상도 있다(崎山 1971, Dempwolff 1934, 1937). 이렇게 어간 두음을 비음화시키는 前鼻音化(prenasalization)는 南島諸語와 일본어에서만 보이는 현상이라고 하여, 고대일본어의 몇 가지 해당 어례를 들고 설명하려고 한다.

어떻든, 남방계의 인체어의 잔존 혹은 유사한 음운 현상의 共有의 이유를 Yayoi(彌生)식 시대의 Altai계 도래 이전의 Zyoomon(繩文)식 시대의 남방계 언어의 잔존으로, 또는 稻作문화의 전래를 미루어, 일찍이 남방계 문화의 혼합 융합이 예상되는 한국의 남부에서, 남방적 요소를 다분히 간직한 Altai계어가 일본에 건너온 것으로 풀이하기도 한다.

4.3.2. 高沙族의 언어

인도네시아계로서 북상의 最端이 확실한 것으로 대만의 高沙族이 있다. 대만의 서부는 현재 일반적으로 중국어가 사용되지만, 新高山 등의 산지를 중심으로 해서는 高沙族의 언어가 행해진다. 이 高沙族 역시 복잡한 종족으로 이룩된다. 그 종족 중 일부는 아직도 母系制에 의한 재산의 상속과 결혼의 풍습을 지니고 연령계급제적인 사회구조를 형성하고 있다. 기타, 발견되는 打製 또는 磨製의 돌가래, 돌칼, 돌창, 돌도끼 등의 신석기 시대의 도구는 고고학상 인도지나의 계통에 속한다고 한다(小野 1942:155~). 특히 有肩石斧의 분포는 대만이 남방계의 有肩石斧 분포권에 들어감을 보여 준다. 언어면에서도 인도네시아어의 오랜 strata를 보유하고 있다고 한다. 이러한 일련의 사실은 高沙族의 문화 계통이 남방 여러 지방 특히 인도네시아계와 관련됨을 입증하는 것이다.

아직까지 완전한 기술에 이르지 않았지만 각 종족[18]의 언어를 비교하면 기본적인 것은 인도네시아어와 대응한다. 문법적인 면에서 대명사, 형용사, 동사의 용법이 인도네시아어의 그것과 공통하며 어휘도 대응한다. 그 몇 가지를 보이면,

南島祖形	buai 實	Atayal	buai/bui
		Saisiyat	boway 〈buai
	babui 豚	Ami	fafói
	bulan 月	Ami	foral
	baba 母	Ami	fafahián(女)
南島祖形	[dd]anum 水	Ami	nanom
		Bunun	danom
		Yami	ranúm

南島諸語형태에서 보이는 접두형식도 보인다. Yami어의 예로서,

mi-atip	(지붕)	지붕을 덮다
mi-tatala	(舟)	배를 만들다
mi-anak	(子)	태어나다
mi-kosuŋ	(夫婦)	부부가 되다

등이 있다[19].

---

18) 高沙族이란 이름은 日本領 시대에 지어진 칭호이다. 淸朝시대에는 生番, 熟番이라 했다. 生番은 1) Atayal족, 2) Saisiyat족, 3) Bunun족, 4) Tsou족, 5) Rukai족, 6) Paiwan족, 7) Puyuma족, 8) Ami족(Pangtsah), 9) Yami족, 熟番은 1) Ketangalan족 외 9족으로 분류된다(馬淵 1954).

따라서, 이들 종족의 언어는 인도네시아어 계통임은 명백한 기정 사실이 되고 있다.

그러나, 이러한 高沙族의 언어와 일본어 및 한국어의 비교는 아직은 도저히 이룩될 수 없는 것 같다. 우선 문장 성분의 배열 순서가 완전히 다르다. 그렇다고 인도네시아어 모양으로 단 몇 개의 단어라도 일치 또는 유사한 것이 있는가 하면 그렇지도 않다. 그 종족간의 단어의 차이도 크려니와 아직까지 그 비교와 祖形의 재구가 이루어지지 않고 있다. 그렇지만 단어의 유사형만 찾을 게 아니라, 서로 간의 祖形을 재구하고 비교하게 되면 대응형이 오히려 잘 나타날지 모른다. 그리고 어휘 개개의 형식보다는 의미 체계에서 생각해 볼 점도 없지 않다. 즉 高沙族 전체에 통하는 일인데, 그들에겐 長幼관계가 문제가 될 뿐 형과 누님을 하나의 명칭으로 표현하고, 남동생·여동생을 같은 명칭으로 표현한다. 제주방언에서는 형제간 그리고 자매간은 성(님)과 아시로 호칭한다. 다만 남동생이 여성의 윗사람에게 누나, 여동생이 남성의 윗사람에게 오라방, 오빠가 여동생에게 누이, 누나가 남동생에게 오레비 등으로 성별로 分化되고 있기는 하다. 일본어의 ani(兄), ane(姉)도 어말모음 교체형이므로 원래 동일한 형태이다. otooto(弟), imooto(妹)도 oto와 imo를 얹힌 것으로 보면 같은 oto의 형태가 된다. 그들의 친족 명칭도 宗族(아버지 쪽)과 外族(어머니 쪽)을 구별하지 않고 어느 쪽의 伯叔도 같은 명칭으로 부르는 데(岡田 1939:42∼) 한국어의 아저씨, 아주머니(제주방언은 남녀 모두 삼춘(< 三寸) 한 가지), 일본어의 ozi(san), oba(san)를 고려할 때, 비슷한 언어습관이라고 볼 수 있다.

어떻든, 인도네시아족 기타 남방어족의 북상 경로는 대만이므로, 이들 언어와 한국어 및 일본어와의 관련 여부를 해결하는 키포인트는 高沙族에 있다. 일제시 총독부가 連年 거액의 경비를 투입한 끝에 그 조사 자료가 산적하였으나, 문제 해결의 단서가 아직까지 주어지지 않고 있다.

---

19) 이상 語例는 村山(1974)에서 인용.

4.3.3. 琉球語의 基層

대만에서 북상하는 경로는 반드시 琉球 열도를 거치게 된다. 대만에서 가까운 宮古島, 八重山諸島에서 鹿兒島縣의 大島, 德之島에 이르기까지 점선으로 펼쳐진 琉球열도에 南方語族이 쉽사리 북상했으리라는 가정은 세울 수 있고, 사실 일본학계에서도 琉球의 원주민은 인도네시아족이라는 설이 나오고 있다. 지명상 또는 주민의 체질상 인도네시아계의 흔적이 있다고 한 것(金關, 1955)은 전술한 바다[20]. 그것에 의하면 琉球열도 및 南九州에 인도네시아계의 종족이 살고 있어서 이것이 현재의 이 지방 주민의 조상이 되었다고 한다. 이들은 원래 인도네시아계의 언어를 사용하였다고 하고, 그 자취를 琉球어의 지명과 인도네시아계의 지명과의 연관에서 찾으려고 한다. 또, 琉球의 女性언어의 intonation이 대만의 高沙族의 그것과 비슷하다고 하여, 인도네시아계 언어의 intonation의 흔적이 琉球어를 일본어에 대한 특수방언화하는데 어떠한 영향을 주지 않았나 주장한다. 이에 대하여, 琉球어와 일본어의 대응에서 그러한 intonation은 局地的이고 새로운 현상일 우연성이 크고 지명을 가지고는 동계의 증거로는 효력이 작다고 반박하는 이도 있다(服部 1954:115).

어떻든, 오늘날의 琉球어만 가지고 말할 때에는 일본어와 동계 내지 일본어의 一方言으로서 대응한다. 외관상의 회화로는 도저히 일본어의 一方言이라 할 수 없는 별개의 언어 같지만, 단어에 있어서 모음, 자음의 대응규칙이 수없이 성립하였고, 동사의 어미활용, 대명사, accent, 문장성분의 배열 등의 일치가 구명됨으로써 동계의 언어임이 증명되었던 것이다(服部 1959).

한 예로, 동경 방언의 /to/에 首里 방언의 /tu/가 규칙적으로 대응한다 (/to/ : /tu/의 대응.).

---

20) Ainu族이 九州에서 남하하여 琉球에 이르렀을 것이라는 설도 있다(宮良 1954).

東京	tobu	toki	tokoro	tosii	toôosu
(意味)	<飛>	<時>	<所>	<年>	<通>
首里	tubuûN	tuci	tukuûru	tusi	tuusiuN

/mo/:/mu/의 대응도 있다.

東京	moci	momi	momo	moto
(意味)	<餠>	<籾>	<腿>	<元>
首里	muci	mumi	mumu	mutu

　그렇다고 오늘의 언어가 동계라고 해서 인종 또는 원래의 언어까지 동
계라고 단정할 수 없다. 그것은 그 종족이 원래 인구가 적든지, 우월한 인
접 민족에 근접해 있으면 본래의 제 언어를 버리고 인접의 유력한 민족에
언어적으로 동화되고 마는 것을 예상할 수 있기 때문이다. 따라서 이 문제
는 관련 학문(민족학, 고고학 등)의 연구 결과를 기다리고, 琉球열도의 철
저한 방언 조사 후에 해결될 것이다. 上層은 일본어의 기본어와 대응된다
할지라도 底層은 이질적일 수 있다. 그 이질적인 예로 tō(平地), kāra(河),
agi(陸), deu(大雨), kā(井), agari(東), tārī(父) 등 유래가 분명치 못한 어휘가
많고, 대만의 Ami어 tsidar(太陽), sɨmta(舌)와 유사한 tiida(太陽), siba(舌, 肩)
들이 있는가 하면 南島 祖語形과 대응되는 것들이 있다(村山 1974:105〜).
　그 중에서 한 예를 들면, 琉球어 miduri(芽 초목의 줄기, 가지, 잎사귀로
아직 채 뻗지 못한 것)와 일본어 midöri(綠)는 m-idu-ri로 분석하여 'idu'를
*indau<hindáu로 풀이하여 南島祖語 *hid'au(綠 미숙한)과 비교할 수 있다고
하는 것과 같다. m는 접두사 ri는 Altai계 명사형성접미사로 보고 있다.
　만일에, 인도네시어계의 북상이 확실히 琉球열도를 거치고 南九州에 이
르렀다면, 또 그것은 한국의 남해안 및 탐라에까지 전파되었을 가능성이
짙다.

4.4. 탐라어와의 관계

여기서 의도하는 것은 南方系語와 탐라와의 친족관계를 추구하고 그 동계 또는 異系를 입증하려는 것은 아니다. 그러한 입증의 방법은 印歐語族의 친족관계를 확립한 비교 방법으로 이루어지는 것이 상식인데 지금으로서는 그것은 무리이고, 이와 다른 방법을 새로이 모색해야 할 것으로 여겨진다. 또 이는 언어학적인 방법에서 뿐만 아니고 인류학적, 고고학적, 민족학적 증언과 병행함으로써 가능하다. 여기서는 다만 南方系語가 탐라어에 다소라도 영향을 주었을 가능성이 있는지 여부를 타진하는 데 그친다.

지금까지의 관련 과학에서의 증언은 남방계의 흔적이 많다는 것이다. 우선, 남방계와 관련시켜서 그 문화적인 관계를 농후하게 주장하는 것으로는 Altai 도래 이전에 남한 일대에 벌써 몇 백년간 稻作문화가 들어와 있었다는 사실이다. 벼의 원산지에 대하여는 인도의 데칸반도 기원설이 가장 유력한데, 거기로부터 남방인 캄보디아, 越南, 남중국을 거쳐 북상하여 온 것은 틀림없는 것이므로, 일찍부터 남방계와의 접촉이 있었으리라고 볼 수 있다. 다만 제주도의 경우는 乾川이 많아서 일부를 제외하고는 稻作을 행할 수가 없었다. 粟作이나 陸稻 혹은 燒畑耕作이 행해졌는데 이 역시 남방적 요소로 보고 있다. 또 魏志東夷傳 弁辰條를 보게 되면 倭와 가까우므로 文身을 한다고 하였는데, 倭人條의 倭人은 남자가 文身을 한다고 하였다. 州胡(제주도)에 대하여는 이러한 언급이 없다. 또한 弁辰이나 州胡에서는 潛水漁撈의 기록이 없으나 바다에 접한 지역이니 당연히 있었을 것이다. 倭人의 부인들은 貫頭衣를 입었는데 州胡·弁辰에는 그런 기록이 없다. 다만 州胡人은 상의만 있고 下衣는 없었다고 되어 있어서 貫頭衣와 비슷한 것이 아니었나 추측된다. 이 文身, 潛水漁撈, 貫頭衣는 고대의 吳越을 매개로 한 남방문화하고 공통적인 것으로 보고 있다(大林 1977).

그리고 母系的인 사회, 신앙, 풍습을 들 수 있다. 일본에서는 양적으로 남방계의 설화가 많다는 것이고, 소위 Amaterasu(天照)大神도 남방적인 여성신으로 보기도 한다(필자는 달리 보고 있다). 마찬가지로 탐라의 수호신은 소위 백조할망인 여성이며 여성 사회 위주의 종교가 본풀이로 나타난다(張籌根 1965:101~). 그리고 생활의 吉凶 양면에서 직접 교섭되리라 믿는 animism적인 신앙이나 母處婚的인 유영이 남아 있었다는 것, 연령계급적인 사회구성, 또는 최연장 男子酋長制 등의 유습이 아직도 그 일부가 보이는 것 등은 남방계의 색채가 농후함을 보여준다. 그 외에도 줄다리기(照里之戲), 鬪鷄의 놀이라든지 草墳, 禁繩 등의 습속을 남방계 문화권에 결부시킬 수 있다. 언어습관면에서도 가족어휘의 모음 접두의 형식, 兄姉를 성(님), 弟妹를 아시(또는 동생)로 부르는 것 등도 남방계의 흔적일 수 있다.

만일에, 이상의 남방계 문화의 흔적이 충분히 입증되는 것이라면 문화는 반드시 언어를 동반하는 것이기 때문에 남방계 언어 역시 그 영향을 미쳤으리라고 보아야 한다. 표류 또는 단순한 항해로 몇 사람이 왕래하면서 단순히 단어가 몇 가지 들어왔다든지 또 없어진 것이면 문제가 다르지만, 많은 사람이 건너오고 강한 문화의 힘으로 체계를 세운 것이라면, 나중에 밀어닥친 북방계의 침식에도 역시 그 체계의 기층이 남았을 가능성이 있다.

그것은 소위 인종적 영향이라는 것으로서, 오랜 동안의 공동생활을 하여 온 집단민의 특유한 언어습관과 언어경향은 그 집단의 전원 혹은 일부가 새로운 언어를 배우기 시작했을 때도 다소 잔존한다는 의미다. 그 현저한 예로 프랑스가 성립한 경우의 켈트(Celtique) 기층의 영향을 들 수 있다. 즉 라틴어에 의하여 추방된 켈트어의 문법과 어휘가 라틴어에 의하여 완전히 변했지만, 켈트어의 발음의 습관은 후대에까지 변하지 않고 남아서 오히려 라틴어의 발음을 켈트어답게 변경시켜 버린 것이다. 예를 들면, 켈트제어에서는, accent가 있는 음절에 있어서 閉母音 é와 o의 경우처럼, a를 이중모음화하는 경향이 있는데 프랑스어에서는 라틴어의 manus를 'main'으로 바꾼 것과 같다(Dauzat 1958:174). 켈트어의 영향은 라틴어뿐 아니고 게르만어에도 미쳤다. 게르만어의 第2子音推移는 그 결과라고 풀이되기도 한다.

지금의 제주방언의 음운현상에는 육지부의 언어 즉 Altai계의 언어계통을 이어 온 여러 방언과 特異한 현상이 많다. 그 중에서, 특히 현저한 것으로는 j계 중모음의 회피현상 곧 음절구조에서 原核이 단모음이라는 시사와 단모음화의 현상을 들 수 있다. 이러한 현상은 한국의 남해안 일대의 공통된 현상이기도 하다. 예컨대 '여'의 원음을 가지는 지방은 충남북, 경북의 대부분이고, '에'로 발음되는 지방은 전남 일원, 경남 서반부, 전북의 대부분이다(한자음에서). yǝ, yu음은 음절 축약 외에 우리말에 잘 나타나지 않는다(구개음화의 表音에는 있다.). 특히 제주방언에 한해서만 주로 일본어의 영향 또는 제주방언의 독자적인 발달로 설명되어 왔다. 그리고, 어째서 이러한 독자적인 발달을 해 왔는가 하는 질문에는 그것은 지리적인 독립성에 말미암은 것이라고 답변되어 왔다. 그러나, 필자는 언어발달의 지리적인 독립성으로 독자적인 발달을 가져오는 것이 상례라 할지라도, 그러한 지리적 요인말고 근본적으로 역사적, 사회적인 기층현상이 빚어진 것이 아닐까 하는 생각이 든다. 앞에서 언급한 라틴어에 대한 켈트어의 역할과 같은 것이다.

현재의 제주방언의 특이성이 아무리 과장된다 할지라도 한국어임에는 틀림없고, 또 그것은 오늘의 학계의 통설대로 그 主幹이 Altai계임에 틀림없다. 이 Altai계가 한반도를 풍미하고, A.D. 2~3세기경 落東江畔인 加羅를 통하여 北九州 및 탐라를 침투할 때 오늘의 제주방언의 基幹인 탐라어가 형성된 것인데[21], 그 이전과 당시의 원주민의 언어들이 이에 크게 작용했을 것이고, 독특하게 그것이 오늘의 특이한 방언을 형성했을 것으로 본다.

그럼, 과연 단모음적이고, 단음절적이며, 高低 accent적인 성격을 띤 어떠한 원주민의 언어가 영향을 미쳤을까?

---

21) 필자가 제주방언의 계통문제-탐라어의 기원에 대하여-로서 제7회 전국국어국문학연구발표대회(1964. 11. 1.)에서 발표한 바 있다. 琉球어(首里方言)와 고대일본어(京都方言) 역시 언어연대학적 측정으로 A.D. 3세기반 내지 A.D. 6세기 간에 분기한 것으로 본다(服部 1954).

첫째로, 앞에 지적한 바 있는 남방계의 기층을 들 수 있겠고, 둘째로는 Altai계에 의해 만주 일대에서 구축당한 바 있는 Ainu계를 예상할 수 있다. 그것은 Ainu어의 구조가 우리가 가정하는 기층현상과 유사한 점이 있기 때문이다. 이에 대해서는 따로 다루고, 여기서는 다만 남방계에 관심을 두어 그 관계되는 점, 유사한 점을 고찰하여 보기로 한다.

지금까지 밝혀진 제주방언의 특이성으로는 단순적, 경제적, 감정적, 음악적이고 외적으로는 독자적, 유동적, 복합적이라고 말할 수 있었다(김공칠 1968). 이제 그 대강을 추려 내면,

첫째, 제주방언의 語詞 構成音에서 破障音이 많은데도 음악적인 성격을 띠고 있다는 것(김공칠 1965), 또 그것은 구조상으로 말할 때 동음첩어에 의한 의성어와 의태어가 많다는 것은 특별한 일이다. 이러한 언어현상은 한국어 및 일본어의 특징적인 현상이기도 한데, 제주방언처럼 미묘한 뉘앙스를 갖지 못한 데 격차가 있다. 동음첩어적인 조어법은 남방계어 특히 타이 또는 레프차어에 유별하다는 것은 앞에서 언급한 바 있지만, 인도네시아어의 경우도 마찬가지이다. 명사, 부사는 말할 것 없이 동사 및 형용사에서도 동일 또는 유사음의 중복으로 어근 또는 합성어로 조어되는 게 큰 특색이다.

■ 제주방언의 경우
1) 형용사
  ○ 뚯뚯ᄒ다 (따뜻하다)
  ○ 돈돈ᄒ다 (튼튼하다)
  ○ 먼먼ᄒ다 (아주 멀 듯하다)
  ○ 벤벤ᄒ다 (무거울 듯하다)
  ○ 본본ᄒ다 (아주 잔잔하다)
  ○ 존존ᄒ다 (조그만 것들이다)
  ○ 줌질줌질ᄒ다 (아주 잘고 작다)

○ 진진ᄒ다 (길고 길다)

○ 뭉뭉ᄒ다 (상대방을 얕잡은 말)

○ 어진어진ᄒ다 (아주 어질다)

○ 스락스락ᄒ다 (부스러기가 마른 모양)

2) 동사

○ 거실거실ᄒ다 (조금 까불거리다)

○ 프실락프실락ᄒ다 (짜증내다)

○ 옹진옹진ᄒ다 (잔소리를 늘어놓다)

○ 붕당붕당ᄒ다 (불평을 지껄이다)

○ 비실락비실락ᄒ다 (조그마한 일에도 트집을 잡다)

○ 헤싹헤싹ᄒ다 (잘 웃다)

○ 빙삭빙삭ᄒ다 (방긋방긋 웃다)

○ 데군데군ᄒ다 (덤벼 대꾸하다)

3) 부사

○ 느릇느릇 (거세지 않고 좀 느리게)

○ 븟븟 (물건을 아껴쓰는 모양)

○ 족족 (조금씩)

○ 찰찰 (가득 찬 모양)

○ 쭈물쭈물 (머뭇거리는 모양)

○ 드근드근 (중압감 있게)

○ 돈직돈직 (무거운 모양)

■ <u>인도네시아어</u>의 경우

1) 형용사

  ○ letak-letak (울뚝불뚝한)

  ○ matjam-matjam (여러 가지의)

  ○ mimuk (마음이 약한)

  ○ kirkir (인색한)

  ○ rupa-rupa (여러 가지의)

  ○ sia-sia (무익한)

  ○ tutup (닫은)

  ○ pépét (간격이 없는)

2) 동사

  ○ kékék (낄낄 웃는다)

  ○ kotjah-katjih (일에 열중하다)

  ○ hati-hati (주의한다)

  ○ lagah-lagah (떠들다)

  ○ mamah (물다 '咬')

  ○ megap-megap (헐떡거리다)

  ○ temut-temut (옮기다, 불평하다)

  ○ bimbing (안내하다)

3) 부사

  ○ cepat-cepat (대단히 빨리)

  ○ repat-repat (빈틈없이)

기타 명사에서도 그야말로 헤아릴 수 없이 많다.

의성어, 의태어에 있어서는 그 의미와 어형과의 관계가 심리적으로 같은 관계를 가지고 있기 때문에 우연히 일치되는 경우가 많으므로 언어학적인 비교의 자료로는 불충분하다고 한다. 더욱이, Altai계의 몽고어, 만주어에서도 그렇게 현저하지 않다 하더라도 이와 동일한 현상이 있다고 하는 데는 더 말할 나위가 없다. 그러나, 기타의 동음첩어적인 조어법이나 동음 어간의 형성 등은 물론 제주방언만의 특유한 것은 아니지만, 현저한 점에서 확실히 주목되며, 엄밀한 비교 대응이 안된다 하더라도 그 습관, 경향 등은 문화적인 관련성을 추구하는 데는 훌륭한 가설로 성립할 수 있다. 즉, 모음적이고 동음첩어적인 남방계어를 稻作문화의 사람이 가져오지 않았나 하는 것이고, 그 언어 습관을 후세에까지 끼치지 않았나 하는 것이다. 고대에 있어서의 문화적인 연관이 증명된다면 이러한 언어적인 관계도 성립될 수 있다.

둘째로, 제주방언의 특이성으로는 이러한 첩어와 音相으로 나타내는 감정적이고 음악적인 특성말고 단순하고 간결한 구조 형식을 들 수 있다.

1) j계, w계 重母音의 회피현상
2) 모음 탈락으로 인한 단모음화
3) 개음절어

1)을 구체적으로 말하면 cV(csV) 또는 cVc(csVc)형에서의 j계, w계 중모음의 회피와 j계, w계 중모음과 終聲 결합이 잘 실현되지 않는다.

몇(幾) → 멧   별(星) → 벨
병(病) → 벵   며느리 → 메누리
표(表) → 페   가볍다 → 개볍다
편들다 → 펜들다
쥐(鼠) → 지   쉬다 → 시다
귀(耳) → 기꼬망   뒤(後) → 디깐(便所)
괴롭다(苦) → 궤롭다 → 게롭다
외우다(誦) → 웨우다 → 에우다

2)는 크게는 1)까지 포함한다고 할 수 있다. 1)의 j계, w계 말고는

의견(意見) → 이견   의심(疑心) → 이심   의지(依支) → 이지

탈락에 의한 것은 아니나, 원래부터 C-yo-C, C-yu-C형이 잘 나타나지 않는다.

3)에 대하여는 탈락으로 볼 것인지 첨가로 볼 것인지 재고할 문제지만 中央語의 폐음절이 개음절로 나타난 것이 많다.

제주방언		제주방언	
드르(野)	: 들	어거지	: 억지
노랑ᄒ다	: 노랗다	발강ᄒ다	: 발갛다
기프다/지프다	: 깊다	조치다	: 좇다
스끄다	: 솎다	몰그다	: 맑다

위에서 방언 음운이 단모음으로 교체되고 j계, w계 중모음의 회피현상, 그리고 중모음하의 종성 결합이 잘 실현되지 않은 점 등을 아울러 미루어 보면, 원시어(탐라어)의 음절핵은 단모음이었음을 시사한다. 그리고, 음절 구조로 볼 때는 cVc를 중핵으로 접사 합성으로 개음절되는 경우가 많다. 이러한 점은 원래 直音節적인 구조였음을 시사한다.

이러한 단모음적이고, 어느 면에서는 개음절적인 음운 구조는 바로 南方系語의 그것과 유사한 것이다. 모음 구조의 단순성, 모음축약으로 인한 단음절화의 경향은 몬·크멜어에 현저하다. 물론, 그와 동일한 경향이 Altai 계인 튀르크에서도 겪고 있다기에 결정적인 이야기가 못되지만(李基文 1967), 하필이면 제주도를 위시해서 한국의 남해안 일대의 유별한 현상이고 보니, 이를 어떠한 특수한 현상 그 한 가지로 南方系語의 흔적이라 봄은 너무 무리한 억측일까? 더욱이 접사가 이합하여 단어를 형성하는 점이

나, 대명사의 세계가 공통된 점은 매우 주목되는 바다. 특히, 대명사의 어형마저 접근하는 데는 단순한 우연일 수 없을 것이다. 지시대명사는 크게는 인도네시아어, 티벳어, 크멜어는 近稱과 遠稱의 2체계중심이고, 고대일본어도 ko₂ so₂의 2체계, 한국어도 kɯ, cə의 2체계중심이지만, 몬·크멜의 어느 방언에서는 近·中·遠의 3체계가 있듯이 한국어·일본어도 3체계가 되어 있다.

지금까지 알려진 바로는 Altai계어도 만주어, 몽고어는 近, 遠, 튀르크어는 近, 中, 遠稱의 구별(단 고대에는 近 bo, 遠 ol, Johanson 1998:143)이 있는 점에서 그것이 잣대가 될 수 없지만 稻作문화권의 지역성을 고려할 때에 간과할 수 없는 일이다.

셋째로, 제주방언의 특이성으로 어휘의 다양성을 들 수 있다. 달리 말하면 복합성, 혼합성이다. 과거에 Billinguisme지대로 지정되고 몽고어 또는 일본어의 混成지대로 간주되어 온 것도, 실은 제주방언 어휘의 그러한 특이성으로 인해 무리한 것은 아니다. 그러나, 오해하지 말아야 할 것은 여기서 말하는 복합성, 혼합성이란 지리적 조건에 인한 어형의 분화를 말하는 것은 아니다. 즉, 지리적 조건에 의해 Altai계의 陸地部語의 분열, 전파, 고정 과정에서 형성된 언어의 異化를 뜻하는 것은 아니고(보기: 薺→난시, 난생이, 난지, 난쟁이, 냉이 등) 고유어와 한자어와 같은 다른 계통의 命名의 복합 관계를 뜻한다(보기: 男兒→사내아이系, 머슴애系). 고유어와 한자어와 같은 것은 일찌기 한자문화권에 들어 있던 한국에 있어서의 전반적인 현상이므로, 그것을 가지고 특정 방언의 특이성이라고 할 수 없으나, 제주도에 특유하게 혼재하는 南方系語, 몽고어, 기타 여러 언어의 복합성을 고려에 놓는다면 중요한 연구 과제가 아닐 수 없다.

일본어 및 몽고어의 混淆에 대하여는 이미 石寅明(1947), 金完鎭(1959)에서 보인다. 그러나, 그것들 몇 십 개의 어례들은 특수한 문화적 차용어이거나 머지 않은 장래에 구축 당할 처지에 놓여 있는 단순한 일시적 차용어로서 기초 어휘 또는 구조적인 混淆(보기: 운동하다, 리드하다, 펜대)까지 이르고 있지는 않다.

여기서 어떤 모양이든 간에, 南方系語의 어휘가 제주방언과의 복합구조로서 나타나는 것이 더러 있지 않겠느냐 하는 것인데, 예를 들면, '비누'와 '사분'의 복합성 따위이다. 전자는 물론 한반도어 계열이고, 후자는 한자 어휘 계열인지(砂粉) 기타어(포르투갈어 sabão)의 계열인지 미상이라 하더라도 인도네시아어의 sabun과 일치하는 데서 퍽 흥미를 끈다.

이러한 어휘는 문화적인 단어이므로 단순한 차용 또는 일본을 통해 수입해 온 가능성은 크지만, 일단은 그 여부와 고대어의 흔적인지 분간해 볼 필요는 있다. 탐색 작업의 엄밀화에서 밝혀질 것이며, 또 새로운 대응어가 많이 발견될지도 모를 일이다. 한반도어 계열의 '입(口)'22)에 대해서 제주방언의 '굴레'가 있는데, 이는 현재의 언어로서 대응이 안 된다 하더라도 南島語族 서로의, '입'을 뜻하는 언어의 祖形과의 비교를 통하면 가능할 지도 모른다. 예컨대, Samoa gutu, Futuna gutu, Maori ngutu 'lip', 일본어 kuti 'mouth', 인도네시아 kutjup '接吻' 등이 그것인데 공통 어근 kut-을 추출할 수 있다. 그러나 李基文(1967)은 남방계로 보지 않고, 고구려 지명 忽次·古次(口)에 비교한다.

다음에, 음식물을 나타내는 말에 '밥'과 '것'이 있다. 특히 후자는 가축의 먹이에까지 外延한다.

Ramsedt(1949)에 의하면 '밥'은 밥(cooked rice)이며, 고기며, 마시는 것이라고 하고, Goldi어의 bala 'porridge(eaten with fish or meat)'에 비교하고 있다23).

'것'에 대하여는 중세어 '뻬니'의 '끼'24)와 관계 있는지도 모르나, 이들이

---

22) 일본어 伊比 ipi(飯), Ainu어 ipe(食物), Solon 3ib, Evenki 3-Lamut 3eb '食'. 이 중 일본어 'ipi'를 한국어 pap(飯)에, Tungus계어의 3e-를 한국어 '잡수다'에 대응시키는 이들이 있다.

23) Ramstedt (1949: 189).
   金澤(1910:9)에는 한국어 pap 'boiled rice'를 일본어 ihi 'boiled rice'에 비교하고 있으나 무리이다. 일본어 ihu 'to say'와 hige 'beard'도 한국어 ip 'mouth'에 비교하고 있으나 후자도 무리로 본다.

24) 金澤(1910:10)는 일본어 ke 'food'와 한국어 ki 'food'를 비교함.

南島語系 祖形 *ka와 同源이라고 추정된다. 한국어의 키우다, 기르다, 고기, 끼니 등의 식사, 생육에 관계된 √k계의 어휘는 여기서 유래하는지 모른다. Tagalog(인도네시아계), kain(食事, 食物), kainin(먹는다), pakainin(기른다), Fiji(멜라네시아계), kana(먹는다), Tonga(폴리네시아계), kakano(肉), kai(먹는다), 일본어 kai(食物), kafu(飼, 育), kate(糧食) 등이 보인다.

또 하나의 복합적인 어례를 든다면, '섬(島)'과 南亞語系의 'tka'의 흔적을 들 수 있다. Macumoto(松本 1949)는 肥前風土記에 있는 値嘉島의 '値嘉'와 몬·크멜어의 'tka'를 결부시키고 있다. '섬'은 중세어로서는 '셤'으로, 일찍부터 일본어 'sima'는 한국에서 유래된 것이다. Ramstedt(1926)는 日本=shima(島)=朝鮮 s'em(島)의 대응을 보여주고 있다. 日本 he(舟)(へさきの へ)-朝鮮 pä(舟)도 마찬가지다. 그러나, 이를 南島語系의 단어로 보고 그 祖形을 *t'ima/*t'imma/t'impa/t'imba 중의 어느 하나로 보는 이도 있다(村山 1974c:243). 사실 이에 대하여 제주도 혹은 北九州에 있는 島名들이 州胡, 知歸島, 遮歸(竹島), 貫島, 加波(이상 제주도), 値嘉, 角島, 志賀 등 'tka'의 類音을 지닌다. 그것들은 '섬'의 오랜 古層의 자취를 남기고 있는 것으로 보아진다. 이에 대하여는 7장 탐라어의 발굴사례에서 다시 언급할 것이다. 이외에도 tka의 모음前置形으로 oki(隱岐), iki(壹岐), oki(nawa)(沖繩)가 있다. 이들은 모두 otki, 아니면 itki에서 왔을 것이다. 그것은 語中의 t의 개재가 없다면 ogi 또 igi로 변했을 것이기 때문이다. 제주도에는 바로 otki에 상응하는 지명이 地歸島 正北 너머에 옷귀(衣貴)로서 존재한다. 해안가에 면하는 爲美里의 속칭은 tømi이다. 몬·크멜어에 dom(몬 비석에는 tum/tømi)에는 group, lump, block, together 등의 뜻이 있는 점(Shorto 1971)에서 어떤 연관이 있는지 모르겠다. 남방계인들의 어떤 집단 근거지였을 가능성은 있다.

이러한 복합어적인 語詞의 존재로서가 아니고, 전술한 바도 있는, 어원상 남방계열의 언어에서 연유되는 것으로 풀이되는 기초 어휘들이 있다. 그 가운데 제주방언에만 국한될 것이 아니고, 한반도어에도 존재하는 것이

많다. 그것은 주로 인체어에 관한 것인데 앞의 '입'(口)에 대한 것 말고,

배(腹)	인도네시아어 perut
뺨(頰)	인도네시아어 pipi
북푸기, 북페기(肺(동물의))	폴리네시아어 puka-puka, 琉球어 puka
등(背)	인도네시아어 tinngi(形)
젖(乳房)	인도네시아어 susu, tétèk

등인데 기타 몬·크멜어와 관계되리라 보는 손(手), 얼굴(顏), 턱(顎), 배꼽(臍), 뺨(頰), 배(腹), 몸(身體), 젖(乳), 살갗(皮) 등 낱말에 대해서는 앞에서 언급한 바 있고, 그 외에는 보지(女陰)도 남방 계열이며(말레이어 pātu), Palau어의 guru(舌), Marshall어의 ni(齒) 등 유사한 형의 어휘가 얼마든지 발견된다. 사실 이러한 인체어의 유사성은 우연의 일치로 보기에는 너무나 심각한 것이다. 그 외 지명에서, 가족 어휘에서, 이중주어문에서 어떠한 관련이 있을 수 있는가에 대해서는 산발적으로 언급한 바 있다[25].

현재의 제주방언에 명사 어말에(동사의 경우 연결어미에서) ng형이 나타나는 경우가 있다. 예컨대 '바다'가 '바당'으로 나타나는데 이를 喉音이론에 의하여 어말의 H가 g>ŋ으로 바뀌었다고 할 수 있다. 다만 인도네시아 동북부의 어느 언어에서는 *bulu>bulu-ng'毛', *inum>*inu >*inu-ng '飮'으로 나타나고(崎山 1989b), 오키나와 八重山 방언에서는 명사 다음에, 首里方言에서는 동사의 종지형에 -ng이 나타나는 현상이 있는 것은 이미 알려진 사실이어서 그 연관 여부도 주목되는 바이다.

---

25) 이중주어문의 예
  Hari ini keras hudjan.(오늘은 비가 거세게 온다)
  Hari ini turun hudjan.(오늘은 비가 내린다)
  cf. Hudjan hari ini keras.(오늘의 비는 거세다)
    Hudjan hari ini turun.(오늘의 비는 내린다)

4.5. 마무리

지금까지 고찰한 '탐라어와 南方系語 언어와의 관계'에서 얻어진 결과는 양자간에 관계가, 바꿔 말해서 후자의 언어적인 흔적이 있다, 또는 없다고 하는 단정적인 이야기를 얻으려는 것은 아니고, 다만 관계가 있을 수 있는 개연성과 그러한 문제를 추구할 작업의 필요성을 보인 것 뿐이다. 사실, 이 양자의 관계는 어떻게 보면 관계가 있는 것 같기도 하고, 전연 관계가 없는 것 같기도 하다. 그러한 비교는 언어학적인 견지에서는 정말로 빈약하기 짝이 없고, 특히 서구의 비교언어학적인 가치로는 거의 零에 가깝다 하겠다.

그러나, 우리는 언어의 비교에서 서구적인 엄밀한 비교 방법의 방법도 중요하지만, 문화적인 상관성에서 접근하는 방법도 시도할 필요가 있는 것으로 사료된다. 그러한 관점에서는 지금의 작업도 간과될 수 없는 가치가 있다. 다만 약점이 있다면 남방계의 전 언어가 동원되었다는 점이다. 물론 이러한 남방계의 전 언어는 계통상 동일한 묶음으로 하는 학자도 있으나, 이런 식으로 하면 어떤 언어하고도 일치되지 않는 경우란 없다. 설혹 그 범위를 좁혀서 인도네시아어계로 국한시킬지라도 그 방언이 무려 200이 넘는다 하므로, 방언의 연구가 제대로 되어 있지 않은 한, 엄밀한 비교란 기대할 수 없다. 따라서, 방언 조사가 완전히 끝나지 않았고, 語層을 탐색하고 祖形을 재구하는 작업이 본격화되어 있지 않은 현 수준으로는 무리라고 하지 않을 수 없다.

그러므로, 이 글에서는 결정적인 단정을 내릴 수 없고 개연적으로 남방계 언어와의 관계 특히 基層 현상이 있을 수 있는 가능성이 다분히 있다고 하는데 그친다. 그 본격적인 추구는 이제부터이며 따라서 그 前程에는 허다한 과제가 놓여 있다. 그러한 과제로는,

첫째, 탐라어의 어휘 목록이 작성되어야 한다. 그러기 위하여 탐라어의 문헌어는 물론 잔존어에 대한 연구가 추진되어야 할 것이다. 잔존어의 경

우 그 층위와 古形의 판별에 유의할 일이다.

둘째, 남방 계통의 언어 연구 특히 방언 및 고어의 연구가 선행되어야 한다. 그리고, 祖語를 재구하여야 할 것이며 어휘 구성의 분석에도 주력하여 체계의 복합성, 어형의 혼합성 등을 밝혀내야 한다.

셋째, 신화, 신앙, 고분, 체질, 혈액, 풍속 등의 인류학, 민족학, 고고학, 민속학 등의 협력적인 작업이 병행되어 문화 전파의 경로, 異質과 同質의 정도, 重層 구조 등이 구명되어야 한다.

끝으로, 부언할 것은 탐라어의 기원문제에 대한 필자의 과거의 북방계적인 결론(주 16) 참조)은 아직 변함이 없다 하더라도, 그 이전 이후에 형성된 중층적인 요소는 인정되지 않으면 안 될 것이다. 서기 기원전은 고조선 내지 진한 계열의 언어가 쓰이고, 기원 이후는 한반도의 북부계열에 의해 특히 4세기 경에는 탐라국의 국가적 체제가 형성되고(7.1.), 7세기에 남부계열의 신라에 복속하는 등 한반도 계열의 언어와의 접촉이 확실히 약 1600년간 계속되어서 남방계 언어의 흔적이 남아 있을 여지가 없었음에도, 앞서 보아온 남방계어적 언어현상 중 단 한 가지라도 남방계어의 흔적으로서 밝혀진다면 그것은 탐라어에 영향을 미쳤고 한국어 형성의 일부로 참여하고 있었다고 하는 중대한 증표가 될 것이다.

5. 탐라어와 한반도 언어

5.1. 머리말

탐라어 개념의 성립여부와 그 범위에 대하여는 앞(제 2장)에서 언급한 바 있다. 이제 한반도 언어와의 관계를 구명함에 앞서 그 대충을 밝혀 둘 필요가 있다.

첫째, 탐라가 三韓시대에 이미 九韓의 하나로서 엄연한 독립국가였다는 점이다.

> 海東安弘記云九韓者一曰本二中華三吳越四乇羅······ (三國遺事 馬韓)
> 本九韓之一或稱乇羅安弘記列九韓乇羅居四或稱耽羅或稱耽牟羅 (耽羅志)

둘째, 독립국가로서의 중심지는 다음의 기록을 가지고는 현 도청소재지인 제주시였음을 쉽게 상정할 수 있으나 그것이 언제부터인지는 속단을 불허한다.

> 高麗史古記云厥初無人物三神人從地湧出今鎭山北麓 (東國與地勝覽)
> 良乙那所居曰第一徒高乙那所居曰第二徒夫乙那所居曰第三徒 (耽羅誌)

지명상 혹은 원시취락의 형성, 유물, 遺俗, 해상 교통 등의 여러 면으로 검토할 때에 지금의 朝天邑의 중산간 지대도 하나의 근거지였음을 추측할 수도 있다.

셋째, 탐라는 삼국 시대에 한반도에 있는 국가와 활발히 교통하고 있었다.

> 本耽羅國或稱乇羅……新羅時高乙那之後高厚與其弟二人渡海來朝 (東國與地勝覽)
>
> 文周王二年……夏四月耽羅國獻方物 (三國史記百濟本記四)
>
> 後魏書正始中世祖引見高句麗使芮悉弗悉弗曰黃金出自扶餘珂則涉羅所産今扶餘爲勿吉(靺鞨)所逐涉羅爲百濟所并 (耽羅紀年 外書)
>
> (후위서에 정시 중에 세조가 고구려 사자 예실불을 引見할 때에 예실불이 아뢰기를 황금은 부여에서 나고 가(큰 조개)는 섭라에서 나는 바 지금 부여는 물길(말갈)에서 쫓기는 바고 섭라는 백제에게 합쳐진 바라고 하였다.)

正始는 北魏 宣武帝의 연호, 고구려 文咨王 13년(서기 504)의 일이다.

이 가운데 탐라가 시초로 교통한 국가는 일반이 흔히 잘못 아는 신라가 아니라, 가라국과 백제라는 것을 필자는 이미 앞에서(제 2장) 밝힌 바 있다. 가라국 멸망(서기 532년) 후에는 백제에 專屬하게 되었고, 백제 멸망(서기 660년) 후에 비로소 신라에 來降하게 된다. 바로 그 때가 신라 盛時 文武王代이다(서기 662년). 이 때에 高厚 형제들이 신라에 찾아간 것으로 본다.

> 至十五代孫高厚高淸昆弟三人造舟渡海至于耽津盖新羅盛時也(高麗史地理志, 世宗實錄地理志)
>
> 文武王二年……耽羅國主佐平徒冬音律 (一作津)來降 (三國史記 卷 6)

즉 위의 두 기록을 동일한 내용의 기록으로 보는 것이다(자세한 것은 전술).

이렇게 문헌상으로 볼 때 탐라는 하나의 국가로서 존재하고 있었음을 가히 확인할 수 있으나, 그 주민의 종족 문제, 이동 경로, 정착 시기 등에 대하여는 아직 미지수이고, 한편 그 주민이 한반도와의 교통 이후 어느 계열의 한반도 언어의 영향을 받았고 어떻게 탐라어의 基幹이 형성되었는가 하는 문제도 무척 우리의 관심을 끌게 한다.

5.2. 한반도 언어의 계열

여기서 한반도 언어라고 하는 것은 기원 전후해서 한반도 전역에 여러 갈래로 분포된 원시 종족의 언어로부터 이를 발전적으로 통합한 신라, 고구려, 백제의 삼국과 가야국의 언어에까지 미친다.

이들 언어의 계통적 분류에 대하여는 국내외의 학자에 의하여 여러 가지로 주장되어 왔다. 그 개요를 우선 적어 보기로 한다.

5.2.1. 외국인 학자의 분류

5.2.1.1. 알타이어와의 관련에서

한국어와 알타이어와의 관련을 인정하는 이들은 한국어를 튀르크어, 몽고어, 퉁구스어의 3군과 동등한 관계를 가지는 것으로 보는 이(Ramstedt 1957:14∼), 또는 이들 가운데서 제일 먼저 한국어가 갈라져서 나머지 언어들하고는 먼 관계를 주장하는 이(Poppe 1960:8), 더 멀리 알타이어 공통어 이전에 한국어가 분화되었으면서 아이누어, 일본어와 계보를 같이 하는 것으로 풀이하는 이(Street <Poppe 1965:147>)들이 있다. 아이누어, 일본어가 원천적으로 한국어에 포함된다는 것은 Ramstedt(1957:14∼)도 이미 언급한 바 있다.

Miller(1971:44)는 원시알타이어를 동부(원시몽고어·퉁구스어·한국어·

일본어)와 서부(원시튀르크어)로 양분하고 동부 알타이어를 원시몽고어와
원시북반도어로 나누고 후자서 원시퉁구스어와 원시반도해양어(원시한국
어·일본어)로 나누고 있다. 원시반도해양어에 중세한국어, 고대일본어, 琉
球어가 소속한다.

5.2.1.2. 일본인 학자의 분류

5.2.1.2.1. Koono(河野六郎, 1945)의 견해
역사를 통한 古時代의 언어 상황을 본다면 南에는 韓語系의 언어, 東은
濊語系의 언어, 東北은 沃沮系의 언어, 西北은 中國語系의 언어가 행해진
것을 알 수 있다 하고, 그 가운데 濊語와 沃沮語는 고구려와 더불어 부여
어계에 속했지만 韓語와는 어떠한 관계에 있었는지 불명하다고 했다. 다만
韓의 몇 가지 지명에서 일본어와 가까운 것을 미루어 가지고 일본의 계통
이 아니었나 하고 그 추리를 도약시키고 있다. 지명의 구체적인 예가 예시
되어 있지 않아서 그 眞意를 알 수 없으나 전형적인 倭語本位(倭語북상,
또는 남하)의 설의 하나가 아닌가 여겨진다.

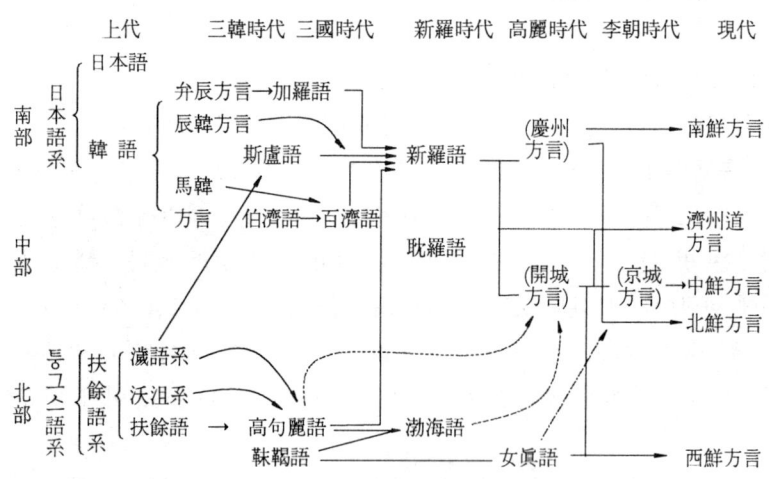

時代별로 방언의 변천과 관계를 제시하고 탐라어를 중간 위치에 갖다 놓은 것들이 특색이다. 일본어계라는 명칭을 韓語系로 고치기만 하면 비교적 짜임새 있는 계통도라 하겠다.

5.2.1.2.2. Murayama(村山七郞, 1963)의 견해

이 견해의 특이한 점은 왜, 고구려 공통어의 단계를 추정한 데 있다. 즉 고구려어와 조선어(신라어를 계승한 고려어·이조어를 뜻하는 듯.) 사이에 어느 정도 밀접한 관계는 있지만 특히 數詞상으로 볼 때 그 깊이는 고구려어와 일본어의 관계만큼 못하다는 것이다. 따라서 다음의 계통도는 고구려어가 조선어보다는 높은 정도에 있어서 일본어와 깊은 관계를 갖는다는 견해를 토대로 하고 있다. 한국어의 형성 과정을 제대로 그려 있지 않으나 지금까지의 倭語북상설을 물리친 점이 새롭다고 하겠다.

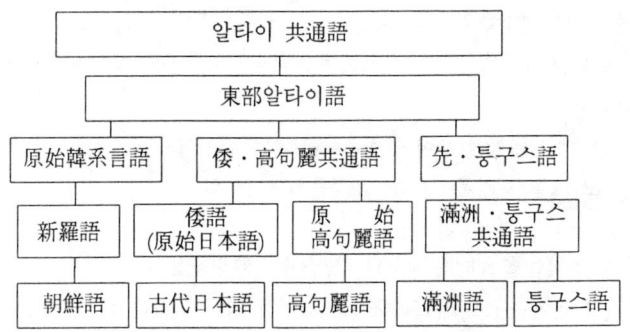

5.2.2. 국내학자의 분류

5.2.2.1. 李崇寧(1954, 1967)의 분류

역사적 기록과 지리적 거리에서 이루어진 분류이긴 하지마는 南北系의 고조선어의 차이는 충분히 그것을 입증할 수 있는 자료가 있다고 하여 우랄·알타이어에서의 '市·邑·村' 단어의 p~l형의 발달을 들고 있다. 즉 북방계인 고구려어에서는 소위 p~l>x~l>h~l>~l(어두자음탈락)의 발달 단계에서 x~l형에서 멈추고, 남방계인 신라 백제어는 보다 전 시대의 어형 p~l, p~r형에서 정지되었다 하고 다수예의 지명을 유형화하고 있다.

북방계(부여어, 고구려어) ..... xol, hol 買忽, 召忽, 馬忽, 冬音忽
남방계 韓語(마한, 진한어) ... puri, pul 所夫里, 古良夫里, 古沙夫里, 夫夫
里, 半奈, 夫里(이상 백제),
比火, 屈阿火, 史丁火, 退火, 奴斯火, 西火,
舌火, 推火(이상 신라)

역사적 기록에 대하여는 비단 李崇寧만이 인용한 것은 아니지만 여기 再錄한다면,

○ 북부계열에 관한 것
東夷舊語以爲夫餘別種言語諸事多與夫餘同其性氣衣服有異 (魏志東夷傳 高句麗)
(동이의 옛말에 부여의 별종이라 하는데 언어와 제반사는 많이 부여와 같고 그들의 성품·기질·의복은 다름이 있다.)

其言語與句麗大同時時小異 (魏志東夷傳東沃沮)
(그 언어는 (고)구려와 대체로 같지만 경우에 따라 좀 다르기도 하다.)

言語法俗大抵與句麗同衣服有異 (魏志東夷傳濊)
(언어와 法俗은 대체로 (고)구려와 같지만 의복은 다르다.)

言語食飮居處衣服有似句麗 (後漢書東夷傳東沃沮)
(언어·음식·거처·의복은 (고)구려와 비슷하다.)

北沃沮 一名置溝婁去南沃沮八百餘里其俗與南同 (後漢書東夷傳東沃沮)

(북옥저는 일명 치구루라고 하는데 남옥저하고는 팔백여리 떨어져 있다.
그 풍속은 남옥저와 같다.)

耆舊自謂與句麗同種言語法俗大抵相類 (後漢書東夷傳濊)
(노인들은 스스로 말하기를 (고)구려와 같은 종족이라 하는데 언어·법속
이 대체로 비슷하다.)

이상의 옛 기록은 고구려어(부여어)를 중심으로 비슷한 語類임을 나타
낸다.

○ 남부계열에 관한 것
韓在帶方之南東西以海爲限南與倭接方可四千里有三種一曰馬韓二曰辰
韓三曰弁韓辰韓者古之辰國也 (魏志東夷傳韓)
(한은 대방의 남쪽에 있는데 동쪽과 서쪽은 바다로써 한계가 되고 남쪽
은 왜와 접하여 크기가 가히 사방 4천리가 된다. 세 종족이 있는데 하나
는 마한, 둘째는 진한, 셋째는 변한이다. 진한은 옛적의 진국이다.)

馬韓最大共立其種爲辰王都目支國盡王三韓之地其諸國王先皆是馬韓種
人焉 (後漢書東夷傳韓)
(마한이 가장 커서 그 종족들이 함께 辰王을 세워서 目支國에 도읍하여
삼한 지역의 왕으로 일 다하였다. 그 제국의 왕의 先代는 모두 마한 종족
의 사람이다.)

辰韓在馬韓之東其耆老傳世自言古之亡人避秦役來適韓國馬韓割其東界
地與之有城柵其言語不與馬韓 (魏志東夷傳辰韓)
(진한은 마한의 동쪽에 있다. 그 노인들은 대대로 전하여 온 것을 스스로
말하기를 옛적의 망명인으로서 진나라의 役事를 피하여 한국으로 왔는
데 마한이 그 동쪽 지경을 나누어 주었다고 했다. 성책이 있고 그 언어는
마한과 달랐다.)

其十二國屬辰王辰王常用馬韓人作之世世相繼辰王不得自立爲王……辨
辰與辰韓雜居亦有城郭衣服居處與辰韓同言語法俗相似 (魏志東夷傳弁辰)
(그 12국은 辰王에 속하며 辰王은 항상 마한 사람으로 삼아서 대대로 세
습하도록 했으며 진왕이 스스로가 왕이 되지는 못하였다. ……변진은 진
한과 더불어 雜居하였으며 성곽도 있다. 의복과 거처는 진한과 같다. 언
어와 법속이 서로 비슷하다.)

辨辰與辰韓雜居城郭衣服皆同言語風俗有異 (後漢書東夷傳韓)
(변진은 진한과 雜居하는데 성곽과 의복은 모두 같다. 언어와 풍속은 다
름이 있다.)

윗 기록으로는 先住族의 언어는 辰語(그 後身은 진한어)이고 馬韓에 의
해 그 동쪽으로 밀렸음을 알 수 있다. 그 언어는 마한어와 다르다고 하였
다. 마한에는 城廓은 없는데 진한에는 城柵이 있다는 점이 주목된다. 이들
의 지역을 제하고는 마한어가 중심이 될 것이다.

이러한 古記錄과 지리적 거리를 참작하여 다음과 같이 분류한 것이다.

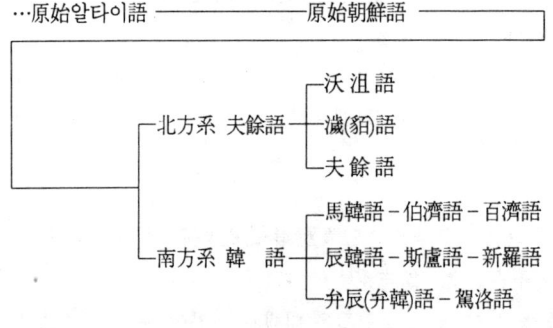

이 系統圖는 후일 補訂되고 圖解되었다.

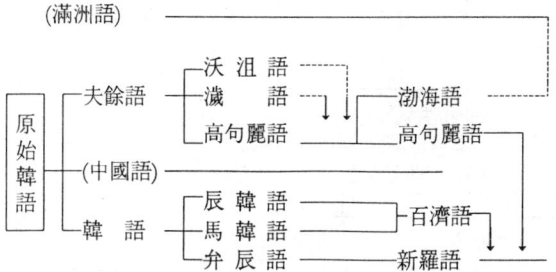

5.2.2.2. 李基文(1951)의 견해

N. Poppe(1960:8, 1965:147)가 제시한 Altai 공통어에서 Altai 제어가 분리된 계통도를 한국어에 관한 한 구체화 한 것이다.

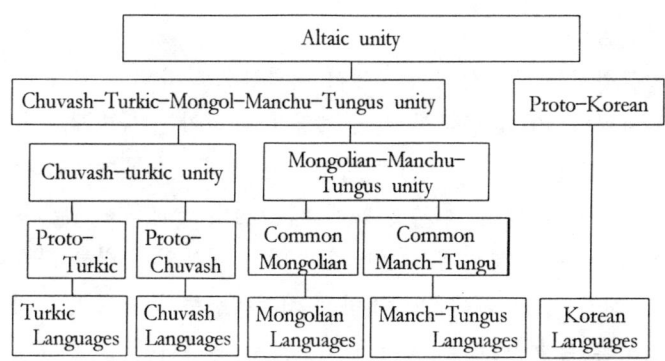

즉 알타이 공통어에서 고대 국어 시대까지의 여러 천년 간에 두 중간 공통어 단계를 설정하였으니 그 첫 단계가 夫餘·韓共通語이고, 그 다음 단계가 夫餘共通語와 韓共通語의 분열 단계이다. 물론, 이 두 중간 공통어는 기록이 없으므로 재구는 불가능하다고 했다. 그 다음의 분열 단계는 약간의 역사 기록을 통하여 동일 공통어에서 분파한 언어의 상호관계를 비추어 볼 수 있어도, 두 공통어 즉 남방계와 북방계의 상호관계는 일언반구의 언급조차 비추지 않았기 때문에 확실하게 대조할 수 없으나, 현존하는 고대 자료(주로 지명)를 보건대 상당한 차이가 있었던 것으로 보고 있다.

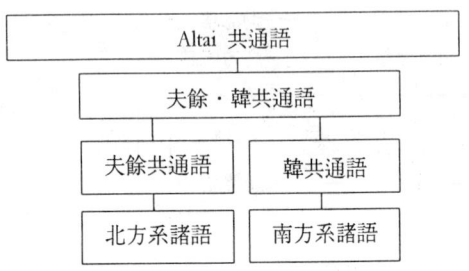

북방계 언어로는 부여, 고구려, 옥저, 예 등의 언어가 속한다고 하고, 남방계 언어로는 마한, 진한, 변한 등의 언어를 들고 그 가운데 변한은 북방계의 영향을 받지 않았나 보고 있다.

이상 지금까지의 국어사의 연구에서 내외적으로 유력한 몇 분의 분류를 대충 인용하였다. 결국, 한국의 언어 계통에 대하여는 북방계(河野 夫餘語系, 李崇寧 夫餘語, 李基文 夫餘共通語, 村山 倭·高句麗共通語)와 남방계(河野 韓語, 李崇寧 韓語, 李基文 韓共通語, 村山 原始韓系言語)로 이분됨이 공통적이다. 물론, 북방계와 남방계의 언어 계통의 구별을 부정하는 학자도 있다. 어떻든, 그 차이를 인정하는 처지에서는 북방계 언어의 대표로서 고구려어를 들고, 남방계 언어의 대표로서 신라어를 들고 그것들이 각계 언어의 정통을 계승한 것으로 보고 있다.

이러한 견해들에 대해 비견을 피력한다면, 첫째로 북방계, 남방계라는 용어가 비록 대내적으로 쓰이고 있다 하더라도 대외적인 북방계(알타이어계 등)와 남방계(남양어계 등)와 혼동될 염려가 있으므로 북부 방언계 그리고 남부 방언계 등으로 고쳐 쓸 필요가 있는 것으로 생각된다.

둘째로 고조선어에 대하여 너무도 소홀히 하는 것 같이 느껴진다. 고구려·예·옥저 모두 본래 고조선의 땅이었고(後漢書濊傳) 신라 성립 이전에 그 땅에는 고조선의 유민들이 와서 山谷間에 흩어져 6村을 형성하였다(삼국사기 신라본기 1)하였으니 한반도 전역에 고조선어가 분포하고 있었음을 알 수 있다.

특히 신라의 옛 지역은 삼한 중의 진한의 지역이고 진한은 옛적은 辰國이었다(魏志東夷傳 韓傳). 流行本史傳 朝鮮傳에는 眞番旁衆國이 宋版本에는 眞番旁辰國, 漢書朝鮮傳에는 眞番辰國으로 되어 있어서 辰國=衆國=眞番의 등식을 얻을 수 있어서 古朝鮮 - 眞番 - 辰 -(辰韓)의 한반도 전역권이 공통의 小國 사회로 이루어져 있었음을 알 수 있다. 그 중심 지역은 외부 국가의 침략으로 몇 번이나 유린되었으나 그 외곽 지역은 뭉쳐서 小地域國家를 형성해 갔다. 이 소지역국가의 분포가 마치 계열이 다른 종족의 분포인 양 일제시대의 在京 일인학자들에 의해 과장된 것이 무비판적으로 답습된 것이다.

이밖에, 이전에 북부계열의 고구려어와 고대일본어와의 긴밀한 관계가 국내외의 학자에 의하여 지적된 점에 대하여 언급하기로 한다.

앞에서 Murayama(村山 1963)가, 한국어와 고구려어는 약 20개의 공통어를 갖고 있지만 수사로 볼 때는 다른 체계를 갖고 있다고 할 수 있고, 오히려 고구려어가 수사 및 중요 어휘로 볼 때 일본어와 酷似한 점이 많아 동일 기원에서 나왔다고 말할 수 있다고 했다.

수사로서는 숫자 '3, 5, 7, 10'을 나타내는 고구려어의 形이 일본어의 그 것과 아주 가까운 것이 일찍부터 지적되어 왔다(新村 1916). 그것은 三國史記卷37高句麗地理志의 지명 표기에서 의미와 音相과의 대응에서 추출된 것이다.

三峴縣　一云　密波兮
五谷縣　一云　兮次云忽
七重縣　一云　難隱別
十谷縣　一云　德頓忽

위에서 密(mir)은 일본어 mitu '3'에, 亐次(于次) (uɐ)는 일본어 itutu '5'에,
難隱(nanɐn)은 일본어 nanatu '7'에, 德(tək)은 일본어 töwo '10'과 극히 유사
하다. 기타 어휘로는,

고구려어 達(ta') '山' '高'	고대일본어 take '山' taka '高'
이를 튀르크공통어 *tag<*tagɯ '山'에 대응시킨다.26)	
고구려어 奴(nɐi) '壤'	고대일본어의 na(奴) '地'
고구려어 忽(kor') '城'	고대일본어 kɯi kui(紀, 機, 奇, 基) '城'
	(百濟 己(kɯi – kui) '城')
고구려어 忽次, 古次(koɕɐ) '口'	고대일본어 kuti – kutu '口'27)
고구려어 次若(ɕɐnjaʔ) '首' '頭'	고대일본어 tuno(豆能, 豆及) '角'
고구려어 古斯(kosi) '玉'	고대일본어 kusiro '釧'
고구려어 內米(nɐimɐi) '池'	고대일본어 nami '波'
고구려어 烏斯含(osɐkam)	고대일본어 usagi<*wusagi '兎'
고구려어 買(mɐi) '水' '川'	고대일본어 midu '水'
고구려어 烏斯(osɐ) '猪'	고대일본어 usi '牛'
고구려어 頓, 且, 呑(tɐn) '谷'	고대일본어 tani '谷'
고구려어 沙伏(sapo') '赤'	고대일본어 səpo '赭'
고구려어 居尸(kər/kə') '心'	고대일본어 kəkərə '心'
고구려어 甲(kap) '穴'	고대일본어 kapi '峽'
고구려어 乃勿(namɯr) '鉛'	고대일본어 namari '鉛'
고구려어 別(pjər) '重'	고대일본어 pe '重'
고구려어 買尸(mɐir) '蒜'	고대일본어 mira '韮'
고구려어 古衣(koɯi) '鵠'	고대일본어 kohi '鵠'
고구려어 伊(i') '入'	고대일본어 ir- '入'

---

26) 후일 수정되어 南島祖語 *[t']akaj '上昇'에 대응시켰다. *[t']akai<takai<takë 岳>幹收縮形
taka – 高(村山 1974:161)
27) 일본어의 kutu '口'와 남한의 방언 kul, 폴리네시아어의 gutu와 同源으로 보는 견해도 있다
(大野 1957:192).

고구려어 伏斯(poksɐ) '深'　　　고대일본어 pukasi '深'

고구려어 冬(to') '取'　　　　고대일본어 tor- '取'

고구려어 只(ci<ki) '來'　　　고대일본어 ki '來'

등 상대적으로 많은 편이다. 이 중에서 奴(nɐi)는 아이누어의 no(nu) '野'에; 忽(kur)은 아이누어의 kuru '山'·kot '宅地'에, 烏斯含(osɐkam)은 아이누어의 osuke '兎'에, 買(mɐi)는 아이누어의 na '水'와 연관될 가능성이 있다.

한편 李基文(1963)에서 북방계인 고구려어와, 같은 계통인(남방계인 진한어와 다른) 가야 혹은 변한어를 쓰는 겨레가 落東江畔에서 B.C. 3세기경 北九州 지방에 Yayoi(彌生)문화를 옮겼으리라 가정하고 원시일본어는 이들 언어에 근원하고 있다는 가설을 제기하였다. 그 근거되는 어례로 1) tor 또는 to(梁) 'gate', 2) mir(推) 'three', 3) t'o(吐) 'bank'를 들고 있다.

이러한 문제는 논자의 말 그대로 그에 앞서 해결해야 할 수많은 난제가 가로 놓여 있어서 몇 개의 어례를 가지고 쉽게 논단할 수는 없으나, 우리에게 고대 언어 자료가 零星한 만큼 그 몇 가지 어례는 그저 넘겨볼 수 없는 것으로, 그러한 어례를 탐색하며 착실하게 밀고 나갈 수밖에 없다.

참고로 李基文(1967)에서 도시된 고구려어와 원시일본어와의 관계도를 보이면 다음과 같다.

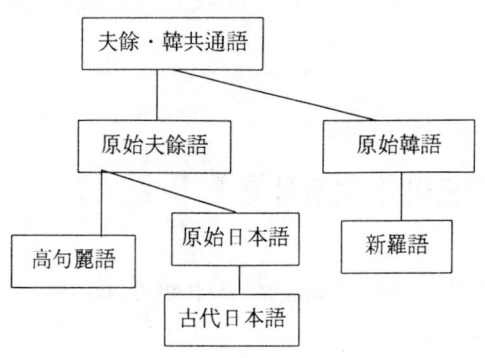

삼국사기지리지의 지명의 분포영역으로 보아서 고구려어, 백제어, 신라어라고 하는 것도 문제가 있다. 시대에 따라 영역의 변동이 컸던 것으로 보아야 한다. 전 영역에서의 복합적인 추출어휘가 있고 그것이 대립적인 관계에 있다면 그러한 분류가 용인될지 모른다. 과거에 남북부 대립의 대표적인 예로 忽과 夫里가 거론되어 왔지만 이는 의미차가 있는 것으로 보며, 언어의 층위, 혹은 지형에 따라 주민 근거지의 호칭이 다르게 나타난 것으로 본다.

그리고 원시일본어와의 연관도 고구려 영역의 지명이 좀 연관된다 해서 신라어하고 간격을 두는 것도 문제가 있다. 원시일본어도 그 실상은 복잡하다. 종족의 分布도 잡다하여 문헌에 보이는 것만 하더라도, 辰, Kumaso(熊襲), Ezo(蝦夷), Tucigumo(土蜘蛛), 毛人 등등이 있다. 지명 이외의 어휘도 많이 추출될 수 있는 것이니 그 관련성도 고려되어야 한다. 辰言系의 신라의 왕호도 고대일본어에 투영되고 있음을 간과해서는 안된다. 필자는 원시일본어는 원시한국어(북부방언군과 남부방언군)의 딸 언어로 보고 있다(김공칠 1995:18).

어떻든, 탐라어가 한반도 언어와 어떠한 관계를 가지며 그 중에서도 어느 가지에 가까운가 하는가는 매우 궁금한 문제가 아닐 수 없다. 이 문제의 구명을 통하여 탐라어의 기원에 접근하고 더 나아가서 이웃나라 일본어와의 관계도 잡힌다면 국어사의 연구에도 적지않은 도움이 될 것으로 사료된다.

5.3. 한반도 언어의 어휘목록

탐라어와 한반도 언어와의 비교에 앞서 먼저 제시되어야 할 것은 한반도 언어의 어휘목록이다.

삼국 이전의 여러 언어는 역사 기록에는 언어의 相似 異同만 간단히 논했기 때문에 특수한 몇 가지를 제외하고는 거기서 어휘를 추출하기가 힘들다. 그러나 삼한에는 小國名이 약 80개가 남아 있고, 관명 기타 어휘들이 있어서 방법 여하에 따라 어느 정도의 재건이 가능하다. 고조선어 역시 신화 所載 어휘 그리고 다른 데에 투영되어 있는 것을 復元함으로써 가능하다.

삼국의 언어라 할지라도 음운과 형태의 기술은 지금의 처지로서는 매우 불완전하므로, 어휘의 추출을 통한 기술과 비교의 기반을 다지는 외에 좋은 도리가 없다. 따라서 이들 언어의 어휘 목록 작성에는 많은 애로가 있다. 특히 그 중에서 현저한 것은 언어 관계의 직접 문헌의 결핍이다. 그러나 불행 중 다행하게도 국내외의 史籍에 남아 있는 국호, 왕호, 인명, 지명, 관명 등의 고유명사와 吏讀 및 鄕歌 25수 등이 남아 있다. 그러한 자료에서 고대 어휘를 추출하는 작업을 오래 전부터 서둘러 왔는데, 내적 재건과 외적 비교에 더욱 힘쓸 필요가 있다.

5.3.1. 古朝鮮語

먼저 삼국유사 소재의 단군신화에 있는 어휘를 통하여 그 단편을 엿볼 수 있다. 阿斯達의 語義 풀이는 일찍부터 시도되었고 이것이 아이누어, 일본어에 투영이 되고 있음이 확인되었다(김공칠 1995:138). 고대일본의 수도 asuka(明日香)는 그 교체형이다. 강림장소 神市는 위지동이전 왜인전의 女王所居 邪馬壹 kamait로서 전승되고 있다. 일명 邪馬臺는 고구려의 蓋馬大山(魏志東沃沮)의 호칭의 흔적일 수 있다. 기타 桓因·桓雄·檀君·風伯·雨師·雲師 등의 풀이도 가능하다.

또 삼국사기 신라본기를 보게 되면 고조선의 유민들이 신라 지역의 山谷間에 흩어져 6村을 형성하였는데 그 6村의 호칭의 풀이를 통하여 고조선어의 옛 모습의 일편을 엿볼 수 있다. 또 이 지역은 진한 지역이므로 後漢書東夷傳辰韓의 몇 가지 어휘적 기술을 통하여 유추할 수 있다(목록은 후술). 비단 진한 지역 뿐만 아니고 예 및 옥저·고구려도 본래 조선의 땅이었으므로 이들 지역의 지명이 위지동이전 기타의 중국 史書에 나와 있으므로(김공칠 1965:134~) 여기에도 고조선어가 투영되어 있다 봄이 옳다.

이상의 고조선의 어휘들은 모두가 한결같이 아이누어하고 관련되어 있어서 고조선어가 일찌기 일본의 先住民語로서 전파되었음을 추측할 수 있다.

5.3.2. 辰語

辰言은 後漢書東夷傳의 기술이다. 後漢은 삼국보다 시기적으로 앞서나 그 史書는 南北朝시대 宋의 范曄에 의해 지어졌으므로 그 동이전은 晋의 陳壽에 의해 지어진 三國志魏書의 동이전 다음 것이 된다. 그렇지만 여기의 것들은 진한의 耆老가 전하는 바이기에 꽤 이전으로 소급되는 기록이다.

魏志東夷傳韓條의 기술을 보아서는 진한의 전신이 辰이지만 원래 삼한 전체를 가리키던 것이 나중에 동부의 일부 지역만을 가리키게 된 것이 아닌가 한다. 그것은 新進의 남하세력에 밀린 것으로 볼 수 있기 때문이다. 그렇다면 辰>韓의 통시성을 얻을 수 있는데, 여기서 의미는 보존되고 음형만이 바뀌는 지명의 관례에 따라 辰을 아이누어로 풀이될 수 있다. 아이누어 sin은 세계, 육지, 땅을 뜻하고 sine는 하나(1)이다. 또 sin(=cin)은 접미사 용법이지만 복수(다수)를 나타낸다. 韓은 이들의 의미를 계승한 채 음형만 바뀐 것이라고 할 수 있다. 辰國이 流行本史記朝鮮傳에는 衆國으로 되어 있는 것도 의미상 이와 유관할 것이다. 後漢書의 辰王=魏志의 臣智(各有長帥大者自名爲臣智)와 秦支로 본다면(李丙燾 1959:265), 음형 sin=cin의 연관성도 이해될 수 있다.

辰 지역에 쓰인 辰言이 과연 어떤 언어였는지 지금으로서는 확실히 알 수 없다. 다만, 삼국유사에 鄕言으로 기록되어 있는 왕호 居西干도 辰言으로 전하는 바이므로 그만큼 토착적인 언어라고 할 수 있다. 이것이 고대일

본어의 소위 枕洞(八隅知之)에 투영되어 있고(김공칠 1996) 기타 어휘 몇 가지는 곧 辰韓耆老自言……이라 해서 다음 다섯 가지가 전해 오고 있다.

	A	B
1.	國爲邦	國爲邦
2.	馬爲孤	弓爲孤
3.	賊爲寇	賊爲寇
4.	行酒爲行觴	行酒爲行觴
5.	相別爲徒	相呼爲徒

A는 太田亮編(1928)에 의한 것이고, B는 景仁文化社編(1977)에 의한 것이다. 이들 표기의 특징은 爲 선행자는 表意를, 爲 후행자는 表音과 表意(類義)를 겸한 점에 있다.

1의 邦(pŭng/pang)은 아이누어의 paunguru '酋長'에서 guru '人'형태를 제거한 부분이라든지 pungi 'to guard, watch'(Batcheler 1938:403)와의 연관으로,

2의 孤(kuo, kwăg)는 아이누어의 ku, ka 'bow, string'(Batchelor 1938:277)와의 연관으로,

3의 寇(kʼu/kʼəu)는 아이누어 ko·uk 'to take from…'(Batchelor 1938:276), '强奪하다'(服部 1964:42)과의 연관으로,

4의 觴(sjang)은 아이누어의 sake '酒'(日本酒는 따로 aruta로 부름)로부터 그것의 主母音이 일본어에서 上聲인 점에서 *sjɐk 내지 *sjɐŋ이 재구될 수 있는 점에서 연관될 수 있다.

5의 徒(dʼo, dʼăg)를 음으로 읽는다면 아이누어의 ta, 'these'에, 두레로 읽는다면(李丙燾 1959:303), 아이누어의 tura 'with, to take as company'와 연관될 수 있다.

고조선어 및 진어가 아이누어와 연관이 된다는 것은 고조선 및 진의 주

민이 고조선－진－진한－변진－일본으로 이동하면서 아이누인에게 전파한 것인지 또는 아이누인이 고조선 및 진의 후예인지는 지금으로서는 확실히 알 도리가 없다.

요컨대, 원시 한반도에서는 지금의 아이누어와도 연관될 수 있는 원시 한국어가 씌어졌다. 따라서 탐라 지역에도 일찍부터 그와 같은 말이 씌었다고 볼 수 있다. 남진세력에 의해 밀려서 남반부만 그것도 동남부 쪽에서만 쓰인 것이 기록에 몇 가지 남아 있는 것이 된다. 이들 언어는 일본에서도 토착민의 언어가 된다. 그것은 辰을 shin으로 읽고 마한 국명에 얹혀 있는 臣을 sin으로 읽는다면 이를 일본 문헌에 보이는 sino(豊後風土記大野郡의 此間有土蜘蛛名曰小竹鹿奧<志擧汗意枳>小竹鹿臣)과 연결될 수 있어서 토착민의 거주 지역과 관련되기 때문이다. 마한 국명이 얹혀 있는 臣도 弁辰韓의 국명에 얹혀 있는 弁辰과 병행적으로 생각할 수 있다. 臣은 말할 것 없이 마한의 전신인 辰의 투영이다.

5.3.3. 馬韓語

위지동이전 韓條에 실려 있는 마한의 50여국(爰襄國, 牟水國, 桑外國, 小石索國, 大石索國, 優休牟涿國, 臣濆活國, 伯濟國, 速盧不斯國, 日華國, 古誕者國, 古離國, 奴藍國, 月支國, 咨離牟盧國, 素謂乾國, 古爰國, 莫盧國, 卑離國, 占離卑國, 臣釁國, 支侵國, 狗盧國, 卑彌國, 監奚卑離國, 古浦國, 致利鞠國, 冉路國, 兒林國, 駟盧國, 內卑離國, 感奚國, 萬盧國, 辟卑離國, 臼斯烏旦國, 一離國, 不離國, 支半國, 狗素國, 捷盧國, 牟盧卑離國, 臣蘇塗國, 莫盧國, 古臘國, 臨素半國, 臣雲新國, 如來卑離國, 楚山塗卑離國, 一離國, 狗奚國, 不雲國, 不斯濆邪國, 奚池國, 乾馬國, 楚離國), 弁辰韓의 24國(己柢國, 不斯國, 弁辰彌離彌凍國, 弁辰接塗國, 勤耆國, 難彌離彌凍國, 弁辰古資彌國, 冉奚國, 弁辰半路國, 弁樂奴國, 軍彌國, 弁軍彌國, 弁辰彌烏邪馬國, 如湛國, 弁辰甘盧國, 戶露國, 州鮮國, 馬延國, 弁辰狗斯國, 弁辰定槽馬國, 弁辰安邪國, 馬延

國, 弁辰瀆盧國, 斯盧國, 優由國), 왜의 30여국이 상관적으로 기술되어 있어서 이들 어휘에서 무언가 상관된 관계를 구하고 그것을 풀어내는 실마리를 찾기만 하면, 나머지 모두 풀어낼 수 있는 그러한 성격의 어휘이다. 왜인조의 末盧, 한조의 萬盧, 车盧, 莫盧… 등은 'mere'에서 풀려고 하고, 왜인조의 不彌는 한조의 卑彌, 不彌와 함께 '蛇'의 뜻으로 풀려고 하는데(金元龍 1975:390), 이러한 시도는 지형어라는 상관된 관계에서 풀어나갈 때 성과를 거둘 것으로 믿는다.

한의 국명의 대표적인 접미사 '卑離'는 '原' 어원의 '伐' 말고는 '夫里, 火' 및 동옥저, 예에 나오는 '不耐(不而)'와 同源으로 본다. 단 그 어원은 '原'이기보다 '山'이었을 가능성이 크다(楚山塗卑離). 지금의 충남 홍성읍의 白月山에 상당하는 監奚卑離의 호칭은 제주도를 위시해서 고대 일본 문헌과 口傳에도 보이는 山名들과 연관되는 점에서 중요하다. 어느 것이나 山頂ㆍ山腹의 어느 곳에 湧泉이 있다(김공칠 1997b).

5.3.4. 고구려어

1. 문헌상

중국측 諸史書(魏志東夷傳, 後漢書東夷傳)에 의하면 부여어, 고구려어, 옥저어, 예어가 한 묶음의 어군에 속하는 것은 명확하다. 그러나, 고대肅愼語하고는 별종의 것으로 보아진다.

> 挹婁……其人形似夫餘言語不與夫餘句麗……古之肅愼氏之國也(魏志東夷傳挹婁)
> 挹婁古肅愼之國也……人形似夫餘而言語各異(後漢書東夷傳挹婁)

肅愼族에 대하여는 女眞族(滿洲族)의 선조라고 하고 퉁구스족이라고도 하는데 어떻든 肅愼語와 구별되어 있는 점은 주목할만하다. 그런데도 고구려어와 퉁구스어의 일치를 보여 주는 어례가 있다.

고구려어　內米(池)　難隱(七)　伊(入)　伯(逢)　　　馬(堅)
퉁구스어　namu(海) nadan(七) i-(入) baka-(發見) ma(堅) (李基文 1967:88)

이러한 사실에서 고구려어와 퉁구스어는 같은 항렬의 갈래는 아니어도 전단계(부여·한공퉁어 이전의 단계)에서 분파되었거나 영향받은 것이라 볼 수 있다.

2. 지명상
소위 '市 邑 村'의 단어 p~l형의 발달이 고구려에서는 x~l(xol)로 나타난다.

水城郡本高句麗買忽郡景德王改名今水州
堅城郡本高句麗馬忽郡……今抱州
瀑池郡本高句麗內米忽郡……今海州
取城郡本高句麗冬忽憲康王改名今黃州
白城郡本高句麗奈兮忽景德王改名今安城郡
開城郡本高句麗冬比忽……今開城府(三國史記 卷 35)

'土地', '地域'을 나타내는 말에 內, 奴, 惱가 보인다.
　　(고대퉁구스諸語 na(地), 고대일본어 na(地))
　　愧壤郡本高句麗仍斤內郡
　　荒壤郡本高句麗骨衣奴郡
　　休壤郡一云金惱

3. 인명상

삼국사기에서 추출되는 인명의 末音의 경향을 보이면[28],

• u 형

ku ·········· 逸苟, 松屋句, 劉屋句, 高仇, 師夫仇

mu ········· 男武, 建武

ru ·········· 解夫婁, 解愛婁, 穆度婁, 尙婁, 高優婁

pu ·········· 相夫, 丘夫, 答夫

u ·········· 延優, 多優

• ju 형

rju ········· 孺留, 朱留, 於昇留

sju ········· 由須, 尉須, 祭須

ju ·········· 怪由, 斯由, 紐由

4. 어휘상

고구려어로서 지금까지 추려 낸 어휘는 80을 넘는다. 거의가 三國史記地理志에 실려 있는 것으로서 고구려 본래의 명칭과 한자의 개칭의 대응관계에서 추출된 것이다. 이제 그 목록을 보이면,

• 천문지리: 達(山·高), 述爾·首泥(峯), 知衣(嶺), 旦·呑·頓(谷), 巴衣· 波衣·波兮(巖·峴), 內·奴·惱(壤), 息(土), 內乙(沙), 吐(堤), 忽(城), 買(水·川), 內米(池), 於乙(泉), 波旦(海), 甲比·甲(穴), 濟次(孔), 薩寒(霜), 奴音·奈(陰), 加阿(逗.)

• 동식물명: 肹(木), 乙(木), 乃伐(穀), 斬(根), 夫斯·夫蘇(松), 去斯·要隱 (楊), 乃斤(槐), 買尸(蒜), 加支(菁), 首(牛), 烏斯(猪), 烏斯含(兎),

---

28) 어례는 李崇寧(1967)에서 인용함(이하 마찬가지). 음은 다만 廣韻과 현대음을 기준한 것임.

功木(熊), 也尸(犹), 古衣(鵠), 於支(翼).

• 인 체 어: 居尸(心), 忽次・古次(口), 廻足(足), 皆尸(牙),

• 인간사회: 也次(母), 仇斯(童), 皆(王), 丁尸・伊伐支(隣), 朱蒙(善射), 斤乙(文), 骨蘇・蘇骨(冠),

• 광물・도구: 乃勿(鉛), 古斯(玉), 蘇文(金), 休(金), 折・召尸(銀), 毛乙(鐵), 加尸 (犁), 於斯(斧).

• 수   사: 密(三), 于次(五), 難隱(七), 德(十).

• 형 상 어: 別(重), 奈(大), 首(新), 主夫(長), 沙非斤・沙伏(赤), 今勿(黑), 奈兮(白), 伐力(綠), 伏斯(深), 比烈(淺), 馬(堅), 骨衣(荒), 沙熱伊(清風), 冬非(圓), 位(相似), 於斯(橫), 骨尸(朽).

• 동 작 어: 多勿(復舊土), 伯(遇), 伊(入), 冬非(開), 冬(取), 只(來).

이상 추려 낸 가운데 중세한국어(신라어 계통을 이은)와 일본어하고 일치 또는 유사를 보여 주는 게 각각 25 전후가 된다는 것은 주목된다. 중세한국어와 유사한 형을 든다면(일본어와의 유사형은 前出),

• 천문지리
고구려어 巴衣・波衣・波兮(巖)　　중세어 바회
고구려어 逑爾・首泥(峯)　　중세어 수늙(嶺)
고구려어 波(且.)(海)　　중세어 바롤, 바다

• 동식물명
고구려어 功木(熊)　　중세어 곰
고구려어 首(牛)　　중세어 쇼
고구려어 古衣(鵠)　　중세어 고해

• 광물・도구 기타
고구려어 蘇文 休(金)　　중세어 쇠

고구려어	乃勿(鉛)	중세어	납
고구려어	加尸(犁)	중세어	가래
고구려어	古斯(玉)	중세어	구슬
고구려어	斤乙(文)	중세어	글

• 형상어

고구려어	今勿(黑)	중세어	검 - 을
고구려어	伐力(綠)	중세어	프르 - ㄹ
고구려어	骨衣(荒)	중세어	거츨 - 다
고구려어	於斯(橫)	중세어	엇 -

한편, 전술한 바 있는 퉁구스어와의 일치의 예도 간과할 수 없다. 이러한 점은 고구려어는 고루 일본어, 신라어, 퉁구스어의 순으로 가까움을 보여준다. 이는 고구려어·일본어가 先단계에서 신라어와, 그 先단계에서 퉁구스어와 분화됨을 시사하고 있다. 곧 원시한국어의 딸언어인 일본어는 고구려어의 영향을 많이 받은 것으로 간주된다.

5.3.5. 백제어

1. 문헌상
중국측 史書에 의해서 고구려어 및 신라어와 비슷한 것을 알 수 있다.

今言語服章略與高麗同 (梁書諸夷傳百濟)
言語待百濟而後通焉 (梁書諸夷傳新羅)

위의 新羅條는, 신라인은 백제인을 통하여 중국인과 언어가 통했다는 것이므로 신라인과 백제인은 언어 상통한 것을 암시한다. 辰의 공통지역이었으므로 당연하다. 위의 고구려어와 백제어 간에 계통상의 차가 없음을 나타냄과 동시에 신라하고도 차이가 없음을 나타내는 귀중한 것이 된다. 다만, 다음 기록에 나타나는 백제어의 重層性을 미루어 보건데 지배족과 피지배족의 말쓰임이 달랐다고도 할 수 있다.

王性夫餘氏號於羅瑕民呼爲鞬吉支夏言竝王也妻號於陸夏言妃也 (周書異域傳百濟)

(왕의 성은 부여씨로 어라하라 호칭하며, 백성들은 건길지라고 부르니, 하언으로 모두 왕이다. 아내는 어륙이라 호칭하니 하언으로 왕비다.)

王號 於羅(瑕)는 고구려 朱蒙의 卵生, 신라의 赫居世의 卵生의 ar과 상통하여, 탐라의 乙那와 유사하다. 鞬吉支는 그것을 풀어 쓴 표현이다.

2. 지명상
고구려어의 '−忽'에 대하여 백제에서는 '−夫里'로 나타난다.

夫餘郡本百濟所夫里郡
古阜郡本百濟古眇夫里郡
玄雄縣本百濟未冬夫里縣
澮尾縣本百濟夫夫里縣
高敞縣本百濟毛良夫里縣 (三國史記 卷 36)

이들은 신라어의 '−火'系와 동계임을 나타내나, 고구려어계의 忽, 買, 內・奴도 散見된다. 이러한 지명의 중층성을 언어계통의 차이로 보고 백제어가 그 중간에 위치하는 것으로 해석되어 왔으나 비견은 언어의 층위 혹은 지형에 따라 주민 근거지의 호칭이 다르게 나타난 데서 온 것으로 본다.

3. 인명상

고구려어의 'u, ju' 말음에 대응하듯이 'o' 말음자가 많이 보인다.

省古, 素古, 素牟, 摩牟, 國智牟, 沙烏

이는 고구려어 'ku'에 대하여 'ko', 'mo', 'u'에 대하여 'o'가 대응한다고 할
수 있다. 중고음(kuo)으로 볼 때는 같은 음으로도 볼 수 있다. 이외에 모음
조화가 두드러진 것이 특색이다.

4. 어휘상

백제어도 역시 三國史記地理志에서 고구려어의 경우와 같은 방법으로
추출되는 것인데 삼국 중 지명수로는 가장 많으나 해독되는 자료는 가장
적다. 오히려 외국 史籍에서 추려내는 것이 더 많다.

- **천문지리**: 固麻(城), 擔魯(邑), 居拔俱拔(都), 夫里(坪, 城), 述(峯), 己(城),
  比(雨)
- **동식물명**: 公(熊), 倪知(鷹), 大(木)
- **인 체 어**: 西(舌)
- **인간사회**: 於羅瑕(王), 於陸(妃), 鞬吉支(王),
- **광물·기타**: 仇知(金), 珍惡(石)
- **형 상 어**: 所比(赤), 勿居(青), 毛良(高), 翰(大) 同(固)

이외에 구개음화의 자취라 볼 수 있는 어례 知(北), 只(城)들이 있다[29].
　이상의 어휘들은 한편으로는 고구려어와 가깝고(述爾: 述, 功木: 公, 沙
非斤·沙伏: 所比, 肹: 大), 또 한편으로는 신라어와 가깝다(夫里: 火, 翰

---

29) 고구려어에서 구개음화를 거친 語詞로는 忽次·古次(口·串), 也次(母), 于次(五)가 擧例되
　고 있다(金完鎭 1968).

: 韓, 기타 중세어로 풀이되는 것). 따라서, 백제어에는 고구려어와 신라어
가 모두 간직되어 있는 것을 알 수 있다.

5.3.6. 신라어

1. 문헌상

신라어는 韓語 그 중에서도 진한어 계열이며 한자와 접하기 전에는 다
른 나라와 마찬가지로 문자가 없었던 것은 말할 것 없다.

> 新羅者其先本辰韓種也……無文字刻木爲信言語言待百濟而後通焉 (梁書諸
> 夷傳新羅)
> (신라는 그 선조가 본래 진한의 종족이다. ……문자가 없으므로 나무에 새겨서
> 신표로 삼는다. 언어는 백제(인)를 통해서 소통된다.)

위 기록의 後段은 신라어와 백제어가 상통한다는 것을 암시한다고 전술
했다.

원래 진한이 그랬듯이 신라도 복잡한 요소로 되어 있는 것을 알 수 있다.

> 魏將毋丘險討高麗破之奔沃沮其後復歸故國留者遂爲新羅亦曰斯盧其人雜
> 有華夏高麗百濟之屬兼有沃沮不耐韓濊之地其王本百濟人自海逃入新羅遂王
> 其國 (北史列傳新羅)
> (위나라 장수 관구검이 고(구)려를 쳐서 격파하니 옥저로 도망하여 그 뒤 다시
> 고국에 돌아오는데 남은 사람들이 마침내 신라를 세웠다. 신라는 사로라고도
> 한다. 그 사람들은 중국, 고(구)려, 백제 족속과 섞여 있으며 옥저, 불내, 한, 예
> 의 땅을 차지하고 있다. 그 왕은 본래 백제인인데 바다에서 도망쳐 신라로 들
> 어가 마침내 그 나라의 왕이 되었다.)

따라서 신라어에도 다원적인 요소가 혼합되어 있는 것을 알 수 있다. 이

러한 요소는 異系的인 것이라기보다 고구려와도 연관되는 同系的인 방언의 차라고 생각된다.

2. 지명상

고구려어가 '-忽', 백제어가 '-夫里'형에 대하여 신라어는 '-火'형으로 나타난다. 이는 신라어와 백제어가 아주 가까움을 암시한다.

青驍縣本昔里火縣景德王改名今青理縣
高丘縣本仇火縣 (或云高近)
比屋縣本阿火屋縣 (一云并屋)
巘陽縣本居知火縣
安唐縣本比火縣
義昌郡本退火郡
大丘縣本達句火縣 (三國史記 卷 34)

3. 인명상

신라어에는 'po, pu'系가 보인다.

良夫 異斯夫 千福 眞福 弓福

고구려어가 u末音, 백제어가 o말음형이라면 이들과 유사하다. 이외에 신라어는 a(t), i末音, 그것도 r자음을 가진 것이 많다.

允良 國良 智良 加良 朝良 忠良 奴宗 荒宗 康世 橫川 閼川

특히 山川 지명의 人名은 주목된다. 橫川은 엇나(리)(橫防 엇마기, 龍飛), 閼川은 알나(리)로 읽을 수 있어서 삼성신화의 乙那의 칭호와 비슷하다.

또한 접미사로 볼 수 있는 知, 智 등의 부착어가 보이는 것도 특색이다.

4. 어휘상

현재 남아 있는 자료로 보아서는 앞의 두 언어보다 풍부하지만 오히려 어휘 추출의 수에 있어서 地理志에 한한 한, 못한 것 같다. 그것은 한자식 命名으로 말미암아 의미와 音相의 대응이 여의치 않은 것이다.

그러나, 고구려, 백제어가 주로 三國史記地理志에 의존해서 어휘만을 추출하고 있다면 신라어는 三國史記, 三國遺事(특히 향가 14수), 梁書新羅傳, 日本書紀 등 국내외 史籍에 많이 흩어져 있어서 어휘추출 뿐만 아니라 단편적이나마 음운·형태·文의 片貌를 엿볼 수 있는 것이 이점이다. 허나 오히려 그것이 독단적인 해석을 가져오는 폐해도 없지 않다.

- 천문지리: 健牟羅(城), 破珍·破爾(海), 那(川), 勿(水), 乙(井), 伐·火(原), 溪(側).
- 동식물명: 朴(瓠).
- 인간사회: 內(世), 儒禮(世), 阿尼(巫), 嘉俳(8月15日), 遺子禮(冠), 洗(靴), 柯半(袴), 尉解(襦), 高思曷伊(冠)
- 형 상 어: 居柒(荒), 吉(永), 韓(大), 只(長)
- 동 작 어: 異次·異處(厭), 密(推), 沓(立), 阿火(并)
- 수　　사: 悉(三)

이상의 어휘를 일별하면 고구려어와 유사한 것이 더러 있고(於乙 : 乙, 波旦 : 破珍), 백제어와 유사한 것도 있다(夫里 : 伐·火, 毛良 : 牟羅, 翰 : 大).

특히 지명 '伐·火'이 백제어의 '夫里'와 일치되는 것은 북부 방언계의 고구려어와의 대조의 중요한 기준이 되었던 것인데 이는 지형상의 주거지 형태의 차이에서 올 수 있으며, 고구려어, 백제어 및 신라어가 중세한국어와 밀접한 점으로 이 모두는 서로 가까운 관계에 있음을 알 수 있다.

다만, 신라가 통일후 한반도를 장기간 관장한 사정과 중세한국어로 해독되는 향가의 어휘를 고려한다면 이들 언어 가운데 신라어가 한국어의 基體가 된다는 것은 틀림없는 일이다. 향가에서 볼 수 있는 '日尸, 道尸, 心音, 夜音, 雲音, 城叱'의 표기가 중세어의 '날, 길, ᄆᆞᅀᆞᆷ, 밤, 구룸, 잣,'들과 종성 표기에서 일치되는 점이라든지, '伊·是, /矣, /乙, /留, /果, /隱' 등의 격조사가 중세어의 '이(주격), 의(관형격), 을(목적격), 로(기구격), 과(공동격), 은(보조사)' 등과 일치하는 점 등이 더욱 그것을 굳혀 준다고 하겠다.

5.3.7. 가라어

1. 문헌상
가라어는 원래 韓語 계열이라는 것을 추측케 한다.

加羅國三韓種也 (南齊書東南夷傳)

그러나 가라국이 辨辰 일각(弁辰與辰韓雜居)에 위치한 점을 미루어 弁辰語의 二元性(言語法俗相似<魏志>, 言語風俗有異<後漢書>)는 가라어의 특수한 성격을 암시한다[30].

2. 지명상
신라어계의 '火'형이 보인다.

玄驍縣本推良火縣 (一云三良火)
火王郡本比自火郡 (一云比斯伐)

---

30) 丁若鏞: 疆域考에 있는 '辰韓之中又分二種其小者弁辰, 弁辰者金海固城巨濟咸安等沿海之地也'의 기록은 가라국의 특수성을 나타낸다.

密城郡本推火郡 (三國史記 卷 45)

한편, 백제어의 '城'와 관련되는(구개음화된 것이라 보는) 것도 보인다.

闕城郡本闕支郡景德王改名今江城縣

3. 인명상
三國遺事 駕洛國記의 역대 왕명 및 왕비명을 보게 되면 -i 형과 r종성을 지닌 것이 많다.

- 叱字. 居叱彌(一云今勿), 坐知(一云今叱), 吹希(一云叱嘉), 分叱, 水爾叱
- 銍, 知字. 銍知(一云金銍), 鉗知

고구려어의 '仇'자와 同字인 것(仇衡, 好仇), 신라식 한자 命名인 것(麻品 伊尸品)도 보인다.

4. 어휘상
가라는 변한의 일부에서 일어나, A.D. 1세기에 국가 형태를 갖추고 6세기에 신라에 합병되기까지 주로 낙동강 유역을 점거하고 있었다. 그 짧지 않은 연륜임에도 문헌상으로는 국내 史籍에 희소한 가라어를 남기게 했다. 문헌보다는 口傳에 의존하였거나 原자료가 일본에 유출되었기 때문이 아닌가 싶다.
가라어라는 유일한 기록 예는 三國史記(권 44)의 '梁'(門)이고 地理志에서 간접적으로 몇 개의 어휘를 추출할 수 있다.

- 천문지리 : 只(城), 勿(水), 比(火), 吐(堤)
- 동식물명 : 巨老(鵝), 南(松)

- 수　　사 : 推(三)
- 동 작 어 : 密(推)

　이들 어휘는 고구려어와 동일 혹은 유사한 것(吐 : 吐, 古衣 : 巨老, 密 : 推), 백제어와 유사한 것(己 : 只), 신라어와 동일한 것(勿 : 勿, 密 : 密)으로 분별할 수 있고 일본어와 관계되는 것으로 추정되는 것도 있다(紀 : 只 '城', mitu : 推 '三', pi : 比 '火', to : 梁 '門').

　특히, 고구려어의 발견에서, 기원전 변한 지역의 언어 내지 가라어가 고구려어계의 언어의 흔적을 간직하는 것으로 풀이하기도 한다. 또한, 가라를 중개해서 일본에 고구려어를 전파하였다는 것이다.

5.4. 한반도 언어와 탐라어와의 관계

5.4.1. 문헌상

　탐라어와 반도 언어와의 관계를 고찰함에 있어서 우선 역사적인 문헌에 어떻게 나타나는지 그것을 알아 볼 필요가 있다.

　우선, 탐라어는 마한어와 다른 계열이라는 것을 알 수 있다.

　　　又有州胡在馬韓之西海中大島上……言語不與韓同 (魏志東夷傳韓)

　그러면, 마한어가 어느 계열에 속하는가를 판별해야 하는데 이를 위해 마한어를 중심으로 삼한의 언어 관계를 고찰하면,

　첫째, 마한어와 진한어와는 서로 다르다.

　　　辰韓在馬韓之東……言語不與馬韓同 (魏志東夷傳辰韓)

진한의 위치에 대하여는 사학가의 견해에 따라 여러 가지 주장이 있으나, 그 중 경기도 위치설에 따르면 진한은 항상 樂浪과의 교섭이 잦아 북방 난민에 의해 신라 지역으로 밀렸음을 알 수 있다. 진한의 언어는 일찍부터 북부계열 언어의 영향을 다분히 받았었겠지만 원시한반도어 곧 辰語를 간직하였을 것이고, 나중의 마한어와 다른 언어를 지탱하였으리라는 점을 쉽게 추측할 수 있다. 州胡語는 韓(馬韓)과 다르다고 했으니 진한어와 같을 수 있는 가능성이 있다.

둘째, 弁辰(변한)語는 진한어와 다르기도 하고 같기도 했다. 그것을 역으로 말하면 弁辰語는 마한어와 같기도 하고 다르기도 했다는 말이 된다. 즉 진한어와 같은 계열의 변진어는 마한어와 다를 것이고, 진한어와 다른 계열의 변진어는 마한어와 같을 것이다. 특히 후자의 단정은 너무 비약적인 것 같으나, 원래 한 공통어에서 나온 남부계열의 語類가 한정되어 있다는 전제하에서 수긍될 수 있다.

변진어의 이러한 이중성은 단적으로 말해서 共時的인 방언의 차이라기보다 차원(발달단계)의 차라고 생각된다. 이중성이 문헌에 드러나는 것은,

辨辰與辰韓雜居亦有城郭衣服居處與辰韓同言語法俗相似 (魏志東夷傳弁辰)
辨辰與辰韓雜居城郭衣服皆同言語風俗有異 (後漢書東夷傳韓)

인데, 이들 지방에서 발전한 三國의 어휘 목록의 대조에서도 확인할 수 있다. 여기서의 성곽은 아이누어의 잣(cas), 중세한국어의 잣(城)에 상당할 것이다.

변진의 구성 요소를 미루어도 그러한 사정을 이해할 수 있다. 변진의 위치에 대하여 여러 설이 있지만 그 중 가장 유력한 경상도 위치설에 입각한다면, 변진은 斯盧(후일의 신라) 12국과 狗邪(후일의 가라) 12국의 두 다른 요소로 구성된다. 전자의 지역에서는 마한과 좀 다른 先단계 언어를 사용한 것 같다. 그것은 신라어가 先단계인 고조선어와 상통하는 어휘를 사용

한 흔적이 있기 때문이다(고조선어 阿斯達: 신라어 新月城 =在城, 김공칠 1995:139). 후자의 지역에서는 이와 다른 후단계의 북부계열의 언어를 사용한 것 같다. 그 증거로 加羅 舊土에서 추출되는 梁(門), 推(三), 吐(堤)의 고구려어계 어휘가 擧例된다. 비록 몇 안 되는 것이기에 그 설득력이 모자라지만 자료가 희소한 고대 언어의 경우, 결코 간과할 수 없는 귀중한 것이라고 생각한다.

이상에서 요약할 수 있는 것은 진한어와 변한 일부의 斯盧語는 先단계의 원시 한반도어계이며, 마한어와 변한 일부의 加羅語는 후단계의 고구려어계(또는 침투한)라는 것이다. 결국, 탐라어는 문헌상으로 볼 때 初期(州胡)는 마한어와 동계가 아님은 명백하고 진한계의 언어가 일찌감치 들어와 있었던 것으로 볼 수 있다.

이후 문헌상에 나타나는 탐라국과 한반도 국가와의 수교 관계를 고려할 때 가라, 백제, 신라의 순으로 된 것을 보더라도 후단계의 고구려어와의 접촉이 이루어지고 그것이 정착될 수 있었던 가능성을 보여 준다. 신라에 투항한 이후로는 차차 새로운 신라어의 침투를 받았을 것이고 급기야는 그 방언으로서 형성되어 갔을 것이다.

5.4.2. 지명상

한반도 諸國의 경우는 소위 市·邑·村의 단어가 三國史記地理志에서 '夫里', '火', '忽'로 나타나는데, 이는 Altai제어에서 볼 수 있는 p -l>x -l> h -l(>o)의 단계 변이의 전형으로 생각되어 왔다. 그러나, 고대의 수렵채집 경제 단계에서 보거나 아이누어와의 비교에서 보면 그 原義는 山이었을 가능성이 크다. 어느 지경에서도 특출한 산은 경계 구획의 표적이 되었을 것이다.

제주도에 관한 한, 古代의 지명 자료가 없고, 현존의 지명에서 音의 유사를 가지고 해석하는 것은 위험한 일이나, 현재 제주도의 朝川邑 산간 지대에 더러 분포하는 '屹'(臥屹里, 善屹里, 大屹里)은 고구려 지명 '忽'형과 비교되지 않을까 한다.

다음 그림에서 '善屹'의 正北에 해당하는 北村(속칭 뒷개)은 古來로부터의 해상 교통로의 관문이었다. 出陸할 때는 南風(마프름), 入島할 때는 西北風(하늬브름)에 안성마춤인 곳이다.[31] 이곳을 '뒷개'라 하고 그 동쪽 이웃 지방을 左面이라 호칭한 것은 매우 흥미 있는 일이다.

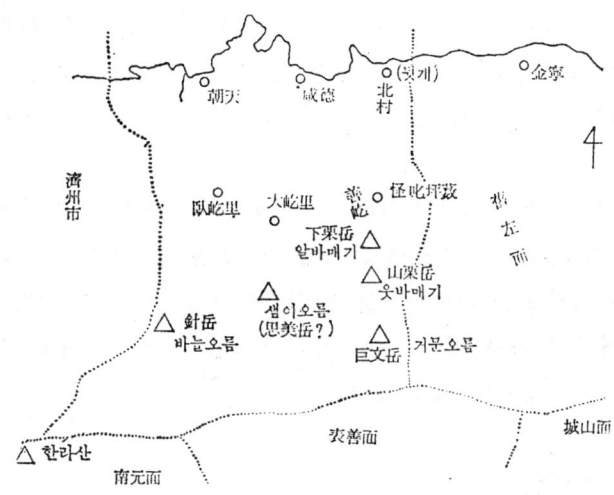

新唐書東夷傳(高麗)에 부족명과 위치에 관한 기술이 있는데 그것에 의하면 북부는 後部라 했고 동부는 左部라 하였는데[32], 이와 동일한 용례라

---

31) 李建의 濟州風土記에 의하면 '其入지必以西北風其出이必東南風若得順風一片孤帆朝發夕渡不得順風雖有鷹鸇之翼星霜之變無以可渡而海波東南低西北高入去時則勢如順流而下舟行頗易出來時則勢若遡流而上舟行甚難 (그 섬에 들어가는 것은 반드시 서북풍으로써 하고, 나오는 것은 반드시 동남풍으로써 한다. 만약에 순풍을 얻으면 작은 돛단배라도 아침에 출발하면 저녁에 건널 수 있으나 순풍을 얻지 못하면 비록 매나 송골매의 날개가 있다 하더라도 날이 바뀌어도 건널 수가 없다. 그리고, 파도는 동남풍에는 낮고 서북풍에는 높다. 들어갈 때는 그 세가 순류와 같아서 배 가기가 매우 쉬우나 나올 때는 해류를 거슬리는 것 같아서 배 가기가 매우 힘들다.'라고 했는데, 이는 서북풍과 동남풍을 이용한 항해와 그러한 순풍을 만나지 못한 때의 어려움(특히 出陸)을 지적한 것이다).

32) 몽고어, 튀르크어 역시 「左」=「東」, 「右」=「西」를 뜻한다. 이는 남향을 前面으로 기준한 것이다.

하겠다.

曰北部卽絶奴部也或號後部
曰東部卽順奴部也或號左部
曰南部卽灌奴部也亦號前部(일부만 인용)

그리고, '善屹'(先屹) 일대의 주변 岳名, 地境名, 지대의 형상 등에서 여러 가지 암시를 받는데 이에 대해서는 제 7장(7.6.)에서 언급하게 될 것이다.

기타 특징적인 지명으로는 東國與地勝覽에 往洞(在旌義縣西10里 周20里), 毛骨(在旌義縣東10里周25里), 毛洞(在旌義縣西10里周50里) 등의 '골'(洞)系 지명이 더러 보이며[33], 산간 수렵 관계의 지명이 많은 점이다. 三國史記 地理志에 나타나는 신라계의 지명에는 평야, 농업 분야의 어휘 및 借字가 비교적 많이 나타난다.

伐(沙伐國), 里(昔里火), 酒(水酒), 豊(殷豊), 谿(日谿), 良(刀良), 屋(阿火屋), 羅(召羅), 陽(韓多沙 少多沙).

이에 대하여 고구려계 지명에서는 산간 수렵 관계의 어휘가 나타난다.

城 (駒城, 唐城, 連城, 迚城)
巖 (巴衣)
獐 (獐口, 獐州, 獐項)
泉 (泉井口, 泉井)

---

33) 골(洞)을 「忽」과 직결시키기도 한다('穴'과 比하기도 한다.). 忽(kol), 洞(kol), 거리(ko-ri 街), 구렁(ku-rɔŋ巷), 가름(ka-rɯm 村), 溝漊(kuru 城), 句麗(ku-rjə 城) 등은 「k」-음계의 발달이라 한다(崔鶴根 1959:394).
제주시 일대의 '골'명은 다음과 같다.
한지골(大路洞), 범골(下校洞), 막은골(杜洞), 샛물골(間水洞), 칠성골(七星洞), 내팍골(川外窟), 독짓골(燭子洞)……

達 (達乙, 功木達, 昔達, 加支達, 買尸達, 夫斯達, 達忽)

兎 (烏斯含)

牛 (牛岑)

穴 (穴口, 穴山)

谷 (大谷, 原谷, 翼谷, 習比谷)

猪 (猪足, 猪守峴)

峴 (三峴, 文峴, 猪守峴)

狌 (狌川)

제주도 일원에 나타나는 지명을 보게 되면

葛 (葛岳)

猪 (猪岳)

獐 (獐岳)

達 (達山, 禿達岳)

城 (水城岳, 城板岳, 城山, 古城)

泉 (泉未水, 斗泉, 石泉, 活泉岳, 山泉壇, 回泉洞, 嘉樂泉(가락쿳물))

兎 (兎山)

穴 (毛興穴)

거의가 지형어이지만 그러한 명명 혹은 借字가 고구려어계의 지명과 흡
사한 것도 흥미로운 일이다.

5.4.3. 인명상

주로 耽羅紀年에서 추출된 인명(金錫翼 1918, 金公七 1967)을 근거로 해
서 그 특징을 보기로 한다.
1) 두음 'ko'. 高厚(高乙那 15대손), 高清(高厚 형제), 高(高爲星主), 高自堅

(高麗太祖統合之初星主), 高沒(酋長 周物 子), 貞一(耽羅民), 古物, 高

維, 高아, 高逸, 具代.

2) 말음 'r'. 高淸, 周物, 高沒, 貞一, 古物, 高逸, 高勿.

이러한 경향은 고구려어, 가라어의 그것과 비슷하다. 그러나 신라어와

비슷한 점도 없지 않다. '頭良, 加良仍, 豆羅' 등이 그것인데, 이는 달리 보

면 'k'음계로 전자와 관련이 없는 바 아니다.

5.4.4. 어휘상

앞에서 한반도 언어의 목록을 일별한 바 있는데, 과연 탐라어의 어휘가

어느 계열의 목록과 일치 또는 연관되는가는 큰 관심거리가 된다. 하지만,

탐라어 역시 직접 문헌이 결핍된 처지이므로 역사서 또는 지리서 등의 간

접 문헌에서 관계 어휘를 추출할 도리밖에 없다. 그러한 문헌어 외에다 잔

존어로서의 방언 자료도 이용할 수 있다.

○耽·頭無

탐라의 '耽'의 어원에 대해서는 異說[34]이 많다. 그만큼 그 용례나 논의가

일제시부터 지금까지 충분히 예거된 것으로 알고 있다. 여기서는 번잡을

피하는 뜻에서 간단히 私見으로서의 논지만 밝혀 나가기로 한다.

(1) '耽'은 '冬音'의 借字로 쓰이었다.

耽津縣本百濟冬音縣 (三國史記 卷 36)

耽津縣本百濟冬音縣新羅改耽津縣 (世宗實錄)

---

34) 高橋(1956), 金泰能(1964)

① 水(세망어tɔme) 坪井九馬三, ② 鯖魚(듬) 高橋亨, ③ 島(섬) 韓致淵(海東釋史), ④ 墻

(담) 金泰能, ⑤ 高(담) 秦元日 外(1971)

文武王二年……耽羅國上佐平徒冬音律(一作律)來降 (三國史記 卷 6)

(2) '冬音'은 '圓'(tum)의 音借이다.
중세어에 '둚'이 '盆'의 뜻이었고 '뚬'이 '開眼'의 뜻이었다. 이와 관련된
三國史記地理志의 표기 예를 찾아본다면,

　　開城郡本高句麗冬比忽
　　鐵圓郡一云毛乙冬非

한편, 世宗實錄地理志에

　　漢拏在州南一曰頭無岳又云圓山

라는 기록이 있는데 '頭無'는 冬音의 同音異寫로 풀이된다.
　기타 지명 冬音奈縣(江陰縣)의 '冬音奈'를 '둠니' '둘린 땅'으로 해석하기
도 한다(辛兌鉉 1958:12).

　(3) 따라서 '耽'은 '冬音'의 借字요, '冬音'은 '頭無' 그리고 고구려어 '冬
非'(圓)와 같은 말이 아니었나 하는 해석이 나온다. 고구려어와 탐라어의
음운 관계에서의 o : u의 대응의 가능성이 더욱 이를 뒷받침한다. 그 몇 가
지 어례를 든다면,

　　忽 : 屹, 古次 : 勒, 冬音 : 頭無

　(4) 그리고 첨가해 둘 것은 '耽'자가 'tum'의 借字로서만 아니라 'tom'(鯛)
으로서 借字의 가능성도 배제하지 않는다. 多義的인 용법으로 볼 수 있다.
그것은 중국의 동해안 지대에 널리 분포되고 있는 '魚의 鳥'의 傳承과 '浮

上의 島'의 전설에서 그 島名과 山名에서 '浮'의 字(耽浮羅)가 나타나는 것
과 전연 무관하다 할 수 없기 때문이다.

金尙憲의 南槎錄에 '南溟小乘亦云海錯則鰒魚玉頭魚爲多'라 했는데 玉頭
魚(돔, 도미)는 제주 특히 南岸의 특산이다. 어떻든, '耽'자가 類音的으로
'圓', '鯛'을 뜻하였다면 島形이 연상되어서 퍽 흥미로운 일이다.

(5) 그러나 '耽'의 同音 借字로 쓰인 예를 보면 聃(聃牟羅－隋書), '儋'(儋
羅－新唐書) 등으로 나타나고 日本書紀에서는 耽羅를 가리켜 忱瀾多禮로
한 듯한 기록이 있다. 이들의 主母音은 a 또는 ə 이여서 tom과는 거리가 있
다. 필자는 耽 : 頭無의 '圓'과의 관련을 인정하면서 耽은 보다 본질적으로
'島'의 뜻이 간직된 것으로 보고 있다(7.4. 참조).

○ 乇(托)
탐라의 호칭으로서 '乇'자가 나타나는 것은,

　　　海東安弘記云九韓者……四乇羅 (三國遺事)
　　　皇龍寺建九層塔則隣國之災可鎭……第四層托羅 (三國遺事)
　　　本九韓之或稱乇羅 (耽羅志)
　　　肅宗10年改乇羅爲耽羅郡 (高麗史地理志)
　　　濟州古稱乇羅所謂屯羅之屯乇字之誤 (文獻備考)

그 뜻에 대해서는 異論이 없는 바 아니나, 튀르크어, 몽고어(튀르크어에
서 차용한 것으로도 본다.) 'tag' '山'과 관련지어서 '山' '高'의 뜻으로 풀이
될 수 있으나, 그 방증이 없는 類音만을 가지고는 위험한 일이다. Murayama
(村山 1963)는 고구려어 '達'(山・高) 'ta?'를 고대일본어 takə '山', taka '高',
튀르크共通語 *tag<taguι(山)에 대응시켰으나 후일 일본어 takə '岳'는 '高'와
'上昇'의 의미를 가지고 있다 하여 南島祖語 [tʃ]akai '上昇'에 대응시켰다(村

山 1974:161).

앞에서의 '耽'과 '乇'을 각각 '담'과 '닥'으로 읽으면서 동일하게 '高'의 뜻으로 풀이하기도 하지만(秦元日外 1971), '耽'의 다양성을 취하는 필자로서도 아직은 그 방증이 뚜렷해지기까지는 따로 분리하는 입장을 취하기로 한다. '耽'은 '圓'과 '乇'은 '高'와 同音類義의 관계를 지니지만, 本義는 모두 '島'로 풀이하고 있다(7.4. 참고). 乇은 州胡의 後身이며, 이들은 몬·크멜어의 tka '島'의 모음 개재형으로 풀이하고 있다.

　○ 涉
'涉'자가 쓰인 예로는,

> 涉羅爲百濟所倂 (耽羅紀年)
> 東國方言島謂之剡而國謂之羅羅耽涉儋三音並與剡相類盖云島國也 (海東繹
> 史 卷 16)

여기서 섬을 剡(섬)이라 하고(나라를 羅羅<나라>라 함) 耽·涉·儋의 3音이 剡과 같은 음류라 한 것은 주목된다. '耽'자와 '儋'자에 대해서는 '涉'과는 음도 달라, 달리 해석을 하기도 하지만 모두 중세어 '셤'(島)에 대응되는 것들이다. 과연 '涉'자가 '셤'으로 읽을 수 있는지 문제다. 廣韻에는 涉 : 時攝切, 聃(丁恬切)으로 그 음이 韻鏡에 의하면 舌音(聃 : 耽)과 齒音(涉 : 剡)의 두 가지로 나타남을 알 수 있다. 모두 外書에 의한 것이므로 정확한 발음을 나타내고 있다고 할 수 없지만 이들 音價를 보이면, 時의 聲母는 正齒音의 [ʒ], 丁의 聲母는 舌頭音의 [t](耽도 同)인데, 丁과 동류에 속하는 한자(都, 丁, 多, 當, 德, 得, 冬)는 현대음에서 [t]로 나타나고(托은 [tʰ]), 時와 동류에 속하는 한자(時, 常, 市, 是, 承…)는 [s]로 나타난다. 따라서 별개의 소리 같지만 그 근원은 t(d)음 아니면 tj(dj)음이다.

韻母字는 'jəp'이므로 '涉'자는 '셥'이라는 음을 나타내고 있다. 말음 'p'는

'm'와 互轉되므로(冬非 : 冬音) '셤'으로 읽을 수 있다.

앞에서 '涉'의 聲母가 두 가지로 나타난다고 했지만, 고대 한자음의 변천 과정을 미루어서 [t]음이 i介音과 접할 때 생기는 결과라고 생각한다. 이러한 성질의 음을 가진 '涉'자로 '셤'을 나타냈을 것이다.

그리고, 이러한 한자음의 聲母를 미루어 '耽'자와 '涉'자와는 같은 음으로 소급하듯, '乇'(托)자도 次淸(th)에 속하지만 上古音은 全淸(t)이므로 3者는 제7장(7.4.)에서 논의되겠지만 동일기원의 것으로 보며 다만 통시적인 변천의 차이로 보고 있다.

○ 羅, 徒

'羅'자는 두 가지로 사용된 것 같다. 하나는 乇羅, 耽羅, 涉羅, 屯羅와 같이 국명으로 쓰인 예다. 이는 신라의 국호가 斯盧, 斯羅, 尸羅 등으로, 加羅의 국호가 加羅, 南加羅, 意富加羅, 任那加羅 등의 借字로 씌어진 것과 같다. 지명상의 羅를 牟羅의 약어로 보기도 하지마는(鮎貝 1931:179), 너(土, 地)의 借字로(梁桂東 1950:41) 혹은 동일 語素의 [na]음 표기로 본다.

다른 하나의 牟羅는 儒理都羅, 豆羅, 加羅 등 지명, 인명에 쓰인 예로서 그다지 異論이 없는 [ra]음의 표기로 쓰인 경우다.

여기서는 '羅'자가 [nɐi]또는 [na]로 쓰인 경우를 想定하고, 그와 관계된 다른 借字도 아울러 고찰한다. 고구려 지명에 나타나는 '川, 壤, 內, 奈, 那, 惱, 奴'와 부족명 奴, 那 등이 모두 '너'의 同音異寫로 보아지며 이를 梁桂東(1950:39~)은 '地方', '部落'을 뜻한다고 하였다.

> 朝鮮舊地平那及玄菟郡等爲平州都督府
> 故國川王國川亦國壤   (이상 三國遺事)
> 槐壤郡本高句麗仍斤內郡
> 穀壤縣本高句麗仍伐奴縣
> 休壤郡一云金惱

帶方州六縣……軍那本屈奈　　　　　　　(이상 三國史記地理志)
遣貴那部沛者達賈伐藻那郡虜其王
遣桓那部沛者薛儒伐朱郡虜其王
貫那于台彌儒桓那于台菸支留沸流那……(이상 三國史記麗紀)

한편 탐라의 지명에 나타나는 '都', '徒'도 이와 같은 부류의 것으로 본다.
우선 다음 기록에서 徒와 都는 同音異寫임을 알 수 있다.

初有良乙那高乙那夫乙那兄弟三人分處其地名其所居曰徒輿地勝覽作都下
同 (耽羅志)
良乙那所居曰第一都 (東國輿地勝覽)

그리고, '徒'는 '너'음의 借字라고 하는 것을 다음을 미루어 알 수 있다.

牟山郡本百濟徒山縣 (三國史記 卷 36)

新羅淨神太子寶叱徒 (三國遺事 卷 1)
淨神大王太子寶川 (三國遺事 卷 3)

그런데 여기의 音寫字가 na(nɐ)와 nai(nɐi)의 두 가지로 나타나는 이유는
무엇인가.
만주어 및 남퉁구스어에서 na '大地', 고대일본어에서는 no(奴) 또는 能(n
θ)로 나타난다.
이는 만주어 'na'에 대해서 고구려어에서는 'nɐ'가 대응하고, 이것이 고대
일본어에서는 'nθ'(nö)가 대응된다고 할 수 있다. 다만 한반도에서 'nɐi'가
나타난 것은 한반도 특유의 사정 때문이라고 생각되는데 이는 i기층의 하
나의 흔적일 수 있다.

○ 牟羅

이것이 쓰인 어례는,

耽羅卽耽牟羅 (三國史記濟記)

其南行三月有躭牟羅 (隋書百濟傳)

本九韓之一或稱毛羅 安弘記列九 或稱耽羅耽牟羅 (耽羅誌)
毛羅居四

耽牟羅에 대해서도 두 가지 보는 입장이 있다. 하나는 '牟'자를 '탐'자의 말음(m)添記로 보는 것이며(高橋 1956, 秦元日外 1971), 다른 하나는 牟羅를 하나의 어휘로 처리하는 것이다.

전자의 경우 m종성을 지니고 있는 '耽'자에 구태어 同音添記는 무의미한 것 같고, 다음 지명에서 보듯 '牟羅'의 어례가 발견되는 것으로 보아서 독립된 어휘로 보는 게 좋지 않을까 한다.

高敞縣本百濟毛良夫里縣 (三國史記 卷 36)

其俗呼城曰健牟羅 (梁書新羅傳)

기타 고대일본어의 牟禮, 武例, 牟婁 '山' 등을 예거할 수 있다.

이러한 어례는 麻立 '橛', ᄆᆞᄅᆞ '棟', 마루 '廳', 마리·머리 '頭', 뫼 (*mori>moi) '山'과 기원을 같이하는 '高處'의 뜻으로 풀이되고 있다.

제주방언의 'mɐru' '平高地', '棟'도 같은 말이다. 이들은 원래 mɐra의 형태를 가진 것으로 보며,

$$*mɐrɐ>mɐrei(i접미)>mɐri(ɐ탈락)>mɐi$$
$$>mɐrɛ(축약)$$

과정을 거친 것으로 보나, 제1음절 主音인 ɐ음의 ɐ/o/ə의 분화로 의미가

분화된 것으로 본다. 그리고, 그것은 만주어에는 'u'(mulu '棟', '嶺') 골디어에는 'a'(mal'ú '천막 안의 上席'), 고대일본어에는 'u'(mure '山')와 대응한다고 할 수 있다.

○ 西那

이 어례가 쓰인 예로는

以京爲西那 (耽羅志)

이는 sjəna로 읽을 수 있다. 어말의 na/ra 교체를 고려한다면 sjəra로도 읽을 수 있다. 삼국유사 권1 신라 시조 혁거세왕條에 「國號徐羅伐又徐伐今俗訓京字云徐伐以此故也或云斯羅斯盧」의 일절이 있어서 이들의 어휘와 관련되는 것으로 보인다. 京=徐伐의 俗訓이 있었던 듯 한데 그 徐伐은 삼국사기에는 徐那伐이라고 기록되어 있으므로 여기서의 西那는 徐那에 상응하는 것으로 보인다. 기원지는 閼川 부근 東泉 소재인 詞腦野 곧 시너볼로 보기 때문에(梁桂東 1950:42) 더욱 그렇다.

지금의 제주도로서는 제주시 동편에 사라봉이 있고 서편에 서사라 지경이 있으니 옛적에 제주시 일대를 시나 혹은 시라라고 불렀는지 모른다. 이 호칭이 고대 일본의 神功왕후 시절에 신라의 시나 혹은 시라와 혼동된 것으로 보인다(7.2.에서 언급).

○ 高之, 花

이 어례가 쓰인 것으로는,

地誌俚語以籏爲花 (南槎錄)
俚語艱澁……以籏爲高之 (耽羅志)

이는 방언에서는 '곶'(花에 대비), '고지'(高之에 대비)로 나타난다. '고지'는 '곶'에 i 접미한 흔적을 보여 준다. 그것을 借字한 '之'의 聲母가 正齒音(tʃi)인 것도 이와 관계가 있다.

이 어휘에 대응되는 것으로는,

所居北龜旨是峯巒之稱若干朋狀之狀故云也 (遺事駕洛國記)

의 기록에서 추출되는 '龜旨'를 들 수 있다.

'龜'와 '高'는 같은 見(k)聲母이며 '旨'와 '之'자는 모두 正齒音(tʃ)을 나타내는 聲母字이다. 다만, '龜'의 韻母와 '高'자의 韻母가 u : o로 대비되지만 이는 가라어계(고구려계와 마찬가지) 人名 '仇'와 탐라어계 '高・古'가 대비되는 것으로 보아 u : o의 대응으로 볼 수 있다.

'高之'의 뜻에 대해서는 앞서의 駕洛國記의 기록이 정곡을 찌르고 있다. 즉 峯巒(여러 봉우리)이며 약간 朋伏之狀이다. 앞서의 朝天邑 善屹 일대가 이에 꼭 알맞은 지대이며 가까이에 '곶'(籔)이 우거지고 있다.

○ 勒

이 어례가 쓰인 것으로는,

地誌俚語……以口爲勒 (南槎錄)

앞의 '以籔爲花'에서 '花'를 훈독한 것처럼 '勒'을 훈독하면 '굴레'가 되는데 바로 잔존어인 굴레 '口'와 일치한다.

이 어휘에 대해서는 남방어계와 고구려어와의 대응의 가능성에 대하여 언급한 바 있다. 여기서는 고구려어 지명 忽次・古次 '口'가 남방어계 gutu와 어떠한 연관이 있는지는 덮어두고, 제주방언 '굴레'와 어떻게 연결되는지 간단히 언급하기로 한다.

'忽'(呼骨切)자가 'kor'>'hor' '市邑村' 단계의 'kor'의 借字로 볼 수 있고,
'次'(七四切)자는 齒頭音의 次淸聲母(ts')지만 고대에는 그러한 음이 존재하
지 않은 점을 미루어 원래는 '*kortɐ'이었을 것이다. 이것 역시 i접미가 되어
다음과 같이 변천된 것으로 본다.

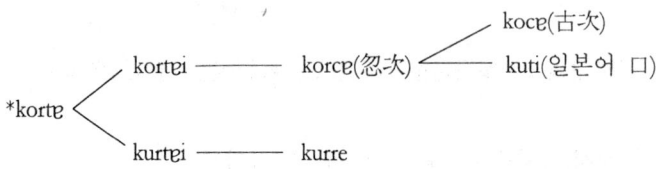

제주방언과 고구려어와의 모음이 o/u의 형으로 대립함을 보여 주는 하
나의 예라고 할 수 있다.

이외에 탐라지의 풍속條에 州記의 특수어의 예로서,

草羈謂之祿大와 鐵衝謂之加達의 예가 제시되어 있지만, 전자는 몽고어
НОҮТ '말고삐', НОҮТОЛ '(말에)말고삐를 붙이다'(Tömörtogoo 1979)하고 연
관될 것이며 후자는 다음 몽고어들과 관계가 있을 것이다.

　　ᄒ合荅阿ᅙ兒 qada'ār '재갈이 보이다.'(元朝秘史 卷 8)
　　　　　　qada'ar (Rachewiltz 1992:110)
　qadaɤar　　'轡頭' (白鳥 1943:8-8b)

이 어휘가 한반도에 씌었는지 알 길 없다. 제주 특유의 차용어이면 여기
서의 한반도 언어와의 관련에서 제외될 것이다.

○ to
방언에 'to'(入口, 門) 또는 'pas - to'(田口)라는 語詞가 있다. 이 語詞는 가
라어에 보이는데 문헌에서 직접 가라어라고 명시한 유일한 예가 된다.

旀門梁城門名加羅語謂門爲梁云 (三國史記 卷 44)

이 기록에서 '門'을 '梁'이라 했다는 것인데 이 '梁'의 실지 발음은

稱所居之邑里沙涿漸涿等羅人方言讀涿音爲道故今或作沙梁梁亦讀道 (遺事 卷 1 辰韓)

(소거하는 읍리를 사돌·점돌이라고 일컬었는데 신라인의 방언으로 돌의음을 도로 읽었다. 그래서 지금 사량이라 하기도 하는데 량 역시 도로 읽는다.)

의 증언에서 'to'(道(徒晧切))로 읽혀졌음을 알 수 있다.

고대일본어에서 '門'을 뜻하는 어례가 1) 御門, 水戸, 2) 三刀 등이 있는데 1)은 훈독으로 mi‒to로 읽고, 2)는 훈음독으로 mi‒to로 읽어지고 있다. '刀'자 역시 都牟切로 舌頭音의 청음 聲母 [t]와 [o]韻母로, [to]음을 나타내고 있다[35].

이외에도 한반도 계열의 어휘로는

乙那	백제어 於羅瑕 '王'
tar(絶岳)	고구려어 達 '山'
ər(어린비 於音里)	고구려어 於乙 '泉'
cas(물잣오름 水城岳)	신라어 城叱
puri(심부리, 成佛岳)	韓地名 卑離
orɯm(以岳爲兀音)	신라어 岳音 '岳'

등등이 있다. 이들에 대하여는 제7장에 언급될 것이다.

---

35) 'to'(入口, 門)라는 語詞의 語義의 특수성과 사용 예를 고려한다면 이 語詞가 北九州, 西日本 일대에 분포되어 있는 것은 흥미로운 일이다.
한편 남방어계에 마아샬어에 to '통로'가 있다고 하는 것을 添記해 둔다.

이상과 같이 어휘상으로는 고대탐라어의 문헌어 및 잔존어가 자취를 남기고 있다. 그것들이 한반도의 언어들과 관련되는 것은 확실하며 그 가운데 가라어계의 특수한 어휘가 발견되는 것은 특히 가라어와의 특별한 관계가 있었음을 시사하여 준다.

그러나 이러한 몇 가지 어례가 정확히 대응될 수 있는 것인지 또는 그대로의 차용어인지 분명히 논단할 수 있는 성질의 것이 못 된 데다가 진한어를 이어받은 신라어를 비롯하여 백제어들과도 얼마든지 일치되는 것이 있는 까닭에 가라어와의 일방적 연관을 짓는 것은 너무 독단적인 해석이라고 할 수 있겠지만, 일찍부터 한반도로부터의 流入도 가라를 중계하였을 것이니 무리한 이야기는 아니다. 6세기 이후는 신라어가 공통어임을 想定할 때 이미 진한어로서 유입된 것도 있지만, 신라어가 우세하게 되는 것은 당연한 귀결이라 하겠다.

비록 요약적으로 서술한 것이지만, 이상과 같이 문헌과 지명 그리고 인명, 語詞상으로 볼 때에 탐라어는 한반도 계열의 언어 가운데 일찌기 들어온 진한계어를 비롯해서 북부지역어 즉 고구려어와 가라어하고 밀접한 관계가 있었다는 것을 알려 준다. 이는 정치적으로 가라국과는 상당히 가까운 관계에 있었고 일찍부터 교통이 빈번하였던 데서 오는 당연한 귀결이라 하겠다. 곧, 탐라는 洛東江畔의 가라를 통하여 북부지역어 언어를 수입한 것이며, 가라는 탐라에만 아니라 규우슈우(九州) 북부 지방에도 고구려어를 이식하였던 것이다.

우리가 이렇게 想定할 수 있는 근거로는 당시 가라는 변진 여러 나라의 一盟主國으로서 牛耳를 잡고 해상권을 장악하고 있었으며, 철, 기타 산물의 국제 무역항이었다. 왜는 물론 樂浪(B.C. 108~A.D. 313), 帶方(A.D. 196~313)과의 교통이 빈번하였는데 그 寄船 및 중계 무역지였던 것이다. 前漢 말기의 왕망(王莽) 시대(A.D. 7~23)의 貨泉이 김해 패총에서도 출토되고, 제주 산지 용암층에서도 채집(1928年)된 사실(98년 4월 31일자 제주신문에 의하면 애월면 금성리에서도 A.D. 14년 주조의 貨泉 2점이 발굴됨)을 미루어도 그러한 교통을 짐작할 수 있는 일이다.

그러한 긴밀한 관계의 접촉의 최초는 문헌을 미루어 보건대, 百濟 附屬 (文周王 2년 A.D. 476)을 下限으로 하고 가라 건국의 後漢 世祖 光武帝 建武 18年(A.D. 42 그러나 부족 국가로서의 성립은 상당히 오랜 연대에 된 것으로 봄)을 上限으로 해서 대략 서기 기원 후 2-3세기 경이라 할 수 있다.

5.5. 마무리

지금까지 서술한 바를 끝맺으면, 기원 전후 한반도 전역에 걸쳐서 분포되어 있던 한반도 언어를 분포지역상 두 가지 큰 갈래로 나누고, 그들 언어의 어휘 목록과 탐라어를 비교하건대 탐라어는 현존하는 문헌과 지명, 인명, 어휘상으로는 북부지역어인 고구려어, 가라어의 영향하에 탐라어를 형성하였을 것이라는 개연성을 보여 준다. 만일 이러한 가설이 성립된다면 우리나라의 언어 계열은 적어도 다음과 같이 수정되지 않으면 안 될 것이다.

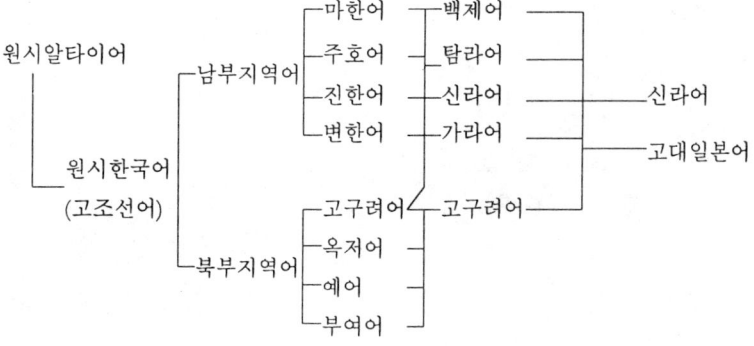

따라서, 기원 이전은 원시한국어(고조선어, 辰語)가 流入하였겠지만 기원후 곧, 탐라 형성과정에서의 탐라어의 근간은 북부계열 언어가 정착됨으로써 형성되었을 것이고 이후의 신라 복속 후로는 후기 신라어에 동화되어 갔다고 보는 것이다.

그리고, 여기 보태 둘 것은 탐라어와 한반도어와의 관계의 윤곽이 어느 정도 드러났다고 해서 탐라어의 기원 문제가 완전히 해결되는 것은 아니다. 진한어, 가라어와의 접촉 이전의 원주민의 존재 여부, 존재했다면 그 이동 코오스, 언어 계통, 그리고 남방으로부터 流入 여부 등에 대하여도 보다 특별한 검토가 필요하다.

6. 탐라어와 아이누어

6.1. 머리말

여기서 말하는 탐라어는 문헌 및 지명에 남아 있는 것 중에서 현대어로
풀이하기 어려운 고어적인 것을 말한다. 다만 기초어휘 통계에서는 지금의
방언이 이용된다. Ainu어는 북해도방언 가운데서 현재 비교적 고형을 유지
하고 있는 히다까(日高) 지방의 것은 물론이고 기타 지방의 것도 대상으로
한다.

이는 탐라어 연구의 일부로서 탐라어와 주변 언어와의 비교 작업의 일
부가 되며, 탐라어의 계통 내지는 기원 문제의 추구와도 관련될 것이다. 아
직은 우리나라의 언어 계통이 확실히 밝혀져 있지 않으며, 또 우리나라의
고대어 역시 북부지역 요소와 남부지역 요소로 형성된다는 것은 사실이다.
그것이 계통적인 것인지, 또 그 중에 차지하는 탐라어의 위치도 계통 문제
와 관련되는 것인지 논의되지 않을 수 없다. 이 경우 어느 특정 언어와의
관계 추구에 집착하는 것보다는 공평하게 주위의 모든 주변 언어와 비교
하는 것이 오히려 유용하다. 그리고, 일찍부터 제주방언의 基層 현상으로
주변 언어의 영향이 지적되어 왔고, 여기에 결과한 방언의 다양성이 논의
되어 왔으므로 그 眞否와 정도를 가리는 데도 유익하다.

여기서 시도하는 연구는 엄밀한 음운적, 형태적 대응을 확립하는 이른
바 비교 문법적 연구는 아니고, 구조적 유사성을 대조하는데 불과하며, 주

로 단어의 유사를 찾아보는 수준의 것이다.

여기서 비교 기준이 되는 단어는 기초어휘로서, 비교적 안정적 성질을 갖는, 언어의 핵심부가 되는 단어이다. 이러한 단어는 변화 속도가 늦고 또 차용 요소가 드물기 때문에 비교 기준으로 적당하다. 언어연대학의 창시자 Morris Swadesh는 빈출도의 통계적 결과를 참조하면서, 경험적으로 비교적 안정적 성질을 갖고 있다고 생각되는 영어의 단어를 215개 선정하고, 이를 불어와 비교하여 차용어 및 잔존어와 관계없는 어휘를 골라 기초 어휘로 작정하였다. 그 중 100개의 단어가 비교적 안정적인 요소를 갖는다. 그 목록은 다음에 제시될 것이다.

한국어와 주변 언어와의 대조적 연구는, 물론 기초 어휘의 비교로서는 아니지만, 일본어에 대하여는 오래 전부터 행해졌다.

Aston, W.G. (1879), 오오야(大矢透) (1889), 시라토리(白鳥庫吉) (1897), 가나사와(金澤庄三郞) (1910), Ramstedt, G.J. (1924) 등의 力作이 있고 몽고어 및 만주어, 퉁구스어에 대하여는 시라토리(白鳥庫吉)(1914-), Ramstedt (1949. 1957-), Poppe(1960-), 金芳漢(1958-), 李基文(1958-) 등의 국내외의 Altai어학자에 의하여 활발히 전개되어 왔다. 그러나, 기타 언어에 대하여는 필자의 과문의 탓인지 모르나 아직은 발표되지 않은 줄 알고 있다. 다만, 현재 아무르江口와 사할린 북부에 분포하고 있는 길리야크어가 원시 한반도어의 기층어일 가능성이 있다는 언급은 있다(金芳漢 1983:137). 이 언어 역시 알타이어에 인접해 있었다. 너무나 Altai어 일변도의 계통론 내지 어원론을, 보다 폭이 넓게 남방어계 기타 주변 諸語로 시선을 돌려 이와 관련되는 여부를 살펴보는 것도 결코 무의미하지 않을 것이다.

특히, Ainu어에 대하여는 고대일본어 또는 고대Altai어와의 먼 친족관계가 있을 수 있는 蓋然性이 지적된 바 있다(服部 1959). 그러나, 어휘상으로 유사형이 지적된 것은 불과 몇 가지 뿐이다.

여기서, 탐라어와도 어느 정도 연관성이 있을 수 있는 Ainu어와의 관계를 일본어를 곁들여서 헤아려 보고자 한다.

6.2. Ainu 및 그 언어

6.2.1. 분포와 계통

일본의 최대한 B.C. 3세기 이전의 Zyoomon(繩文) 시대인은 Ainu로 보고 있으며 Zyoomon(繩文)인의 住居가 竪穴형식이기 때문에 이를 단서로 북방계로 보고 있다. 제주도의 삼성혈도 어쩌면 竪穴거주의 흔적일지도 모른다. 원래 Ainu가 북방 민족이었다면 Altai어족에게 밀리기 전에는 아시아의 내륙에 있었다고 볼 수 있으므로, 그들이 동쪽과 북쪽으로 이동하였을 때 그 일부는 한반도를 거쳐 탐라로 밀려왔을지 모를 일이다. 일본에서는 사할린(Sakhalin)을 거쳐 북해도로, 동북 지방으로 분포된 것으로 보고 있다. 그러나, 현재 일본 전국에서 심지어 琉球에 이르기까지 Ainu어에서 유래하는 지명을 들면 한이 없다. 지명의 10분의 7, 8은 Ainu어에 歸因한다. 이것은 고대에 일본 전국에도 Ainu가 분포되어 있었다는 것을 시사한다.

그 인종 계통에 대하여는 1) Aryan계통설, 2) 남양도래설, 3) 몽고설, 4) American Indian설, 5) Ural–Altai설 등이 있지만 아직은 定說은 없다. 민족학자는 Siberia 계통으로, 언어학자는 Ural 또는 Altai설에 기울어지는 것 같다. 그러나 초기의 Ainu어 연구자는 좀 다르다. 대표적인 Ainu어 학자인 Chamberlain, B. H.(1887)는 고립된 언어로, Kindaici (金田一京助) (1927)는 일본어, 한국어, Ural–Altai 언어들과는 전혀 다른 別種으로서 세계 언어의 飛鳥로, Ciri (知里眞志保, 1955)는 계통 불명의 언어라고 하였다. 대개 일본 국내에서는 일본어와 전연 별개의 것으로 다루고 國粹的인 견지에서 Ainu를 나쁘게 말해 왔지만, 차차 일본어와는 물론 한국어와의 동계 가능성이 점쳐지고, 알타이어 그리고 항가리 등 Ural어와의 긴밀성도 논의된다.

일본의 고대 역사서인 古事記, 日本書紀에 의하면 지방에서 중앙정권에 대항했던 先住民의 이름으로 Kumaso(熊襲), Cucigumo(土蜘蛛), Ezo(Emisi, Emisu)(蝦夷, 夷, 狄)의 이름이 나온다. 지금으로서는 일본의 선주민은 현재 북해도와 사할린에 남아 있는 아이누인으로 보기 때문에 이들을 호칭한 것이 아닌가 한다.

그런데 첫째의 Kumaso는 고구려 건국신화에서의 神子(天帝의 子) 解慕漱(ke.mua.su)와 닮은 데가 있고, 둘째의 Cucigumo는 豊後風土記大野郡의 此間有土蜘蛛名曰小竹鹿奧<志努汗意枳>小竹鹿臣에서 Sino와 관계 있고(更遷小竹<芝弩>宮, 日本書紀9神功), 바로 이 Sino는 後漢書東夷傳韓條의 기술에서 보이는 韓의 前身인 辰과 연결되는 점에서 모두 한반도에서 건너간 先住民이란 것을 알 수 있다.

세 번째의 Ezo(Emisi)는 사할린 아이누어의 사람을 뜻하는 enchu에서 왔다고 하나, 사할린 아이누어라는 점, enchu 또는 emchu를 한자표기 蝦夷로 표기하고 있는 점에서 좀 무리한 이야기라고 생각한다. 특히 chu의 표기 부분이 그렇다.

필자는 이와 다르게 해석하고 싶다. 일본의 고문헌의 표기가 枕詞式 표기가 많은 점에서 蝦夷 emisi 역시 枕詞式표기로 보고 풀이하고자 한다.

원래 한국어의 시볼(이) (새볼이) (徐伐, 東土, 東原)가 있어서 그것이

```
a *시볼이 (새볼이)  b *새비    d 새배
                   c 사뷔    e 새비
                            f 새오
```

로 발달한 것으로 보는데 c, f는 이조 초기 문헌에(사뷔 爲蝦, 새오 하<蝦>)에, d. e는 경남과 경북의 현존방언으로 남아 있다. a의 재구는 충북방언의 새부랭이, 경북방언의 새붕개에서 재구한 것이고, b는 그것의 어중 r 탈락형으로 재구한 것이다. 고대한국의 북부여가 동부여(동부루 곧 새볼)로 옮겼고 신라의 古都 시볼도 서쪽 連峯의 동편이다. 일본의 古都 明日香도 마찬가지며 북해도 삿포로도 마찬가지다. 삿포로의 호칭도 시볼이에서 유래한다.

이렇게 보아 온다면 이상의 일본의 선주민의 호칭이 고조선계-辰- 신라의 맥을 이어온 것이 된다. 일본에의 이주의 시기적 차이에서 오거나 일본에 이주 후 지방적 차이에서 호칭의 다름이 있었던 것으로 본다. 원시한반도의 언어가 아이누어로 풀이되는 점에서 과연 지금의 아이누인과 같은 계열의 것인지는 두고 생각해 볼 일이다. 한국에서 이주한 선주민과 아이누인과의 접촉에서 비슷한 언어현상을 남겼을 가능성도 있기 때문이다. 아이누인에게는 자기네들은 신라계라고 하는 이야기도 있는 모양이다. 이는 辰韓계의 徐伐. 斯盧 당시의 신라를 두고 하는 이야기일 것이다.

6.2.2. 習俗

Ainu는 문자를 가지고 있지 않다. 그 이유의 하나는 그들은 대단히 기억력이 강한 민족으로서 말을 입으로 전할 수 있었기 때문이다. 이들은 평화스러운 민족이기 때문에 무의지적이고 무기력한 것이 흠이고, 혼혈 기타로 일본화하여 본연의 모습이 상실되어 가는 것으로 보고 있다. 특히, 이들의 언어의 보존자는 고령자 몇몇에 불과하여 이를 안타까이 여긴 일본 학계에서는 1960년대에 대대적으로 조사를 실시하여 영원히 사라지는 이 언어를 기술하는 작업을 서두른 일도 있다. 그러나 피조사자로서 선뜻 나서지 않는 이도 있고, 일본어와 병용하는 관계로 순수한 본래 아이누어라 할 수 없을 지는 몰라도 아이누어를 말하고 배우는 이들은 아직도 많다고 하겠다.

Ainu는 기억력이 훌륭하고 어학, 음악, 수공에는 뛰어나지만 수리에는 소홀하다고 한다. 그 비근한 예로 예전에 사냥에서의 포획물을 분배할 때 포획물의 수를 인수로 나눌 때에 사람을 일렬 또는 圓陣으로 정렬시켜 한 사람에 한 마리씩 순번으로 나누어 처리했다는 것이다. 그러나, 이는 어느 나라에서나 수렵채취경제의 단계에서는 수확물을 균등 분배할 때 있을 수 있었던 것으로 사회 발달단계의 반영에 불과하다. 이러한 습성은 어느 나라의 현대인에게도 남아 있다 하겠다.

그들은 조상 전래의 신을 신앙한다. 그리고, 조상의 풍습, 조상의 말을 대단히 중히 여긴다. 그러나 그들은 依他的이어서 독자적인 기개가 모자라, 기독교가 들어오면서부터는 조상 전래의 신과 기독교의 god를 혼동하여 교인이 많이 늘어났다고 한다. 그도 그럴 것이 그들의 종교의 바탕은 샤머니즘의 색깔이 짙다(知里 1955). 거기에는 우주를 수직적으로 천상의 세계, 지상의 세계, 지하의 세계로 나누고 신과 인간과 死者의 세계를 설정하고 善神과 惡神의 대립을 설정하고 있는데, 소박한 관점으로는 기독교의 세계와 50步 100步인 것이다. 샤먼은 고대에는 남자도 있었지만 나중에는 여성들이 맡게 되었다는데 샤먼이 酋長이기도 하였다는 것이다.

위지동이전 고구려의 祭鬼神, 韓의 祭鬼神, 또는 信鬼神, 國邑各立一人主祭天神名之天君又諸國各有別色名之爲蘇塗立大木縣鈴鼓事鬼神 (귀신을 믿어 국읍에 각각 한 사람을 세워서 천신의 제사를 주관하니 이를 천군이라 부른다. 또 여러 나라에 각각 별읍이 있으니 소도라 한다. 큰 나무를 세우고 방울과 북을 달아 귀신을 섬긴다), 辨辰의 祠祭鬼神, 倭의 乃共立一女子爲王 名曰卑彌呼事鬼道能惑衆 (이에 함께 한 여자를 왕으로 삼아서 비미호라 불렀다. 귀도를 섬기고 능히 대중을 현혹시켰다) 등의 祭政 기록들은 한반도로부터 일본에 걸쳐 각국의 중요한 政事였음을 알 수 있다. 16. 7C의 문헌을 보면, 제주도도 심했던 것 같다(酷崇詞鬼男巫甚多 <濟州風土錄>, 事鬼神甚勤…神堂處處有之 <濟州風土記>).

酋長의 호칭은 ottena인데 이는 제주도의 삼성신화에서의 호칭 乙那에 상응한다. ottena는 乙자의 末子音이 外破된 경우가 된다. 그것이 流音이 되면 '어른'과 같이 된다. 일본어에는 乙名(族長), otona로 남아있다. 이 酋長의 통제하에 그들의 사회는 몇 戶 또는 몇 10戶로 된 kotan(촌락 또는 부락)[36]을 중심으로 이루어진다. 가족은 부부와 미혼의 자녀에 의하여 구성되고, 남자가 가장으로서 대표하는 일부일처의 제도로서 확립되어 있다.

---

36) 제주방언의 [kodan]에 대비된다. Ainu어는 어중 자음에 청탁의 구별이 없으므로, Ainu어 kotan은 [kotan] 또는 [kodan]으로 읽을 수 있다.

추장은 마을의 치안, 재판, 葬祭 등을 다스리나, 부락민으로부터 임대료를 받지 않으며, 스스로 부락인과 공동작업하며 그 수확물도 평등하게 나눈다. 어느 한 집에 珍奇한 수확물이 있으면 이를 부락 전체에게 돌리는 풍습이 있다. 따라서, 그 사회는 사회적 계급 의식이나 직업의 차별도 없는 평등사회이며, 어느 집에서나 마찬가지로 조금씩 漁獵하면서 한편으로 농업에 종사하는 미분화적인 사회이기도 하였다. 남존여비의 사회, 자손이 끊어지면 이를 중대시하는 사회, 婦女가 부지런히 일하는 사회, 그 공간 즉 해변 또는 산야의 나라를 mosir(mos – hir)[37]이라고 이르는 사회다. 추장의 집은 casi[38]로 옛부터 불리웠으나 지금은 casi는 우리(柵) 그 자체를 가리키기도 한다. 위의 사회상은 현재도 이와 비슷하게 남아 있는 제주도의 여러 가지 특이한 풍습을 해석하는 데 좋은 참고가 될 것이다

6.2.3. 호칭과 인종

Ainu란 말은 '사람' '남자'의 뜻이다. 종족명에는 흔히 그들의 언어의 '사람'이라는 것이 많다. 몽고인의 'mongol'도 그렇고, 특히 미개 사회의 종족명이 더욱 그렇다. 대만의 Atayal족에 포괄되는 Sedeg족의 명칭이라든지, 북극 지방의 에스키모족 또는 南阿의 종족명에서도 보인다. 그들은 자기네가 본래의 인간으로서, 다른 인류는 자기들보다는 못한 생물이라고 단정하고 있는 것이다.

Ainu, Emchiw 외에 사람의 뜻을 나타내는 말로 kuru(guru)가 있다. 지금은 이 말 단독으로 사용하는 것은 드물고 대개 명사, 형용사의 어미에 첨가되어 사용되는 게 보통이다. 탐라의 문헌어에서 末老가 보이는데 이는 mɐru

---

37) 중세한국어 'ᄆᆞᅀᆞᆯ', 제주방언 'mɐsur', 'mɐsir'에 대비된다. 'mosir'의 공간에 이루어진 村, 鄕 邑이 'kotan'이다.

38) 높은 산에 木柵을 둘러 친 것은 중세어의 잣(城)과 대비된다. 제주도에서도 물찻오름(속칭) = 勿左叱岳(탐라순력도) = 水城岳(탐라지)의 山名에서 城=잣의 어휘가 쓰인 것이 확인된다.

(首)로 읽었는지 kuru로 읽었는지 알 수 없으나 末자의 用字로 볼 때는 후자의 가능성이 크다. 檀君의 君, 倭의 (卑)狗도 이와 유관한 것으로 본다(아이누어에서 kur‑kun의 교체가 있다). 東옥저의 渠師, 변진의 渠師, Kumaso의 渠師 (日本書紀 景行12년) 등은 신라의 居西, 고대 일본의 kisi(吉支)로 이어지며 모두 王號 내지는 최고 官名으로서 나타난다

Ainu는 일본의 古記錄에 의하면 毛人으로 쓰어지고 있다. 宋書(488년) 夷蠻傳倭國에도 일본국의 동북쪽에 毛人 55國이, 舊唐書(945년) 東夷倭國傳에도 일본국의 東界와 北界의 六山너머에 毛人之國이 있다고 하였다. Ainu는 털이 많고 짙기로 유명하다. 그들의 속눈썹은 매우 많은데, 그 수는 보통 일본인은 상하가 145, 50本이지만 Ainu는 상하가 대개 300本 이상이다. 수가 많을 뿐만 아니라 그 길이도 매우 길다. 그래서 세계의 多毛 인종 중에 제일 多毛한 것은 Ainu라고 하기도 한다. 이렇게 속눈썹이 짙을 뿐 아니라 눈썹도 두텁고 길어서 아주 검게 보이며, 좌우가 극히 접근하여 거의 一文字 형을 이루는 자가 태반이다. 그리고 100%가 쌍거풀이다. 그러나 이런 유형의 사람은 일본인 중에서도 얼마든지 볼 수 있으며 아이누인(여인)에게도 그런 특징이 현저하지 못한 사람들이 얼마든지 있다. 다만 흥미를 느낀 것은 어느 아이누어 학습관에서는 한국의 國祖 단군의 초상화를 걸고 있었는데 수염이 잘 가꾸어진 모습이 무의식 중 아이누인들에게 끌린 듯 싶어서 多毛적임을 암시한 듯 싶었다. 중국의 山海經의 제9 海外東經에 보이는 毛民之國이 중국의 臨海郡의 동남쪽 2천리의 大海의 洲鳥上에 있다하여 오끼나와 혹은 제주도 아니면 일본을 가리키는 것인지 확실하지 않으나 사람은 短小하고 온 몸에 털이 나서 猪와 같고 穴居하여 衣服은 없다고 되어 있어 부분적으로 위지동이전의 州胡의 기사와 중첩된다. 고려사 지리지 등의 탐라현 기사에서 三神人이 나온 굴을 毛興 또는 毛興穴로 호칭하고 있는 것도 주목되는 대목이다.

그리고, Ainu의 頭長이 매우 길다. 頭幅은 그렇게 문제가 되지 않는다. 참고로 너비는 보통이면서 길이가 짧은 종족으로부터 긴 종족을 보게 되

면(今村 1961:3), 필리핀, 버마, 타이, 자바(170㎜－175㎜), 한국인, 畿內 일본인, 九州 일본인(180㎜－185㎜), Ainu(185㎜이상)의 순으로 길어진다. 이러한 長幅은 遺傳型이 아니고 현상형으로서, 남방에서 북방으로 올라 갈수록 머리 길이가 긴 것은 주목된다.

또 하나의 Ainu의 인종적 특징으로는 암내(腋臭)가 예외 없이 존재하며, 70대에 이르러 없어진다는 것이다. 인종상으로는 純血 Ainu(100%), 混血 Ainu(83%이상), 유럽인(70%이상), 미크로네시아(53%), 대만 원주민(50%), 琉球人(30%), 일본인(10%), 한국인(6%), 중국인(3%), 퉁구스(0%)의 순이다(足立 1940).

기타 귓볼(耳垂)(分離型의 빈도 96.2%로서 높다), 검은 짐(극히 적다), 味盲(味盲率이 세계 最低), 指紋(指紋 指數 <51.2>로 보면 유럽인형), 血液型 등 각 방면에서의 遺傳型質의 특이한 점이 많이 밝혀졌으며, 그래서 과거에는 거의 모든 점에서 Ainu는 일본 및 한민족과는 기원적으로 달리 보아 왔다. 그러나, 지금은 크게는 Mongoloid이며 같은 인종 내에서의 小進化의 결과로 보기도 한다. 극단적으로 인종이 다르다고 하더라도 인종과 언어와는 별개의 것이기 때문에 언어마저 다르게 되지는 않는다. 그리고 체질적인 특징은 혼혈 기타 이유로 변할 수 있기 때문에 현대적인 특징의 비교를 가지고 어떻다 하는 것은 약간 무리이다.

6.2.4. 언어

Ainu어의 기본 체계는 이른바 抱合語的인 문법 구조라고 말한다. 예를 들면, 여기 '사랑한다'는 동사 'omap'이 있다고 하면, 단독으로는 '그가 사랑한다'는 제3인칭의 인칭을 나타내는 것이 된다. 즉 '제로' 형태의 인칭접사가 붙은 것으로 본다. 제1인칭의 a(n)－omap(나 사랑한다)는 제1인칭접사 an이 동사 omap에 붙은 것으로 보며, 제2인칭의 'e－omp'(너는 사랑한다)는 제2인칭접사 'e'가 접사한 것으로 본다. 여기에 목적격의 인칭접사 i(나를),

e(너를)가 동사에 접합되면

a – e – omap(나 너 사랑한다)
e – i – omap (너 나 사랑한다)

와 같이 된다. 이와 같이 동사에 주격의 인칭 접사와 목적격의 인칭 접사가 동시 접합되는 성질의 언어를 抱合語(incorprating language)라 한다.

이러한 점만을 局限시킨다면 그리 특이한 것이 못된다. 제주방언에서 보이는 零形態의 격조사를 생각하면 얼마든지 주격과 목적격 조사를 생략한 문을 볼 수 있다.

그러나, 이렇게 단순하게 조사의 생략만으로 볼 수 없는 것은 용언이 자동사 혹은 형용사인 경우 제1인칭 주격 접사는 접두하지 않고 접미하기 때문이다.

oman – an(나는 간다).

또 복수동사의 경우 인칭접사가 동사 뒤에 접합되는 것도 있다.

이러한 특이점을 들고 일본어와 별개의 언어라 하는 것이 과거의 통설이었으나, 그러한 문법적인 구조는 오랜 시일이 지나면 변할 수 있는 것이고, 튀르크·퉁구스어·몽고어에도 인칭어미(또는 재귀소유접미사)가 접미하는 점에서 그것만 가지고 단정적으로 別系라 할 수 없는 일이다. 더욱이 한국어, 일본어와 Ainu어와의 同系의 개연성이 云謂되고 그 分離의 시기를 7천년 내지 1만년전으로 보는데는(服部 1959:99), 그 數字가 너무 커서 '관계가 있다'든지 '전연 없다'든지 하는 단정을 내리기는 무리지만 그러한 연대라면 상호간에 상당한 변화가 있었다고 봄이 마땅하다.

6.3. 언어구조상 특징의 대조

대조되는 Ainu어의 구조상의 특징에 대하여 요약해서 제시하기로 한다.[39]

6.3.1. 음운

○**모 음** 현재는 /a, i, u, e, o/의 5종이지만, 과거에는 이 이상이라는 것을 암시해 주는 사실이 있다. a, e, o에 각각 3종, i, u에 각각 2종의 변종이 있다는 보고가 있다. 'ε' 음이 청취된다는 보고는 과거에 e/ε의 대립이 있었을 가능성을 보여준다. 만일 先代에 각 모음에 2류가 존재한 것으로 가정한다면 다음의 일본어의 Nagoya(名古屋) 방언의 그것과 비슷하게 될 것이다.

```
i   ɯ   u
e   ə   o
ε  (a)  ɑ
```

이는 다음의 제주방언의 古形의 체계와도 비슷하다.

```
i   ɯ   u
e   ə   o
ε   a   ɐ
```

현재의 아이누어의 o에는 분명히 ə로 들리는 것이 있으며 酋長의 ottena

---

39) 여기서 주로 참고한 문헌은, 金田一京助・知里眞志保(1936), 知里眞志保(1942), 金田一京助(1960)이다.

가 탐라어의 乙那, 일본어의 otona(<*ətəna)에 대응하는 것이라면 원래 ə음이 있었다고 보겠다.

이러한 모음에는 長短의 韻素가 없지만, accent있는 語頭 母音은 원칙적으로 喉頭破裂音(?)을 수반한다. 젊은 세대에서는 차차 그러한 경향이 없어지고 있다고 하는데, 탐라어의 '細高如針刺'의 특색은 이와 관련이 있는지 모를 일이다.

반모음으로/w, j/의 두 가지가 보이나, 이를 자음으로 분류하는 이도 있다.

○**자 음** /k, t, p/(이상 파열음), /s(sh) č(ch) h/(이상 마찰음), /m, n/(鼻音), /r/(流音)의 목록이 있다. /k, t, p/와 /g, d, b/와 같은 無聲·有聲의 대립이 없으며, [s]와 [ʃ], [č]와 [ʒ], [ts]와는 같은 음운이다(단 [si]는 언제나 [ši]). 한국어, 일본어하고는 계열상의 차이는 없고 서열상 한국어는 유기음과 경음, 일본어는 유성이 더 있지만, 이들 서열은 후세의 발달임을 감안할 때 원래는 동일한 체계로 출발한 것을 알 수 있다.

終聲으로 쓰이는 자음은 /k, n, t, r, m, p, s/으로서 우리나라의 8終聲(ŋ 말고)40)과 닮은 데가 있다. 어두에 /r/음이 서지만, [t], [d]의 間音과 [r]의 間音이라는 특수한 성격을 지닌다. Sakhalin 지방에서는 /r/와 /t/(d)가 교체된다고 한다(retara>tetara '白'). 특이하게 ŋ음이 존재하지 않지만 고대 한일 두 언어도 그랬을 것으로 본다(김공칠 1995:91). 中古 일본어의 한자음에서 喉內鼻音尾(ŋ)가 ø (恐 ku), u (相 sau), i (丁 tei), m (方 hom)으로 받아들여진 것은 원래 ŋ음을 지니지 않았기 때문이 아닌가 여겨지며 그렇다면 선주민의 발음의 기층현상으로 볼 수 있다.

○**accent** Ainu어의 accent는 고저accent다. 1음절어의 경우, 한가지로 高

---

40) Ainu어에는 鼻音/ŋ/의 음운은 존재하지 않는다. 다만 자음접변에서 [ŋ]의 음성적 실현은 있다(inki→iŋki).

調accent이다. 경상도 방언의 경우는 고·중·저의 세 가지로 나타나는 것이 다르다. 그만큼 Ainu어의 accent의 형이 간단하다. 2음절어의 경우, 1) 제1음절에 accent가 있는 것과, 2) 제2음절에 accent가 있는 것으로 나누어지는데 경상도 방언에서는 1) 中高型, 2) 高中型, 3) 高高型, 4) 中中型, 5) 低中型으로 분류된다. 일반적으로 원시한국어, 몽고어, 퉁구스어에는 최후의 음절에 자동적으로 높은 pitch가 오는 경향이 있다고 하는데(Ramsey 1990), Ainu어도 그런 경향이 다분히 있다.

○**음 절** Ainu어의 기본 구조는 개음절형(모음, 자음+모음)과 폐음절형(모음+자음, 자음+모음+자음)의 2-4형이다. 일본에는 폐음절이 없는 것으로 되어있으나 음성적으로는 종성이 실현된다. 다만 음운적으로는 그것을 따로 떼내어 자음 하나의 특수음절로 해석하고 있다. 일본어도 원래 아이누어, 한국어와 마찬가지로 CVC구조로 실현되었다고 본다. 음절 頭音과 말음에 자음은 하나밖에 오지 않는다. 현대 한국어와 같은 語頭音 /r/의 회피나 -i, -y앞의 /n/의 회피는 없으며, 이는 고어 및 제주방언에서 어두음 /n/이 존재하는 것과 같다(/r/음은 특수한 성격을 지녔다 함은 前述). 아이누어는 원칙적으로 j系 拗音節은 존재하지 않는다. 그런 면에서 제주방언의 直音節적 성격과 유사하다.

○**連 音** 어중의 연음은 의무적이며 (an-an '나 있다'>anan), 連語에 있어서도 마찬가지나 좀 덜한 편이다.

○**모음조화** 한 가지 예로 어근이 모음의 접미사를 취하여 타동사를 형성할 때의 호응 관계를 보면 a, u(甲類)는 e, i(丙類)와 공존하며, o(乙類)도 e, i와 공존하나 a, u와 o는 공존하지 못한다(tak-u '蹴', tar-i '擧', pis-i '問', pok-i '下', tok-o '突出'). 그리고, 어근의 모음과 접미사의 모음과 일치하는 예가 많다. (tuk-u '突出' poso '貫') 아이누어의 o가 a, u와 공존하지

못하는 점에서 o는 원순의 o가 아니고 비원순의 ə임을 알 수 있다. 이에는 일본어의 모음조화가 참조된다.

1. 양성모음 a u
2. 음성모음 ö [ə]
3. 중성모음 i
4. 이중모음 i e ë (모음조화와 무관)

이러한 현상은 원시한국어의 모음 생성과정과도 관련된다(김공칠 1995: 68).

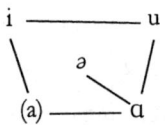

따라서, 아이누어의 모음조화는 후설 a, u 대 중설 그리고 전설 i의 중립이라는 가장 원초적인 모음조화를 보여 주고 있다. 이후에 한국어 및 일본어는 a→u의 방향에서 후설의 o가 생성되어 2류의 o가 나타나는데 아이누어도 그러한 과정을 거쳤다고 본다. 한국어는 지금까지 2류를 보존하고 있지만 일본어와 아이누어는 하나의 o로 합류되었다.

○음운 현상
1) 인접 모음의 축약(contraction)
   kera - an '昧 · 있다' > keran '맛있다'
2) 모음 충돌 회피를 위한 자음 삽입 ne - a > neja '그것의'
3) 子音接變(音韻同化)
   apto '雨' > atto   mak - ta '뒤에' > matta

pon menoko '소녀' > pom menoko

ham‒ka '아니' > hanka   akor tures '내·妹' > akot tures

4) 異化(dissimilation)

kukor rusuy '나·가지고·싶다' > kukon rusuy

kor rametok '그의·용기' > kon rametok

5) 음운교체

nima > mima '木皿'   nimara > mimara '半分'

menoko > meroko '女子' par > car '口' papus > čapus > '唇'

6) 음운도치(metathesis)

puyar > puray '窓'   yorput > roipuy '肛門'

cup‒kes > cuk‒pes '下腹'

7) h음의 삽입

명사의 인칭형의 强形에 h음이 介在하는 것은 한국어의 h곡용과 비슷한
데가 있다.

ona 父 > ona 그의 父 > onaa > onaha

sik 目 > siki 그의 目 > sikii > sikihi

한국어에는 고어에서 한정된 어휘 70여에만 나타난다. 그 어휘들은 천
문, 지리, 위치, 數字, 농축, 인체, 계절에 관계된 것으로 기본적인 어휘이
다. 고대에는 일반적으로 나타난 것이 그것들에 화석화되지 않았나 여겨진
다. 그렇다면 Ainu어와의 어떤 상관(基層현상, 힘주는 발음의 습관)이 있는
것이 아닐까?

이상의 음운 현상은 물론 간추린 것이지만, 근본적으로 한국어에 나타

나는 음운현상과 大差가 없는 것으로 보인다.

6.3.2. 문법

○ 명 사

명사에는 성, 수, 격에 의한 변화는 없다. 다만 원형(개념형)에 대하여 인칭형(소속형)의 구별이 있다.

예를 들면, 단순히 눈(目)이라는 개념을 나타내는 데는 /sik/라는 형(원형)이 있다. 이것이 누구의 눈이라는 소속을 밝혀서 쓰게 되면 원형 /sik/이 /siki/ 또는 /sikihi/로 변하는 것이다.

> 나의 눈 ku – siki (ku는 1인칭접사)
> 너의 눈 e – siki (e는 2인칭접사)
> 그의 눈 siki   (3인칭은 ø접사)

인칭접사는 인칭대명사처럼 생각하면 된다. 다만 인칭접사가 후접하는 경우가 특이하다 하겠지만, 튀르크어, 퉁구스어, 몽고어에서도 인칭어미(또는 재귀소유접미사)가 후접하는 현상이 있으므로 유별한 것은 아니다.

대개 인칭형은 원형에 1) i 모음을 붙이는 것 (kam→kami '肉' kem→kemi '血'), 2) 어근 모음을 重出시키는 것(kotor→kotoro '面' etok→etoko '前'), 3) u모음을 붙이는 것(am→amu '爪' not→notu '顎'), 4) 모음으로 끝난 경우 그대로 온전히 발음하는 것(ona→ona '父' unu→unu '母') 등이 있다.

위의 인칭형에서는 물론 h음이 介在한다(ona→onaha kam→kamihi, amu→amuhu). 원형은 주로 합성어 중에서, 독립적으로(부를 때), 또는 추상적으로 사용될 때 보인다. 여러 가지 인칭형에서 기본이 되는 것이 i모음이 붙는 것이다. 인칭형을 모르는 경우 i모음을 붙이면 대개 통용한다고 한다. 한국어(고대어) 특히 제주방언에서 명사(원형)에 i모음이 접합하여 어형을 이루는 예들이 많다. 고대일본어도 명사의 단독형인 경우 i 모음이 접합하는 예가 있다(ama雨+i→amë). h음 개입현상은 한국어의 h 종성과 닮은 데가 있다.

동사, 형용사의 어간에 i가 접미하여 명사가 형성되는 것은 아이누어, 한국어, 일본어가 공통적이다.

아이누어   san (降・出)+i > sani '子孫'
          an (在)+i   > ani '存在'

한 국 어   히돋(다)+i   > 해도디 '日昇'
          ᄀᆞᆺ붉(다)+i   > ᄀᆞᆺ불기 '막 밝을 무렵'

일 본 어   aka(-ru)+i > akë '赤・緋'
          aka(-si)+i > akë '赤・緋'

○ **대명사**

Ainu어에는 인칭접사가 인칭을 나타내고 있으므로 독립한 인칭대명사를 필요로 하지 않는다. 다만 '나야말로' '나로서는' '나라면'과 같은 경우와 같이 특히 주어를 강조하는 경우 존재한다.

kuani   ku-eraman   나라면 (나)알고 있다.
1인칭대명사   1인칭접사 알고 있다.

차라리 1인칭대명사(kuani)를 생략하고, ku-eraman이라고 표현하는 것이 일반적이다. 따라서, Ainu어의 기존 문법에서 말하는 인칭대명사는 프랑스어에서 보이는 인칭대명사 강조형과 비슷하고 인칭접사가 인칭대명사에 상당한다. 인칭대명사의 어형도 한국어의 1인칭 na, 2인칭 nə, 일본어의 1인칭 a<*na, 2인칭 na, 아이누어의 1인칭 a, 2인칭 e 등은 우연이 아닐 것이

다. 나와 너의 일체적 관념에서 同形 또는 모음 교체형이 공통적으로 쓰인 듯하다.

지시대명사(처소대명사)에

근칭 te (여기)	te – or (이곳)	te ta (여기에)
중칭 ta (거기)	ta – or (그곳)	ta ta (거기에)
원칭 to (저기)	to – or (저곳)	to – ani ta (저기에)

의 구별이 있으며 그것들에 'to be'를 의미하는 동사 an이 접합되면 지시형 용사(한국어의 관형사) 근칭 tan(te – an)>tan '이', 중칭 ta – an '그', 원칭 to – an '저'이 이루어진다.

지시대명사에 近, 中, 遠의 3분법은 한국어와 일본어에 보이는 공통된 특징이다.

○수 사

한국어와 마찬가지로 수명사와 수관사의 용법이 있다. Ainu어에서는 후자를 본래의 수사로 다루고 있다. 원형 그대로 쓰이기 때문에 단순형이라 한다(tu aynu 두 사람). 이에 대하여 전자는 접미사(助數詞라 함) p(자음종성이면 pe)를 붙여서 만들기 때문에 복합형이라고 한다(aynu tu – p an. 사람(남자) 둘 있다). 한국어의 8은 수관형어인 경우 [여덜]이고 수명사의 경우 여덟이다. 7은 일곱, 9는 아홉으로 7, 8, 9의 숫자가 – p음을 유지한다. 또 아이누어에는 2와 3의 숫자에 pis가 접미하기도 하는데 한국어에서도 이와 관련되는 셋, 넷, 다섯, 여섯에 ㅅ받침이 있는 것도 유관하다 싶다.

특이한 것은 수사 命名法이다. 5의 asiknep은 asike(手)에서, 10의 wan은 u – an(두 쪽 있다)에서 기원한다는 것인데, 한국어의 5의 다섯은 닫다(閉)에서, 10의 열은 열다(開)에서 나왔다고 한다면(大野 1957; 40) 손의 개폐와 관계 있는 점에서 흥미로운 일이다.

특이한 命名法으로.,

1) 減數法. 1－5까지는 독립의 형태이고 6－10은 10에서 감수한다.

$$6=4 \cdot 10 \text{ (iwan)}$$
$$7=3 \cdot 10 \text{ (arwan)}$$
$$8=2 \cdot 10 \text{ (tupesan)}$$
$$9=1 \cdot 10 \text{ (sinepesan)}$$
$$30=10 \cdot e \cdot 40 \ (2 \cdot 20) \quad \text{(wan e tu hotne)}$$
$$50=10 \cdot e \cdot 60 \ (4 \cdot 20) \quad \text{(wan e re hotne)}$$
$$70=10 \cdot e \cdot 80 \ (4 \cdot 20) \quad \text{(wan e ine hotne)}$$

한국어의 6－9도 감수법으로 된 듯 싶다.

6. yə－səh, 7. nəh－koh, 8. yə－tulh, 9. ah－oh 에서 6과 7은 약간 애매하다. 서로 엇갈린 듯 하다. 아이누어는 감수－全數의 순인데 한국어는 전수－감수 순이다.

2) 20進法. 20을 나타내는 단위(hotne)를 기준한다.

$$40=2 \cdot 20 \text{ (tu hotne)}$$
$$60=3 \cdot 20 \text{ (re hotne)}$$
$$80=4 \cdot 20 \text{ (ine hotne)}$$
$$100=5 \cdot 20 \text{ (asikne hotne)}$$

사할린의 아이누어에서는 20의 독립수가 없고 한국어나 일본어의 한자 수사처럼 10단위수(kunkutu) 앞에 기수를 얹히는 식으로 하고 있다(20=tu－kunkutu). 偶數에서의 감수법도 없다.

3) 11 ~ 19 1+10, (sine ikasma wan)

2+10, (tu ikasma wan)

3+10, (re ikasma wan)

* 31=1+10・e・2・20 (sine ikasm wan e tu hotne)

고대일본어에서도 10이상은 '10(towo) amari(남는다)'(hitocu)식의 표현을 썼다. 아이누어의 1(sine) ikasma(남는다) 10(wan)하고는 순서는 다르다.

○ 동사, 형용사

동사와 형용사는 기능상 비슷한 일을 한다. 한국어와 마찬가지로 술어적 용법(종지법), 연체적 용법(관형형), 연용적 용법(부사형)등이 있지만 특수한 점이 많다. 어떻든 주변언어와는 달리 한국어, 아이누어(Giliak어도)가 같은 유형을 보이는 것은 주목되는 부분이다.

용언 자체는 활용하지 않는다. 그러나, 인칭이 접두(자동사 및 형용사인 경우는 1인칭은 접미)하여 어형 변화를 한다는 것은 전술한 바이다. 주격 접사가 붙은 것을 주어 활용(ku-kor 'I have; e-kor 'you have', kor 'he has'), 목적격 접사가 붙은 것을 목적격 활용(en-kore '(he) gives me, e-kore (he) gives you', kore '(he) gives him)이라고 하며, 주격, 목적격 접사가 함께 붙은 것을 포합적 활용이라고 한다(e-en-kore 'you give me'). 그러나, 이들 접사를 대명사로 간주한다면 고대어나 제주방언에서 보이는 제로조사의 구문과 별 차이가 없다.

인칭접사가 붙은 용언 그대로가 평서형이요, 그것을 상승조의 억양으로 발음하는 것으로서 의문형이 된다. 명령문은 인칭접사가 안 붙은 원형 그대로 사용한다. 감탄형도 의문형과 마찬가지다. 이렇게 보면, 진술 형식이 간단한 것 같지만 조용언 같은 것이 있어서 여러 가지 서법을 나타낸다.

다만, 한국어와 일본어의 경우는 형태의 접합에서 변화가 있지만, 아이누어는 무변화인 것이 특색이다. 한국어, 일본어의 경우도 결과적으로 a, i, u형으로 환원되듯 원래 무변화가 원초적인 것으로 보아진다.

동사 어근 이하의 형태의 접합(어미 또는 조사류)으로 종지법에서 평서, 부정, 의문, 명령, 청유, 감탄, 희망, 추량, 의도형 등이, 접속법에서 관형, 구속, 방임, 나열, 진행, 동시, 목적, 가정 형 등이, 전성법에서 부사형, 명사형 등의 범주 구분이 가능한 것은 아이누어, 한국어, 일본어 모두 마찬가지다.

시제는 없으며 다만 조용언인 어사(조사라고도 함)가 주로 문말에 붙어서 완료, 始動, 진행, 예정 등을 나타낸다.

주어가 단수, 복수냐에 따라 용언의 어형이 달라지는 게 특이하다. 대강 유별화 하면

    ① 단복 同形의 동사 tura '伴' (단·복)
    ② 단복 異形 동사
       ㉠ 접미사로 구분 turi (단)   turpa (복) '伸'
       ㉡ 尾子音의 교체 ran (단)   rap (복) '降'
       ㉢ 異形   oman (단) paye (복) '行'

특히 ㉢의, 같은 의미의 동사가 수에 따라 어형이 달라진 예를 설명하면,

    oman 하나가 (하나의 것이) 간다
    paye 두 개 또는 그 이상의 것이 간다

    rayke 하나의 것을 죽인다
    ronnu 두 개 또는 그 이상의 것을 죽인다.

부가적인 요소의 교착에의 전성의 방식도 한국어, 일본어와 다를 바가

없다.

명사에 동사법어미가 붙어서 동사를 형성한다.

kunneywa (朝) > kunneywa – an 아침이 된다. (밝는다)

soy (外) > soy – ne 외출한다.

sik (目) > sik – o 눈을 뜬다. (탄생한다)

apto (雨) > apto – as 비가 내린다.

hoku (夫) > hoku – kor 시집간다.

sapa (頭) > sapa – kar 머리를 깎는다.

형용사에 동사법어미가 붙어서 동사를 형성한다.

hure (赤) > hure – ka 붉게 한다.

retar (白) > retar – ka 희게 한다.

pirka (善) > pirka – re 좋게 한다.

wen (惡) > wen – te 나쁘게 한다.

자동사 또는 형용사에 어미를 붙여서 타동사화 한다(형용사는 前出).

ray (죽다) > rayke 죽인다

sat (마르다) > satke 말린다

rikip (오르다) > rikipte 올리다

mom (흐르다) > momka 흘리다

사역형 전성도 있다.

e (먹다) > ere 먹이다

ku (마시다) > kure 마시게 하다

kar (짓다 > kare 짓게 하다

cis (울다) > ciste 울리다

명사로부터 형용사를 만드는 경우

ker (味) > keran 맛있다

tum (力) > tumas 힘이 센

sa (前) > saun 앞의

au (內) > auun > aun 안의

numa (毛) > numaus 털이 많은

○부 사

부사는 일반적으로 다른 품사로부터 전성된다. 형용사는 일반적으로 그
대로 부사로 쓰인다. 이를 부사적 용법으로 생각할 수 있다. 그러나, 후첨
요소가 있을 때는 부사로도 볼 수 있다.

poro cise 큰 집

poronno 많은/ 많이

때에 관한 명사는 대개 그대로가 부사로 쓰인다(tanto '今日' numan '어
제'). 이 경우도 부사적 용법이고, 다음과 같이 명사에 여러 가지 접미사를
붙여서 만드는 경우는 부사로 볼 수 있다.

rik (上) > rikna 위로

ra (下) > rana 아래로

or (內) > orta 안에

kotca (前) > kotcata 앞에

부사를 용법에 따라 상태적인 것, 정도적인 것, 진술적인 것으로 나눌 수 있는데 한국어, 일본어에서도 볼 수 있는 일이다.

○조 사

격조사에 해당하는 것이 있다. 그러나 주격의 경우 한국어(특히 제주방언) 몽고어, 만주어 튀르크어, 고대일본어의 경우와 마찬가지로 추상적(零格)이다. 나중에 한국어의 경우는 -i / -ga가 일본어의 경우는 -ga를 수반하게 된다. 관형격, 목적격도 조사가 쓰이지 않는데, 고대한국어, 고대일본어도 그러한 예가 보이며 현재 제주방언에도 흔히 나타난다. 부사격의 범주가 향격, 처격, 비교격, 유래격, 기구격, 공동격, 원인격 등으로 나타나는 것은 한국어, 일본어와도 같고 격조사가 원칙적으로 부가한다. 아이누어는 모든 단어가 불변화사이므로 원칙적으로 명사에 부착하는 조사와 동사에 부착하는 조동사는 형태상 구별이 없다. 그래서 조사와 조동사를 조사 한가지로 묶기도 하나, 주로 동사적 형식에 부착하여 서술성을 나타내는 부속성분을 따로 조동사로 내세우기도 한다. 일본어에서는 보조동사 혹은 조동사에 상당한 것이고, 한국어에서는 동사의 활용어미나 보조동사에 상당한 것이다. 이러한 보조적인 성분이 교착하여 여러 가지 서법을 나타내는 것은 아이누어, 한국어, 일본어 모두 같다.

접속조사, 감탄조사, 보조사에 대비되는 것도 있다.

○첩 어

어간의 반복(cik-cik '똑똑 떨어지다' herekay-herekay '반짝반짝 빛난다'), 어근의 반복(tok-tok-se '鼓動한다' kar-kar-se '빙빙 돈다=구른다'), 어근의 최후의 음절의 반복(maka-ka '열리고 있다' masa-sa '열리고 있다'), 명사의 반복(ayay>ayay '어린애' taptap '이것(대로)'), 부사의 반복(sino-sino pirka '實로 實로 좋다') 등으로 類別할 수 있다.

○ 접사와 합성

접두사, 접미사 등이 다양하게 발달되어 있다. 인칭접두사는 모두 접두사에 선행한다. 접미사는 수, 사역, 相의 접미사의 순이다. 指小辭도 존재하는데 그 예를 든다면,

> po 1) 指小稱 cep (魚) ceppo (小魚), cikap (鳥) cikappo (小鳥),
>   meneko (女) menekopo (小女)
> 2) 愛稱 또는 親稱 acipo (父), hapo (母), yupo (兄), kakapo (姉)

명사+명사의 합성의 경우 병렬 관계는 없고, 거의 有屬(主從)관계이다.

> kamuy – kotan 神의 나라
> aynu – mosir 인간의 나라

같은 어근의 반복에 대하여는 첩어에서 언급한 바다.

○ 어 순

Ainu어의 어순은 한국어, 일본어와 비슷하다(주어→술어, 관형어→피관형어, 부사어→피부사어, 주어→목적어, 보어→술어, 본용언→조용언).

인칭접두사의 접합순도 주격, 목적격, 보격의 순이다. 마치 주어→목적어, 보어→술어와 같은 구조다. 부정사가 부정되는 말의 앞에도 뒤(somo ki 형태)에도 온다. 이것도 한국어와의 공통점이다.

> somo ipe   먹지 않는다.
> ipe ka somo ki   먹지 않는다.

6.3.3. 어휘

이번에는, 한국어와 Ainu어와의 어휘에 대하여 비교해 보기로 한다. 여기서 비교에 쓰인 어휘는 M. Swadesh의 기초어휘 (1)에서 (100)까지이다. 그리고, 이 비교는 어디까지나 관계의 密疎를 헤아려 보는 유사형의 대조에 지나지 않으며, 대응형을 제시하여 동계성을 헤아려 보는 것은 아니다. 그리고, 대조의 범위를 넓혀 일본어와의 비교도 곁들였다.

이하 數字는 기초 어휘의 番號이고, 단어는 Ainu어, 일본어, 한국어/제주 방언의 순으로 기록한다.

1) I (吾)	ku, a	a, na	na
2) thou (汝)	e	na, önö	nə/ nu, ni
3) we (我)	a, ci	ware	uri/ ci
4) this (此)	te – an>tan	kö, i	i, kɯ
5) that (其)	toanpe	sö	cə
6) who (誰)	nen	ta, da	nu
7) what (何)	nep	nani	muəs
8) not (否)	somoki, ina	ina	ani
9) all (皆)	opitta	mïna, mörö (諸)	ta, motu/ moto
10) many (多)	poronno	oposi, itö	tə (益), manh, *pɐr
11) one (1)	sine, ara	fitö	hana/ hɐna, *ara
12) two (2)	tu	futa	tur/ tubur
13) big (大)	poro	opo	ha (多), *pɐr
14) small (小)	pon	cipisa	cjək, cak
15) long (長)	tanne	nagaraku	kir/ cir
16) woman (女)	meneko	me	am əmi (母)
17) man (男)	okkayo	se	su (雄)
18) person (人)	kur, aynu	fitö	saram *kur

19)	fish (魚)	cep	uwo	koki
20)	bird (鳥)	ciri	töri	tɛrk
21)	dog (犬)	seta	inu	kɛ
22)	louse (虱)	ki	sirami	ni
23)	tree (木)	ni	ki	namki
24)	bark (樹皮)	nikap	kapa	kəphur
25)	leaf (葉)	niham	pa	nip/ ippari
26)	root (根)	sinrit	ne	p'uri/ purri
27)	seed (種)	pi	tane	psi/ p'i- (播種)
28)	blood (血)	kem	ti	p'i, ci(sənci)
29)	meat (肉)	kam	sisi	sɛr/ kweki
30)	skin (皮)	kap	kapa	kəpcir/ kəpur
31)	bone (骨)	pone	pone	ppjə
32)	grease (脂)	ra	abura	kirɯm pike
33)	egg (卵)	nok	tamago	ar
34)	horn (角)	kimpuy	tuno	p'ur
35)	tail (尾)	sara, apiri atkoci	wo	kkori
36)	feather (翼)	rap	pane	kis
37)	hair (髮)	numa, otop, moru	ke	t'ər/ kərək
38)	head (頭)	pake	kasira, kubi	kas (冠), məri/ mərip'ak
39)	ear (耳)	kisar	kiku (聞)	kwi
40)	eye (目)	sik	me	nun-siur
41)	nose (鼻)	etu	pana	ko
42)	mouth (口)	par, car	ipu (言), kuti	ip/ kurre
43)	tooth (齒)	nimak	pa	ni/ nippar
44)	tongue (舌)	carumpe, parunpe	sita	hyə/ se
45)	claw (爪)	ami	tuma	sontop/ sonk'op
46)	foot (足)	kema	asi	par

47) knee (膝)	kokka, kokkasapa	piza	murup/ thokmurup
48) hand (手)	tek, aske	te	son, *ta
49) belly (腹)	honi	para	pɛ
50) neck (頸)	ok	kubi	mok/ jake
51) breast (胸)	penram	mune	kasɯm
52) heart (心)	sanpe, ramu	kokoro	mɐsɯm
53) liver (肝臟)	kinop	kimo	kan
54) drink (飮)	iku, nun (吸)	nomu	masi
55) eat (食)	e	kë	məkta/ kəs
56) bite (咬)	ikupa	kamu	kkɛmur
57) see (見)	nukar	miru	pota, nun (目)
58) hear (聞)	inu	kiku	kwi (耳)
59) know (知)	eramuan, amkir	siru, wakaru	ar
60) sleep (寢)	mokor	nemuru	ca
61) die (死)	ray	sinu	cuk‒
62) kill (殺)	rayke	körösu	cugi
63) swim (泳)	ma	ojogu	hejəm
64) fly (飛)	hopuni	töpu	nɐr
65) walk (步)	apkas	ayumu, aruku	kərɯ
66) come (來)	ek, esi	ku	o
67) lie (臥)	hotke	neru	nup
68) sit (坐)	a, rok	suwaru, aru (有)	anc‒
69) stand (立)	as	tatu, asi (足)	sə
70) give (授)	kore, aure	jaru, kure	cu
71) say (言)	itak	ifu	ip(口)/ sipuri
72) sun (太陽)	cup	tiida, fi	hɛ, sjɛ (曉)
73) moon (月)	an‒cup	tuki	tɐr
74) star (星)	tompo	posi	pjər/ per

75) water (水)	na, pe	midu, nami (波)	mur *na
76) river (江)	nay	kafa	nɛ, kɛ
77) stone (石)	suma	isi	tor, səm (島)
78) sand (砂)	ota, sanota (沙濱)	suna, isago	morɛ/ mosar
79) earth (地)	toy	tuti	tta
80) cloud (雲)	kuri, nisi – kuru	kumo	kurɯm
81) smoke (煙)	supuya	keburi	nɛ, nɛŋpari (牛炭)
82) fire (火)	abe, huci	pi, aburu (燒)	pur
83) ashes (灰)	uyna, una	hai	cɛ
84) burn (燒)	ruy, uhuy, ma	jaku moju	sɛrɯ
85) path (路)	ru	mici	kir/ cir
86) mountain (山)	nuupuri	mure	mora(mori), meppuri *pur
87) red (赤)	hure	akaku	purk–
88) green (綠)	hu	midori	purɯ
89) yellow (黃)	siwnin	kiiro	norah –
90) white (白)	retar	siroi	hɯin
91) black (黑)	ekurok, kunne	kuro	kəm, kurɯm (雲)
92) night (夜)	kunne	yoru	pam
93) hot (暑)	sesek	atui	təp –
94) cold (寒)	mean	samui	cup –
95) full (滿)	asik	mitiru	ca –
96) new (新)	asiri	sara	sɛrop – *asi
97) good (好)	pirka, aara	yoi	coh – *ar
98) round (圓)	sikari, makari	marui	tuŋkɯr –
99) dry (乾)	satke	kawaku	kamɯr (旱)
100) name (名)	rey, re	na	irɯm

위에서 별표(*)를 붙인 것은 한국어의 옛 문헌에서부터 재구될 수 있는

것이다. 대응이 가능한 것을 예거하면 6), 8), 12), 24), 25), 27), 30), 31), 38), 39), 43), 50), 68), 76), 79), 80), 82), 87), 88), 91)의 20개이다. 이론적인 설명을 가하면 대응이 가능한 것은 1), 2), 5), 57)이고, 재구형으로 대응이 가능한 것은 10), 11), 13), 18), 48), 75), 86), 96), 97)과 같이 되어서 모두 33개나 된다.

이것을 분열연대 계산표(김공칠 1987;217)에 맞춰 보면 약 3,400~3,600년 으로 나온다. 이는 어디까지나 잠정적인 계산이고 대략적인 잣대에 불과하 다. 앞에서의 재구형의 대응 등을 뺀다면 더욱 멀어질 것이다. 한·일 두 언어의 분열연대의 계산이 100 항목의 경우 2,400년 전으로 나온 것(김공칠 1995;182)에 비하면 약 천년 더 앞선 것이 된다. 단군의 아사달 定都는 서기 전 2333년(지금부터 약 4300년 전), 기자조선은 서기전 1122년(약 3100년전) 에 시작되었으므로 그 사이의 시대적 어림이 나온다.

6.4. 지명의 해석

앞에서, 현재 남아 있는 일본의 지명의 태반을 Ainu어로서 해석할 수 있 다고 그랬고, 또 그것은 고대에 일본 全土에 Ainu가 분포되어 있었다는 것 을 示唆한다고 했다. 그것은 민족의 이동과 지명은 동반하기 일쑤이고, 반 드시 그 흔적을 남기기 때문이다.

따라서, 만에 하나 제주도 지명 가운데 Ainu어로서 해석할 수 있는 것이 있다면 이는 Ainu가 고대탐라를 거쳐가지 않았다 하더라도 Ainu와 어느 정 도 언어적으로 관계 있는 종족이 반도 남부를 거쳐 일본으로 이동하였으 리라는 추측을 가능하게 한다. 그러나, 이는 어디까지나 그러한 가능성을 示唆하는데 불과하고, 결정적으로 단언 또는 증명할 수 있는 것은 아니다. 지명에 대하여는 Ainu어로서 해석할 가능성이 있는 대표적인 것은 한반도, 제주도, 일본에 분포하고 있는 kamna/kana의 山名이다. Ainu어로 kamna/ kanna는 上水, 神水이며 神山의 뜻인 kamuy·nupuri에서도 올 수 있다. 三

神人이 솟아 나온 毛興穴도 Ainu어는 makun(바다의 반대쪽 언덕지대, 초대의 선조)로 풀이 될 수 있으며 초기 선인들의 생활 터전이 Ainu어의 1, (ara) 2, (tu, otu) 3, (re)로 풀이 될 수도 있다.

지명 해석에 이용되는 Ainu어 어휘로는,

- kan (上), na (水)　漢拏(山)
- mak　뒤, 안으로 깊이 들어간 곳, 산쪽
- mosir　국토, 세계
- casi　城柵
- na　水
- wen　水多
- kur　山
- sari　葦原, 濕原, 沼地
- sanke, san　내려오다
- pet　川
- nay　川
- yospe　河流의 屈曲
- ke　장소, 지명

등이 있다.

Ainu어 nay(川), atuy(海), mosir(國)를 각각 한국어의 nɛ(川), pata(海), mɐsɯr(里)과 비교하기도 하며(知里 1956), 일본서기 권 7(景行紀)에 나오는 東의 夷(pina)의 村을 fure로 훈독하고 있는 점에서 이를 백제어의 puri(夫里)와 대응시키기도 한다(村山 1963). 夷의 훈 pina가 같은 기록에 나오는 火國(pinokuni로 훈독 '불의 나라')과 같이 풀이 될 수 있으며, 이는 부여(夫婁) 아니면 신라(伐, 火) 계열일 수 있다. 전설에도 고대 신라는 Ainu계였으리라 하며, 사실 신라는 한국사에서도 여러 가지 이질적인 요소가 보이는 존재였다. 그리고, 제주방언의 kotan이 Ainu어의 kotan에 대비된다고 한 것은 전술한 바다.

6.5. 마무리

이상은 주변의 모든 언어에 대하여 골고루 관계의 깊고 낮음을 타진하는 것 중의 일부로서, 그 중 한쪽에 집착하여 언어적 관계가 있다 없다고 하는 단정을 내리기 위한 것은 아니다. 앞에서도 언급했지만, 이러한 헤아림은 어떠한 선입관에 의하여 어느 특정의 언어에 몰입하는 편협적(偏狹的)인 태도를 지양하면서, 주변의 모든 언어에 관심을 돌려 그 관계의 깊고 낮음을 측정함으로써 보다 넓은 안목으로 언어 계통을 추구하는 데 그 뜻이 있다.

위에 예시한 기초 어휘의 대조 가운데는 아주 유사한 형이 보인다. 특히 자음의 대응이 보이는 듯하지만, 그렇다고 그것은 완전한 대응형이라고 내세울 수 없다. 적어도 자음과 모음의 대응 그것도 그렇게 대응되는 이유가 밝혀지지 않는 한 그렇다. 그로 말미암아 동계 혹은 친족 관계가 증명되는 것은 아니다. 그러나, 위의 유사형의 고찰을 통하여 동계 내지 친족에까지 미칠 수 있는 가능성을 비추고 있음을 굳이 부인할 수 없다. 특히 7.3.이하에서의 지명의 해석에서 例擧한 것들이 정당한 근거에 입각하고 있고, 또 나머지 지명의 해석이 가능하다면 그러한 가능성을 충분히 뒷받침할 것이다. 여기서 그 정도라고 하는 것은 고대 탐라를 Ainu가 아니면 Ainu에게 언어적 영향을 끼친 인종이 거쳐갔다든지 거주하고 있었다는 것이고, 또는 Hattori(服部 1954)의 말대로 Ainu어와 한국어 및 일본어가 원래 같은 계통이었을지도 모른다는 것이다.

곧 다음과 같은 어휘의 유사성을 단순한 우연사로 그저 넘길 수 없다(服部 1964:27 -).

ainu어　　: $\sqrt{k}$ur : kur(影) niskur(雲) (nis(空)+kur(黑)),

　　　　　　　　kunne(黑) (←kur+ne) 'ekurok(暗)

일본어　　: $\sqrt{k}$ur : kurasi(暗), kuru(暮), kuro(黑)

?kumo(雲?←kurmo)

한국어　: kuruɯm(雲), kuɯrim(煤), kərim(煤), kuɯrimca(影), ?kəm(黑)

퉁구스어 : kurunyuk(煤), ?komnomo(黑)

몽고어　: ?kara(黑), ?küräng(褐色의)

튀르크어 : kurim(煤), ?kara(黑)

헝거리어 : korom(煤), (?<튀르크어)

이외에도 酋長(ottena)과 취락(kotan)과 그 거점(nay), 사회(mosiri), 酋長의 근거지(cas)의 호칭이 뭉뚱그려서 상응한다는 것은 주목되는 부분이다. 또한 일본의 고대 토착민의 여러 호칭들이 한반도의 부족명 지명과 관련된다는 것도 간과 할 수 없다.

끝으로 보태 둘 것은 일본 사람들이 國粹的 우월감에서 Ainu를 나쁘게 말해 왔고 또 그렇게 선전해 왔지만, 실은 그렇지 않고, 오히려 뛰어난 민족이라는 것이다. 다만 그들이 오늘의 지경에 이르게 된 것은 너무 평화적이고 依他的이었기 때문이다.

7. 문헌과 현지조사를 통한 탐라어의 발굴 사례

7.1. 탐라의 건국신화

7.1.1. 신화의 내용 : 언어학적접근

지금 문헌에 전하는 제주도의 건국신화는 극히 간략히 남겨져 있다. 그 중에서 가장 오랜 正史의 것을 골라내면 高麗史地理志의 다음과 같은 내용의 것을 들 수가 있다.

(1) 耽羅縣, 全羅道 南海中에 있다. 그 古記에 이르기를, 태초에 인물은 없었다. 三神人이 땅에서 聳出하였다. <그 主山의 北麓에 穴이 있어 毛興이라 하는데 그게 바로 그 땅이다>

長을 良乙那라 하고, 次를 高乙那라 하고 三을 夫乙那라 했다. 三人이 황량한 벽지에서 수렵을 하면서 가죽옷을 입고 肉食을 하고 있었다. 하루는 紫色의 封泥를 한 목함 하나가 바다에 떠 와서 東海濱에 다다른 것을 보고 가서 열어보니 목함 안에 또 석함이 있고 한 사람의, 紅帶에 紫色의 옷을 입은 使者가 따라 와 있었다. 석함을 여니 靑衣를 입은 처녀 세 사람과 망아지·송아지와 오곡의 종자가 나타났다.

이에 사자가 여쭈기를 자기는 일본국의 사신입니다. 우리 國上이 이 딸 셋을 낳고 말씀하시기를 서해중의 큰 산에 神子 三人이 내려와서 지금부터 나라를 열고자 하나 배우자가 없으니 臣에게 세 사람의 딸을 모시고 가도록 명하여서 왔습니다. 부디 배우자로서 맞이하여 大業을 이루어 주십시오 하고 사자는 홀연히 구름을 타고 가 버렸다.

三人은 나이 차례로 나누어 부인으로 삼고 샘이 달고 땅이 비옥한 곳으로 나아가 활을 쏘아 토지를 정하였다. 良乙那가 있을 곳을 第一都, 高乙那가 있을 곳을 第二都, 夫乙那가 있을 곳을 第三都라 하였다. 처음으로 오곡의 씨를 뿌리고 망아지와 송아지를 키워서 날이 갈수록 富하게 되고 많아지게 되었다.

(2) 15대 손의 高厚와 高清에 이르러는 형제 三人이 배를 만들고 바다를 건너서 耽津에 이르렀다. 때는 신라의 盛時다. 이 때 客星이 남쪽에 보여서 太史가 아뢰기를 異國人이 來朝하는 星象입니다 라고 했다. 드디어 신라에 入朝하니 왕은 가상히 여겨서 長子를 星主라 일컫고 (星象을 움직였기 때문) 二子를 王子라 일컫고(왕이 【高】清을 시켜 【王의】 가랑이를 지나게 하여 자기 아들처럼 귀여워했기 때문에 그 이름이 있다), 季子를 都內라 일컫고 【그들의】 邑을 이름지어 耽羅라 하였다. 그것은 【신라에】 올 때에 처음 耽津에서 航泊하였기 때문이다. 【세 사람에게】 각각 寶蓋와 衣帶를 하사하고 보냈다. 이 때부터 자손이 번성하여 국가를 받들어 섬기게 되었다. 이에 高를 星主로 하고 良을 王子로 하고 夫를 徒上으로 하였다. 후에 다시 良을 고쳐서 梁으로 하였다.

(3) 또한 삼국유사에, 海東安弘記에 실려 있기를 九韓을 열거하고 乇羅가 그 四에 있다 하였다. 백제 문주왕 2년에 탐라국 사신에게 恩率의 官等을 하사하였다. 【백제】 동성왕 20년에 탐라가 貢賦를 이행하지 않으므로 【王이】 친히 征伐하러 武珍州까지 이르니 그것을 탐라가 듣고 사신을

보내어 사죄하였으므로 중지되었다. 註에는 탐라는 곧 탐모라 하였다. 백제가 이미 멸망하여 신라 문무왕 원년에 탐라 國主인 佐平徒冬音津이 와서 항복하였다.

(이상에서 【 】부호인 것은 원문에 없는 것을 문맥에 맞추어 필자가 보충한 것이다)

이상에서 (1), (2), (3)의 구별은 필자가 적당히 한 것으로 곧 (1)은 이른바 三姓신화의 부분, 바꿔 말해서 乇羅의 시대를 거쳐 탐라의 건국에까지 이르는 부분이고, (2)는 비견이지만 (3)의 신라 문무왕대의 기록과 동일한 것이고 (3)에서 사실상 탐라국으로서의 역사시대가 시작된다.

世宗實錄地理志에도 이상과 大同小異한 것이 있다. 다만 (1)에 있어서 백제의 王紀 다음에 중국의 年號가 割注로 들어가 있다든지 (3)의 최후의 부분에도 佐平百濟官號의 割注가 들어가 있다든지 한다.

新增東國輿地勝覽에서는 建置沿革의 부분에서, 耽羅志는 古跡 三姓穴의 高麗史古記 云云으로 해서 이상의 것과 大同小異한 것이 인용되고 있지만 두 책 모두 그 다음에 其後服事를 加하여 (3)의 백제 관계의 기사가 이어지고 있다. 그래서 잘못하여 新羅盛時 ⇒ 百濟文周王의 通時性이 포착되어질 염려가 있다. 그래서 (1), (2)만으로는 신화 전체의 繼起性이 불완전하고, 탐라 건국 이후의 활동에까지 언급할 필요가 있으므로 (3) ((2)는 (3)의 맨 끝부분의 구체화로서)까지 포괄해서 건국신화라고 이름 지을 필요가 있다고 여긴다.

이상의 것들과 전체적인 스토리는 거의 같지만 기술 내용에 있어서 다소 틀린 데가 있는 문헌으로서 瀛洲誌가 있다. 單刊本이 아니고 15세기의 高氏系의 世傳에 點綴되어 있는 것이다. 藏書閣이 있는 것은 작자 연대 미상이며 長興高氏家乘에 있는 것은 刊記(景宗元年 <1450년>…高得宗謹誌)가 있다. 양자에도 다소 기술 내용이 다른 부분이 있다. 전자는 (1)에서 땅에서 나왔을 때는 高乙那-良乙那-夫乙那의 순이 되어 있지만, 후자는 良

乙那-高乙那-夫乙那로 되어 있다. 그러나, 三人이 있을 곳을 정한 순은 양자 모두 高乙那-良乙那-夫乙那로 되어 있다. 또한 양자 모두 三神女를 奉賀한 나라가 日本國이 아니고 東海碧浪國으로 바뀌고 있다. (3)의 삼국 유사 인용부분도 양자 모두 빠져 있다. 특히 후자의 경우는 나중에 高가 君長, 良이 臣, 夫가 民으로 位階化된 것이 기술되어 있다. 그래서 이 두 책자는 高氏系 위주의 것이라는 것을 알 수 있다. 어떻든 이하의 서술에서 도 여러 문헌의 구체적인 차이에 대하여는 필요시 대조적으로 인용하기로 한다.

앞에 든 (1)의 신화는 보기에 따라서는 그 구성도 내용도 특이하고 또한 그 해석도 다양해진다. 신화의 명칭조차도 등장인물의 姓數에 따라 三姓신 화(특히 (1)의 부분만 가리키는 경우는 이하에도 代用한다.), 또는 그 이름 에 따라 乙那신화 등이 있게 된다. 그 位格도 고려사지리지와 영주지에는 神人으로, 영주지에서 인용되는 일본국 벽랑국 사자의 말에는 神子로, 탐 라지(建置沿革)에는 형제로 되어 있다. 곧 神子>神人>兄弟의 격하로 볼 수 도 있고, 그 반대의 兄弟>神人>神子의 격상으로도 볼 수 있다. 序次도 고 려사지리지·세종실록지리지에는 良高夫, 나머지 문헌은 高良夫의 순으로 되어 있다. 이와 같이 位格도 序次도 경우에 따라 바뀌는 것을 보면, 어떠 한 이유로 의도적인 손질이 있었는지 모른다. 그렇다면 등장인물의 등장 배경도 손질되었을 가능성도 없지 않다.

세종실록지리지, 영주지의 原文은 (三神人)從地湧出로 되어 있다. 이 湧 出을 일반적으로 (땅에서) 솟아나온 것으로 풀이하고, 그 장소가 탐라지 古 跡에 三姓穴(고려사지리지의 毛興)이라고 明記되어 있으므로, 거기로 比定 하고 있다. 그렇지만 그 곳을 竪穴住居의 터로 보든가 蛇神숭배의, 어떤 신 성한 제사터로 보는 이(張壽根 1964:83)도 있어, 거기로부터 사람이 솟아 왔 다고 보지 않는 게 필자의 지금의 처지이다. 湧出이란 글자 그대로 원래 샘물이나 기체(가스)같은 게 분출해 나오는 것을 말하므로 샘물이나 기체 면 모를까, 사람이 분출했다는 것은 아무래도 무리한 이야기다. 필자의 비견으로는 古記에도 언급되어 있는 鎭山(문헌에 따라 主山)의 북록에서 湧出하는 알샘의 정황을 묘사했던 대목이 변형된 것으로 보인다. 三神人이 나중에 근거지로 삼은 甘泉의 곳일 것이다.

한편 고려사지리지에는 (三神人)從地聳出로 되어 있다. 여기서의 聳자는 높이 우뚝 솟아있다는 뜻이다. 땅에서 탄생하여 나왔다는 뜻하고는 너무나 거리가 있는 문구다. 오히려 영주지에 나오는 벽랑국 사자의 말 紫氣連空 瑞色葱朧과도 같이 어떤 찬연한 불기둥 같은 것이 높이 솟아있는 것을 형용한다고 하겠다. 이와 같은 상황이므로 일본국의 사자가 三神女를 데리고 오면서 분명히 말한 「西海中의 큰 山에 神子三人이 내려왔다.」한 것이 맞는 이야기일 것이다.

1918년 刊의 金錫翼의 耽羅紀年에는 割注로 1689年 제주에 귀양온 중앙의 碩學이자 高官이었던 宋時烈의 설, 곧 「神人降于耽羅之漢拏山分長一島」가 인용되어 있는 것처럼 降臨說이 없는 것도 아니다.

문제의 부분을 문헌 별로 照合해 보면,

高麗史地理志　　　　　　　太初無人物 三神人從地聳出其主山北麓有穴…
瀛洲誌　　　　　　　　　　太初無人物忽有三神人從地湧出鎭山北麓有穴…
高麗史地理志(日本國使者의 말) 西海中嶽降神子 三人
瀛洲誌(日本國使者의 말)　　紫氣連空 瑞色葱朧 中有絶岳降神子
耽羅紀年引用擇里志　　　　紫氣浮於南溟三姓之出疑其時歟

이들의 기술로부터 필자는 다음과 같은 재구성이 가능하지 않을까 한다.

太初無人物也忽有三神人, 從地聳出(紫氣連空瑞色葱朧)中有絶岳降神子三人

곧, 고려사 지리지의 割注는 나중에 보탠 것으로, 마치 구멍에서 생겨나온 듯한 인상을 심으려 한 것 같다. 재구한 문의 괄호 속과 그 이하의 부분은 원래 割注, 또는 본문의 註文이었던 것이 외부의 관점으로 돌려서 일본 국 사자의 말로써 具象化하였을지도 모른다.

이와 같은 변형이 있었다면 그것은 삼성신화의 유교화하고도 유관하지 않을까 생각된다. 옛적의 竪穴住居를 조상숭배의 제사장으로 꾸려놓은 것을 생각할 수 있다. 또는 탐라국 전통의 격하를 노려서 중앙으로부터의 파견관리에 의한 손질도 있었는지 모른다. 고려사지리지의 割注는 그러한 의도성이 보이는 듯하다. 특히 有穴의 부분은 蛇神숭배와의 결합이나 低文化적 생활의 인상을 심기에 유효하기 때문이다. 그렇다고 본래의 사실을 없앨 수도 없는 노릇이니, 일본국 사자의 말을 빌어서 남겨놓았는지 모른다.

어떻든 문헌상으로는 기록이 이렇게 들쭉날쭉하게 되어 있는데, 특히 三神人의 由來에 대한 해석에는 논의의 여지가 많다는 것이다. 이를 극복하기 위해서는 과거에 소홀했던 언어학적 접근, 특히 그 중에서도 지명에 묻혀있는 化石語를 가지고 나름대로의 해석을 시도해 볼 필요가 있다. 이른바 삼성신화를 여기서 새삼스러이 논의하고자 하는 것은 바로 이러한 취지에서이다.

7.1.2. 한반도의 건국신화 : 무대와 주인공의 호칭

그럼, 먼저 같은 문화권인 한반도쪽의 신라의 건국신화를 대충 살펴보기로 한다. 그곳의 山谷에는 이미 선주민들이 六村을 이루고 있었다. 이 六村의 이름은 삼국사기와 삼국유사에 보인다(제3촌과 제4촌의 순서는 엇바뀌어 있다). 그것을 보면 六村은 모두 애초에 하늘에서 산으로 내려와 시작된 것으로 되어 있다. 그 지명들은 필자가 보기로는 아이누어의 수사 (1~5)의 순서대로 되어 있는 듯싶다. 閼川(長曰謁平) ar－突山(長曰蘇伐都利) tu－觜山(彼部)－伊山(長曰俱－作仇禮馬) re／ine의 混在－明活山(漢岐部, 金山…長曰祗沱) asiki가 그것이다. 그리고 전체적인 6(iwan)의 숫자는 아이누어의 聖數로서 많다는 뜻이다. 손가락으로 1~5로 헤아리고 그 이상 헤아릴 수 없는 많은 것을 뜻하는 것으로 본다. 加羅도 6國이고 倭(iwa)자체도 6國이다. 宋書夷蠻傳倭國에서도 (西服)衆夷66國이 나온다. 그래서 아주 옛적에는 어느 지역이나 많은 kotan적 취락들이 연합을 형성하고 있었음을 알 수 있다. 곧 삼성신화에서 하늘에서 내려온 三神子에 의하여 第1~3都(徒)가 형성된 것과 같은 패턴이 된다.

그 다음 신라는 六村의 제1촌(ara)의 閼川(ar)의 楊山村(ura)의 長謁平(ar)이 楊山기슭(ar)의 蘿井(ar)에서 큰 卵(ar)을 발견해서(백마가 꿇어 있었다) 그 안에서 나온 애가 장성하니 王(aragur)으로 영접함으로써 국가를 형성한다. 왕인 박혁거세는 삼국유사를 보면 매우 단정하고 아름다운 이로 형용되고 있다. 이 역시 아이누어로 aragur이라 하지만 王과 같은 뜻이다(Batchelor 1938:47). 종전에 일본의 왕을 arahito(現人神)라 했는데 그 어원은 백제의 王號 於羅(瑕)하고도 관련되지만, 여기서의 아이누어하고도 관련된다고 본다. gur(kur)은 아이누어로 사람이란 뜻이다. 그 부분만 일본어로 바뀌고 있을 뿐이다. 따라서, ara는 한·일·아이누어 공통부분이라 할 수 있다. 몽고어로 金을 altan이라고 하는 점을 생각하면 혁거세는 기마와 금속의 방패·무기장비(卵으로 상징)를 사용하는 이(터키어 er 戰士)였던 것 같다. 이 신화를 보면 삼성신화에 있어서의 三神人의 출현 부분과 닮은 데가 있다. 楊山과 類音인 (삼의)양오름 아래의 아라 알샘에 훌륭한 aragur이 나타나는 것이다. 혁거세의 출현시 번갯불같은 이상한 기운이 땅에 드리우는데 이것도 앞서의 탐라 3神人의 출현의 형세와 비슷하다.

삼성신화는 3神子의 출현이 모티브다. 박혁거세의 경우는 하늘에서 내려온 六村에 영접된다. 삼성신화는 시대는 뒤지지만 三神子가 하늘에서 내려와 비로소 三都를 이룬다. 그 면에서는 삼성신화쪽이 더 오랜 신화라고 할 수 있을 지 모른다. 그 점에서는 단군신화와 닮은 데가 있다. 神인 桓因의 弘益人間의 모토에 따라 桓雄-檀君의 神子, 결국은 三位一体로 開國하게 된다. 神子 桓雄이 風伯·雨師·雲師 3인(무리는 3천)을 데리고 태백산

神市로 내려온다. 桓과 雄은 상고한자음으로 각각 γ wân(g'wân)과 ki̯wĕng (gi̯ŭng)이어서 아이누어·한국어·일본어의 神·大·上(kam, kɛn)과 한국 어·아이누어의 人의 kun·kur에 상응하여 神人의 뜻이 되는 것으로 보인다.

幕下의 風伯·雨師·雲師도 해석에 따라서는 序次를 나타내는 것으로 볼 수 있다. 風(伯)은 pɐr로 읽고 伯의 뜻(아이누어 poro '大'), 雨(師)는 아이 누어 amaktono로 읽고 弟의 뜻, 雲(師)는 아이누어·한국어 kur, 한국어 kɐr (글피 '3日째', 걸 '웇의 3')로 읽고 人 그리고 세 번째의 뜻으로 본다면(師는 아이누어 sa '首'), 삼성신화의 경우는 三神子가 共時的으로 하늘에서 내려 오지만, 단군신화에서는 通時的으로 내려오는데 그 대신 幕下 三人과 동시 에 내려오는 것으로 되어 있다. 단군신화의 通時的인 부분만은 삼성신화보 다 오래된 것이라 할 수 있다. 또한 삼성신화의 神子의 순서도 姓으로써 나타내고 있는 듯 하다. 최초에는 1이 夫乙那였을 것이다. 夫의 字는 '一 + 大'의 含意를 지니므로 첫 번째와 伯의 뜻으로 받아들여진다. 첫字의 夫를 중시하면 夫餘系인지도 모른다. 어떻든 간에 pɐr(일본어patu初)로 읽을 수 있으므로 夫는 그것에 맞춘 글자일 것이다. 그러나 지금으로서는 夫乙那가 他姓에 비해 序次가 앞선 文證이 없기 때문에 문제는 남는다.

2는 高乙那였을 것이다. 문헌도 두 번째로 나오는 경우가 있다. 첫字를 중시해서 고구려계로 본다면 고구려의 중심은 中의 뜻인 桂婁部이므로 中 의 위치에 있었다고 하더라도 부자연스럽지 않다. 한편, 高에는 고유어로 tak(일본어 taka와 同源)의 訓이 있고 그렇게 읽으면 고대일본어에 있어서 의 英雄·族長의 칭호 takeru하고 高乙那(takɐrna)하고는 音形이 가깝게 된 다. 원시한국어로부터의 同源語로서 해석된다.

이와 같은 序次로는 3은 良이 되지만 여기에는 문제가 많다. 문헌에는 良이 첫 번째, 또는 두 번째로 되어 있고 세 번째가 된 文證은 없다. 첫 字 를 중시하면 古朝鮮系(樂浪)이나 가라 제일의 阿羅伽耶系일 것이다. 良에 는 長·首의 字義와 ar의 訓도 있다(김공칠 1995:207).

여기서 말하는 것은 그저 三姓에 대한 가능한 어원적 해석에 대한 것이고 실지의 序次하고는 무관하다. 지금도 三姓의 序次 다툼이 있는 것 같지만 그것은 무의미한 일이다. 아주 옛적은 나이 외에는 그러한 序次는 없었던 것 같다. 일본국에서 온 三神女를 맞이할 때도 나이 차례에 따르고 있다. 政事의 결정의 경우에도 때에 따라서는 年長의 某姓이 사회를 맡고 있었는지 모르지만 합의제로 결정하고 있었다고 생각한다.

또 후술하겠지만 三姓의 영지의 분할도 지명으로 볼 때 동쪽으로부터 서쪽으로 良－高－夫의 분포로 되어 있는 듯 하지만 이것도 序次하고는 전연 무관한 것으로 보아진다. 다만, 冒頭의 건국신화의 (2)의 부분을 보아서 15대손대(필자는 신라 문무왕 원년과 같은 시대로 봄)부터는 곧 백제로부터 신라로 服事가 바뀐 다음부터는 高氏系가 星主가 되고 良氏系는 梁氏로 改姓되면서 王子가 되는 것처럼 序次化하기 시작하였다고 생각되는 것이다. 長·首의 훈과 類音의 良에서 tor(2의 tur과 類音)의 훈을 지니는 同音의 梁字로 改姓되었다는 것은 良氏系가 長의 위치에서 제 2의 위치로 격하되었음을 암시한다.

이렇게 본다면 단군신화가 삼성신화보다 오랜 타입이면서 최초부터 序次가 매겨져 있는 것을 보면 삼성신화쪽이 보다 소박하고도 오랜 타입의 것으로 보아진다.

어떻든, 단군신화도 삼성신화도 강림신화이다. 단군신화에서 내려온 곳은 神市다. 이 神市를 과거에 신시로 읽었으나 이는 모두 訓으로 kamit로 읽어야 할 것이다(원시 일본의 倭의 여왕국 邪馬壹은 그 계승형). 神은 한국어 kɐm, 일본어 kami에 상당한다. 市는 일본어 iti에 해당한다. 원래는 회의·제사 등으로 사람이 많이 모이는 신성한 장소의 뜻이었다. 그 장소에는 大木이 있는 데였다. 마침 단군신화의 神市도 神檀樹 아래로 되어 있다. 그 장소의 부근에는 샘이 있었다고 여겨진다. 일본서기에 고구려의 名將 泉蓋蘇文의 이름이 伊梨柯須彌라고 기록되어 있어서 泉＝伊梨의 등식이 성립한다. 이 iri하고 市의 iti는 t/r교체관계가 되기 때문에 同根語로 생각된다. 그런데, 고구려 지명에 나타나는 泉의 말은 於乙로 표기되어 있어서 어두모음이 i와 ə로 다르게 된다. 고대의 모음推移시에 다가섰기 때문에 혼동되었는지 모르고, 일본어에서 ə〉i의 변화가 있었는지도 모른다. 그렇다고 하면 한국어 쪽에서 市를 it나 ər로 읽은 예를 찾아내야 하는데, 삼국사기 지리지에 백제 지명으로서 1예 곧 加知奈縣(一云加乙那) → 市津縣이 보일 뿐으로 그것도 前項의 加를 절단할 수 있다면 乙那=市津의 등식이 성립하여 於乙(泉)과의 상관관계를 구할 수 없는 것도 아니지만, 그 경우 加의 어원이 문제가 되기 때문에 지금으로서는 미상이라 하지 않을 수 없다. 비견으로는 중세의 문헌에도, 현재에도 사용되고 있는 한국어의 ir(<it)이 市와 同根語로 보고 싶다. 아주 옛적의 생활의 일이란 市의 일로 생각되기 때문이다.

어떻든, 위지동이전의 倭의 女王國 邪馬壹은 kamit/kamaət로 읽을 수 있기 때문에(邪에는 ca/ga의 2음이 있다) 바로 神市에 꼭 맞는 것이 되고 여왕 司祭의 장소로서의 해석에 맞는 것이 된다.

이와 병행해서 市는 字形의 약간의 차이에 의하여 pur로 읽을 수 있다. 그렇게 되면 神市는 kəmpur이 되어 神山의 의미도 된다. 일본국을 수식하는 枕河는 모두 kamunabi이지만, 그것은 神水의 山으로 해석될 수 있어서(김공칠 1998:53) 邪馬壹은 그와 같은 산이었다고 생각된다. 그 최초의 위치는 噌唹郡 일대로 추정되지만 그 곳의 韓國岳karakuni(dake)도 원래 kan(n)akur(語中의 r / n교체)이었을 것이다. 후미의 kuni도 kur(아이누어 山)의 교체형일 것이며 dake(take 岳)는 그 뒤에 붙은 중복형일 것이다. 바로 제주도의, 三神人이 강림한 한라산 kanna 山(kur/tar)과 일치한다. 단군신화에 있어서도 一說은 九月山에 내렸다고 되어 있지만 이것은 마침 한라산의 別稱 絶岳과 같은 kuttar의 音形이다.

이와 같이, 강림 장소의 山名이나 形勢 등이 모두 酷似하고 있는 것은 흥미로운 일이다.

住居는 kəmbur~kumbur(일본어 kubomi / komori)의 곳으로 神山의 盆地, 굼부리였을 것이다. 일본의 阿蘇山麓·初瀨(지금의 長谷)가 그렇고, 한라산

기슭도 그렇다. 제주도의 잔존지명에도 굼부리의 곳에 산굼부리의 이름이 남아있는 곳도 있다. 지금의 三姓穴 古跡은 이와 같은 형상을 상징하고 있다고 하겠다.

고구려 건국신화에서는 神子(天帝의 子) 解慕漱의 子로 卵生한 朱蒙이 烏伊·摩離·陜父 3인을 거느리고 沸流水에서 건국한다. 강림신화 다음의 이야기다. 박혁거세의 경우와 같다. 양쪽 모두 卵生이지만, 그것은 王의 뜻인 ar(卵의 뜻도 있어서)의 환기에서 오는 것으로 본다. 해모수의 상고음은 각각 keg(γeg), mwâg(mâg), sûg(sug), 이어서 kəmɐsu와 비슷하게 읽고 kɐm '神·大·熊'과 관계지을 수 있다. su는 아이누어의 shut(sut와 같다) 祖上·根과 관계가 있다면 神子의 뜻이 될 수 있다. 이는 일찍이 일본의 九州에 진출한 Kumaso(熊襲)족의 그것과 음이 유사한 점에서 부족을 대표하는 이름이었는지 모른다. 삼국사기(고구려 본기)에 주몽은 나이가 어리지만 활을 잘 쏘아서 夫餘의 俗語에 활을 잘 쏘는 사람을 朱蒙이라 부른 데서 그 이름이 유래한다고 전해진다. 주몽이가 거느린 烏伊의 上古音은 a(gi)와 유사하여 결국 아이누어의 화살 및 子의 뜻과 같이 되므로 烏伊는 주몽 자신을 나타내고 있는 게 아닌가 생각된다. 주몽의 上古音도 각각 tiug(tiu)·mûŋ(muŋ)이므로 몽고어의 sumu·n(速門) '矢'(元朝秘史卷 4:49)하고도 관련된다 하겠다. 이렇게 보면, 단군신화도 桓雄이 대표하는 3人이, 그것도 桓雄(神·上·大의 人)=風(大·伯)伯의 등식이 성립할 가능성도 있기 때문에 風伯도 桓雄 자신을 나타내고 있는지 모른다. 고구려의 경우, 주몽=烏伊의 등식이 성립할 가능성이 있는 것과 같다. 이와 같이 同一人의 호칭이 중복하는 예는 삼성신화의 경우가 참조될 지 모르겠다. 처음은 三神人 모두에게 乙那의 칭호가 주어졌지만 각각 星主·王子·徒內로 차등화되어 호칭이 겹치게 되는데 여기서 만일에 乙那·星主·王子·徒內와 같은 잘못된 序次가 전승되었더라면 앞서와 같은 결과가 나올지 모른다. 한편 가라국의 건국신화에서는 9人의 酋長이 다스리는 先住民지역에 황금의 알 6개가 하늘에서 그물로 내려와서 6가야의 시조가 된다.

이상의 여러 신화를 보면 地上에는 많은 선주민이 나름대로의 생활을 영위하고 있었다. 단군신화의 경우는 선주민은 호랑이와 곰으로 상징되어 있다. 弘益人間의 이상은 先住民의 啓發을 꾀한 것으로 본다. 가락국의 경우는 우물을 파고 밭을 갈고 있었고, 제주섬의 경우는 황량한 들판에서 사냥을 하고 있었다. 여기에 1) 神子 1인이 3인을 거느리고 내려오는 것(고조선), 2) 6가야의 선조가 내려오는 것(가락국), 3) 6村의 선조가 산에 내려 온 것(신라)과 같은 수직적인 강림신화와 4) 天帝의 자손(卵生) 1인이 3인을 거느리고 냇가로 옮기는 것(고구려)(백제는 2인이 10인을 거느린다.) 5) 卵生 1인이 우물가에 나타나는 것(신라)과 같은 수평적인 이동신화의 유형으로 구별할 수 있다. 그 중에 신라의 것은 두 유형이 겹치면서 강림신화 〉 이동신화의 순이다. 그리고 이들 신화들의 주인공의 숫자가 차차 불어나는 점을 감안하여 그 통시성을 포착한다면 고조선 〉 가야 〉 신라 〉 고구려(〉 백제)의 순이 될 것이다.

그러면 삼성신화의 경우는 어떻게 되는가? 문헌상으로는 어정쩡하게 되어 있지만 영주지에 있는 벽랑국 사자의 말을 빌리면 강림신화이고 지문은 이동신화(忽有三神人) – 강림신화(降神子三人) – 이동신화(射矢卜地…所居)로 전개되는 게 특이하다. 곧 최초에 人物(사람다운 사람)이 없고 여기에 홀연히 3神人이 나타나는 게 한반도의 신화와 다른 점이다. 여기서 탐라의 건국신화가 시작되면서 윤곽이 잡힌다. 제주섬은 원래 사람(다운 사람)이 없는 황량한 山野였다. 여기에 神人들이 나타난다. 그 곳은 한라산(kamnapur/kamnakur) 기슭이며, 높이 우뚝 솟아 있고 근처에 샘이 있는 오름지대였다. 거기서 수렵생활을 영위한다. 다음에 고조선의 경우처럼 한라산(kuntar/kamnatar) 굼부리에 神子(cf. 일본어. kamnagi) 3인이 내려온다. 이들은 같은 分派관계에 있는 北九州의 부족의 지원(일본국 三神女奉賀)을 받아 농축의 정착생활에의 전환을 시도한다. 드디어 三射石(전투?)에서 성공을 거두어 3神人 집단체제의 탐라국이 건국된다는 스토리다. 문화양식의 개혁을 통하여 고조선의 경우처럼 강림의 목적을 달성한다. 가락국신화

에서는 강림 이전에 선주민은 이미 농경생활을 누리고 있었고, 고조선의
경우는 이에 대한 언급이 없다(다만 곰과 호랑이로 상징되어 있듯이 穴居
의 수렵생활의 단계였을 것이다). 이런 점에서 단군신화하고 닮은 데가 있
는 탐라국의 건국신화는 가장 소박하고도 원초적인 모습을 보여주는 것이
라고 하겠다.

7.1.3. 이동신화 : 經世의 모델과 관련어휘

제주섬의 개벽신화는 이동신화로 보인다. 북으로부터 서쪽, 남쪽으로부
터 또는 동쪽에서 이 섬에 파상적으로 수없이 사람들이 건너왔을 것이다.
가까스로 상륙한 그들은 혹은 산간에 혹은 해안가에 분포해서 살았을 것이
다. 그런데 문헌은 해안지대보다 산간지대를 더 선호하고 있다. 곧 우뚝
솟은 산굼부리에 물솟는 알샘에 3神人이 갑자기 출현함으로써 시작된다.
이 三神人은 아이누어 aragur에 상응한다. 아이누어 숫자 7 arawan(3·10)의
형태적 분석에서 古形 3을 얻는다(ara는 1의 뜻도 있는 걸 보면 원시 때는
三位一體로 생각했던 것 같다). 또한 아이누어 ara에는 '美'의 뜻이 있고
aragur 전체가 '美·王'이란 말이 된다. 영주지의 三神人은 곧 aragur로 보아
틀림없다. 神人이란 사전의 정의에 따르면 신통력이 있는 사람, 神과 같은
거룩한 사람이란 뜻으로 神 자체는 아니다. 이에 대해 神子는 神의 아들이
니 位格으로는 오히려 이것이 높다고 하겠다. 그래서 이동신화에서는 神人
으로, 강림신화에서는 神子로 호칭하여 썼는지 모른다.

그리고 gur(kur)은 사람이란 뜻이다. 일본국에서 三神女를 모시고 온 使
者가 홀연히 구름 속으로 사라졌다는 대목은 kur=구름=산=사람의 뜻이
있으므로 사람이 山(일본 방향의 동쪽 해안에 城山이 있다)쪽으로 향했다
는 사실이 변형된 것으로 본다면 그 현실성을 얻을 수 있다. 고구려, 백제
인명의 접미사에 이와 비슷한 형태가 많고(원시 倭에서는 狗로 표기) 지금
도 사람을 가리키는 접미사 – 꾼이 존재한다. 檀君의 군도 이에 상응할 것

이다. 단은 아이누어 tam(칼), tama(구슬), ton(반짝이다 거울?)의 音形과 비슷한 점에서 그것을 사용한 이의 뜻이 된다. 그 세 가지는 일본에서 三種神器로 꼽는 것들이다. 또한 단군을 天君과 같이 풀이하는데 이는 몽고어 tengeri 騰格舌里(元朝秘史卷 2:15) '天'에서 연유한 듯 하나 天의 義만으로는 안 된다. 君에 해당하는 형태도 없기 때문에 무리이다.

그럼 aragur은 어디서 이동해 왔을까? 지금으로서의 추론은 그 音形에 의거할 수밖에 없다. 곧 선진문화권에 있는 阿羅(가야)쪽이 아닌가 싶을 뿐이다. 지난 1993년 8월에 首長급 유물이 발굴된 바 있는 6가야의 첫째인 阿羅伽耶(지금의 경남 咸安) 쪽이다. 그 별칭은 ① 阿尸良 ② 安邪/安羅 ③ 阿羅/阿那 등인데, 광개토대왕비의 安羅가 그것이다. ①에서는 아이누어 新·最上(阿羅에 계승)의 뜻이 있고 한국어로는 고조선의 수도 阿斯達이, 일본어로는 고대의 수도 asuka(明日香)가 이와 관련이 있게 된다. ②, ③은 그 축약형이면서 원시한국어 안(內)의 뜻이 파생한다. 여기서 穴(Kor. an, Jap. ana)이 연상되어 anagur은 三神人 외에 最上의 神人 穴居人 등으로 재해석되는 계기가 되었다고 본다. 三神人은 애초에 황량한 들판에서 사냥생활을 영위했을 가능성이 있다. 물론, 이때의 穴居란 이전의 동굴 또는 地穴에서의 생활은 아니고 그 보다 한층 발달한 형태의, 山麓에서의 竪穴住居를 영위하고 있었을 것이다.

三姓穴의 古跡은 그것을 상징한다. 이와 같은 생활형태를 외부인, 예컨대 洞穴생활을 하고 있는 사람이나 나중에 이주해 온 이에게는 地穴에서 사람이 나온 것으로 비춰졌을 것이다. 三神人 생활 터전은 알샘이 있는 곳이었다. 옛적의 취락 내지 首都는 알샘(聖水)이나 감나(神水)가 중심이 되는 것은 당연하다. 제주도에서는 한라산의 北麓의 ara가 여기에 상응한다. 일본에서도 7세기초 및 7세기말에 두 번이나 그 수도를 asuka(飛鳥·明日香)로 정한 바 있는데, 이 곳은 단군조선의 阿斯達과 이름을 같이 하는 곳이며 阿羅가야의 阿尸良과도 맥을 같이 한다. 일본의 明日香의 배경이 되는 오름은 神名備(kamnabi)산이다. 한라산의 kamnapur/kamnakur과 접미사 차이 뿐이다. 전자의 –bi는 산의 뜻이었거나(아이누어 kamuy–nupuri 神山) 우물의 뜻이다(bi>wi>i 井). 이 일대는 물론 明日香을 이은, 그 이웃의 huziwara(藤原) 역시 明日香川이 흐른다. 藤原은 聖水 御井(miwi)을 중심으로 이루어진다. 신라가 제1촌의 閼川의 蘿井에서 발흥한 것과 같은 구도다. 우물이나 냇가를 중심으로 취락이나 수도가 경영되는 모델은 이미 한반도 그리고 제주섬에서 시작된 것이다. 고대 일본에서 神이나 임금의 거처를 araka(在香) '正殿·御殿'이라고 한다. 이것이 阿斯達의 계승형 asuka(明日香)의 교체형이라 본다면 明日香川도 ara川이었다고 보겠다. 그렇다면 신라의 閼川과도 같은 音形이 된다. 蘿井의 蘿 역시 음이 ra이다. 두음 r을 회피한다면 아라로 읽거나 나로 읽었을 것이다(na는 아이누어로 水).

이렇게 본다면, 배경에는 kannabi山이 있고 그 기슭에 아라내가 흐르는 곳에(또는 알샘이 솟는 곳에) asuka의 수도가 造營되고 arapito라 일컫는 왕이 araka의 居所에서 治政한다는 국가造營방식이 성립하는 셈인데 이는 한반도 및 제주도의 그것을 그대로 답습한 것이 된다. 이러한 점에서 제주섬의 개벽신화 곧 aragur이 kamnaburi의 ar샘에서 經世하는 모델은 그만큼 원초적인 것으로 가늠된다.

7.1.4. 經世의 터전 : 관련지명 어휘

제주섬의 개벽신화의 주인공 aragur이 애초에 근거한 곳은 어디일까?

첫 번째로 추정할 수 있는 곳은 탐라지 所載의 三義讓岳(在州南15里) 그리고 耽羅巡歷圖(1703년?)에 있는 野來岳(들위오름), 역시 탐라지에 있는 悅安止岳(列雁池)(在州南20里)의 일대이다. 이 오름들은 한라산의 正北 기슭에서 東西의 차례로 神山의 三大支石이 된다. 탐라순력도에는 悅安止는 안 보이고 獐猻岳(노루생이)이 대신하고 있으나 그것은 그만큼 영역이 넓어진 것을 뜻한다.

삼의양오름 서편으로 칼다리내–산지내가 흐르고 들위오름 동서 양편으로 병문천이 흐르며 열안지오름 동편으로 한내가 흐른다. 곧 일내(一徒), 이내(二徒), 삼내(三徒) 구분의 原型이다. 삼의양오름 아래는 아라이고 들위오름 아래는 들넘귀, 오드싱(梧登洞), 竹城(듹성), 두들이, 그 아래로 道南이다. 아이누어 숫자 2에는 tu와 otu가 있는 점에서 모두 이와 관련된다. 들넘귀 아래의 ᄀ다시(並多洞)도 이와 관련될 것이다. 耽羅巡歷圖에는 kantasi(艮多時)로 되어 있지만 그것은 그 남쪽의, 耽羅巡歷圖上의 大二所場의 고유어에 해당되는 것으로 본다.

보다 서쪽의 열안지·노루생이 위로는 걸시오름(이 세 오름 모두 알물이 있다) 아래로는 蓮洞(卵多里), 삼동이, 老兄(>老衡)이 있다. 아이누어의 3의 숫자 re(kər은 옻의 3)와 모두 관련이 있는 듯 싶다. 그렇다면 이상의 세 구분이 아이누어의 1(ara)－2(tu/otu)－3(re)의 숫자와 비슷하다. 4(ine)와 5(asikne)의 古層(서편의 活泉·伊生·有信·都近川)이 있었던 듯하나 모두 제3의 부류에 포괄된 것으로 보인다. 그래서 이 구역을 pər계(아이누어 poro는 大·多)의 夫乙那가 맡았던 것으로 보는 것이다. 이들의 한라산 기슭은 탐라순력도에 大三所場으로 표시되어 있다. 그 아래의 極落(오름)은 그것의 우리말일 것이다. 또한 이상의 지명들은 신라의 제1～5村의 이름과도 유사하다. 특히 제1村(閼川楊山村長曰謁平), 제2村(突山高墟村長曰蘇伐都利), 제3村(문헌상 3村과 4村이 엇바뀌고 있어서 애매하나, 本彼部嘴山珍支村…又氷之에 맞출 수 있다)과는 너무나 흡사하다. 필자가 조사한 바로는 일본의 asuka(明日香) 부근의 山과 북해도 삿포로 서쪽의 산 이름도 이들과 유사한 분포를 이루고 있다. 고대의 山間생활에서의 표적은 산이었기에 순번으로 매긴 산이름이 있었을 가능성은 충분히 있다. 어떻든, 한라산 기슭이 옛 선주민의 생활 터전이었던 것임은 가히 짐작하고도 남는다.

둘째는 山泉壇(<上泉壇)의 배경이 되는 小山峰이다. 마근내와 한내의 사이에 있다. 境內에 샘이 湧出하며, 大山인 한라산에 대한 小山으로 하나의 알오름이 된다. 전승되는 말에 의하면 밤중에 갑자기 솟아났다고 해서 솟안봉이란 이름이 있게 되었다고 한다. 이와 유사한 이야기가 소쏠뫼(春川

牛頭坪) 등에서 보인다(鮎貝 1937:81). 거기에는 삼국사기지리지 卷35 및 37 의 고구려 지명 중의 牛首州(牛頭州)에 해당한다. 이외에도 삼국사기 卷36 백제 지명의 牛見縣(지금의 충청남도 洪城 혹은 德山)이 보이지만 만약에 牛見縣이 洪城에 해당한다면 위지동이전 韓條의 監奚卑離를 계승한 것이 되어 seimere/seipuri 곧 泉嶺을 나타내고 있다고 보고 싶다. 湧水가 나오는 山이란 것이 되는데 여기에서 예거한 산들은 모두 神水가 湧出하는 山이 란 뜻이라고 생각한다. 그런 의미에서 山泉壇의 호칭도 同類일 것이다. 山川祭는 원래 이 경내에서 지냈다고 한다. 上泉~山川의 호칭이 어울려 지금의 山泉이란 이름이 유래한 것 같다. 동녘 옆(아이누어 sam)산은 화북 알오름의 正南이며 한라산 正北의 현관(아이누어 sem)인 삼의양오름이다. 남쪽의 西三峰은 나지막한 床(아이누어 se)으로 완만한(아이누어 san) 오름이다. 굴치오름으로 전승된다. 가야국에서 김수로왕이 하늘에서 내려왔다는 龜旨峰의 音形과 닮은 데가 있다. 아이누어의 山 kur과도 연관될 것이다. 이 일대도 태고적부터의 수렵생활의 본거지로서 손색없는 데다.

세 번째는 小山峰의 아래쪽에 있는 아라마을이다. 거기에는 湧出하는 금산물－알샘이 있고 마근내가 있다. makun은 아이누어로 산쪽, 안쪽의 뜻 외에 바다의 반대쪽 언덕지대의 뜻도 있고 게다가 初代의 先祖란 뜻마저 있다. 毛興(穴)이 바로 이러한 말들에서 연유된다. 마근내의 남쪽으로는 삼의양오름의 서북쪽 기슭에 굴이 있고 북쪽으로 현재의 삼성혈 古跡이 있다. 바다쪽에서 바라보면 언덕지대이다.

네 번째로는 삼성혈 古跡에서 시작하여 해안 쪽으로 남수각 그리고 산지의 금물로 이어진다.

이상은 탐라의 선조들의 수렵－定住型수렵－수렵농경－취락화의 생활 패턴의 변화와 더불어 알샘의 위치의 변동을 보여주는 것이다. 삼성신화의 첫머리의 이동부분은 첫째와 둘째의 자리, 강림 이후의 이동단계는 셋째와 넷째의 사이였던 것으로 본다. 어떻든 잔존 지명에 제주섬의 조상들의 위치명사나 숫자들이 화석적으로 남아 있다는 것은 회한한 일이 아닐

수 없다. 그만큼 제주섬의 조상들은 우수한 기억력을 지니고 있었다고 할
수 있다.

7.1.5. 강림신화 : 관련어휘

지금까지 탐라의 건국신화의 제1단계인 제주섬의 개벽신화 곧 이동신화
의 내막을 추론하여 왔다. 이제는 제2단계가 되는 강림신화에의 전개를 시
도해 보기로 한다. aragur의 수렵채취의 經世는 오랫동안 계속된 것으로 보
아야 한다. 그렇지 않으면 그만큼 신화의 통시성은 얕아지고 만다. 일본에
있어서도 획득경제와 그 저장에의 옮김, 그리고 竪穴주거와 小취락형성에
이르는 繩文(일본 考古學연대에서는 신석기 시대)문화 사회도 BC 3백년에
까지 이르고 있다.

제주도의 三神人의 수렵생활은 그 이전의 先土器(일본 考古學연대로는
거의 구석기시대)시대의 것이 된다. 한라산의 서북쪽의 빌레못 동굴(현재
의 애월읍 소재)에서 1973년에 大鹿, 赤鹿, 사슴의 뼈 화석과 함께 玄武岩
製의 人工石片, 숯 등이 발견되어 이것이 구석기시대 중기의 제4氷期에까
지 소급되는 것이라고 하니(金元龍 1986:16참조) 최소한 1만년 이전의 것이
되는 셈이다. 이와 같은 단계로부터 농축재배사양경제에의 전환의 돌파구
를 마련한다는 것이 강림신화의 모티브다.

다만 강림신화 설정의 오직 하나의 근거인 일본 碧浪國사자의 말(有絶
岳降神子三人)을 어디까지 믿을 수 있는가가 문제된다. 필자는 碧浪國(倭
末盧~不彌國)의 實在와 三神女奉賀의 延婚浦설화의 현실성, 그리고 絶岳
의 實存에서 그 사실성이 보장된다고 본다. 설혹 그 사실성이 인정된다 하
더라도 연달은 짤막한 문헌적 기술로 보아 애초의 三神人(忽有三神人)과
강림한 神子三人을 동일인물인가 아닌가 하는 문제가 먼저 대두한다. 필자
는 다음과 같은 이유로 이를 분리시키고 싶다. 우선 호칭부터 다르다. 三神
人과 神子三人의 기술의 차이다. 神子三人은 분명히 人數가 3이지만, 三神

人에서 三은 三人의 뜻도 있을 수 있고 고대일본어의 三諸(mimoro)=神邊山의 경우와 마찬가지로 어떤 존대어일 수도 있다. aragur의 ara가 1과 3과 관계 있음을 언급한 바 있다. 그래도 꼭 3임을 고집한다 하더라도 位格이 다르다. 神人과 神子로 차등을 두고 있다. 神子는 고대일본어에 kamunaki, kaminaki로 남아 있다. 前項의 kamu/kami는 일본어로 神의 뜻이고(아이누어 kamuy), 후항의 aki는 한국어·일본어 모두 子(아이누어 弟)의 뜻이다(중간의 na는 관형격조사). 그런데, 그 복합어 kamunaki/ kaminaki는 현존 일본문헌에는 무당의 뜻으로 나온다(巫 加牟奈支<箋注倭名類聚抄 卷1:百). 이 때의(그리고 지금의) 무당과 고대의 그것과는 엄청난 차이가 있다. 고대는 司祭·司政·醫術의 자연과 인간·정신세계의 지배자요, 지도자였기 때문이다. 그것이 시대의 변화에 따라 직업적인 것으로 의미가 下落해 간다. 8세기 것으로 추정되는 일본의 佛足石歌 15番歌를 보면 예전의 藥師(kusurisi)보다 지금의 藥師가 낫다는 시구가 있다. 이는 과거의 굿보다는 새로운 부처가 낫다는 것이 일반민중에 받아들여지고 있음을 보여준다. 그렇지만, 본래의 샤머니즘에서는 神은 唯一神이고 神子는 神의 자식으로 각자가 部族의 守護靈이다. 중국 황제의 칭호 天子와 같은 것이다. 이를 유추하면 絶岳에 내려온 神子三人은 당시 부족사회의 지도자 族長급이라 볼 수 있다. 이에 대해 애초의 aragur 三神人은 부족사회 이전의 인물이다.

또, 三神人과 神子三人이 나타난 시기의 문화발달 단계가 다르다. 전자는 서기전 2백년 이전의 수렵생활 단계이고 후자의 경우는 농경 飼畜의 단계에 접어드는 시기이다. 神子 三人이 나타난 것은 서기 1세기 경으로 추정한다.

이 시기는 바로 한반도에 있어서의 격동기다. 북쪽에서 북옥저(서기전 28년), 동옥저(서기 26년)가 망하고, 고구려가 부여를 침공하며(서기전 22년) 남쪽에서는 마한이 망하고(서기 8년), 백제(서기전 18년) 가락국(서기 42년)이 건국하는 등 국가체제의 일대변혁이 있은 때이다. 絶岳에 神子三人이 나타난 것은 바로 이 시기로, 강림신화계의 북방계인이 낙동강구로 내려와 가락국을 세우고 그 일파는 하나는 제주도로, 하나는 北九州쪽으로 내려왔음을 뜻한다. 후술하지만, 탐라의 건국신화(3)에서의 世系 15代도 가락국 제1대부터 계산하면 잘 맞아떨어진다. 金錫翼의 耽羅紀年에 의하면 高氏家譜에 三姓湧出이 漢宣帝 五鳳 2年 乙丑(서기전 58년)으로 되어 있지만, 이것은 五鳳 1년의 신라6촌의 혁거세 추재의 다음해로 맞춘 것으로 정확한 근거는 없는 것으로 보인다. 기원 전후의 神子 三人의 출현을 시사하고 있는 점에서 주목된다.

또한, 한편으로는 擇里志를 인용하여 三姓이 출생한 때가 漢明帝 永平 8년 乙丑(서기65년)의 해로 하고 있지만, 이것도 신라 始林에서 金閼智가 나타난 때에 해당하므로 어떻게 해서라도 신라와의 관련을 꾀한 의도성이 있는 것으로 보인다.

그런데, 한반도의 건국신화에서는 한결같이 강림神을 맞이하는 先住民이 그려져 있다. 고조선의 경우는 곰과 호랑이가 그 중에서 곰은 강림세력과 순응했고 호랑이는 대항했다. 고구려는 3人의 부족장이, 신라는 6村의 長이, 가락국 역시 선주민이 영접한다. 그러나 제주섬에는 그러한 대목이 없다. 신라의 6村과도 같은 수많은 씨족들이 있었을 터인데 기이한 일이 아닐 수 없다. 다만 현존의 殘存지명으로 미루어 최소한 1~3의 3群 이상의 先住民은 있었다고 여겨진다. 그것이 나중의 1~3都의 구별에 연계되는 것으로 본다. 이들의 선주민은 後來의 降臨神에 대해 어떻게 대처했을까? 선주민의 언급이 없는 것을 보면 고조선의 호랑이처럼 타협하지 않는 것 같고 神子三人의 姓別로 보아서는, 곧 諸氏族을 대표하는 듯한 호칭으로 보아서는 타협한 것 같기도 하다. 어떻든, 선주민과 강림신과의 사이에 대립이 있었던 것만은 틀림없다. 그것을 무력으로 제압하였는지 타협으로 해결하였는지는 三射石 설화의 풀이 여하에 달려 있다.

7.1.6. 三射石설화 : 탐라건국과 관련어휘

기원 전후에 강림한 부족은 처음 어디를 근거했으며 그들은 다시 어디로 이동하였을까? 그리고 그들 부족의 호칭은 어디서 연유하는 것일까? 삼성신화의 어느 부분에서도 이를 언급한 대목은 없다. 강림지 絶岳과 延婚浦설화, 三射石에서의 射矢 방향, 그리고 卜地후의 所居地에서 암시를 얻을 뿐이다.

三射石에서의 射矢방향은 서쪽이다. 이는 곧 三射石 以東의 그것도 山間지방의 부족이 西進한 것을 뜻한다. 필자는 일찍이 조천읍 산간지대의 지명에 특이한 형태의 屹(善屹·大屹·臥屹)이 존재하고 게다가 뒷개(北村)를 등지고 왼쪽으로 左面을 끼고 있는 점에서 南進族의, 그것도 屹과 유사한 忽지명을 지녔던 북방계인 고구려계 부족이 뒷개(또는 긋다리'終達')로 상륙해서 조천읍 산간지대에 진출한 것으로 해석했었다(김공칠 1977:306). 이러한 가정은 延婚浦설화를 전제로 했을 때 역시 멀리 延婚浦를 바라볼 수 있는 구좌읍 산간지대와 연결되는 점에서는 그럴듯하다.

그리고 강림한 장소 絶岳은 우리말로는 긋달이다. 지금의 종달리가 긋다리이기는 하나, 산간지대가 아닌 해안에 가까운 곳이어서 상륙지면 몰라도 강림지로서는 어울리지 않는 점에서 제외하면 근달 곧 한라산을 지칭할 수 있고, 한편 산의 호칭의 옛 것(kur)과 새 것(tur)이 겹친 보통명사적인 것으로 본다면 역시 꾀꼬리오름, 구두악, 깍그레기, 지그리 등 수많은 유사한 오름들이 분포하는 한라산 동북쪽 지역으로 잡을 수 있다. 그 어디든 여기에 근거한 부족이 서쪽에 布陣하고 있는 선주족하고 농경을 위해 광활한 광양땅(및 아래쪽)의 쟁탈을 위해 일전을 도할 것은 자명한 일이다. 실지 일전을 치렀는지 선주민과 타협이 이루어졌는지는 미상이나 이는 射矢卜地와 1~3徒의 분할 그리고 創姓의 내막을 통해서 알아낼 도리밖에 없다. 필자는 創姓이 良(第1都), 高(第2都), 夫(第3都)인 점에서 타협했을 가능성이 있다고 본다. 지명상 ara(良)의 본거지는 한라산 正北 기슭이고 per

(夫)의 근거지는 西北 기슭으로 보고 그 중간의 둘(高의 뜻도 있다) 지역을 강림족의 tak(高)(또는 karu 中)계가 점유한 것으로 보기 때문이다. 실은 제주 입도의 순서는 지명분포와 創姓상 夫 - 良 - 高이다. 부여의 神子 解慕漱의 호칭이 일본의 先住族 Kumaso(熊襲)의 호칭과 유사한 점에서 그 부여계로 생각되는 夫氏가 先住民적 성격을 가진다고 보는 것은 당연할 것이다. 일본의 神功왕후가 神託에 의해 남편 仲哀王에게 Kumaso를 치지 말고 서쪽의 나라(필자는 제주도로 봄)를 치라고 한 것은 당시 거기에 군림하고 있던 부여계의, Kumaso의 배후세력을 제거하려고 한 기도에서 온 것이 아닌가 해석되는 것이다.

서기 1세기 전후 조천읍 산간지대에 진출한 부족은 하나지만 三射石 一戰前에 현지의 두 개의 부족과 형제의 맹을 맺은 것으로 본다. 良乙那, 高乙那, 夫乙那의 형제가 그것이다. 乙那는 아이누어 · 일본어로 酋長 · 族長이고 한국어로는 어른, 으뜸에 해당된다. 친동기간에 주어지는 호칭은 아니다. 그 뒤 일본국(碧浪國)의 三神女奉賀와 망아지 · 송아지 · 오곡의 종자의 지참이 계기가 되어 경제력과 군사력이 강해지고 다른 선주민과 三射石에서의 一戰을 벌였을 것이다. 일본국 사자가 소원한 大業성취의 말도 그래서 의미가 深長하다.

그럼, 이 시기는 언제였을까? 絶岳에 강림한 것은 기원 전후지만, 일본국 사자의 奉賀는 그 때가 아니다. 당시라면 망아지 · 송아지의 지참은 어려웠을 것이다. 오곡의 종자는 이미 일본국에서의 농경의 자취가 기원 2, 3세기의 北九州에서 보이지만, 고분에 馬貝 및 말, 馬貝 등의 塡輪이 다량으로 副葬하기 시작하는 것은 中期 古墳시대에 이르러서이다. 이때 곧 4세기 초에 가라에서 北九州에 대대적인 이동이 있었다고 보고 이것이 일본에 있어서의 제1단계의 강림(건국)(그 주인공은 崇神王)이라고 보고 있다(江上 1967:196). 소위 騎馬민족의 이동이다. 한반도에서는 고구려가 낙랑을 공략하고 낙랑군이 멸망하는 사건이 있었다(313년).

일본의 제2단계의 건국은 4세기 말에서부터 5세기 초에 걸쳐서의 應神

王에 의한 畿內征服·大和朝庭의 수립으로 본다(江上1967:197). 따라서 4세기 초의 제1단계의 건국시기가 지나서 일본의 仲哀王 死後 神功王后와 제주도의 神子 三人과의 혼인동맹 내지는 경제협력에 의하여, 제주도에서는 神子 三人 곧 三姓에 의한 연합정권 국가, 바꿔 말해서, 탐라국이 성립하고, 일본쪽에서는 神功왕후의 아들, 應神王에 의한 畿內 진출이 성공하게 되는 것이다. 그러므로, 제주도에 있어서의 三神女奉賀와 三射石에서의 一戰은 4세기 중엽 이후의 사건으로 본다.

그 다음에 神子 三人이 分占한 第1都, 第2都, 第3都는 乙那의 서열이 아니다. 第1都는 1(ara)을 중시했고, 第2都는 中을 중시했고(고구려의 桂婁部), 제3都는 3이상의 많은 것(pɐr)을 중시하여 각자의 명분을 세운 것이다. 애초에 司祭·司政(星主)을 맡은 웃어른은 pɐr계가, 대외적인 정사(王子)는 ara계가, 대내적인 실권(都內)은 tak계(혹은 karu系)가 맡는 철저한 연합정권이었겠으나 제도의 차등화의 진전에 따라 서열이 생기고 또 한반도 정세의 변화에 의해 실세인 tak계가 부상하게 되고 序次가 바뀌게 되었을 것이다. 필자의 비견으로는 어느 시기까지는 번갈아가며 年長의 사람이 星主를 맡았을 것으로 본다. 제주도에서는 60년대까지만 하더라도, 예컨대 里에는 里長이 있고 그것과는 별개로 里中에서 가장 年長의 분을 영이뜸(영으뜸)이란 호칭으로 존경하였었다. 그러한 관례가 아주 옛적부터 전승되어 온 것으로 생각된다.

그러나, 결국은 高系가 제주도의 중추지역을 장악함으로써 良系와 夫系는 場外로 밀리는 격이 된다. 高得宗의 영주지에 高乙那가 한라산 正北을, 나머지는 한라산의 東西 가장자리와 남쪽을 관할한 것으로 되어 있어서 그것을 시사한다 하겠다.

다만 이상과 같은 해석의 난점으로는 高系의 하나의 부족이 서기 1세기 전후에 먼저 강림하고 先住의 많은 부족 가운데 良系와 夫系하고 連合하고서 비로소 連合정권이 성립한 것으로 풀이한 것이 문헌상의 神子三人의 강림의 숫자에 위배되지 않겠느냐는 것인데, 비록 강림한 神子는 1인이라 하더라도 연합정권을 수립한 것이니 그것을 상징적으로 나타냈다고 할 수 있다. 그럼으로써 새 정권의 유구성과 正統性을 내세울 수 있고 평화적인 정권교체를 은연중 과시할 수 있다. 또 碧浪國에서 온 使者및 神女의 4인은 北九州에 있는 4부족국가를 상징하므로 이들 부족의 유래도 다양할 터이니 상호간에 연계되는 연합정권의 탄생을 도우려고 한 것으로 보면 자연스럽게 이해된다. 한반도 국가(특히 백제)와의 교류와 탐라의 국호가 문헌에 5세기부터 등장하기 시작하는 것도 이상과 같은 역사의 흐름과도 무관하지 않을 것이다.

7.1.7. 역사시대 : 신라에의 복속과 관련어휘

지금까지 (1) 서기 기원전의 오랜 시대의 神人의 출현, (2) 서기 1세기 전후의 高氏의 강림, (3) 4세기의 연합정권에 의한 탐라의 건국의 이야기를 하여 왔다. 이제부터는 건국 후 한반도 국가와의 교류가 문헌상 어떻게 나타나며, 또 그것에 의해 서기 1세기 전후의 高系의 강림을 방증할 수 있는가에 대하여 알아보기로 한다. 그게 바로 건국신화 (2)의 15代孫 高厚의 渡海의 기록과 (3)의 佐平徒冬音律의 來降의 기록의 合致여부에 관한 것이다.

필자는 일찍이 졸저(1977:233~234)에서, 탐라지, 고려사지리지, 세종실록지리지, 동국여지승람 등에 보이는, 15代孫 高厚 등 3人이 新羅盛時에 배를 만들고 바다를 건넜다는 기록이 삼국사기에 있는 文武王(元年 또는 2년)때 탐라國主 冬音律이 來降했다는 기록과 같은 사건이고 같은 연대의 것이라고 주장한 바 있다. 그 근거는 15代孫의 行列 계산에 있다. 삼국유사 가락국기를 보면 신라 武烈王의 왕비 文明皇后가 수로왕 이후의 世系 14代이므로 그 아들 法敏 곧 文武王은 15代孫이 된다. 삼국사기의 代數로는 文武王이 14代가 되지만 거의 같은 항렬이다. 따라서 제주도 입도 이후의 15代孫이 가락국의 15代孫에 해당하는 文武王 때에 찾아갔다면 연대상 잘 들어맞는다.

그리고 삼국사기에는 冬音律(一作律) 곧 둠ㅁ릭 '鳥主' 또는 둠나리 '鳥官'(nari의 호칭은 倭의 官名 '那利'에도 있다)이 來降한 것으로 되어 있는데, 앞서의 탐라관계 문헌에는 耽津(둠ㄴ루)에 머무른 것으로 되어 있어 人名과 地名이 교체되어 있으나, 음의 유사성에서 선택적으로 쓰인 것을 본다면 두 기록의 同一性, 곧 신라 盛時와 文武王代의 동일성의 또 하나의 뒷받침이 된다. 또 新羅盛時의 시대적 표현도 서로의 기록에 어울린다. 곧 신라의 문무왕대는 문자 그대로 삼국통일의 대업을 달성한 그 시기를 앞둔 때이다. 탐라가 문무왕 2년에 來降할 수밖에 없었던 것은 그 2년 전에 탐라와 교통하고 있었던 백제가 신라에게 공멸당했기 때문이다. 당연히 탐라는 화평을 위해 신라에게 사자를 보낼 수밖에 없었을 것이다.

다만 두 개의 기록의 대비에 있어서 使者의 이름이 일치하지 않는 게 문제로서 남는다. 전술한 바와 같이 삼국사기의 冬音律 또는 冬音津의 호칭과(地名의 경우는 문제 외) 탐라관계 문헌에서의 高厚 호칭이 맞지 않는다. 전자를 官名 후자를 人名으로 본다면 문제는 없다. 필자는 전술한 바와 같이, 高계는 tak 혹은 karu系로 본 바 있다. 전자는 고구려어로 高·山(城), 후자는 中心의 뜻이다. 厚는 고구려·백제 人名 그리고 倭에서 볼 수 있는 人名의 접미사 ku(句·仇)와 같은 것으로 원래 사람이란 뜻에서 연유했을 것이다(아이누어 kur '人'). 倭의 對馬國의 大官인 卑狗가 그렇듯이 그 대비적인 用字의 高厚도 '上人'의 뜻이 함유된다. 高厚를 이렇게 풀이하면 同一人物을 삼국사기에서는 音借표기로 탐라관계 문헌에서는 訓音借표기로, 鳥主의 뜻을 나타낸 것으로도 풀이된다.

이와 같이 삼국사기 기록의 15대와 탐라관계 문헌에 명기된 15대가 동일 항렬이기만 하면, 바로 초대 김수로왕의 강림(건국) 연대만 알아낼 수 있다면 탐라에서의 神子 강림의 시기를 미루어 알 수 있게 된다. 한국사年表(震檀學會)를 보면 김수로왕의 가락국의 창건은 서기 42년으로 되어 있다. 곧 한반도에 있어서의 새질서 재편성의 시기이다. 이 시기는 일본에서도 생산·경제·문화의 패턴이 바뀌는 시기이기도 하다. 이 시기에 강림한 것이라면 탐라의 건국신화의 내용이 기원전후의 시대적 상황은 물론 4세기 · 5세기 게다가 7세기에 이르기까지의 국내외 정세의 상황에도 잘 맞아 떨어져서 그만큼 현실성이 있고 敍事的인 것이 될 수 있다.

끝으로, 하나 보태 둘 것은 이미 졸저(1977:233 -)에서 언급한 바 있지만, 탐라관계 문헌을 보면 신라 문무왕代에 比定되는 신라 盛時의 교통 이후에 백제 文周王 2년(476년)과 東城王 20년(498년) 云云의 기록이 이어지고 있는데, 연대가 뒤진 신라 성시 기록이 먼저 나오고, 연대가 앞선 백제와의 교류의 기록이 뒤에 나왔다고 하는 것은 탐라관계 문헌이 연대순으로 기술되어 있지 않음을 말해준다. 곧, 연대상으로 뒤죽박죽되고 있다는 것은 그만큼 탐라관계 문헌의 기록이 일관성이 없다는 것이 되며 그것은 여기 저기서 기록을 주워 모으는 粗編이나 군데군데 손질하는 添削이 있었기 때문이 아닌가 싶다. 이 글의 첫머리의 건국신화 (3)을 보는 한, 삼국유사 인용의 海東安弘記의 부분을 빼고 그대로 (2)의 다음에 이어가도록 했기 때문에 그와 같은 오해를 가져온 것으로 본다.

어떻든, 지금까지 보아 온 대로 건국신화의 부분은 서기 1세기 훨씬 이전의 일부터 시작하여 서기 1세기~4세기 · 5세기~7세기에 이르는 사항까지 짤막한 文으로 씌어 있기 때문에, 우리가 이른바 삼성신화를 재음미할 때는 이에 관한 기술내용을 여러 가지 각도에서 신중하게 검토할 필요가 있다고 여겨진다. 곧 탐라국 멸망후에 그 위상의 격하 혹은 득세세력의 미화, 또 그것에 따르는 三姓의 位階의 변화 등에 의해 신화의 내용 일부가 첨삭되었으리라고 생각해 볼 수도 있기 때문이다. 또한 한반도 王朝의 교대에 의해 집권세력의 교체도 당연히 생각될 수 있으므로 전승기록의 폐기 · 첨삭도 예상될 수 있다.

그와 같이 간략화되고 일부 변모되었으리라고 생각되는 제주도의 건국신화의 본래의 모습을 주로 언어학적인 처지에서 지명 · 인명을 통하여 復元해 보려고 노력한 것이 이상의 글이다(1994. 10. 27~12. 29).

7.2. 日本의 소위 神功王后의 新羅征討說話

7.2.1. 문제의 언어학적 접근

일본의 神功王后의 이야기는 古事記에서는 14대 仲哀王條에, 日本書記에서는 仲哀王 다음에 따로 卷(第9卷)을 내세워서 실려 있다. 王代순으로 編年體로 되어 있는 일본서기에서 王后의 卷을 따로 내세우고 있는 곳은 이 神功王后의 경우뿐이다. 그 의도에 대하여는 여러 가지 해석들이 있으나 백제와 가까웠던 일본이 백제가 신라에게 멸망 당한 후, 예전부터 전해 내려오는 神功王后의 해외 나들이의 이야기를 신라 征討의 이야기로 潤色하여 특별히 일본서기에 삽입시킴으로써 신라에 대한 complex 해소와 국위의 선양을 꾀한 것으로 볼 수 있다.

이 神功王后의 설화가 전적으로 허구성을 지닌다는 의견도 있으나 그래도 史書에 실려 있는 한, 어떤 傳承적인 이야기가 있었던 것으로 봄이 옳다. 그렇지 않으면 어느 나라의 것을 막론하고 옛 史書는 믿을 수 없는 것이 되고 만다.

여기서는 그 傳承적인 이야기의 하나가 제주도의 三姓신화에 있어서의 일본국 三神女奉賀의 일과 관련되는 것으로 보고, 소위 神功王后의 新羅 征討의 이야기는 제주도의 탐라국과 혼인동맹 내지는 경제협력을 맺는 이야기에서 온 것으로 해석하고 있다. 이를 논하기 위해 神功王后의 신라 征討설화에 대하여 지금까지 제기되어 온 다음과 같은 문제들을 다루고자 한다.

먼저, 언제의 일이냐는 것인데, 이에는 3세기로 보는 이, 4세기로 보는 이가 있다. 다음에 어디에의 進出이냐에 대해서도 對馬島다, 九州東北部 아니면 일본 本州西部다라는 의견이 있다. 주인공 神功王后의 正體에 대해서도 의견이 갈린다. 女酋長이다, 巫女다 등의 의견이 있다. 왜 進出을 기도했느냐에 대해서도 Kumaso(熊襲)의 배후세력의 차단, 九州諸小國에 대한 견제, Yamato(大和) 진출을 위한 布石 등의 의견이 있을 수 있다. 그럼, 실지로 어떤 일을 했느냐에 대해서는 征討는 과장된 이야기고 제주도와의 경우라면 경제협력이 아니면 혼인동맹 같은 성격의 것이 아니었나 보는 것이다.

어떻든, 神功王后의 이야기는 어떤 傳承을 바꿔 말해서 어떤 모델을 참조해서 엮으면서 征討의 이야기로 變質시킨 것으로 보고 설화의 내용의 문제점들을 언어학적인 관점에서 짚어 보고자 한다.

7.2.2. 설화의 내용

서기 720년경에 편찬된 것으로 보이는 日本書記는 우리나라의 삼국사기 (1145년)처럼 일본에서의 古代史의 正史로 삼는다. 현존의 일본서기 전체가 720년에 완성되었는지는 필자의 보기로는 확실하지 않고, 다만 그 책자의 하나의 寫本인 岩崎本의 花押은 1402~1481년의 것이다. 712년의 古事記도 현존 最古寫本은 1282년의 것으로 우리나라의 삼국유사(1206~1289년)와도 상통한다. 이 두 역사 책에 전하는 神功王后의 신라 침략의 내용이 다소 다르지만, 대충 다음과 같은 내용이다.

> 제14대의 임금 仲哀王(연대계산은 지금으로는 불확실)의 왕후 神功王后는 夫君에게 일본 변방의 Kumaso(熊襲) 정벌을 그만 두고 서쪽에 하나의 나라가 있는데 금은보화가 많은 나라이니 이를 치라고 하는 神託을 받은 것을 일렀으나, 仲哀王이 서쪽 바다 멀리 그런 나라는 보이지 않는다고 믿지 않아 그것이 탈이 되어 急死하게 되고(일본서기에서는 Kumaso를 쳤으나 이기지 못하고 돌아와 急死한 것으로 됨) 대신 왕후가 王權을 대행해서 서쪽 나라를 치게 된다. 이 때 왕후는 임신 중이었기에 그것을 가라앉히노라고 돌로 치마의 허리에 차서 出征했다는 것이다 (萬葉集 813番歌에는 두 개의 돌을 소매에 끼워서 마음을 가라앉혔다고 함).
> 범선은 순풍에 따라 파도에 실리어 노를 쓸 필요 없이 곧 신라에 이르고 그 때 배에 따른 파도가 나라 안에까지 (古事記에서는 나라의 반쪽까지) 이르니 신라왕

이 阿利那禮河가 逆流하지 않는 한 (古事記에서는 이 대목이 없다) 養馬와 조공(일본서기에서는 말의 빗<馬梳>과 말채찍<馬鞭>)을 서약을 하니 돌아왔다는 것이다.

여기까지의 스토리 가운데서 일본서기와 고사기의 기술 가운데서 차이가 나는 것을 대충 짚어 보면, 앞 부분에서는 神託의 부분이 두드러진 차이를 보이고 있다.

내 용	일 본 서 기			고사기
	仲哀紀	神功紀	一 云	
1. 神들림	왕후		內避高國避高松屋種 →왕후	왕후
2. 神主(祭主)		왕후		
3. 현악기(琴)타기		武內宿彌	왕후	仲哀王
4. 託宣者 (神意전달자)	왕후		內避高國避高松屋種	建內宿彌
5. 審神者(神意를 들어 푸는 자)	仲哀王	中臣烏賊津使主	仲哀王	

고사기에서는 建內宿彌가 서쪽에 하나의 나라가 있는데 금은보화가 많은 나라라고 告하고 있다. 仲哀王이 죽은 다음에도 神의 의사를 물으니, 1) 이 나라는 왕후가 밴 아기가 다스리게 될 것이고, 2) 밴 애는 남자이고, 3) 이러한 일들은 天照大神의 마음이고 이를 행하는 것은 底筒男, 中筒男, 上筒男의 三柱의 大神이라고 하였다. 이 三神은 일본서기에서는 表筒雄, 中筒雄, 底筒雄의 표기로 되어 있다. 그 다음에 이어지는 본문에서도 이들 三神이 왕후의 군사를 따라간 것으로 되어 있다.

설화의 뒷 부분도 일본서기와 고사기 사이에 큰 차이가 보인다.

내 용	일 본 서 기		고 사 기
	神 功 紀	一 云	
1. 軍船의 波勢	신라의 나라 안에까지 미침	나라 안에까지 미침	신라의 절반에 미침
2. 신라왕의 태도	백기를 들고 항복, 흰 줄을 목에 감고 스스로 포박, 지도와 호적을 바침	무릎을 꿇고 배(船)를 잡아 머리를 땅에 댐	공손히 인사, 비천한 御馬甘(養馬職)도 마다하지 않겠다 함.
3. 新羅 王名	波沙寐錦	宇流助富利智干	
4. 신라왕의 서약	飼部로서 춘추로 馬梳와 馬鞭을 바침. 阿利那禮河가 역류하고 내의 돌이 하늘에 올라가 별이 되는 등의 이변이 없는 한 춘추로 조공함.	(일본)神의 아들에게 內官家로서 끊이지 않게 조공하겠다.	매년 배 가득히 조공하겠다.
5. 왕후의 처치	飼部의 일을 맡김. 80척의 배의 조공을 바치도록 함. 고구려, 백제도 스스로 조공을 서약, 그래서 內官家屯倉을 정함(이것이 三韓征討).	신라왕을 베어서 해변 모래 속에 묻음.	신라를 말을 치는 御馬甘으로 정하고, 백제를 渡屯家(渡海의 일을 맡는)로 정함

이상을 보아서 알 수 있듯이 고사기 편이 소박하고 原初的인 모습을 지니고 있다 하겠다. 그리고 征討의 이야기라기 보다 경제적 교류를 성사시킨 내용으로 되어 있다고 할 수 있다. 이에 대해, 일본서기는 보다 구체적인 내용으로 되어 있으면서 征討의 이야기로 과대 포장되어 있으며, 특히 고구려·백제까지 조공을 서약하게 함으로써 三韓정벌을 수행한 것처럼 꾸며대고 있다.

이러한 史話는 일부의 强性의 일본인 학자 외에는 史實로 믿는 사람은 없다. 그것은 당시의 일본의 국내외적 정세로 볼 때 일본이 신라를 칠 정도로 結集力이 강했던 것도 아니고, 신라도 일본에 정벌을 당할 만큼 만만치 않은 그러한 국제적 정세에 있었던 것이다. 만일 일본이 한반도 쪽으로

진출한 것이라면 대마도 정도가 아니겠느냐라는 것이다. 그렇지만 記紀書
에는 엄연히 신라라고 기술되어 있는 것이니 필요시는 언제나 일본의 한
국에 대한 역사적 우월감 표시에 곧잘 이 이야기가 이용되어 왔다.

이러한 하나의 史話가 창출되기에는 先行전설들이 縫合되면서 많이 潤
色되었을 것이고 국가적 권위의 高揚이라는 의도적인 것이 작용된 것으로
보인다. 일본서기 편찬의 의도가 그렇고 그러한 일본서기에 실려 있는 정
토의 이야기가 유별나게 神功王后의 分卷까지 하면서 자상하게 그리고 매
우 과장되게 씌어 있는 것을 보아서 알 수 있다.

7.2.3. 先行신화의 하나 : 三姓신화

그러면 이 이야기의 바탕이 되는 先行 전설에는 어떤 것이 있었을까? 여
기서 필자는 제주도의 三姓신화 속에 있는 일본국 (碧浪國) 三神女奉賀의
이야기(혼인지 설화)가 그 중의 한 가지로 참여하고 있음을 지적하고 싶다.

주지하다시피, 三姓신화는 고려사지리지(제11권) 탐라현에 인용되어 있
는 古記云 속에 있다. 그것을 우리말로 대충 옮기면,

태초에 인물이 없었는데 三神人이 땅에서 솟아 나왔다(그 主山의 北麓에 구멍
이 있어 毛興이라 일컫는데 바로 그 곳이다). 長을 良乙那, 다음을 高乙那, 셋째는
夫乙那라 한다. 세 사람이 황량한 벽지에서 사냥질을 하고, 가죽옷을 입고 육식을
하였다. 하루는 紫色封泥를 한 木函이 바다에 떠서 동쪽 海濱에 다다른 것을 보고
가서 열어보니 함 속에는 또 石函이 있고 한 사람의 紅帶紫衣를 한 使者가 따라와
있었다. 석함을 여니 푸른 옷을 입은 처녀 넷과 망아지, 송아지, 오곡의 종자들이
나타났는데, 이에 말하기를 나는 일본국의 사신입니다. 우리 임금이 이 셋 딸을 낳
았는데 말씀하시기를 西海중에 있는 산에 神子 三인이 강림하여 장차 나라를 열
고자 하나 배필이 없으니 이에 臣에게 명하여 셋 딸을 데리고 여기 오게 되었습니
다. 부디 배필을 삼아 大業을 이루소서 하고 사자는 홀연히 구름을 타고 가버렸다.
세 사람이 나이 차례로 나누어 부인으로 삼았다.
샘물이 달고 땅이 비옥한 곳으로 나아가 화살을 쏘아 땅을 가리고, 良乙那가 사

는 곳을 第1都라 하고, 高乙那가 사는 곳을 第2都라 하고, 夫乙那가 사는 곳을 第3都라 하여 처음으로 오곡의 씨를 뿌리고 또한 망아지와 송아지를 쳐서 날로 부유하게 되어 갔다.

이 이야기에서는 三神人이 땅에서 솟아나온 것으로 되어 있으면서 일본국 사자의 이야기로는 산에 강림한 것으로 되어 있다. 세종실록(권 151)지리지에도 고려사지리지의 것과 大同小異한 古記云이 실려 있다. 新增東國輿地勝覽(권 38)도 耽羅志도 마찬가지다. 다만 瀛洲誌에는 長이 高乙那, 次가 良乙那로 바뀌고 있다. 또한 日本國이 아닌 東海碧浪國으로 되어 있다. 金錫翼의 耽羅紀年도 본문은 大同小異하지만 註文이 많이 달려 있다. 예컨대 三神女가 당도한 東海濱에 割注를 달기를 世傳에 三乙那가 開國할 때에 碧浪國 사자가 三神女를 모시고 延婚浦에 來泊하였다 하는데 지금의 旌義縣閔雲里가 바로 그 곳이다 함과 같다.

위의 기록을 종합하면서 三神女奉賀의 이야기를 필자 나름대로 정리한다면, 제주도의 絶岳에 강림하고 수렵생활을 하던 三神人에게 시집오기 위해 일본 九州 서북부 博多灣 주변지역(末羅─奴─不彌의 碧浪國)에서 三神女가 사자에 인도되어 망아지, 송아지 그리고 오곡의 종자를 가지고 지금의 온평리(延婚浦·閔雲里)에 다다라 三神人을 낭군으로 맞이한다는 것이다. 여기서 日本國 또는 碧浪國을 博多灣 주변지역으로 比定하는 것은 그 지역과 온평리하고는 북위 33.3° 상의 일직선상에 있고, 또 碧浪國은 訓讀하면 末羅─不彌에 닮고 또한 그것은 한국어로는 잔잔한(穩), 푸른 물결(水·浪)의 뜻도 될 수 있기 때문이다. 제주방언의 '볼다(海穩)'가 참조된다(김공칠 1995:232).

이 이야기는 三神人쪽에서 보면 배필과 송아지, 망아지, 오곡의 종자를 얻어서 開國의 기반을 닦게 되었다는 것이 되고 三神女쪽에서 보면 三神人을 얻고 그들이 開國하는데 경제적 지원을 하게 되었다는 것이 된다. 群小지역국가 시대의 당시의 형편으로 볼 때는 어떻게 보면 하나의 혼인동맹이며 경제협력협정이라고 할 수 있다. 三神女쪽에 대한 반대급부의 이야기는 안 되어 있지만, 神功王后설화에서 본다면 많은 금은보화를 받고 養馬와 馬梳 · 馬鞭의 제공의 약속을 받은 것으로 되어 있다. 魏志東夷傳韓條에 州胡(제주도의 最古名)가 中韓에 交易을 왕성히 하였다고 했으니, 다른 群小지역국가보다는 월등한 경제력을 가지고 있었으며, 당시의 수준에 걸맞는 금은보화는 충분히 비축하고 있었던 것으로 짐작된다. 실지로 수렵품, 축산물, 귤, 해산물, 약초 등등이 풍부했을 것이니 당시의 경제 실상으로 볼 때 그것이 곧 비유적으로도 금은보화일 수 있다. 당시의 제주도의 대외적 명칭은 乇羅(九韓의 하나)이어서 그 音形 takra(모음을 개입시키면 takara)는 마침 일본어의 寶物을 뜻하는 takara와 닮은꼴이 된다. 여기서 乇羅의 나라=寶物의 나라로 인식되었는지도 모른다.

7.2.4. 先行신화와의 관련성 검토 : 國名 · 神名 · 地名 등의 비교 어휘

이러한 일들을 감안하면서 어떻게 三神女奉賀의 이야기와 神功王后의 설화가 관련될 수 있는가에 대하여 神功王后의 스토리 순에 따라 살펴보기로 한다.

첫째, 제주도는 일본의 北九州에서 볼 때는 서쪽의 나라가 되고 금은보화의 나라가 된다. 神功王后가 夫君에게 서쪽에 있는 금은보화의 나라에 가라는 神託을 일렀을 때 仲哀王이 서쪽 바다 멀리 그런 나라는 보이지 않는다고 했는데, 당시의 方位감각이 어떠했는지는 잘 몰라도 한반도 쪽을 바라보고 한 소리는 아닐 것이다. 北九州에서 반도 쪽은 직접적으로 보이지는 않지만 대마도에서 보인다는 것은 이미 잘 알고 있었으리라 보기 때문이다. 서쪽 나라의, 눈부시는 金銀이란 말에는 바다 쪽에서 바라보는 귤의 금빛, 해면에 반짝거리는 魚群 비늘의 銀色 등도 함축되어 있을 것이다. 한라산 정상에 나부끼는 紫氣連空瑞色葱朧(일본국 사자의 말)의 광경도 동경의 대상이었을 것이다. 전술한 바처럼 당시의 경제실정으로 볼 때 제주도의 특산물은 한마디로 금은珍寶다. 그것을 나타내는 일본어 takara와 제주도의 古名 tak(a)ra하고는 충분히 연상관계에 있을 수 있다. 신라의 경우는 문화가 발달하기 시작한 것은 6세기초의 智證王·法興王의 治世부터이므로 만일 신라를 金銀의 나라라고 했다면 그 이후의 것이 되기 때문에(岩波 1967:327 頭注 14·15), 이야기속의 金銀의 나라하고 신라와는 무관하다 하겠다.

둘째, 神功王后의 鎭懷石에 관한 이야기이다. 이 鎭懷石의 노래가 일본의 萬葉集 813番歌로서 실려 있는데, 그 題詞를 보게 되면, 왕후가 신라를 침공할 때에 두 개의 돌을 이용하여 소매(古事記, 筑前風土記에는 치마)에 끼어서 임신한 왕후의 마음을 가라앉혔다고 되어 있다. 또 그 歌詞를 보게 되면 마음을 가라앉히기 위해 손에 들고 경건하게 받들었다고 되어 있다. 그러나 記紀, 筑前風土記에서는 태중의 應神의 출산을 억제하기 위해 허리에 찬 것으로 되어 있다.

또한, 813番歌에는 鎭懷石이 있는 장소와 그 크기·무게가 기록되어 있는데, 참고로 적으면,

    장소   筑前國 怡土郡 深江村 子負原
    크기 큰 돌   길이 1尺2寸6分(37.5cm)
                  둘레 1尺8寸6分(55cm)
                  무게 18斤 5兩(11kg)
          작은돌   길이 1尺1寸(32.5cm)
                  둘레 1尺8寸(53.5cm)
                  무게 16斤 10兩(10kg)
    모양 타원형 (계란형)

三姓신화에서, 三神人이 나이 차례로 三神女를 얻은 다음에 각각의 占有 지역을 정하게 될 때에, 지금의 三射石 자리(제주시 동편 사라봉의 동쪽 三陽洞에 있다)에서 화살을 서쪽으로 곧 사라봉 기슭 방향으로 쏘아 정

한 것으로 되어 있는데, 그 三射石 자리에 지금 돌이 두 개 남아 있다. 왜 3개가 아니고 2개만 남아 있느냐 라는 의문이 이전부터 제기되어 왔었지만 지금까지 이렇다할 답을 찾을 수 없었다. 우연치고 기이한 우연이지만 왕후의 鎭懷石의 돌도 둘, 三射石의 돌도 둘이라고 하는 것은 어떤 관련이 있을 성싶다.

三射石 이야기는 필자가 가정하건대 제주도에서의 東西 세력의 판도를 결정지은 決戰이었다고 보고 있다(김공칠 1994). 高得宗의 영주지에는 三人이 각기 돌을 쏘아서 勇力을 시험했다고 씌어 있지만 그것은 각기 거느리는 군사적 세력의 정도를 평한 것으로 본다.

제주도의 東部의 延婚浦에 다다른 三神女는 동부세력 편이었을 것이다. 그 돌 두개는 왕후의 援軍적 상징일 수 있다. 왕후가 도와준 東部세력이 사라(제주시 사라봉 · 서사라)쪽을 쳐서 이겼다고 보는 것이다. 이러한 이야기는 당연히 일본에도 전해졌을 것이고 사라에의 싸움이 同音의 사라 (新羅) 征討의 이야기로 비약하게 되지 않았을까?

셋째, 軍船의 순항과 波勢에 관한 부분이다. 왕후의 軍船이 순풍에 따라 파도가 밀치는 대로 노를 쓸 필요 없이 신라에 이르고, 그 배에 따른 파도가 멀리 나라 안까지(古事記에는 신라의 절반까지) 미쳤다고 했는데 그 대목은 도저히 한반도쪽 그것도 내륙 깊숙이를 두고 하는 말이라고는 생각되지 않는다. 해협을 건너간다는 것 자체가 여간 어렵지 않는데, 운좋게 파도가 잔잔한 날에 건넜다 친다면 어떻게 波勢가 나라 안에까지 미칠 수 있었겠는가? 한반도 내륙이 얼마나 넓은데 그것도 신라의 절반에까지 미쳤다는 것은 너무도 황당무계한 이야기다. 그러나, 이것을 제주도 온평리 쪽으로 생각한다면, 북위 33.3° 선의 일직선상 거리이고 순풍만 만나기만 하면 이야기 그대로 순항이 되며, 섬 近海에서 그것도 일출봉 – 신양리 – 온평리 일대의 낮은 沙丘 사이에 海水가 차 있고 모래판에 파도가 밀치는 모습을 보게 되면 波勢를 과장해서 말할 수 있을 것이다.

넷째, 왕후의 軍船의 波勢(日本書記에서는 軍士의 많음)에 두려워 신라왕이 공손히 인사(일본서기에서는 항복)하고 미천한 御馬甘도 마다하지 않겠다고 한 부분과, 일본서기에서 신라왕의 서약으로서 飼部로서 춘추로 馬梳와 馬鞭을 바치겠다는 부분이다. 이는 三姓신화에서 일본국 사자가 망아지를 가져온 부분과 연관되는 부분이며, 제주도가 古來로 목마장으로 最適地였기 때문에 이러한 경제적 교류의 협상이 제주도에서 이루어졌다고 봄이 맞는 것 같다. 신라하고는 그 立地적·거리적 상황으로 볼 때 그러한 협상은 성립하기 어렵다고 하겠다.

삼국사기에 의하면, 이보다 후대에 제주도(탐라)는 백제에 方物을 바친 기록이 있고, 일본서기에는 齊明朝로부터 탐라에서 왕자를 일본에 파견하여 方物을 바친 기록이 나온다. 일본 측에서는 이에 대해 綿, 緋, 紺布, 斧, 刀子, 五穀의 씨를 주고 있다. 고려시대의 고려에의 貢物은 보다 구체적으로 나타나는데, 태조 때는 方物로 기록된 것이 그 이후에는 土産物, 그리고 禮物과 名馬, 大眞珠, 貢馬, 胡馬, 馬 등으로 기록되어 있다. 이런 품목들은 고대에는 금은보화에 속할 것이며 말(馬)도 중요한 貢物임을 알 수 있으니, 일찍이 神功왕후가 말(馬)에 욕심을 낸 것도 당연한 일이다. 왕후가 귀국 후 왕자를 낳고 그 왕자를 내세워 東征하게 되는데 그 動力源이 되는 말의 공급지를 확보할 필요가 있었다고 본다. 또한 당시의 九州지방에는 群小 지역국가가 다수 존재하였을 것이니 제주도와의 동맹을 통하여 주도권을 쥐려는 의도도 있었다고 볼 수 있다.

다섯째, 阿利那禮河의 내 이름이 나오는 대목이 주목된다. 이는 古事記에는 안 보이고 일본서기에만 보이는데, 구체적인 지명이 나타난 것은 그만큼 중요한 자료가 된다. 이 내 이름에 대하여 일본서기의 주석(岩波 1967:338 頭注)에 의하면, 釋記에는 新羅國之河名, 宮崎道三郎은 新羅의 都(慶州)의 關川, 津田左右吉는 廣開土王碑의 百濟都城下의 阿利水로 보는데, 압록강의 鴨綠도 또한 阿利하고 同語로 보기 때문에 고유명사적인 것은 아니라고 하고 있다.

그런데, 여기서 예거되고 있는 내 이름들은 한반도 內陸 깊숙한 데 있어서 앞서의 軍船의 波勢의 부분과는 모순이 된다. 또한 이 내 이름은 신라 왕이 神功왕후에게 서약하는 대목에서 나오는데, 阿利那禮河가 역류하고 내의 돌이 하늘에 올라가 별이 되는 경우를 제하고는 조공을 게으르지 않겠다는 것이다. 설혹 과장적인 修辭적 표현을 썼다 하더라도 假想세계의 이야기는 아닐 것이다. 제주도 온평리에는 지금은 乾川이고 군데군데 시멘트로 씌어버렸지만 엄연히 알내(모래알내)가 존재하였다. 여기서 '알'은 阿利에 상응하고 '내'는 那禮의 語中 r탈락형이다. 한국에서는 그렇게 변해 왔다. 태풍으로 바닷물결이 세게 밀어닥치면 逆流하는 수도 있을 것이고, 제주도에는 워낙 돌이 많아 작은 돌은 태풍으로 날아갈 수도 있다. 그와 같은 경험적 세계에 입각하여 과장적인 표현을 썼다 봄이 옳다.

여섯째, 이왕 지명 이야기가 나왔으니 곁들여서 왕후의 설화 속에 나오는 新羅 國名에 대하여 언급하기로 한다. 당시의 일본의 국내적 정세와 한반도와의 국제적 정세로 볼 때 그리고 설화 속의 軍船의 순항과 波勢, 阿利那禮河의 역류와 돌의 날아감 등의 여러 가지 상황으로 볼 때 반도 內陸에 있는 신라를 가리키는 것은 아니고 제주도를 가리킨다고 보는 것인데, 그러면 제주도에 신라국에 상응하는 호칭이 존재하였는가가 중요한 문제가 된다(이상 1999. 4. 1.).

앞에서 왕후의 鎭懷石 이야기에서 三姓신화의 三射石 이야기를 잠깐 언급했지만 그 三射石 자리가 제주시 사라봉 동쪽 자리에 있고 사라봉 쪽을 향해서 쏘았다는 대목이 매우 암시적이다. 곧 사라봉 以西는 先住族이 점거하고 있었던 곳으로 보며 三射石 자리는 그들과 동부세력의 신세력과의 결전장이었다고 보는 것이다. 실지로 결전을 하였는지 타협을 하였는지는 알 수 없으나, 동부세력이 주도권을 쥐고 그 戰利品으로 사라봉 以西 지역을 분할 점거하게 된 것으로 보아진다. 가공적인 소설같은 이야기지만 하필이면 三射石 위치가 사라봉 동쪽이며, 사라봉 산록의 산마루 동편에 보이지 않는 제주시쪽을 향해서 어떻게, 1, 2, 3都로 나눌 수 있게 쏠 수가 있겠느냐는 것이다. 1, 2, 3都는 제주시내를 흐르는 小川 구역과 거의 일치하

는 점에서 화살과는 전연 관계가 없으며 화살은 어디까지나 상징적인 수
단이며 그 상징이란 결국 전투적인 것이 아니었겠느냐 하는 것이다.

그건 그렇고, 신라란 국명의 한자는 고유명사적이다. 말할 것 없이 지금
의 경주 일대에 중심을 둔 국가이다. 만일 이것을 원래의 이름인 斯盧로
읽던가 고유어로 읽는다면 시라(시나), 사라가 되어서 보통명사적일 수 있
다. 동쪽의 땅(나라), 갈대의 우거진 곳, 늪지란 뜻이 있기 때문이다. 이에
상당한 곳이 제주도내에서는 지금의 제주시이다. 동편에 사라봉이 있고 서
편에는 서사라가 있는데 서사라는 옛적에는 늪 지역이었다는 이야기가 전
한다.

仲哀王條에는 금은 彩色이 많은 신라국에 栲衾(takuhusuma)라는 수식어
(枕詞)를 얹히고 있다. 萬葉集에서는 신라국에 얹히는 수식어로서는 栲角
(takudzuno)와, 이 栲衾가 있다. 모두 한국어로 '시라블'로 읽을 수 있는 것
들이다(김공칠 1998:46 참조). 곧 수식어와 피수식어가 同格관계에 있다. 경
주의 신라의 경우는 서라벌에 가깝게 될 것이고 제주도의 경우는 사라불
에 가깝게 될 것이다. 후미의 '불'은 山이란 뜻이 있다(김공칠 1997). 곧 사
라봉의 오름이 지경의 이름의 근거가 되었을 것이고 이것이 國名으로 확
대되어 사라불의 '시라 (시나)'가 傳承되는 가운데 일본인에게는 한반도의
栲衾의 新羅國으로 訓音借 표기될 수 있어서 결과적으로 혼동될 수 있다.
탐라지의 風俗條에 제주도에는 특이한 말들이 많다 하고 그 일례로서 京
을 西那라고 한다고 하는 것이 있다(以京爲西那). 西那는 신라의 원래의 이
름 徐那(伐) (三國史記)와 유사하기 때문에 제주도에서 사용된 西那를 신라
의 徐那로 오인할 수 있다.

제주도를 先占한 先住民에는 三韓의 前身인 辰系도 있었다고 보는데,
그것은 辰語의 殘影이 아이누어로 풀이될 가능성이 있고(김공칠 1995:150
-), 고대 제주도의 문헌상의 官名의 일부와 현존 지명도 그 가능성이 있기
때문이다. 옛적에 어떠한 관련성이 있다고 보아진다면, 후세의 신라의 根
幹도 辰(후에 辰韓)系로 보고 있으므로 新羅(新의 用字도 辰을 의식하고서

썼는지도)하고 제주도하고 동일시되었는지도 모른다.

일곱째, 三韓云云의 대목이다. 新羅가 圖籍을 거두어 왕후에게 항복한 것을 듣고 고구려, 백제의 두 나라 왕도 자기네가 도저히 이길 수 없다는 것을 알고 스스로 營外에 와서 머리를 땅에 닿도록 절하고 이제부터는 길이 西蕃(蕃은 番과 통하고 番은 辰語의 國爲邦과 통하므로(김공칠 1995: 151) 서쪽 나라란 뜻이 된다)이라 일컫고 조공을 그치지 않겠다고 하였다. 이에 왕후는 두 나라를 內官家屯倉으로 정하였는데, 이것이 이른바 三韓이다 라고 일본서기에 기술되어 있다. 고사기에는 신라국을 御馬甘으로 정하고 백제국을 渡屯家로 정하였다는 기록만 있을 뿐 고구려의 국명은 안 보이고 三韓 云云의 부분도 없다. 따라서 일본서기의 고구려 부분은 나중에 부풀어진 것이다. 半島內陸 깊숙이 있는 한반도 三國의 굴복을 받았다는 대목은 매우 황당무계하고 그것으로 삼한을 다스린 듯 서술하고 있는 것은 매우 어이없는 일이다. 설혹 한반도 쪽으로 진출하였다 하더라도 해변가의 群小 지역국가하고 경제협력의 다짐을 받았을 정도일 것이다. 그 지역이 마침 신라 광역권과 백제 광역권의 접경하는 지역이었을 것이다. 또는 일본 국내에 분포하고 있었던 한반도系의 小國이였는지도 모른다. 한반도 계통의 小國이 일본의 각지에 있었다고 보기도 한다(金錫亨 1969:392).

그러나, 이러한 추정도 西蕃이란 일컬음에서 깨어진다. 九州에서 볼 때 고구려, 백제(首都)는 물론 일본내의 小國도 서쪽일 수 없다. 역시 지리적으로 서쪽에 孤絶되어 있는 제주도를 가리킴이 분명하다. 제주도에는 先住民系(이를 新羅系로 보는 듯), 後住民系(고구려, 百濟系로 보는 듯)가 混在하였음에 틀림없다. 三神人이 나타남과 三神子의 三都分占은 그것을 시사한다. 일본국에서 三神子에게 시집온 제주도는 內官家일 수 있다. 內官에는 官中의 內官이라는 뜻이 있으므로 三神女가 있을 곳이란 뜻으로 풀이했는지 모른다.

또한 신라왕이 圖籍을 바쳤다고 한 부분도 실은 혼례시에 신랑 측으로부터 신부 측에 지참하는 禮狀이나 納幣와 같은 것이 아니었을까? 제주도에서는 혼례 당일에 지참하여 신부 측에 건네는 것이 관례가 되고 있다. 처음에는 신라왕이, 다음에 고구려·백제가 얼굴을 내밀었다고 하는 것도 그 계열의 族長에 해당하는 三神子가 순번으로 얼굴을 내밀고 프로포즈를 했다고 한다면 수긍이 간다. 이것을 왕후 측에서는 서약을 받은 것으로 했을 것이다.

백제국을 渡屯家로 했다고 하는 부분도 제주도가 일본과 백제와의 교류의 중간 거점이 되기 때문에 그런 뜻으로 받아들여진다. 특히 百濟系의 神子에게 그 일을 부탁했는지 모른다. 신라왕에게 御馬甘役을 감당하도록 한 부분도 三射石 싸움에서 패배한 先住族 곧 sara系였기에 그 보상을 강요한 데서 온 것으로 볼 수도 있다. 일본서기 一云에서는 신라왕을 참했다고 되어 있지만 그러한 사연 없이는 그와 같은 지독한 살생의 표현을 쓰지 못하였을 것으로 본다.

어떻든, 제주도의 좁은 지역 안에 分占하고 있었던 세력은 곧 三韓의 축소판이라 할 수 있고 이를 통합한 신진 세력에의 왕후의 지원이 마치 자기네가 三韓을 다스린 것처럼 과대 망상적으로 각색화되었을 것으로 여긴다. 왕후 설화의 三韓은 일본 국내의 吉備지방 또는 北九州에 있었던 三韓 계통의 나라로 볼 정도로(金錫亨 1969:392), 한반도의 三韓과 전적으로 무관하다.

여덟째, 고사기의 스토리의 맨 끝 부분에서 墨江大神(suminoeno'ohokami)의 荒御魂(aramitama)으로써 제주도를 수호하는 신으로 삼아 받들어 鎭座하였다는 대목이다. 일본서기에는 이러한 이야기는 없다. 일본서기는 시종일관 정벌 투의 내용으로 되어 있기 때문에 이 대목을 일부러 삭제하였는지 모른다.

그럼, 墨江大神은 어떤 신인가? 고사기에서 왕후에게 신라에의 진출을 권한 신은 天照大神이고 이를 행한 것은 底筒男·中筒男·上筒男의 三柱의 大神이라 하였는데, 이 三柱의 大神은 일본서기에는 征討 이전과 이후에 表筒男·中筒男·底筒男(一云에서는 表筒雄·中筒雄·上筒雄으로 표기)의 이름으로 나온다. 고사기의 上筒男과 일본서기의 表筒男과 동일한 것으로 본다면 차례가 바뀌어 있다. 이들 三神에 대하여는 예로부터 住吉 大神(suminoeno'ohokami) (日本書紀 神代上 第5段, 一書 第6)라 불리어 왔다. 따라서 그 호칭으로 보아 墨江大神 = 住吉大神의 등식이 성립할 것 같다. 이 神名을 枕詞식 표기로 보고 우리말로 풀면 (枕詞식 표기의 해독에 대하여는 김공칠 1998 참조)

	sumi	e	
a	굼 (隅)	불 (重)	(전체적으로 大山·神山)
b	감나 (墨汁)	불 (重)	(전체적으로 神水의 山)

과 같이 되어 a·b 모두 한반도 (監奚卑離), 제주도(漢拏山·釜岳·감낭오름), 일본의 大和·出雲(kamnabi·kannabi)에 분포하고 있는 山名과 같은 音形이 된다. 그 의미는 神水의 山으로 해석되듯 이들 산에는 모두 메마르지 않는 湧泉·淸泉이 있다. 제주도의 主山(鎭山)의 한라산도 마찬가지다. 따라서, 墨江大神은 다른 게 아니고 기슭에 ara泉·kum山泉이 있는 한라산 그 자체의 수호신을 가리킨다 하겠다.

또, 三神의 구체적 이름도 枕詞식 표기로 보고 우리말로 풀이하면,

底筒男	soko no	cucuno wo	
	알 (下)	알 (個數) 나 (吾)	(전체적으로 良乙那)
中筒男	naka	cucuno wo	
	가루 (中)	알 나	(전체적으로 高乙那)
上筒男	uha	cucuno wo	
(表筒男)	불 (重·加)	알 나	(전체적으로 夫乙那)

와 같이 제주도의 三神人의 이름과 흡사하게 된다. 따라서, 墨江大神은 감

나불(神山・神水의 山)의 신이요, 荒御魂은 ara(한라산 기슭, 현재의 제주시 山辺)의 mi(3) ər(魂, 외에 王・族長의 뜻이 있다. 백제 王号의 於羅瑕, 제주도의 乙那)이며, 구체적인 三神의 이름도 제주도의 三神子인 良乙那・高乙那・夫乙那를 가리키고 있다. 모두가 전체적으로 잘 풀이되어서 우연성이 배제된다. 이 신들을 제주도를 수호하는 신으로 삼고 받들어 鎭座하였다는 것이니, 정벌 이야기는커녕 제주도의 神의 인도에 따라 그 신들을 받들기 위하여 찾아왔다는 것이 된다. 본국에 귀환 시에도 이들 三神을 모시고 갔다고 한다.

아홉째로 神功왕후의 출신지에 대하여 알아보기로 한다. 왕후의 이름에 神자가 얹힌 점에서 후세에 지어진 이름이고, 고사기에는 息長帶比賣命, 일본서기에서는 氣長足姬尊으로 표기되어 있지만, 읽기는 okinagatarasihimenomikoto 한 가지다. 이와 비슷한 王名이 제34대 舒明王의 諡号로서 okinagatarasihironuka가 있다. 공통의 부분의 okinagatarasi는 아마도 출신 지명일 것이다.

이 舒明王(629년 즉위)대에 그리고 그 다음의 제 35대 皇極王(舒明王의 왕후)대에 자기네의 출신을 높이기 위해 神功왕후의 이야기를 꾸민 것이 아닌가 보고 있다. 息長氏의 근거지는 近江(지금의 滋賀縣)의 湖東, 坂田郡 일대였다. 그렇다고 그 곳이 그 발상지라고는 할 수 없을 것이다. 神功왕후를 따른 表筒男・中筒男・底筒男 三神의 荒御魂를 제사 지내는 神社를 穴門(山口縣 豊浦郡과 그 주변)의 山田邑에 세운 것이라든지 大津(神戶市의 住吉와 大阪市의 住吉의 二說이 있다)의 淳中倉의 長峽에 鎭座시킨 것들을 보게 되면 渡來 이후의 이동은 예상되는 일로써 나중의 定住地가 근거지로 될 수 있다.

어떻든, 神功왕후와 舒明王의 이름의 공통부분의 okinagatarasi로부터 그 출신지를 더듬어 볼 수밖에 없다. 語末의 si를 후속 형태에의 관형적 축음으로 본다면 okinagatara가 추출된다. 왕후의 父姓이 okinaga(氣長宿禰)인 점을 미루어, 語末의 ga도 관형적으로 보면 okina의 출신이란 것을 알 수 있다. 한편, 왕후의 어머니는 일본서기에는 葛城高額媛, 고사기에는 葛城之高額比賣命로 되어 있는데 모두 katuraginotakanukahime(no mikoto)로 읽는다. 母女의 이름 구성으로 볼 때,

katuragi	no	taka	(nukahime – no mikoto)
okina	ga	tara	(si hime – no mikoto)

와 같이 대비할 수 있어서 그 중 taka와 tara를 k : t 교체로 볼 때 그 재구형 *tark는 山의 뜻으로 쓰이므로 그러한 관점에서는 어디어디의 山 출신이란 뜻이 될 수 있다. taka nuka를 연결시켜서 얼굴의 특징으로, tara와 hime를 同格으로 보아 女息이란 풀이가 불가능한 것은 아니지만, 舒明王의 諡号 okinagatara(si)를 고려한다면 후자의 풀이는 성립하기 어렵고 역시 어디의 山의 출신임을 나타내고 있다고 봄이 나을 것이다.

그럼, okina란 지명과 okinagatara란 山名이 실지로 어디 있느냐가 문제된다. 만일에 okina가 oki – na 로 분석된다면 이 때의 oki는 otki에서 온 것으로 보아진다. 그것은 語中의 t의 介在가 없다면 모음 사이의 k가 순행동화되어 ogi가 되는 것이 순리이기 때문이다.

필자는 이 oki (<otki)를 섬의 뜻을 지닌 것으로 보고 있다. 섬을 나타내는 tka의 모음개입형 toki, tuka, toku, taka는 한반도를 비롯하여 일본 각지에서 볼 수 있고(김공칠 1995:189), 모음 前添形 oki(<otki)·iki(<itki)도 제주도·오키나와·壹岐·隱岐에서 볼 수 있다. 제주도에서는 모음개입형은 îəka(州胡), toki(토끼섬), tak(乇羅), tikui(地歸), tjakui(遮歸), 모음전첨형은 地歸島의 正北의 '옷귀'(衣貴)를 들 수 있다. 이 '옷귀'는 지금으로서는 島名은 아니지만, 正南의 地歸島를 모음전첨형으로 불렀던 흔적으로 생각한다.

일본의 iki(壹岐), oki(隱岐), okinawa(沖繩) 등도 모음전첨형으로 여기며, 嚴島itukusima는 모음전첨형과 모음개입형이 함께 쓰인 것으로 본다. 大島村의 oki(沖島)에서는 天照大神의 세 딸 중의 하나, 市杵島(ituki)姬를 奉祀

한다고 하는데(江上 1982:82), 여기서 oki=ituk의 등식을 얻을 수 있다. 만약에 oki가 iki(壹岐)와 마찬가지로 모음전첨으로서 otki에서 온 것이라면, 같은 島名이 모음전첨형의 것과 모음전첨·개입형의 두 가지가 함께 쓰인 것이 된다. oki는 그렇다 치고 후첨의 na는 무엇인가? 沖繩도 원래는 oki - naha였을 것이고, 후첨의 na는 퉁구스諸語의 nā(Cincius 1975:572 - 573) '地·地方·土地·野·耕地·場所'이며 川(nari)辺의 平地이다. 川은 한국어로 nai(<nari)이지만, 일본어는 보통 kawa(<kaha)라고 하는데 이는 한국어의 kai에 상응한다. na形에는 일본 각지에 있는 那珂川이 이에 상응할 것이다. 이 kaha, naka도 모두 ha의 후첨형일 것이다. 이들과 oki - na에 후첨한 ha는 喉音의 H로 보며 流音化하면 nara(國), 唇音化하면 nawa(沖繩의 경우), 폐쇄음하면 ㅇ종성 등으로 바뀌는 유동적인 음이었다고 본다. 따라서, okina는 섬의 땅, 섬의 나라란 뜻으로 해석된다. 그리고 okinagatara의 tara를 女息으로 풀지 않고 taka와 교체관계에 있는 것으로 본다면 저절로 山의 뜻이 되어 전체가 섬나라의 산, 島山의 뜻으로 풀이된다. 이러한 호칭에 걸맞는 곧 섬 중앙에 主山이 자리잡는 곳이 어디 있을까? 대마도는 아닌 것 같다. 대마도의 古名은 tukai(對海)이며, 여기에 모음이 前添한 itu - (嚴原)의 흔적 정도 남아있을 뿐으로 okina하고는 音形이 거리가 있다. 오키나와도 아닐 것이다. 거리상으로도 문화적으로도 너무도 간격이 크다.

여기서, 왕후가 應神을 잉태한 채 出征한 것을 중요시하고 싶다. 제주도에서는 출산할 때에 친정에 가서 낳는 게 관례도 되어 있다. 또 딸이 친정에 갔다가 돌아갈 때는 결코 빈손으로 보내지 않는다. 왕후는 應神을 친정에서 낳으려고 한 것이고 한편으로는 경제적 원조를 받으려고 제주도로 간 것으로 풀이된다. 그렇다면 oki - na는 제주도이고 okinatara는 제주도의 主山을 가리킨다 할 수 있다. 실지로 島名과 유관한 '옷귀'란 지명도 있다는 것은 전술한 바다. 왕후의 本姓이 息長 또는 氣長으로 父性이 氣長으로 쓰여 있는 것도 매우 암시적이다. 섬의 海岸에서 潛水질하는 海女들의 息長 또는 氣長을 나타내고 있기 때문이다.

지금까지 여러 각도에서 살펴본 바 神功왕후의 신라征討설화는 한반도의 신라보다는 제주도와 연관이 깊다는 것을 알게 되었다. 그리고 古事記를 바탕으로 해서 재고한다면 征討설화라기보다는 경제협력적인 이야기의 성격이 짙음을 알게 되었다. 그만큼 제주도의 三姓신화 속의 三神女奉賀의 이야기와 연계가 된다는 것이다. 그렇다면 하나의 혼인동맹과 같은 이야기가 되는 셈이다.

그럼, 끝으로 이러한 일들은 과연 어느 시기에 이루어졌을까? 에 대하여 생각해 보기로 한다. 삼국사기를 보게 되면 서기 3세기경부터 신라와 倭國과의 충돌 사건이 가끔 나온다. 예컨대, 助賁王 4년 (233년)에 倭寇를 섬멸시킨 일이 있는데, 倭寇 섬멸에 大功을 세운 昔于老를 倭人이 죽이고, 于老의 처는 倭臣에게 복수하는 사건들이 전개되는 것이다. 이와 비슷한 이야기가 일본서기 神功紀의 一云으로 전하고 있어서 주목된다. 그러한 정세의 분위기 속에서 신라에의 침공 실패의 complex에서 왕후의 이야기가 이루어진 것이라면 3세기의 일로 볼 수 있다.

한편, 고사기의 應神條에 신라의 왕자 天之日矛(天日槍)가 자기 부인을 뒤쫓아 일본에 건너와서는 先住民의 여인을 얻어서 낳은 자식들의 系譜가 씌어 있는데, 왕후의 어머니인 高額比賣는 그 5世孫으로 기록되고 있다. 그렇다면 왕후는 6世孫이 되는 셈이다. 世系의 계산에서 가라국의 世系를 기준해서 탐라국의 15대손이 역시 가라국의 世系로 14대(15대라고도 함)인 文武王(662년)을 찾아간 것을 보면, 6世孫의 연대계산을 662×6/15=약 330년 곧 4세기의 것으로 나온다.

일본서기에 의하면 4세기경에 九州에는 여성의 酋長이 많았던 것 같다. 왕후의 시조부 되는 (仲哀王의 조부) 제12대 景行王의 熊襲 정벌 때는 여러 사람의 여성 酋長 내지 女神의 이름이 나온다. 神夏磯媛, 速津媛, 八女津媛 등이 그것이다. 그래서, 왕후도 이 때 활약한 여러 酋長 중의 한 사람이 아닌가 보아진다. 三姓신화에는 三神女를 모시고 온 사자의 말 중에 일본국(碧浪國) 왕이 三女(어떤 문헌에서는 七女)를 낳았다고만 씌어 있을 뿐이므로 일본국왕이 남성인지 여성인지 확실하지 않지만 生此三女(生女七人)의 구절로 보아서는 여왕인 듯 하지만 더 두고 생각할 일이다.

한편, 왕후의 媤家의 계보가 잘 맞지 않은 점을 감안하면 다른 해석도 가능하다. 왕후의 시아버지는 日本武尊로 되어 있는데 이 분이 景行 40년에 30살로 죽은지 36년 후(景行왕이 60년에 죽고 그를 이은 成務王 48년에 仲哀가 太子가 되는데 31세)에 남편(仲哀王)이 탄생한 것으로 되어 있어 신뢰성을 떨어뜨리고 있다. 그러나, 日本武尊를 이름 그대로 보통명사적으로 본다면 문제가 되지 않는다. takeru(武尊)란 호칭은 제주도의 高乙那(takərna)와 비슷한 것이므로 제주도에 三神女를 보낸 일본국의 首長으로도 해석될 수 있기 때문이다. 어떻든, 당시의 일본국의 首長이 여성이든 남성이든 九州 각지의 酋長들을 제압하는 데는 강력한 후원세력으로서의 제주도와의 연계가 필요했을 것이다.

연대 추정에 있어서 결정적인 것은 A) 神功紀 55년에 백제의 肖古王이 붕하고, B) 64년에 백제의 貴須王이 붕하고 왕자 枕流王이 즉위하였다고 기술되어 있는 부분이다. 이들 一連의 사실들이 삼국사기 상으로는 A) 서기 375년에 백제近肖古王이 붕하여 近仇首王이 즉위하고, B) 384년에 백제近仇首王이 붕하여 枕流王이 즉위한 것으로 되어 있다. A), B)의 백제 王名 그대로 백제의 肖古王-仇首王으로 보는 이도 있으나 그 다음의 枕流王하고 연계되지도 않고 在位 기간도 맞지 않는다. 그래서, 近의 字가 얹힌 王名 쪽이 맞는 것으로 보고 있다. 따라서, 삼국사기의 기록에 입각하는 한 神功왕후의 시대는 4세기로부터 시작된다. 앞서의 世系상의 槪算과 비슷하게 나간다. 이전에는 A)를 일본서기상 255년으로, B)를 264년으로 계산했었다. A), B) 모두가 120년 곧 干支가 2巡 앞당겨 있는 셈이다. 왜 그러한 무모한 짓을 했는지는 잘 몰라도 자기네 역사를 조금이라도 더 오래된 것으로 하고 魏志東夷傳倭人條에 나오는 실재 여왕 卑彌呼와 맞추기 위해서였다고들 한다.

倭人條에 景初 2년 12월에 倭女王에 내린 중국 天子의 詔書 속에 親魏

倭王 卑彌呼의 호칭이 나온다. 그 景初 2년이 서기 238년이 된다. 같은 干支는 60년마다 돌아오므로 2巡만 앞당기면 같은 干支로 縫合될 줄 알았지만, 神功紀 마지막 부분의 기술로 허구성이 드러나고 만 것이다.

서기 3세기경부터의 신라와 倭國과의 충돌 사건과 昔于老와 비슷한 기록이 神功紀一云에 있는 것으로 보면 3세기의 일로, 世系의 계산과 神功紀 후미의 백제왕의 승계 기록을 보게 되면 4세기의 일로 추정되는데, 어떻든 3, 4세기에 있었던 여러 가지 일들을 縫合하여 神功왕후의 신라 征討의 이야기가 구성되었을 것이다. 따라서, 제주도의 三姓신화 중의 3神女의 渡來의 이야기는 그때의 것이 된다고 본다. 그렇게 되면 기원 전후에 북방 계열의 제주도에의 진출(神人 강림), 4세기에 일본국의 三神女 奉賀에 의한 일본국과의 혼인동맹 내지 경제협력의 성립, 그리고 북방계열에 의한 제주도의 패권 장악(탐라 건국), 5세기에 탐라국 명의로서의 백제와의 교류, 7세기에 신라에의 복속 등등의 일련의 탐라의 역사가 재건된다.

탐라가 신라에 복속하는 7세기경에 息長氏系의 舒明・皇極王에서 孝德・齊明에 이르기까지의 어느 시기에 神功왕후의 설화가 형성된 것 같다. 이후 백제 탐라가 차례로 신라에 의해 몰락한 데 대한 신라에 대한 반감에서 더욱더 신라 征伐 이야기로 潤色되고 正史에 삽입된 것으로 보인다. 다음과 같이, 神功왕후의 스토리 전개를 7세기의 齊明女帝의 것과 맞춰 보면 유사성이 있다. 그래서, 齊明女帝를 모델로 하여 꾸며진 것으로 보기도 한다(金錫亨 1969:391).

구분	연대	母子의 집권	筑紫의 무대	변고	皇子의 탄생	異腹형제 타도
a	4세기	14대 仲哀王의 王后(神功王后로서 집권)(tarasihime) 15대 應神王의 母	熊襲 정벌을 꾀한 夫君과 합류하기 위해 筑紫에 감	夫君인 仲哀王이 神의 탈로 筑紫에서 사망	筑紫에서 아들 應神을 낳는데 나중에 皇太子가 됨	應神이 異腹형제를 타도하고 왕위에 오름
b	7세기	34대 舒明王의 王后 37대 齊明女王으로서 집권(tarasihime) 38대 天智王의 母	백제 구원을 위하여 筑紫에 감	朝倉社의 나무로 宮을 지으니 神이 노하여 무너뜨림. 大舍人·近侍 등이 죽음 女王도 神의 탈로 죽은 듯.	齊明女王과 함께 筑紫에 간 나중의 持統女王도 筑紫에서 草壁皇子를 낳고 있다.	草壁皇子가 異腹형제인 大津皇子를 타도하고 있다(그러나 王位에 오르기 전에 사망).

이것을 보면, 배경적인 이야기는 a가 b를 모델로 하여 만들어진 가능성은 있지만, 해외 나들이 이야기는 앞에서 아홉 가지 조목에 걸쳐서 말했듯이 原初적인 전설, 곧 제주도에 있어서의 일본국 三神女奉賀와 탐라국 건국의 신화가 바탕이 된 것으로 보아진다. 그것에 齊明女王의 스토리가 윤색된 것으로 보는 게 온당할 것이다.

7.2.5. 마무리

지금까지 神功왕후 설화의 형식의 바탕이 된 선행신화의 한 가지로 제주도의 三姓신화를 들고 전자의 내용의 문제점을 다루면서 양자간에 연관되는 점 등을 지적해 왔다. 이제 그것에 따라 스토리를 요약적으로 엮으면 다음과 같이 될 것이다.

1. 실속 없는 熊襲 정벌보다 금은보화가 많은 서쪽의 섬나라 제주도와의 경제적 협력을 얻는 것이 현명하다는 神의 啓示(제주도 출신의 三神, 底筒男·中筒男·上筒男의 인도)에 따라 일본국의 神功왕후는 제주도로 출발하게 된다. 당시의 제주도와 일본국은 아마도 加羅系의 同系세력이었을 것이고, 왕후의 출신도 제주도였을 것이니, 應神을 잉태하고 있었던 왕후로서는 친정을 찾아가는 것과 같았을 것이다.

2. 北九州 博多灣 주변으로부터 범선을 띄어 서쪽으로 항진하는데 순풍을 만나 북위 33.3의 일직선상의 제주도 동쪽 온평리에 당도하게 된다. 당도 직전의 城山, 新陽 일대는 낮은 沙丘 사이에 海水가 차 있어서 파도가 세게 일 때는 그 모양이 近海에서 볼 때 파도가 나라 안까지 미치는 것으로 보였을 것이다.

3. 일본국 측으로부터 제주도의 三神子에게 바친 것은 三神女 그리고 망아지·송아지·오곡의 종자들이다. 이에 三神子는 정신적·경제적 힘을 얻은 것이 되며 대신 養馬와 백제에의 징검다리 역할을 약속한다. 이는 하나의 혼인동맹이며 경제협력이 된다.

4. 이것이 계기가 되어 三神子는 사라봉 서쪽의 사라 지대의 세력과 三射石趾에서 결전을 벌이고 승리를 거두어 서부세력의 占有 지역을 分占하게 된다. 이를 도와준 격이 되는 神功왕후는 자기네의 승리담으로 후세에 남겼을 것이며, 혼인동맹(內官家)과 경제협력의 대가로 받은 것은 자기네가 가져온 망아지·송아지를 잘 키우고(御馬甘·飼部), 말빗과 말채찍을 해마다 수입하는 것이며, 백제와의 교통로의 건널목 구실(渡屯家)을 제공받는 일이었다. 그리고 사라 세력을 누른 戰利品을 많이 얻었을 것이다. 80척의 범선에 실어 갔는데, 8이라는 숫자의 音形이 한국어나 일본어로 여러 개를 뜻하므로 여러 척의 범선에 실어간 것이 된다. 이것들은 神功왕후가 九州의 群小국가의 제압에 큰 힘이 되었을 것이며 아들 應神의 畿內(大和) 진출의 큰 기반이 되었을 것이다. 그런 의미에서는 왕후는 北九州 소재 小國의 女酋長

이었다고 할 수 있다.

5. 神功왕후와 三神子와의 협력은 결국 三韓과의 협력이 되고, 왕후가 제주도에 墨江大神을 鎭座하였다는 것은 그 神이 본래 감나불 곧 한라산의 神이므로 그 神을 받들기 위하여 왔다는 것이 된다. 본국에의 귀환시에도 三神을 모시고 가고 大和 진출 때에도 여러 모로 도움 받는다. 그런 의미에서는 神功왕후는 女酋長이면서 神女(직업적인 巫女와는 다른)이기도 하였다고 볼 수 있다.

대개 이상과 같은 스토리가 재구성되는데 이에 대해, 왕후의 설화의 뒷부분이 일본서기에서는 매우 부풀려지고 있는 점이 다르다. 阿利那禮河에서의 혼인(동맹)의 성립이 신라왕의 항복장면으로 바뀌고 심지어 一云에서는 신라왕의 목을 베고 모래 속에 묻었다고까지 되어 있다. 이는 三射石 결전의 이야기가 와전된 것으로 보인다. 고구려·백제의 항복으로 三韓을 정벌한 듯한 이야기도 마찬가지인데, 이는 후세의 일본서기의 편찬시에 자기네의 국위선양과 親交국인 백제를 멸망시키고 탐라를 굴복시킨 신라에 대한 정신적 보복과 complex해소를 위해 일부러 國名과 일부 내용을 왜곡 서술한 것으로 본다. 이러한 서술이 잘못이라는 것을 일본서기 편찬자는 神功條의 말미에서 백제와의 王代 대조를 통하여 은연중 암시하고 있는 듯 싶다.

7.3. 州 胡

7.3.1. 「州胡」풀이

濟州에 관한 문헌상 가장 오래된 「州胡」의 명칭에 대하여 살펴보기로 한다.

「州胡」는 중국의 西晋사람 陳壽가 서기 3세기경 편찬한「三國志」중 魏志의 東夷傳 馬韓條에 나오는 島名이다. 여기에 馬韓의 西海中의 大島라고 적혀 있어서 지금의 어느 섬을 지칭한 것인지 확실하지 않지만, 제주도를 가리킨 것으로 해석하고 있다.

「州胡」의 표기의 풀이에 대하여는 여러 가지가 있겠지만, 크게 다음 두 가지로 나눌 수 있다.

첫째는 현지의 호칭과는 관계없이 중국에서 오랑캐 섬나라 또는 변방의 섬나라란 뜻을 지닌 州胡로 표기하였다고 보는 것이다. 원래 胡란 턱수염이 긴 人種의 뜻으로 주로 중국의 북방이나 서방의 유목민의 총칭에 쓰였으므로 그것이 제주도를 가리킬 때에 들어맞는가가 문제된다. 게다가 東夷傳에 나오는 地名들이 현지음에 입각한 점을 고려할 때 이는 배제되기 쉽다.

둘째는 현지의 호칭을 표기하면서도 이왕이면 지은 지명의 뜻을 살릴 수 있는 한자를 골라 썼다고 보는 것이다. 「州胡」의 중국의 상고한자음 tᵊka에 가까운 현지 호칭을 나타냈다고 보는 것이다. 현지의 tᵊ의 발음을 한자로 표기하는데 이왕이면 「섬」의 뜻을 지니는 州자를 골라 쓰고 ka의 발음을 표기하는데 변방 내지 오랑캐의 뜻을 지닌 胡자를 골라 썼다고 보는 것이다.

그렇다면, tᵊka가 뜻하는 바는 무엇인가? 여기서 우리는 제주도와 주변의 島名을 일별할 필요가 있다. 도내에서는 토끼섬, 차귀섬, 지귀섬 등 島名이 보이고 국내에서도 독도, 죽도(<듁도> 竹島) 등이 많다. 가까운 일본 九州 연안에도 對海(tᵊkai, 대마도의 古名), 志賀, 度(taku)島, 德(toku)島, 値嘉(이에 대해서만은 松本(1949)의 언급이 있다.), 竹(take)島 등 tVkV(여기서 V는 모음)으로 불리는 것이 많다. 결국, 이것은 아주 옛날에 섬을 그와 가까운 발음으로 부르던 것이 오늘까지 전승된 것으로 볼 수 있다.

여기서 두어가지 가설을 세울 수 있다.

하나는 tᵊka가 섬을 나타내는 말이 아니었나 하는 것이고, 다른 하나는 섬을 묘사적으로 나타내는 말이 아니었나 하는 것이다. 전자의 가설에 따르면, 우리나라를 비롯해서 주변의 어느 언어에도 이에 가까운 섬의 말은 없다. 다만, 남방어의 몬·크멜어에 섬이란 뜻의 tka가 있다. 몬·크멜족은 기원 전후에 양자강구를 장악하고 制海權을 쥐고 있었기 때문에 항해용어로서의 섬의 tka가 제주를 거쳐 일본에 전파되었는지 모른다.

그 뿐만 아니라 tka와 같은 어두에 이중자음이 있는 음절구조는 한국어나 일본어에 맞지 않기 때문에 이것을 tVka로 받아들여 앞서의 여러 가지 도명, 곧 taka, təka, tika, tuka, toka의 호칭이 생긴 것으로 볼 수 있어 포괄적이고도 합리적인 설명이 가능하다.

게다가, 일본어의 도명이 뒤에 −i접미사가 후접한 형식(təka→təkai, taka→takai)이어서 이러한 호칭들이 일본쪽에서 한국에 흘러 온 것이 아니라 한국(특히 제주도)쪽에서 일본으로 흘러갔다고 볼 수 있다.

다른 하나의 가설은 앞서의 가설이 외래어적인데 대해 고유어적인 풀이이다. 곧 섬이 海面에 浮上하고 있기 때문에 그 모양을 상징적으로 「뚝」, 「탁」에 가까운 음으로 묘사하였다고 볼 수 있는 것이다. 일본어의 takai 「高」에도 결부시킬 수 있으나, 높지 않은 섬도 많으므로 이는 배제된다. 이왕이면, 고유어적인 이런 가설을 취하고 싶으나, 포괄적인 설명이 약한 데서 설명의 합리성을 중요시하는 우리로서는 지금은 təka 「島」로 풀이하는 쪽이 나을 듯 싶다.

물론, 이 두 가지 가설은 필자가 일반이 알기 쉽게 제기한 것이고, 그 외의 가설도 있을 수 있다(고대중국어 tôg 또는 tǫ 島에서 왔다든지). 어떻든, 필자는 təka 「島」쪽에 기울고 있다.

필자의 가설이 전적으로 맞다는 것은 아니다. 그러나 필자 나름대로의 가설과 논증과정이 제시되어 있다(김공칠 1990). 비교언어학적인 끊임없는 연구가 계속됨으로써 보강과 수정이 뒤따를 것이다(1992. 7. 31.)

7.3.2. 州胡는 과연 제주도인가?

중국 西晉의 陳壽가 서기 3세기경에 쓴 '魏志東夷傳' 韓條에 기재되어 있는 馬韓의 西海中의 큰 섬 州胡가 과연 지금의 제주도를 가리키는가? 왜 냐하면, 馬韓의 西海에는 강화도, 안면도(부근에 닭섬, 토끼섬, 竹島가 있다), 德積島와 같은 큰 섬이 있고 게다가 제주도의 경우처럼 서해를 서남 해로 확대해석할 경우엔 진도, 완도, 大黑山島(竹島가 둘 있다) 등 큰 섬이 얼마든지 있기 때문이다.

馬韓과는 언어가 다른 州胡의 주민들이 키가 작고 모두 머리를 깎았으 며, 가죽으로 된 옷을 입되 상반신으로 걸쳐서 거의 나세(裸勢)와 같고 즐 겨 소·돼지를 기르고 배를 타고 왕래하면서 中韓에서 팔고 사고 하였다 고만 기술되어 있는데, 이것만 가지고 州胡 곧 제주도라고 할 수 없다. 唐 書列傳東夷에서는 儋羅(담라/첨라) 사람들은 不知用牛(소를 부릴 줄 모름) 로 되어 있는 데다가 다른 섬 주민도 고대에는 州胡人과 비슷한 생활을 했 으리라는 것을 가히 짐작하고도 남음이 있기 때문이다. 다만, 고고학적으 로 다른 섬에서 발굴된 인골(人骨)이 제주도에서 발굴된 것보다 장대하게 나타난다면 모를까. 아직 그러한 보고는 들은 적이 없다. 앞서 언급한 唐書 의 列傳 流鬼 다음의 儋羅가 신라 武州南島上이며 '衣大豕皮(돼지 가죽옷 을 입음)'라는 기사가 있어 州胡의 衣韋(가죽옷을 입음)와 관련되는 점에서 혹이면 '州胡=儋羅'가 성립할 지 모른다. 그러나, 위치가 서해와 남해로 다 르게 나타남을 유념해야 한다. 後漢書東夷傳倭의 末尾의 傳言記事에 夷洲 와 澶洲가 나오는데, 그 중 夷洲에 관한 注記에서도 人皆髡髮(사람들 모두 머리 깎음)이 나오지만, 이 곳이 州胡라는 확실한 보장은 없다.

이와 같은 점에서 이 문제는 다른 각도에서 생각해 볼 필요가 있을 것이 다. 그 중의 하나가 삼국사기지리지의 지명의 기록을 참조하는 것인데, 강화도는 穴口郡一云甲比古次→海口郡/冬音奈縣一云休陰, 진도는 因珍島 郡海島也 → 珍島縣/徒山縣海島也猿山/買仇里縣海島也 등으로 기재되어 있어 州胡의 표기와는 거리가 먼 것 같다. 물론, 강화도의 多音(진도의 徒山)奈를 제주도의 屯羅/耽羅(頭無도 참조)처럼 복합어로 본다든지, 진도의 珍이 돌~독으로 읽는다든지(辛兌鉉 1958, 돍로 읽음)해서 州胡와 결부시킬 가능성이 전연 없는 것이 아니지만, 전체적인 포괄성이 좀 약하다.

이에 필자는 州胡가 제주도를 가리킨다고 하는 것을 언어학적 포괄성의 측면에 입증하려고 하였다. 그것은 州胡의 음이 제주도의 古稱 毛羅·屯羅·耽(牟)羅와 음운변동면에서 잘 연결된다는 점에 근거하고 있다. 州胡 ʧəka의 말모음이 탈락한 것이 tak 毛으로 보았고, 羅는 고구려어계의 na가 겹친 것으로(takna는 섬나라) 보았다. ʧəka의 말미의 a는 cVc구조의 한국어에서는 탈락하는 경향이 있다(珍島의 독, 독도의 독, 듁(竹)도의 듁 따위). 따라서 takna는 남방계어의 tak(島)에 북방계어의 na의 복합어가 된다. 그것의 子音接變형이 tɐnna屯羅이다. 여기에 북방계어의 mora(백제어 '高'高敏縣 : 毛良夫里, 신라어 '城' <城 : 健牟羅>, 중세어 뫼 <*모리, 고대일본어 mure '山' <新井白石의 東雅에 백제방언 mure '山'의 언급도 있다> 등 참조)가 겹친 것이 耽牟羅/耽羅이다.

이렇게 제주도의 古稱들이 상관적으로 연결되어서 州胡 곧 제주도라는 등식의 성립이 가능하다. 그렇다고 절대적으로 성립하는 것은 아니다. 고대에 州胡 ʧəka와 유사한 島名들이 많이 존재한 것으로 보기 때문에 (對海, 竹島 등) 제주도가 꼭 州胡가 아니더라도 이와 비슷한 島名을 지녔을 것으로 가정할 수 있고 그렇다면 앞서와 같은 島名의 자연스러운 상관관계가 성립할 수 있기 때문이다. 제주도의 경우 毛羅·屯羅·耽羅의 첫음절의 모음이 a, u에 가까운 점에서 그 間音 ɐ로 보아서 tɐk(a)일 수도 있어서 州胡의 ʧəka 와는 좀 간격이 있는 점도 유의할 필요가 있다.

지금으로서는 다른 섬들의 호칭에서 위와 같은 상관관계나마 구할 수 없기(예컨대 珍島의 경우는 海島也로 기술되어 있는 바와 같이 제주도와 같이 나라의 레벨에까지 이르지 않기) 때문에 언어학적 견지에서만은 州胡는 제주도를 가리키는 것으로 볼 수 있다. 다른 분야에서도 이 정도의 입증이나마 못할 경우는 독단을 유보하든지 필자의 언어학적 설명을 援用하든지 할 수밖에 없을 것이다.

어느 섬에서든지 그 섬이 州胡임을 나타내는 銅印이나 銅鏡과 같은 증표가 어쩌다가 발굴된다면 이 문제는 쉽게 풀릴 것인데…(1992. 11. 9.).

7.3.3. 州胡語의 실상은?

주호어(州胡語)란 말을 맨 처음 사용한 이는 누구일까? 필자는 졸고(김공칠 1990)에서 이 말을 썼으니, 그 이전에 이 말을 쓴 이가 있다면 그 사람이 될 것이다.

주호어는 글자 그대로 위지동이전 한조(魏志東夷傳韓條)에 나오는 서해대도(西海大島) 주호(州胡)의 언어를 이르지만, 이를 구체적으로 논하려면 여러 가지 제약을 가해야 한다.

우선, 주호 자체가 제주도인지 아닌지를 짚고 넘어가야 하는데, 주호의 음형(音形)이 제주도의 옛 고칭(古稱)들과 언어학적으로 연결된다는 점에서 일단 제주도를 가리킨다고 한다면, 곧 주호어는 문헌상 맨 처음 나오는 옛 제주섬의 언어를 가리키는 것이 된다.

그렇다면, 그 문헌의 내용은 과연 몇 세기의 것을 가리키고 있을까? 위지동이전(魏志東夷傳)의 저자 진수(陳壽)는 3세기의 사람이지만, 기술(記述)대용은 이보다 훨씬 앞선 기원 전후로 소급될 수 있을 것 같다. 그것은 백제가 기원전 18년, 가락국이 기원 42년에 건국되었는데도 이에 대한 언급이 빠져 있고 동옥저는 기원 28년에 멸망했어도 그냥 기록에 남아 있는 것을 보아도 알 수 있다. 저자 진수는 전승자료(적어도 魚豢의 魏略에서 참조한 것까지) 십분 이용한 것으로 보아야 한다. 게다가 지명의 전승성(傳承性)을 고려할 때 기원 전후의 사실만이 아니고 그 이전부터의 전승까지 간직된 것으로 보아야 할 것이다.

따라서 필자로서는 주호어도 기원전에 사용된 것과 기원 이후의 것을 구별할 필요를 느낀다. 삼국유사에 나오는 九韓의 하나인 毛羅와의 선후관계는 州胡 ㄹəka→毛(羅) tak(na)의 변화로 보아지기 때문에 州胡가 앞선다고 생각되며 기원 이후는 가라를 매개로 하여 고구려와 연관되기 때문에 그 이전의 것이 된다. 기원 이전의 제주도를 좁은 의미에서의 州胡, 그것을 포함하여 기원 이후는 넓은 의미에서의 州胡가 된다면 좁은 의미의 州胡, 九韓시대의 毛羅, 4세기에 건국된 耽羅와 같이 잘 연결되어진다. 그럼, 州胡語란 어떤 실상의 언어였을까?

주호를 처음으로 언급한 위지동이전 한조에서나 그 이후의 문헌에서도 그 언어사실에 대한 언급은 하나도 없다. 다만, 주호의 언어는 韓의 언어와 다르다고만 했다. 그럼, 韓의 언어는 어떤가 하면, 나머지의 부여어·고구려어·예어·동옥저어와의 대비가 없기 때문에 이와 같다든지 다르다든지 말할 수 없다. 후자의 북방계열의 언어에 대하여는 고구려어를 기준으로 해서 그 언어와 같다고 언급을 하고 있으면서 韓의 언어하고는 그 이동(異同)에 대해 언급하고 있지 않은 것은 좀 기이한 일이다. 여기서 韓계의 언어를 남방계열로 잡고 이 두 계열간에 언어적 차이가 큰 것으로 보는 이들도 있다. 여기서 더 나아가 주호어는 한의 언어와 다르니, 북방계열의 고구려어와 같은 것이 아니겠느냐라는 잘못된 논리를 전개하기도 한다.

이 문제에 대하여 여기서 상론할 수 없으나, 이는 위지동이전의 저자 진수가 다룬 전승자료 또는 탐문(探聞)자료의 공간적·시간적 차이에서 오는 일관성이 결여를 간과한데서 온 것이며, 우리는 위지동이전에 기술되어 있는 실지 자료에서 판단해야 한다. 한반도의 국명·지명 등을 살펴볼 때 夫餘 - 沸流 - 不耐 - 卑離계어와 句麗 - 溝漊 - 高離 - 古離 - 古臘계어만 하더라도 맥락을 이루어 전역에 분포되어 있는 점에서(김공칠 1982), 韓지역과 부여·고구려지역과는 언어상 무관하다고 할 수 없다. 또한 韓지역의 기술에는 馬韓의 50여국, 辰韓 12국, 弁長 12국으로 되어 있어서 이와 같은 小지역 국가의 시대는 先단계 발달시대였음을 단적으로 나타내고 있다. 보다 큰 부족국가의 출현에 이르러 부여어, 고구려어, 예어와 같은 언어 이름이

주어질 수 있다.

따라서, 주호어가 한어와 다르다고 해서 금방 부여·고구려계어와 결부 시킨다는 것은 좀 성급한 일이다. 언어외적으로도 부여인은 체격이 크고 (其人麤大), 州胡人은 短小(其人差短小)하다. 그리고 언어의 문제는 언어에 관한 자료와 방법으로 해결해야 한다. 물론 인접(隣接)학문의 도움도 받기 는 하지만, 이는 방증으로 이용될 뿐 결정적인 것은 못된다.

주호어에 대한 언어학적인 단서는 단 한 가지, 다름 아닌 주호의 호칭 그 자체다. 이에 대하여는 이미 필자가 언급한 바 있다. 이 호칭이 부여· 고구려계어와 연관되지 않는 한, 주호어가 이들 계열이라고 판단하는 것은 문제가 있다. 오히려 남방계어의 tka와 결부시키면 제주도 주변에 분포되 어 있는, 이와 유사한 도명(島名)들의 상관관계가 자연스럽게 풀릴 수 있는 데서 그 편이 더 나을 것이다. 東支那 연안에서 해류를 잘 타면 몇 시간이 면 제주도에 올 수 있는 그 루트가 文身(牟辰, 倭), 稻作 등의 남방계문화의 유입(流入) 코스의 가장 중요한 데였음을 상기할 필요가 있다.

한국어의 인체어(人體語), 굴(口), 배(腹), 빰(狹), 젖(乳), 등(背), 북페기(이 마도 북肺, 동물의 폐), 기타 女陰(여음) 등의 어휘에 대하여 북방계어 유래 와 남방계어 유래의 두 해석의 대립이 있고 to(門) 역시 마찬가지인데, 만 일 주호의 호칭이 남방계어와 연관되어진다면 그 파장은 클 것이다. 주호 어의 언어학적 단서가 단 하나 그것 뿐이라고 하지만, 그로 인해 주호의 언어의 실상이 유추될 수 있기 때문이다.

그러나, 여기서 유의할 일은 그렇다고 해서 주호어가 남방계어 일색이 라는 것은 아니다. 호칭 이외에 그러한 증표도 없다. 그 보다는 오랜 세월 에 걸쳐서 계속 많은 이들이 한반도에서 건너왔을 것이고 그 자취를 지명 같은 데에 남겼을 가능성이 더 크다. 현존 고문헌의 관명·지명 등이 아이 누어로 풀리는 것을 보면 그 근간은 아이누어하고도 관계되는 원시한반도 어(고구려어·한어이전)일 수 있다(김공칠 1995:150~). 또한 辰의 後身인 辰韓의 언어는 馬韓과 다르고 남아 있는 어휘 몇 개가 아이누어로 풀리기 때문에 더욱 그 가능성이 있다. 이들의 상호관계의 연구가 앞으로의 과제이다. 이러한 작업은 아마도 고대일본어·아이누어·기타 주변언어를 매개로 한 비교연구로서만 가능할 것이다(1992. 11. 9.).

7.3.4. 濟州섬 조상의 언어는?

제주도의 조상이 과연 어떤 사람이었으며, 어디서 오고 어떤 말을 사용하고 있었나 하는 것은 이 땅의 후손인 우리에게는 매우 관심이 가는 문제였다. 또한 그 문제는 옛날의 제주도가 하나의 독립국가이고 특이한 존재였기 때문에 그 기원문제하고 연관이 되므로 더욱 흥미를 자아내게 한다.

1964년(국어국문학회에서 구두발표), 1969년(김공칠 1969)에 필자는 문헌도 그렇고 제주도의 방언과 지명으로 볼 때, 지금의 金海지방의 加羅國을 매개로 고구려 말이 들어온 것으로 풀이하였다. 방언의 대표적인 예로는 to(pat‐to 田入口), kozi(藪) 등을 들었고, 지명의 대표적인 예로는 nɐi(徒·都)와 huɹ을 들었다(기타 골「洞」).

to에 대하여는, 이것이 加羅語의 특이한 것이고, 만주어의 duka와 관계있다고 지적되고 있다(Lee 1963). 그 외에도 tor 내지 to(門), mir(3), to(堤)의 세 가지를 들고 고구려어와 加羅語는 同系이고 이것이 加羅를 통해서 일본으로 건너간 것으로 풀이하고 있다. 고대의 언어에 관한 직접자료가 없는 우리의 처지와 60년대의 학계 수준으로 볼 때 이는 아주 중요한 지적이었다. 다만, 제주방언에 to가 있다는 것은 놓친 셈인데, 이는 제주도의 방언사전류에도 提示語로서 수록되지 않은 것이니 어쩔 수 없는 일이었을 것이다. 주지하다시피 이 to는 일본 각지에서도 「門」(보기 山門)이란 표기와 to라는 음으로 뿌리깊게 남아있는 것이다.

지명 屹의 경우는, 곧 조천읍 산간지대 지명의 특이성에 필자가 주목하게 된 것은 加羅와의 교통로로 뒷개(北村)가 안성맞춤으로 위치하고 있고 그것은 남쪽은 앞, 북쪽은 뒤로 부르는 부족의 상륙지의 호칭에 걸맞으며 남쪽으로는 한라산을 옆에 끼고 城邑·松堂·閑雲(溫平)으로 트여 있고, 왼쪽으로는 左邑(舊左邑)이 그 저편으로는 일본국의 三神女가 상륙한 閑雲里(지금의 온평이)가 위치하고 있어 지리적 위치나 명칭 등으로 보아서 그 일대가 신진부족의 근거지로서 잘 어울렸기 때문이다. 山間의 지형도 kozi 이다. 게다가 그 일대의 지명이 善屹, 大屹, 臥屹 등으로 나타나는데 屹은 「山間에 있는 村里(城)」를 뜻하는 고구려의 忽과도 음이나 뜻이 흡사하다.

극히 미약한 논거이지만, 이들로써 加羅를 통해서 고구려계 언어(결국 사람들)가 들어온 것으로 풀이하였다. 이른바 三神子의 강림이다(그렇다고 백제나 신라의 말과 특이하게 다르다는 것은 아니다). 여기에 문제가 없는 것은 아니다. 고고학적인 뒷받침(유적·유물)이 아직 없다는 것이다. 그 분야는 필자에게는 전문 외의 분야이므로, 필자로서는 언어학적 증거의 보강에 더욱 노력할 수밖에 없다.

그런데 알다시피 고구려는 기원 전후의 활동에서야 비로소 문헌에 나타나기 때문에 그 이전의 사실은 알 수 없다. 따라서 제주도(특히 조천읍 以東)와 고구려와의 연관이 확인되었다 하더라도 그 이전의 사실은 알 길 없다.

필자는 1968년 10월, 濟南신문에 수회에 걸쳐 「탐라어와 남방계어와의 관계」라는 제목으로 연재, 그 문제를 다루었다(1977년 졸저『방언학』에 재록). 언어학적으로 연관될 수 있는 배경의 설명에 치중하여 언어학적인 논거를 충분히 제시하지 못했으나, 대표적인 것은 제주도의 島名들이었다(어휘도 몇 가지 거론하였으나 뒤에 일부 수정함). 이 때 州胡의 호칭은 빠졌었으나, 1988년 방언학(3판)에 補註로서 간단하게 달았고 1990년에 논문으로 다루었다. 島名 외에 일부의 복합적 어휘, 그리고 제주방언의 특이성의 몇 가지가 남방계의 영향이 아닌가 하였다. 이들의 언급만으로는 논거가 아무래도 미약해서 지금은 제주방언의 특이한 ㅇ접미사(바다 → 바당, 가서 → 강)를 생각 중이다. 오키나와방언에도 예컨대, 명사의 umi - umiŋ(海), 동사의 ika(未然形) - itʃuŋ(終止形)과 같은 현상이 있으나 그것이 풍토적인 현상인지, 언어적 연관에서 오는 것인지 아직은 모른다. 지금으로서는 어느 누구도 고대 언어의 특징적인 것을 단 하나라도 찾고 논하기가(언어학적 발견) 어려운 일로 되어 있다.

　결국 필자가 내세우는 것은 원래 제주도의 조상은 남방계와 어떤 형태로든 연관을 맺고 있었으며 紀元을 전후해서 金海일대의 加羅를 통해서 고구려와 연관을 맺게 되었다는 것이다(1992. 8. 6.).

7.3.5. 小人 고루보구族

　고루보구族. 이렇게 서두에 실으니 사람들은 필자가 무슨 말을 하려나 하고 의아해 할지 모른다. 이는 민간에서 쓴 것이 아닌 제주도라는 어엿한 공기관이 책임지고 엮은 하나의 제주도의 正史랄 수 있는 '제주도지'에 적혀 있는 제주도 조상의 한 이름이다(제주도 1982:12~).

　고루보구는 고로보구루(korupoguru)가 옳다. 아이누어로 穴居人이란 뜻이다. koropok은 '아래에'라는 뜻이고 guru/kuru(아이누어에는 무성/유성의 구별이 없다)는 사람이란 뜻이다. ku만 가지고도 사람이란 뜻이 있으므로 고로보구라 해도 괜찮겠지만, 고루보구에 대하여 맨 처음 언급한 金泰能 씨의 引用原典에는 분명히 고로보구루로 되어 있다. 原典의 저자도 村尾元長인데도 松尾之長으로 잘못 적었는데(金泰能 1969 : 138~139) 이는 분명히 인쇄전후의 誤字이거나 誤植일 것이다.

　문제는 原典을 인용한 이의 글을 다음 사람이 원전을 확인하지 않고 그대로 재인용한 데 있다. 곧 제주도연감의 誤字·誤植이 '제주도지'에 그대로 나타나 있다는 것은 '제주도지'의 필자가 原典을 확인하지 않았다는 증거다. 이러한 일은 학문상으로 가장 경계해야 할 일인데, 실지로 '제주도지'에 잘못된 결과로 나타나 있다.

　그건 그렇다 치고 어떻게 해서 고로보구루가 제주도의 한 조상이 될 수 있는가. 고로보구루를 일본인의 선주민이라고 하는 학자도 없지 않다. 이

경우 고로보구루로 표기하고 있지만, 쯔보이(坪井正五郎…이것도 모두 앞
서의 책에 坪平으로 잘못 인용되고 있다)라고 하는 일본의 인류학자가 그
사람이다. 그가 동경대학 교수였기 때문에 생존시에는 그의 주장이 크게
주목을 받았지만 1913년 死後에는 별로이다. 그의 논술은 '日本考古學選集
2(齊藤 1971)'에 모아져 있다.

그것에 의하면 고로보구루는 일본의 북해도 아이누인보다 먼저 거기 살
던 사람이다. 아이누인들은 일본의 本州에 살다가 나중에 진출한 일본인에
의해 북해도로 쫓겨났는데 거기서 먼저 와 있는 고로보구루와 만나게 된
다. 고로보구루들은 돌로써 칼을 만들고 땅을 파서 그 안(竪穴)에 살았었다
는 것이다. 처음에는 두 인종이 서로 물물교환하면서 지냈지만 나중에는
不和가 생겨서 아이누인에 의해 고로보구루가 쫓겨나 어디론가 사라져버
렸는데 그 곳이 어딘지 지금도 모른다는 것이다. 그 외의 고로보구루의 특
징으로는 短身 그리고 土偶의 예를 들고 있다. 이러한 고로보구루가 애초
에 일본의 九州 지방에 있을 때 그 일부가 제주도로 왔을 것이라는 것이
金泰能 씨의 주장이다.

이러한 주장에 대하여 그 논지를 잘 파악하여 동조·보완 또는 수정, 비
판, 반론을 나름대로 제시해야만이 비로소 正史의 史料로서 채택될 수 있
다. 그렇지 않고서 어떻게 그것을 史實로 받아들일 수 있겠는가?

더욱이 '제주도지'를 설마 못 보았다고 할 리는 없을 터인데. 이러한 매
우 중요한 문제에 대하여 이 고장에서는 10년간이나 침묵을 지키고 있다
는 데에는 도저히 이해가 가지 않는다. 어쩌면 鄕土學의 한계일지 모른다.

그렇다고 필자는 그러한 가설의 성립의 가능성을 전적으로 배제하는
것은 아니다. 지적된 短身의 특징은 '魏志東夷傳'의 州胡의 記述(其人差短
小)에 맞는다. 허나 이것만 가지고는 충분치 않다. 고로보구루가 穴居人이
라면 三神人從地聳出…有穴曰毛興…(高麗史地理2)의 古記와 연관지을 수
있다. 또 고로보의 호칭이 高粱夫의 호칭과 비슷한 점에서(고량부의 발음
은 현대한국한자음의 발음이고 고대의 발음은 지금과 달랐다고 보아야 한

다) 이들이 일본의 本州에서 자기네들은 高粱夫의 자손이라고 말한 것이 아이누인에게 고로보로 기억되었는지 모른다(아이누인에게는 글자가 없기 때문에 기억에 의존할 수밖에 없는데 전승하는 가운데 변형되었을 수도 있다).

이는 하나의 가정에 불과한 것이나, 다만 고로보구루 – 아이누인 – 加羅人으로 이어지는 일본인의 조상의 想定은 加羅/濟州 – 九州 – 本州 – 北海島에 진출과 분포 상황을 설명하는데 도움되는 점이 많다. 가라를 통한 신진세력의 간단없는 진출시에 九州 산악지대와 本州 서부는 아이누인이, 本州 동부와 북해도에는 고로보구루가 점유하고 있었는지 모른다. 彌生前期(B.C. 300 – 0)에는 土器의 양식이 三分된다.

이들 지역의 官名・地名・기타 어휘의 일부에는 아이누어와 관련된 것이 있는 것도 그 한 가지다. 예컨대, ar/ər(末子音 r는 t와도 교체한다)는 한반도에서는 王(於羅), 제주도・북해도에서는 酋長(乙那), 일본 本州에서는 國司(乙名)로서 분포한다.

다만 九州에서 濟州쪽으로 고로보구루가 왔다는 데는 반대다. 오히려 島名이 제주도에서 일본쪽으로 흘러간 것처럼(tak(a) 毛→taka – i > take 竹島) 제주에서 일본으로 건너갔다고 보아야 한다. 日本國三王女의 奉獻 기사 외에는 九州에서 제주로 왔다는 증표는 잘 없기 때문이다.

이상과 같이 고로보구루가 제주도의 하나의 조상일 수 있다는 이야기는 지금으로서는 논거가 약하다고 할 수밖에 없다. 한 가지 방법이 있다면 쯔보이가 연구한 고로보구루의 土器, 土偶 등을 잘 조사해서 제주도 또는 九州에서 발굴된 것과의 精細한 비교연구를 할 일이다. 이 분야는 필자의 전문 외의 분야이므로 더 이상 언급할 것이 못된다.

어떻든, 제주섬의 조상을 제대로 찾아서 正史에 제대로 올릴 수 있도록 모두가 반성하고 더한층 노력해야 하지 않을까?(1992. 9. 17.)

<追記>

1993. 2. 20 발행의 제주도지(제1권)에는 수정되어 국내의 他說의 소개 중에 고로보구루가 등장한다.

7.3.6. 毛 興 穴

고려사 卷27 지리지를 보게 되면 古記를 인용하여 '탐라는 태초에 神人 셋이 땅으로부터 솟아나왔는데 그 곳은 主山(한라산) 북록에 있는 毛興이라는 굴'이라 하였다. 이러한 古記의 내용은 그 이후의 세종실록지리지, 동국여지승람의 제주목 그리고 영주지에도 그대로 인용된다. 탐라지는 古跡에 三姓穴이 나오고 그것이 옛적의 毛興穴이라 한 다음 앞서의 古記가 인용된다. 毛興을 毛興穴로 호칭한 것이 주목된다. 金錫翼 저 탐라기년(1918년)에서는 毛興을 한라산 북록 광양땅의 毛興穴이라 하였고 혹은 이르기를 毛자는 乙자 위에 三자를 加한 것이므로(三乙那를 나타내고 결국 毛興穴이란) 三乙那가 나온 굴을 가리킨다고 하였다.

이상의 옛 기록들은 결국 한라산의 북록 그리고 州에서 남쪽 3리 지경에(이곳은 후세에 廣壤이라 부름) 毛興이라는 곳이 있었고 그 곳에는 전설적으로 3神人이 솟아나온 굴이 있어 이를 毛興穴 또는 三姓穴로 불렀다는 것이 된다. 여기서 毛興(穴)이란 지명이 어떤 音義를 지닌 것인가가 큰 관심거리가 되는데, 그것은 앞서의 古記에 대한 해석의 길잡이가 되기 때문이다.

이 毛興(穴)을 意譯으로 보아서 毛人이 발흥(勃興)한 곳이라고 해석하기도 한다. 毛人에 대하여는 周秦 이래의 원시적인 地理類의 고서 山海經의 제9 海外東經에 보이는 毛民之國이 참조된다. 중국의 臨海郡에서 동남쪽으로 2천리에 毛人이 있고 그 毛人은 大海의 洲島上에 있으며 사람은 短小하고 온 몸에 털이 나서 돼지(猪)와 같고 穴居하여 衣服은 없다고 되어 있다. 온 몸에 털이 나서 돼지(猪)와 같다고 한 부분을 빼고는 위지동이전에서의 州胡의 기사하고 그 原史料가 아닌가 싶을 정도로 비슷하다. 그 부분도 털로 된 옷, 곧 돼지가죽옷을 입었다고 풀이하면(日本書紀에 그러한 풀이가 성립하는 文證이 있다) 동이전에서의 가죽으로 된 옷을 입었다는 기록과도 부합된다. 다만 중국의 임해군으로부터의 方位가 다른 게 문제이다. 州胡가 제주도라면 임해의 東北방향이다. 임해의 東南방향이라면 일본의 오키나와 열도의 이남쪽이라야 맞다. 그러나 옛적에는 중국에서 한국을 동쪽에 있는 나라로 인식하여 왔고 제주도는 그 남쪽에 외떨어진 섬이니 동남쪽으로 인식하였을 가능성도 없지 않다.

다음 毛人으로 알려지고 있는 것은 아이누인이다. 宋書(488년) 夷蠻傳倭國에 일본 조정이 동북쪽 毛人 55國을 친 기록이 있고, 舊唐書(945년)의 東夷倭國傳에도 일본국의 東界와 北界의 六山 너머에 毛人之國이 있는 것으로 기록되어 있는데 일본의 다른 주민은 아이누인밖에 없으니 毛人 곧 아이누인이라 할 수 있다. 보통 일본의 고문헌에는 아이누인은 Ezo(蝦夷)로 표현되어 있어서 문제랄 수 있으나, 일본서기(敏達記 10년)에 Ezo의 괴수를 大毛人이라 한 데서 거의 틀림없을 것이다. 이러한 毛人이나 蝦夷란 用字는 앞 단계 문화생활을 영위하는 선주민이나 변경인을 가르기 위해 쓴 것이므로 이들을 특이한 인종으로 인식할 필요는 없다. 어떻든 毛興穴이 문헌상 실존하는 毛人이 발흥한 곳이라는, 意譯으로 보는 해석은 그럴듯하지만, 필자는 毛興이 지명인 이상 고대의 원지명이 그렇듯 音譯한 것으로 보고 일단은 音讀하여 그 音義를 풀고 싶다.

毛자는 중국上古音이 mɔg(中古音 mâu)이고 興자는 xíəŋ이다. 합쳐 읽으면 ㅁ궁, ㅁ궁에 가깝다. 東國正韻(1447년)엔 興자는 艮(ㄱ)과 互韻한다고 했으니 ㅁ근, ㅁ근과도 통한 것 같다. 그렇다면 이 音形에 맞는 어휘로는 어떤 것이 있을까?

첫째는 山地川의 奧流 마근내와의 관련이다. 아이누어로 mak는 '奧·後方·山쪽'의 뜻이고 makun은 '後·奧에 있는'의 뜻이다. makun川의 하류가 되는 山地川·산짓굴(<산기굴)은 아이누어의 sange·sanke '(山에서)내려오

다'와 관련된다. 그 남쪽의 냇밧굴내는 아이누어의 naipo '小川・支流', 더 남쪽의 모래내는 아이누어의 morai '遲流川'(더 남쪽의 가락내는 rakka '川의 乾・川지대'의 음운도치형?)과 같이 중간 河流의 이름까지 어울리는 데서 앞서의 관련이 단순한 우연으로 보기는 힘들다. 게다가 makun은 바다의 반대쪽의 언덕의 지대를 의미한다. 毛興穴이 바로 그러한 지형에 붙여진 것이라고 하는 것은 지금의 三姓穴이 있는 곳의 지형과 그 以南의 奧流의 정황에 걸맞는데서 알 수 있다.

毛興穴 동편의 새냇가 역시 사라봉의 사라와 함께 동쪽을 뜻하는 점에서 위치적 정황도 잘 어울린다. 그 音形 makun은 초대의 시조라는 뜻까지 있으므로 이를 한자로 표기할 때 이왕이면 그러한 뜻을 살릴 수 있는 毛자와 興자를 갖다 붙인 것으로 풀이된다.

둘째 번 풀이의 가능성은 제주시의 별칭 모관과의 연관인데, 이는 한자어 牧官과 비슷한 점에서 목관>모관>모간의 변화에서 온 것으로 볼 수 있고, 제주牧의 안이라 해서 목안이라 할 수 있어서(모두 부자연스럽다) 毛興과의 결부는 지금으로서는 미지수로 남겨둘 수밖에 없다.

지금으로서는 첫째 번의 私說을 가능한 한 補强하면서 지탱하여 가고 싶을 따름이다(1994. 8. 16.).

7.4. 毛羅와 耽羅

7.4.1. 제주의 옛 이름 毛羅

제주의 옛 이름 가운데 毛羅란 호칭이 있다. 이는 삼국유사 卷1 마한 기사에 나오는데, 海東安弘記에서 말하는 九韓 중의 네 번째 이름으로 꼽혀 있다. 또 이와 비슷한 이름이 삼국유사 卷3 황룡사 9층탑의 네 번째 층 명으로 나온다. 이러한 호칭들이 옛 제주도를 가리키는 것인지, 그리고 삼국사기에 나오는 탐라란 호칭과의 선후관계가 어떻게 되는지 궁금한데, 고려사지리지(增補문헌비고 卷15에도)에 숙종 10년에 乇羅를 탐라군으로 개칭했다는 기사가 있고, 耳溪集 卷14에 三神人이 건국하면서 乇羅라고 칭했다고 하는 것을 보면 乇羅란 호칭이 옛 제주도를 가리키는 것은 틀림없고, 또한 탐라의 호칭보다도 앞선 것으로 볼 수 있다.

문제는 이 호칭의 音義인데, 탐라가 탐－라의 두 요소로 분리되듯 탁라도 탁－라의 두 요소로 분해되는 것은 틀림없다. 그러면, 앞 요소인 乇에 대하여는 어떻게 읽었으며 그 뜻은 무엇이었을까?

중국의 中古音의 표준 韻書라 할 수 있는 廣韻에는 乇이 보이지 않으나, 참고로 같은 諧聲類의 託의 음을 미루어 그 음가를 추정할 수 있다. 上古音인 경우(스웨덴 학자 Kalgren과 중국학자 董同龢의 재구음은 거의 tak/tɐk에 가까운 음이다) 託은 유기음(탁), 乇은 무기음이어서 본래는 닥에 가까운 음이었다고 할 수 있다. 게다가 지금의 아 모음은 본래 ᄋᆞ음이었다고 가정하면 둑에 가까운 것이 된다.

그런데 국내의 張三植의 大漢韓사전(1975)을 보게 되면, 乇에는 책(陟格切)과 탁의 두 음이 있고, 일본인의 大漢和辭典(諸橋, 1984)을 보아도 tak(u) 외에 cyak(u)(集韻 陟格切)의 두 음이 있다. 이는 곧 州胡의 州자가 3등운의 개요음을 지니는 것과 맥을 같이한다. 다만, 主모음 a/ə의 차이뿐이라고 할 수 있고 이것도 기저모음 ɐ로부터 분화한 것이라고 보면 결국은 같은 모음에서 오는 것이라고 할 수 있다. 또한 乇은 위지동이전에 보이는 州胡와 폐음절:개음절의 상관관계에 있다. 곧 州胡 təka의 말모음의 탈락형이 乇 tak(또는 t̂ak)이라고 할 수 있다. 문헌 이전은 미상이라 하더라도 이후는 폐음절이 한국어의 특징이다. 이러한 점을 감안하여 필자는 州胡>乇의 발달 과정을 추론하였다(김공칠 1990). 이러한 추론이 맞는다면 乇의 뜻은 섬의 뜻으로 받아들여진다(巨濟島의 옛 이름이 큰 닭섬임을 참조).

이와는 달리 이를 고구려어의 高·山의 taH, 일본어의 taka '高'에 비기기도 한다. 이는 묘사어 탁, 뚝 또는 특지다 등의 방언형과도 관련되는 점에

결코 소홀히 할 수 없는 의견이다. 삼국사기지리지에 현재의 忠州의 고구려 당시의 이름이 國府城－未乙省(신라 경덕왕 때)－託長城(고려 인종 때)으로 보이는데, ㅂㄹ－ㅁㄹ－ 특진과 같이 해석될 가능성 곧 託이 高의 뜻을 나타낼 가능성이 있는 것도 그 이유의 한 가지다.

그런데, 고구려어의 경우 이 taH의 音寫는 達자로써 충당하고 있는데, 삼국사기지리지 지명을 보게 되면 達이 수식어로서 앞 요소에 쓰이게 되면 高의 뜻이고(達忽＝高城), 피수식어로서 뒷 요소에 쓰이게 되면 山의 뜻이 된다(夫斯達＝松山). 그렇다면, 乇이 높은 뜻이었다면 達자를 이용해서 제주도를 達羅 또는 月羅(제주도에는 達 대신 月을 僧字로 쓰인 듯 함. 月坪의 다라굿)라고 기록했을 만한데, 그런 흔적은 아직 보이지 않는다. 그리고 乇－羅의 두 요소의 결합의 의미도 높은－나라(땅)가 되어 부자연스러움을 느낀다. 또한, 일본에서도 제주도의 乇과 닮은 섬 이름이 많이 있는데 예컨대 taku島, take島 등이 그것인데, 높은 섬이란 뜻과는 좀 거리가 먼 듯하게 느껴진다.

생각을 달리해서, 乇을 고구려어에서 피수식어적으로 쓰인 山의 뜻으로 견주어서 山－나라란 풀이도 가능하겠지만, 그 경우 대개 달(또는 닫)로 읽고 있어서(앞서의 다라굿 참조) 乇과는 거리가 있게 된다.

앞에서도 언급했지만, 지금으로서는 州胡＞乇羅＞屯羅＞耽羅의 연결이 음운상·의미상 자연스러운 점, 주변 島名들이 tak/tuk의 형태로 나타나는 점(對海·竹島·獨島·度島·닭섬), 그리고 乇의 用字의 특이성(개요음을 지녔을 가능성) 등을 종합적으로 감안하면 乇羅의 풀이를 섬나라로 풀이하는 것이 온당하다고 본다. 그렇다고 乇의 호칭의 類音으로 오는 高의 연상적 의미마저 배척하는 것은 아니다. 다만, 本義가 그렇다는 것이다.

아주 오랜 옛날의 제주섬의 이름의 音義를 푼다는 것은 지금으로서는 참 어려운 일이다. 보다 합리적인 해석이 후진에 의해 개발되기를 기대할 뿐이다(1993. 2. 11.).

<追記>

일본의 神功記에서의 'takara(寶)の島'는 毛羅의 音形과 닮고, 垂仁記의 'tokoyo(常世)の國'도 州胡 ɦəka의 音形과 비슷하다. 常世의 國은 일본에서는 바다 저편에 있는 理想의 나라(가장 고귀한 나라)로 여겨 왔지만, 거기에 多遲毛理를 보내어 겨울에도 여는 귤을 구하게 했다고 한 것을 보면 實在한 西海中의 귤의 나라 제주도를 가리킨다 하겠다. 농경 이전의 제주도는 보물의 섬이었다.

7.4.2. 耽羅의 호칭

탐라의 호칭이 옛 문헌에 처음으로 나타나는 것은 현재로서는 삼국사기의 백제 本紀 文周王 2년條(476년)의 기사라고 할 수 있다. 게다가 同卷 東城王 20년條(498년)에는 탐라의 別稱으로 탐모라(耽牟羅)가 나온다. 이는 편찬자 김부식이 耽羅即耽牟羅라고 주를 단 것으로, 이를 보아 당시의 일반에 이해되기로는 탐모라쪽이었다고 할 수 있다.

이 三字는 복합어인 것은 틀림없고, 그 형태분석은 탐-모-라, 탐모-라, 탐-모라의 세 가지가 있을 수 있다. 첫 번째 것을 주장하는 이는 드물고, 두 번째는 모(牟)자가 탐(耽)자의 末子音(ㅁ) 표시로 쓰인다고 주장하는 것이고, 세 번째는 모라가 山 또는 마을을 뜻하는 말이라고 하는 것이다. 모두 어느 한편으로는 일리가 있으나, 김부식의 注는 분명히 탐라에 別稱 탐모라가 있다고 한 것으로 해석할 수 있어서 같은 음이면 일부러 주를 달지 않았을 것이니 두 번째 주장은 배제되기 쉽다. 그렇다면, 세 번째 주장만이 남는다.

여기서 어려운 문제가 제기되는데, 앞의 耽의 音義와 뒤의 牟羅의 音義가 과연 어떤 것이었나 하는 것이다.

耽에 대하여는 (1) tom으로 읽고 원래의 물·大洋의 뜻에서 大洋中의 섬으로 뜻이 바뀐 것으로 보는 것(坪井 1924), (2) 역시 돔으로 읽고 靑魚의 뜻으로 보는 것(高橋 1956), (3) tam으로 읽고 (돌)담(墻)의 뜻으로 보는 것(金泰能 1954), (4) 毛(탁)의 닥에서 유래되는 담으로 읽고 高의 뜻으로 보는 것(泰元日 외 1971), (5) 耽, 涉, 儋 三字는 같은 음류로 보고 첨·섬으로 읽고 섬의 뜻으로 보는 것(韓致奫 1765~1814) 등등의 의견으로 갈린다.

(1)은 남양어의 유래가 분명치 않은 점에서, (2)는 鯖魚와 靑魚를 혼용하면서 고등어로 풀이하는 점에서(옥돔이면 모를까), (3)은 과연 고대에 城이면 모르되 주거지나 밭에 두른 돌담이 島名 내지 國名이 될 수 있는 것인지, (4)는 문헌(삼국사기지리지)에 高의 수식어적 용법에 達자가 쓰이었는데(達忽→高城郡), 그렇다면 그런 의미에서의 達羅란 호칭이 보일 만한데 그렇지 않다는 것, (5)는 耽자와 涉·儋자가 어떻게 연관되는지 충분한 설명이 없는 것 등등이 문제된다. 그렇다고 이들 의견을 모두 배척할 필요는 없다. 고대에 同音異義語가 많았다고 볼 수 있으므로, 모두 제주도를 호칭하는 데 사용된 것으로 볼 수 있기 때문이다. 곧 섬(나라), 돔(특산의 나라), 돌담(의 나라), 높은(나라. 산) 등으로 다양하게 불렸을 가능성이 있다. 이러한 뜻과 音形을 모두 포용할 수 있도록 耽자를 골라 썼는지 모른다.

문제는 그 핵심적인 本義는 무엇이며 다른 音義와는 어떤 상관관계가 있느냐이다. 여기서 잠시 삼국사기지리지에 나타나는 다른 섬의 古稱과 탐라의 그것과의 연관성을 보기로 한다.

강화도는 穴口郡一云甲比古次 → 海口郡 외에 冬音奈縣一云休陰으로, 진도는 因珍島郡海島也 → 珍島縣 외에 徒山縣海島也猿山으로 기록되어 있다. 한편 고려사지리지에 의하면, 신라盛時에 탐라의 세 왕자가 탐진(耽津)에 처음 머물렀기 때문에 그 이름을 따서 탐라란 이름이 주어졌다고 한다. 그 탐진의 古名은 冬音현이다. 여기서 강화(冬音(奈)), 진도(徒山 두모리/두메?), 탐진 (冬音), 탐라(冬音)가 연관된다. 그래서 冬音은 島와 관계되는 것으로 추정된다. 강화의 冬音奈縣一云休陰의 休陰을 쉼~섬의 互轉으로 보지만 休를 訓讀하면 swi, 音讀해도 hju 그것이 s구개음화하면 훈독하는 것과 같은 결과가 되어 결국 sjəm島의 音寫가 되게 된다(辛兌鉉 1958). 休

陰을 몽고어 qoiɣ 섬(Grønhech 외 1955)과도 대비함직 하지만 Lessing (1960)에는 섬이 아니고 반도의 뜻으로 되어 있어 文語>口語의 차이가 커서 문제된다.

또한 冬音의 音義는 고구려어의 冬非 '圓'과도 대비되는데, 이는 탐라어이 頭無 '圓'과도 상관될 게 틀림없다. 여기서 耽: 冬音, 冬音: 頭無, 頭無: 冬非가 系聯하지만, 島의 義와 圓의 義가 隣接한다. 아마도 島形의 연상에서 나오지 않았나 싶다. 또한, 필자의 持論인 州胡>乇(羅)>屯(羅)>耽(羅)의 변천관계의 논의가 확인된다면 冬音: 耽: 島의 상관관계는 더욱더 굳혀질 것이다. 이에 필자는 耽(羅)의 핵심적인 本義는 섬이었다고 보는 것이다. 지금부터 약 2백년 전 正祖때의 석학 韓致奫이 그렇게 언급한 것도 무시할 수 없는 일이다.

끝으로, 耽자에 이어진 羅자는 新羅의 경우와 함께 나(라)(퉁구스어 nā 고구려어 那・奴, 백제어 奈, 신라어 那)의 音形으로 '地・國'을 나타내는 것으로 보고 있다. 이에 대해 탐모라의 牟羅는 백제어의 毛良 '高・山'과 신라어의 牟羅 '城'(城曰健牟羅)과 상응할 가능성이 있다. 그렇다면 탐라의 시대에는 당시의 한반도와 거의 비슷한 언어를 사용한 것으로 볼 수 있다 (1992. 11. 29.).

7.4.3. 屯羅의 호칭은 잘못인가?

우리나라의 고대로부터의 문물제도에 대하여 1770년에서 1903년 사이에 세 번이나 왕명을 받고 편찬한 끝에 1908년에 간행된 책으로 증보문헌비고가 있다. 그것은 모두 2백50권 50책으로 되어 있는데, 그 중의 권15 輿地考 3을 보면 屯羅라고 하는 호칭은, 제주도의 옛 이름이 乇羅인 점에서 그 屯羅의 屯은 乇의 잘못일 것이라고 언급되어 있다(濟州古稱乇羅所謂屯羅 之屯即乇字之誤也).

그 기록을 달리 생각하면, 제주의 옛 이름에 屯羅라는 호칭이 일반적으로 쓰인 것 같은데, 편자의 규범의식은 그 屯羅를 乇羅의 잘못으로 보는 것 같다. 선의적으로 보아서 그것은 屯이 乇의 오자라기보다 같은 형태음 소적 표기라는 것을 주장하는 듯하다.

비근한 예로, 한라산을 소리나는 그대로 할라산, 할나산, 한나산으로 적 었다고 해서 그 '할'을 '한'의 오자라고 하는 것과 같다. 물론, 맞춤법상으로 는 틀렸다고 할 수 있으나, 실지 발음으로 볼 때는 틀린 것은 없다. 맞춤법 이란 원래 많은 가능표기 가운데서 한 가지를 선택한 약정에 불과하다. '앉아서'를 '안자서'로 써도 괜찮다고 맞춤법을 고치면 그것이 바른 표기가 되고 마는 것이다.

그럼, 屯羅와 乇羅의 관계가 같은 형태적 표기라는 점을 어떻게 입증할 수 있을까? 다시 말해서 원래 乇羅였겠지만, 나중의 실지 발음은 屯羅였다 고 보는 것은 어떤 근거로 그렇다고 말할 수 있을까?

먼저, 증보문헌비고에서 屯羅와 乇羅를 놓고 그 옳고 그름을 따진 것 자 체가 동일형태의 다른 표기의 관계를 은연중 시사하고 있다고 볼 수 있다. 전연 별개의 호칭이었다면 或言, 改稱, 別稱 등으로 썼을 것이다. 또 屯羅 는 다음과 같이 乇羅의 자음접변형으로 볼 수 있기 때문이다.

乇羅는 옛 음으로는 둑나(라)로 읽었을 것이다. 더 정확히는, 고대 중 국·한국·일본 한자음으로 미루어 볼 때 州胡의 州나 乇羅의 乇에는 3등 운 개음이 개재했을 가능성이 커서 둑나로 읽었다고 본다. 한자어 말고는 고대일본어에 원래 개요음이 없었다고 보고 있는데, 제주방언의 고유요소 도 마찬가지로 그러한 발음은 잘 보이지 않는다. 아마도 우리의 조상들이 외래적인 개요음을 발음할 때는 처음에는 좀 힘들었는지 모른다. 만일에 고대에 단모음인 아래아(ㆍ)음에 개요음이 가미되었다면 어떻게 발음했을 까?

영조 때의 실학자 申景濬이 지은 訓民正音韻解(1750)를 보게 되면 開口 音(正韻) ㆍ에 대해 齊齒音(副韻) ㆎ를 상대시키고 있는데, 이는 곧 ㆎ음은 개요음+아래아 음임을 나타내고 있다(발음의 예는 ㆎ둛 '8'). 실지 그러한

발음이 존재했는지 여부에 대하여는 논란이 있다(柳僖의 諺文志 1824에서
는 ㆍ를 부정). 이론상, 그리고 음성상 그러한 발음의 존재는 가능할지 모
르나 그것이 음운적 변별성을 가지고 있었는지에 대하여는 필자는 회의적
이다.

만일에 앞서의 둑나에 개요음이 가미된다면 그 발음은 둑나이고 그것의
자음접변형은 둔나가 된다. 둔의 발음은 하기도 듣기도 어려운 미묘한 발
음이어서 심리적으로 그러한 발음을 하고 있다고 느끼더라도 실지 음성은
둔나 던나로 이해됐을 것이다. 바로 屯羅의 屯자가 이러한 음에 합당한 굴
자이다. 屯의 상고음은 文部의 주모음 *ə로 추정되는 것(李方桂 1982)도 참
조된다.

屯은 知母이고 3등운자이다. 중세 한국한자음은 둔(훈몽자회 1527년), 현
대 한국한자음은 둔, 준이고, 일본한자음의 吳音과 漢音이 모두 ton(徒渾切,
集韻), tyun(cyun)(株倫切, 集韻)인 점에서 원래 둔에 가까운 음이었다고 본
다. 게다가 앞서의 상고음을 참조하면 던에 가까운 음이었기도 하다. 따라
서, 屯자는 乇羅의 자음접변형 둔나를 표기하는 게 안성맞춤의 글자였다고
할 수 있다.

여기서 한번 생각을 달리해서 屯이 乇과는 전연 관련이 없는 별개의 어
원에서 온 것이라고 한다면 어떠한 가능해석이 있을까? 우선 만주어 tun
(韓漢淸文鑑에는 툰으로 되어 있다)과 연관시킬 수 있겠지만, 만주어의 그
것은 바다의 섬보다는 내·강에 있는 마른 땅이란 뜻이 뚜렷한 점에서, 또
설혹 연관된다 하더라도 퉁구스방언·몽고어 등 주변언어에서 이와 비슷
한 단어가 보이지 않아서 하나의 차용어일 가능성이 있고 그렇다면 오히
려 섬이 많은 한국어로부터 차용했다고 볼 수 있는 점에서 일단 배제된다.

다음에 탐라어의 頭無 '圓', 고구려어의 冬非 '圓'과 연관지을 수 있겠지
만, 直音:拗音의 차이, 舌內:喉內의 鼻音尾의 차이가 문제된다(그러나 屯
羅의 후발달형 耽羅하고는 의미의 연상적 관계는 있었던 것으로 보인다).
이와 같이 다른 해석의 가능성이 희박하다면 역시 남는 것은 앞서의 자

음접변형 해석이다.

여기서 표제의 屯羅의 호칭은 틀린 것인가 하는 물음에 답한다면 "아니다. 그것은 잘못은커녕 제주의 옛 이름의 생생한 실지 발음 그대로이다." 하고 대답하고 싶다. 그것은 옛 이름의 실상과 변천을 밝혀 주는 산 증언이 되는 귀중한 호칭이라고(1993. 3. 5.).

7.4.4. 涉羅는 섬나라

이조 正祖때의 실학자 韓致奫이가 한국 중국 일본의 역사서에서 단군시대로부터 고대까지의 관계기사를 뽑아서 海東繹史(85권 4책 그 중 15권은 그의 조카 韓鎭書가 보충)란 역사책을 편술하였는데, 그 卷16 世紀16 탐라에 다음과 같은 기사가 실려 있다.

'탐라는 바다의 섬의 나라이다. 後魏(北魏)의 正史인 魏書(554년)에는 涉羅라 칭하고, 隋書에는 躭牟羅, 唐書(필자주 新唐書 1060년경)에는 儋羅 또는 耽浮羅라 칭하였는데 毛羅와 모두 한 가지이다. 또한 東國方言에서 섬을 剡이라 하고 나라를 羅(羅)라 하는데, 耽·涉·儋의 세 음은 모두 剡과 상통하는 것이며 섬나라를 가리킨다'(이상 의역).

이 글에서 간추릴 수 있는 요점은 다음과 같다. 첫째는 제주섬의 모든 호칭은 섬나라란 뜻으로 일관하고 있고, 둘째는 나라의 호칭에는 羅(羅)자가 쓰이고, 셋째는 섬의 호칭에는 시대에 따라 문헌에 따라 (毛)·耽·涉·(躭)·儋이 쓰이는데 모두 剡과 상통되는 음이라는 것이다.

이 중에서 耽자는 중국의 상고음으로는 덤(tǝm)에 가까운 음이다(-m자의 영향으로 담으로 변화). 그 이전의 州(胡), 毛(羅)자가 3등운의 개요음을 가졌던 것처럼 이 음도 그렇게 유추되면 덤에 가까운 음이 된다(耽津 : 冬音津의 대응이 있으나 음은 원래 įǝm). 전술의 海東繹史에서 耽·涉·儋의 3음이 모두 剡과 相類라고 한 것이 참조가 된다. 涉은 禪母이며 葉3등운으로 덥/졉(졉, 현대어 섭)에 가까운 음이다. 구개음화 내지 舌音化의 변화를 거치고 있는데 다만 韻尾만은 같은 脣音의 m : p의 차이는 있다. 儋은 擔과 같고 膽과 통한다(張三植 1975) 하였으니 덤(〉첨 新增類合, 현대어 첨)에 가까운 음이다. 그리고 剡 역시 禪母이며 3등운으로 졈(셤 〉현대어 섬)이다. 곧 이들은 졈〉셤으로 변한 점에서 공통된다. 다만 涉의 받침은 ㅂ이지만 涉羅로 연이어 발음할 때는 '셤나'가 되므로 ㅁ받침이 되는 것은 마찬가지다.

이렇게 본다면, 州(胡) - 乇(羅) - 耽(羅) - 儋(羅) - 涉(羅)의 호칭의 변천은 덕 - 던 - 졈 - 섬으로 자연스러운 변화과정을 보여준다. 여기서 필자는 한국어의 '섬'(원래 셤)은 이러한 호칭의 변화의 유래에서 기원하지 않았나 하는 가설을 제기한 바 있다(1990년). 그 근거는, 앞서의 호칭의 변천이 언어학적으로 매우 자연스러운 점, 그리고 알타이어·퉁구스어, 기타 주변 언어에서 한국어의 섬과 비슷한 말이 없는 데서 '섬'이 한국에서의 자생적인 어휘가 아니겠느냐는 것이다. 다만 乇羅·耽羅의 음형과 현대어의 섬과 거리가 있지 않나 하겠지만, 그것은 문헌에 國名으로 굳어버린 것과 口語로 전승된 것의 차이뿐이다.

다만, 일본어에는 中古때에 sima '島'(萬葉 Kana 之麻, 志麻로 볼 때 cima일 가능성이 크다)라는 말이 있어서 그것과의 관계가 문제된다. 일찍부터 국내외에서 한국어의 섬과 일본어의 sima와의 연관성이 지적되었지만 그 유래에 대하여는 두 가지 의견으로 갈린다.

하나는 일본어의 sima가 보다 오래된 것이며, 어중의 i가 꺾이고(Ramstedt는 제2음절의 모음이 제1음절 i에 융합하여 중모음이 되었다고 한다) 말모음 a가 탈락하여 한국어의 섬이 되었다는 것이다(sima 〉siəma 〉siəm). 이는 핀란드의 알타이어학자 Ramstedt(1926)의 주장이고 국내에서도 이를 따르는 이가 많다.

다른 하나는 한국어의 섬이 일본어에서 sima로 받아들여진 것이 아니겠느냐하는 것이다. 이는 필자가 제창한 것이다(1988년에 일본의 국어학회에서 발표하고, 한글지 203호(1989)에 논문으로서 게재하였다). 그 요지는 대충 다음과 같다.

예를 들어, 한자의 경우 陸자와 六자는 한국어로 모두 륙으로 開拗音이 介在하고 있다. 그런데 이것이 일본어에서는 각각 riku와 roku의 直音으로 받아들여지고 있다. 그 이유는 필자가 생각하기로는 한국한자음에 악센트 (특히 상성)가 있을 때는 개모음이 두드려져서 일본에서 riku가 되고, 악센트가 없을 때는 주모음이 두드러져서 roku가 된다고 본 것이다.

마찬가지로 한국어의 섬은 악센트가 상성이므로 개모음이 두드러져서 일본어의 sima가 되고 악센트가 없는 곁 '傍'의 경우는 kata가 된 것이다. 主母音 a : ə의 대응은 기저모음을 ɐ로 보면 자연적이다. 또 이상과 같은 한국어의 폐음절은 일본어에서는 개음절화하는 데(끝에 부가되는 모음은 동일모음부가규칙에 따른다.) 이상과 같이 介母音 구조가 악센트의 존재여부에 따라 다른 모음으로 分化하는 규칙은 필자는 개모음 구조분화규칙이라 명명하고, 그 이후에 필자는 이에 대한 많은 검증을 했고 그 결과 많은 어례가 이 규칙의 적용을 받는 것을 확인하였다.

어떻든, 涉羅가 섬나라로 풀이되는 것은 큰 뜻을 지닌다. 그것은 제주의 옛 호칭들이 일관적으로 섬나라를 뜻한다는 것이고, 앞서의 필자의 주장 곧 섬 〉sima와 같이 한국어에서 일본어로 전파되었다는 주장을 다소라도 뒷받침한다는 것이다. 왜냐하면 섬의 어형이 새로운 것이 아니고 오래 전부터 존재한 것을 문헌적으로 보장하기 때문이다(1993. 4. 1.).

7.4.5. 碧浪國은 實在했다.

이조 태조로부터 태종, 세종 세 임금의 왕명에 의해 1454년에 완간된 고려사의 卷57 地理2를 보게 되면 제주섬의 선조 3神人이 日本國(지금의 일본과는 뜻이 근본적으로 다른, 하나의 지역국가. 다른 책에 碧浪國) 왕녀 세 사람을 각자의 배필로 맞이한 것으로 기록되어 있다. 그렇다면 碧浪國은 3神人의 처지로서는 처가요, 그 자손의 처지로서는 외가가 되는 셈이다. 이 고려사는 고려시대의 기본자료에 의거하여 편찬된 것이기 때문에 이러한 이야기는 허황된 허구는 아닐 것이다.

다만, 韓致奫의 海東繹史에는 해변에서 돌함을 얻어서 열어보니 여인 세 사람이 있어 배필로 삼았다고 되어 있어, 어디서부터 왔는지에 대하여는 언급이 없다. 그러나 기록의 말미에 出典이 日本紀라 명기되어 있고, 또 東史의 본문이란 주가 달아 있다. 日本紀가 만일 일본측의 문헌이라면 일본의 正史인 日本書紀의 異稱이 되고(그러나, 일본서기에는 관련 기사가 안 보임), 또 日本書紀 이후의 六國史의 호칭이 되기도 하는데(東史는 미상이다) 그렇다면 일본 쪽에서 왔다는 것을 시사한다고 하겠다.

한편, 저자미상의 瀛洲誌에는 東海碧浪國의 왕녀로 되어 있어서 東海 주변에서 왔다는 이도 있지만, 이 東海는 한반도의 東海가 아니고 제주도의 東海를 가리키고 있을 것이다. 金錫翼의 耽羅紀年에는 碧浪國 3神女로 되어 있고 來泊한 데가 延婚浦 곧 旌義閼雲里로 되어 있다.

이들 기록에서 첫째로 제주섬에 시집온 3왕녀의 본국은 제주바다의 동쪽에 있고 나라 이름은 日本國, 碧浪國이라 했는데 어쩌면 奉三神女(王女)인 점에서 女王國이었는지도 모른다. 위치는 제주섬의 正東 북위 33.3도 위치에 있는 일본의 北九州의 唐津灣과 博多灣의 언저리에 있음을 알 수 있다. 둘째로 3왕녀가 도착한 곳은 지금의 온평리(열르니)이고 옛 이름은 延婚浦・閼雲里이다. 셋째로 도착한 사람은 使者 한 사람과 3왕녀이며 돌함 또는 나무함과 함께 오고 그 중 사자만이 돌아가는데 그가 구름 속으로 사라진 것으로 되어 있다.

첫 번째 점에 대하여는, 필자는 1991년 6월 일본의 京都에서 열린 日本語語源研究會에서 발표한 倭人條의 國名에서 언급한 바 있다. 그것은 나중에 논문(김공칠 1991)으로 실었다. 그 요지는 대략 다음과 같다.

기원초에 北九州의 唐津灣으로부터 博多灣에 걸쳐 末盧國을 비롯해서 伊都, 奴, 不彌國에 이르기까지 4國이 존재하고 있었다(기원전 3세기의 위지동인전 왜인조의 기록으로부터 소급추정). 원래 이 지역은 아이누인이 살고 있었던 곳이지만, 한국에서 온 이주민이 정착하게 된다. 그래서 이 지역의 국명은 원래 원주민의 아이누어로 부르던 것이 한국어로 새로이 풀이되었다고 보는 것이 필자의 기본 입장이다. 首國인 末盧國의 音相은 아이누어 mat 灣·半島·女人 , moto 始：原, 한국어·일본어 mɐt 伯, 일본어 moto 本인 점에서 이 나라는 원래는 海岸國이었고 女人國의 뜻이었는데 나중에는 首國(首國으로서 朝貢한 史實 참조)이고 日本國(火의 元의 뜻)으로 바뀌었다고 보는 것이다.

문제의 碧浪國 pɐr은 이와 음상이 비슷하다. 또한 이는 그 音義로 보아 제주방언의 pɐr(바다가 잔잔하다/또 푸르다의 무기음형 *부르 – cf. Jap awo 靑 *par)에 걸맞는 것이다. 3神女의 옷이 靑衣라는 점이 매우 상징적이며 그들이 사용한 언어에서 그 출신을 바다가 잔잔한 灣內의 mɐre/pɐre라고 한 것을 탐라의 3神人이 碧浪國으로 받아들인 것으로 볼 수 있다. 문제는 어두음 m/p와 어중의 t/r교체인데, 이는 조음위치는 같고 조음방법의 차이 뿐으로 고대에는 이러한 교체현상은 흔한 일이었다. 또한 末의 字의 音은 일본 吳音으로는 matu, 漢音 batu인 점도 참고가 된다. 꼭 굳이 어두음 p음을 고집한다면 앞서의 4國 중의 마지막인 不彌國에 견줄 수 있다. 不彌國도 아이누어 par 廣·moi 港, 한국어 pɐr 穩·*mi 水로 해석이 가능하고 이나라 역시 女王國이었다고 보기 때문에 연관이 가능하다. 이들 포함한 4國은 모두 연접한 連合국가이며 海岸國家였기 때문에(3神女와 使者하고 4人인 점도 주목됨) 듣기에 따라 혼동될 수 있었을 것이다.

둘째 점 延婚浦와 闊雲里에 대하여는 그 用字로 보아 表音的이지만, 表意적인 用字선택에 애쓴 흔적이 보인다. 거기는 3神女와 使者가 배를 저어와서 청혼을 한 곳(온평리를 상륙지점으로 삼은 것은 제주섬의 동쪽해변이기 때문임)인데, 이는 아이누어의 yarui 배를 젓다·yorun 청하다(cf. 중세어 얼다·얼이다 嫁/얼우다(제주방언 얼르다) 嬌)의 音義가 반영된 것으로 볼 수 있고, 받아들인 쪽에서는 闊(雲里)은 만나다·보다·받아들이다의 뜻이 있고 延(婚浦)은 나아가다·말하다·받아들이다의 뜻이 있어 그것을 살린 것이 된다.

셋째 점, 函과 使者에 대하여는 아이누어에 hambe 父가 있는 점에서 使者는 여인의 부친일 가능성이 있고(母는 女王), 일이 끝난 후 使者가 구름 속으로 사라졌다는 것은 아이누어의 kur(u)가 구름·산·사람의 뜻이 있어 사람이 산(아마도 城山)쪽으로 가버렸다는 뜻일 것이다.

아직은 이러한 국명, 지명, 관련 어휘의 문제들에 대한 언어학적인 풀이의 시도가 보이지 않아서, 앞으로의 연구의 하나의 촉매로서 위의 가설을 제기해 두는 바이지만, 어떻든 碧浪國은 이상의 情況으로 보아 實在하였다 할 수 있다(1993. 5. 11.).

7.5. 山名

7.5.1. 頭無岳 또는 圓山

이 글의 표제는, 1454년(이조 단종 2년) 정인지 등에 의하여 편찬된 세종실록지리지 제주목에 실려 있는 기록(漢拏在州南一曰頭無岳又云圓山)에서 보이는 한라산의 호칭들이다. 세종실록지리지를 바탕으로 해서 성종시대 慮思愼이 편찬한 東國輿地勝覽을 다시 증보하여 만든 1530년 중종 때의 신증국동국여지승람에도 이와 비슷한 기록이 있다(一云頭無岳⋯一云圓山).

여기서의 頭無(岳)는 借音표기이고 圓山은 借義표기이다. 곧, 頭無 : 圓이라는 상관관계가 성립되는데, 이는 곧 한라산을 頭無岳(정확히는 頭無달)이라 불렀고 그 뜻은 圓山이라는 것이다.

이와 비슷한 상관관계로 쓰인 문헌어의 예로는 冬非 : 圓(鐵圓郡一云毛乙冬非)이 있고, 중세어 둚 : 盆도 이에 견줄 수 있다. 또한 중세어나 현대어에서의 '둥글다'도 이와 어근을 같이 하는 것으로 보인다.

冬非와의 同音異寫자로서 冬音이 예거된다. 삼국사기 및 세종실록 등에서 추출되는 耽津縣 : 冬音縣 : 冬音津의 용례가 그것이다. 冬은 현대 및 고대 한자음이 '동'('둥'이었을 가능성도 있다)이었다(중국의 上古/中古한자음은 tông/tuong).

이에 대해 音자는 현대음은 '음'이지만 중국의 上古·中古 한자음이 모두 i̯əm인 점에서 원래는 '염'에 가까운 음이었다고 볼 수 있다. 따라서 만일 '冬音'을 反切式 또는 선행자 略音借로 읽는다면 '뎜'이 되고 音자를 말음첨기 또는 후행자 略音借로 본다면 '돔'(<둠)이 된다. 또 各字全音으로 읽었다면 '동염'이다. 이 중에서 어느 것을 택할 것이냐 하는 문제는 복잡한 논의를 요하는 것이 되므로 여기서는 간단히 그 가능성에 대해서만 언급하기로 하겠다.

뎜으로 읽는다면 앞서의 耽津 : 冬音津의 관계가 잘 들어맞는다. 말음첨기식으로 돔(또는 둠)으로 읽으면 '圓'에 가까운 뜻이 되어서 좋으나, 대개 말음첨기의 경우는 선행자는 借訓字이다(앞서의 毛乙 털 '鐵'). 각자 全音으로 읽는 것도 圓에 가까운 뜻이 되나 국어의 음형식으로는 어색하다. 그렇게 되면 어중에 축약현상이 있기 마련인데 결과적으로 반절식과 비슷하게 된다.

필자는 일찍이 졸저『방언학』(김공칠 1977)에서 頭無 : 冬音을 圓의 뜻과 결부시켜 논의한 바 있다. 물론 지금도 이러한 의견을 바꿀 생각은 없지만, 일본의 日本書紀에 百濟記 운운하면서 예거된 忱彌多禮/枕彌多禮의 기록을 다시 검토해 본 결과 보다 근본적인 뜻은 딴 데 있는 것으로 여기게 되었다. 일인학자 Ayugai(鮎貝房之進, 1937)는 문제의 忱彌多禮를 tomitare로 읽고 있지만 그것은 정확치 않다. 忱자는 중국의 上古/中古한자음으로 di̯əm/z̺i̯əm이고 枕도 ti̯əm/tś̺i̯əm으로서 모두 뎜(> 졈)에 가까운 음이다. 전자는 유성음, 후자는 무성음의 차이 뿐이다. 따라서 忱彌多禮는 tomitare가 아닌 ti̯əmitare가 보다 맞는 형식이다.

하지만, Ayugai(鮎貝)는 이 忱彌多禮를 頭無岳과 관련짓는 탁견을 보였다. 그러나 아깝게도 이들이 대응되는 이유를 설명하지 못했다. 앞서와 같이 tomitare로 푸는 이상은 연결이 불가능하다. 그렇지만 필자의 주장대로 tiəmitare로 읽는다면 잘 들어맞게 된다. 그것은 頭無의 頭자의 현대음은 '두'지만, 중국의 中古한자음은 dʼəu임을 고려할 때 옛 음은 忱·枕하고 운미를 제외하고는 비슷한 음이 되기 때문이다. 이렇게 되면 앞서의 耽 : 冬音 그리고 頭無 : 忱彌의 상관관계가 모두 성립하고 나아가서는 제주섬의 호칭에 쓰인 耽·儋·涉과도 잘 어울리게 된다.

그래서 필자는 頭無 : 忱彌의 본뜻은 섬의 뜻이 아니었나 생각하게 된 것이다. 忱彌多禮의 多禮는 山·岳의 뜻인 tar을 표기한 것이므로 頭無岳의 제격의 호칭은 t(i)əmitar이며 이는 곧 鳥山(내지 鳥國)으로 풀이되는 것이다. tar은 수식어적 용법으로는 高, 피수식어적 용법으로는 山의 뜻으로 쓰이었으므로 본래의 뜻은 높은 高地를 가리킨다고 하겠으므로(阿斯達 참조), 제주섬의 조상들이 근거했던 터전이 된다. 그것이 곧, 한라산이요, 또 그것이 제주섬의 호칭이기도 한 것이다. 신증동국여지승람에서의 설명에 의하면, 頭無岳은 봉우리마다 평평한 데서, 圓山은 높고 둥글기 때문에 그렇게 불리어졌다고 하는데, 이는 높고 평평한 자리(도읍지)를 근거로 해서 그러한 민간어원설이 있게 된 것이 아닌가 싶다. 봉우리마다 둥글게 패어 있고, 위에서 내려다 보는 봉우리는 평평하고 둥글게 보이는 것도 무관치 않을 것이다. 여기에 頭無 : 冬音의 類音의 상관관계가 관여하여 圓山의 해석이 나올 수도 있다. 현재 남아 있는 아이누어·일본어의 tama '球'도 중복관계에 있었는지 모른다. 한국어(제주방언) temeɲi<*təm 頭, 일본어 'tumuri', '頭' 등이 연상된다. 이러한 말들의 뿌리가 되는 언어들을 제주섬의 조상들이 쓰면서 山名의 민간어원으로 남겼을 것이다. 섬을 뜻하는 뎜(덤)이라는 音形이 본래의 '섬'이라는 뜻을 상실하고 이와 音形이 비슷하고 의미의 연상관계에 있는 圓이라는 뜻으로 전승되기도 하고 '頭'의 用字를 쓰기도 한 것으로 본다.

어떻든 우리측 문헌어인 頭無岳과 일본측 문헌어인 忱彌多禮의 상관관계는 이들을 t(i)əm(u)로 읽음으로써 일치가 되고, 또 그렇게 되면 耽羅·儋

羅·涉羅 등의 옛 호칭과도 관련되는 것이다. 이전에 鮎貝式으로 tom의 音에 끌려서 魚名의 tom에 관련시킨 것(高橋 1956)은 이상으로 보아 本義로부터 떨어져 있다 하겠다(1993. 6. 12.).

7.5.2. 한라산

오늘의 제주섬의 오직 하나의 자랑이며 마지막 자존심이기도 한 한라산 (1,950m)은 과연 어떠한 호칭의 유래를 지니며, 그것은 또 그 격에 걸맞는 풍미를 지니는 것일까?

한라산의 다른 호칭인 頭無岳과 圓山에 대하여는 이미 언급한 바 있거니와 여기서의 한라산은, 1530년의 新增東國與地勝覽 제38권 제주牧의 기록에 의하면 漢拏山이 마치 雲漢(銀河 또는 하늘의 뜻)을 가히 끌어당길 (拏引)만 하기 때문에 그 이름이 있게 되었다고 한다.

이러한 한자표기의 傳承에 입각했을 때 한라산의 호칭은 구름·하늘·끌다라는 말과 音形이 비슷한 것이었고 그래서 그러한 民間어원설이 생긴 것으로 짐작할 수 있다. 그런데 묘하게도 이들 어휘들은 아이누어로 kur(u)라는 동일한 音形을 가진다. 곧 아이누어 kur(u)는 山·구름(雲)·끌어당기다(拏引)의 뜻을 지닌다. 그렇다면 아주 옛적에 한라산을 민간에서는 kur(u)라고 불렀었다고 추정할 수 있다. 한편 그 수식어에는 kan과 연관되는 호칭도 있었던 듯 싶다(그 모음의 원형을 ɐ로 가정하면 교체형으로도 볼 수 있다). 아이누어로 上과 天이 kan(上), kanna(上, 上水), kando(天)와 같은 音形이었고, 한라산의 한자표기 첫자 漢과도 연관되기 때문이다. 漢의 현대음은 han이지만 上古/中古음이 χân(일본 한자음 kan)인 점에서 처음은 kan에 가까운 음이었다고 보는 데서 그렇다.

표기 둘째 자 拏는 끌어당기다라는 어원을 살리기 위해 그것을 쓴 것이고, 실은 흔히 쓰이는 羅 글자 그대로 그 音形 na(아이누어 nak '장소')는 땅·나라(國)를 뜻하는 것이었다. 拏를 쓰든 羅를 쓰든 결과적으로 같은 것이다. 한국어의 경우 語中에서는 −nn−의 연속은 −rr−가 되기도 하므로 (자음접변) 그것은 표기하는데도 안성맞춤의 것이다. 이렇게 본다면 한라산의 호칭에는 복합어적으로 쓰이는 kur−na(k)(山−地·國), kan−na(k)(天−場·國)이 있었던 것으로 보인다. 현재의 속칭 할록산의 ㄱ받침도 아주 오래된 이들 발음의 흔적일지 모른다. 전자의 kur은 한국어로 재해석되면 크다라는 뜻이 되는데 일반적으로 그러한 이미지가 주어진다.

그런데, 일본의 九州 남부에 韓國(karakuni)岳(1천7백m)이라는 산이 있다. 그 근방에 kuru, kuri라는 지명이 있는 점에서 한라산의 경우와 그 命名의 경위가 비슷하다고 할 수 있다.

漢拏山   kanna · kur
          (harra)
韓國岳   kara · kuni(take는 重複)

한라산의 정상에는 주위 약 2km의 火口湖가 있고 韓國岳에는 발밑에 좀 떨어져 있기는 하나 1.9km의 大浪池가 있다. 이 大浪池를 한국어식으로 읽는다면 kan−na에 가깝게 된다. 이 韓國岳은 서기 기원 전후에 九州지방에 존재했던 倭人六國의 盟主國인 Yamato(邪馬臺)의 女王의 所居地이다. 필자는 邪馬臺의 別稱 邪馬壹이 먼저고 邪馬臺는 그 다음의 호칭으로 본다. 그리고 邪에는 ga의 음이 있으므로 邪馬壹을 kamit으로 읽고 단군신화에서의 神市에 비기고 있다. 물론 Yamato의 소재에 대하여는 일본에서는 오랫동안 九州說과 大和(Nara)說로 나뉘어 일본의 관련 학계에서 불꽃튀는 논쟁을 계속해 온 터이고, 九州說에서도 막상 그 구체적 위치를 논하게 되면 주장이 또 갈리는 처지이므로 매우 어려운 문제이나, 필자는 서기 3세기의 중국문헌 魏志東夷傳 倭人條의 기록의 분석을 통하여 이 韓國岳 부근으로 추정한 바 있다. 일본 학자 중에도 이 부근을 추정한 이가 있지만 그 논거는 전연 다르다. 자세한 것은 졸고(김공칠 1991)를 참조하여 주기 바라고,

주된 논거는 그 소재의 方位·里數 외에 國名의 분석과 重層的인 해석에
입각한 것이었다. 그 주변 지명이 삼국유사 所載의 가라국 首露王의 天降
神話와 관련될 듯하기 때문이다. 韓國岳을 비롯해서 女王所居의 邪馬壹의
音義가 가락국기所載의 龜何歌의 龜(kame), 降臨地의 龜旨峰, 고구려의 蓋
馬大山(魏志東夷傳東沃沮의 蓋馬(kama), 백제가 건국한 金馬(삼국유사 馬
韓), 단군신화의 神市 등과 상응하기 때문이다(나중에 熊本의 阿蘇山麓에
北上했겠지만, 女王所居의 뜻에는 변함이 없다).

　낙동강 하류의 加羅로부터 그 일파는 제주섬으로 건너와 karana漢挐·漢
羅를 이루고, 다른 일파는 九州로 건너가 karana韓國(岳)을 이루었다. 일본
의 kara-kuni의 후항 kuni는 나중에 일본식으로 고친 것이다. 그 근거지가
하나는 漢挐山이요, 다른 하나는 韓國岳이다. 모두 karana-tar의 借義표기
이다. 맨 끝의 tar은 한라산의 별칭 頭無岳의 岳이 tar로 읽음과 같은 것이
며 그 끝자음 r(t)은 일본어에서 k로 교체되어 take가 된다.

　당시에 先住民들은 원래 이 산들을 kur(u), kurna, kanna(k) kannakur(神水/
上水의 山)로 부르고 있었을 것이다. 그것들은 후세에 민간어원으로 구
름·하늘·끌어당기다와 같은 전승으로 남는다. 加羅인들이 건너와서는
자기네들 언어에 의거해서 새로운 類音·類義적인 해석을 가한다. *kara-
na-tar이 그것인데, karana의 산(tar)이라는 해석이다. 九州의 韓國岳이 이를
뒷받침한다. kara의 어원은 아직도 미상이다. 그래서 借義표기할 때 부득이
중국의 國名에 쓰이는 漢과 韓을 각각 충당했을 것이다. 원래의 kur(u),
kanna(k) 거기에다 kara-na의 어중축약에 의해 축약형 kunna, kanna가 이루
어지고 한국어의 큰나라, 한나라, 하늘나라라는 뜻풀이와 결합한다. 여기
에 山을 뜻하는 tar이 첨가되는데 이 과정에서 -na의 音形은 본래의 뜻은
바래고 관형형 어미의 구실(Kor. 은·는, Jap. nö)로 바뀐다.

　요컨대, 한라산의 호칭은 본래는 山인 kur(u) 그리고 높은 곳(上·天)인
kan-na(k)(上水·神水)에서 유래했고, 나중에 山을 뜻하는 tar이 첨가되면
서 *kara나라의 산(韓國岳 참조)을 거치고 어두의 k〉h의 변음과정에서 큰

(나라의) 산, 하늘(높은 나라)의 산, 하나의(나라의, 諸國·諸山이 아니므로)
산이란 뜻으로 바뀌어 간 것으로 풀이된다(1993. 7. 8.).

7.5.3. 긋달·絶岳

저자·연대는 미상이나 제주의 上古史 기록에 관한 한, 가장 오래된 것
으로 보이는 瀛洲誌를 보게 되면 한라산을 絶岳이라 지칭한 듯 싶은 대목
이 있다. 지문에서는 한라산 北麓에 三神人이 땅에서 솟아나왔다로 되어
있고, 碧浪國 使者의 말로는 絶岳에 三神人이 내려왔다고 되어 있으니 한
라산=絶岳의 등식이 성립할 수 있다. 이와는 달리 碧浪國王이 멀리 동쪽
에서 제주 바다의 기상을 바라보고 사신을 보낸 것이므로, 현재의 終達里
의 긋달로도 볼 수 있다, 그것은 絶자의 훈이 귿다(〉끊다)여서 終의 훈과
같은 것이 되고, 岳은 고구려어로 tar(일본어 take)이므로 絶岳은 終達과 결
과적으로 같은 발음이 되기 때문이다. 그 어는 곳이든 아주 옛적에는 산을
군(굴)이라 불렀기 때문에 큰 문제는 되지 않는다. 어느 산이든 거기에 三
神子가 내려왔다는 것이다.

한라산의 경우, 필자는 이미 옛 이름이 굴이었을 가능성이 있다고 했다.
받침 ㄷ은 ㄹ과 자연스레 교체되며 오히려 ㄷ이 옛 음인 점에서 그것은 긋
(달)의 것과 일치한다. 종달리의 긋달도 마찬가지다. 이전에 필자는 제주섬
에서 가장 먼저 해가 떠오르는 종달리를 긋(끝)달이라 한 것은 이해하기
힘들고 이는 필시 조천읍 산간지대에 진출한 부족이 다시 동진하여 다다
른 끝이기에 그러한 이름이 주어지지 않았나 했는데, 사실은 본래 先住民
들이 산을 군(굴)이라 불렀기에 여기에다 後住民들이 가져온, 산의 뜻인 달
(達)이란 말이 복합되어서 군달(긋달)이 되었다고 할 수 있다. 그것이 나중
에 어원해석에서 '군'의 산이란 뜻은 바래고, 앞서 말한 그대로 가장 동쪽
끝자리에 있다는 뜻인 긋(끝)달로 바뀐 것으로 생각된다.

이러한 造語방식이 용인된다면, 표선면 하천리의 達山峰은 先住民의 본

래 호칭은 사라지고(里名의 속칭 냇기의 기가 이와 연관될지 모른다), 後住民의 達(처음에는 무슨 達이라 했을 것이다)에 또 같은 뜻의 山이 겹치고 거기에다 또 峰이 겹쳐서 하나의 山名이 된 전형적인 예가 될 것이다. 전해 오는 말로는 그 산에 (큰)탈(딸기)이 많았기 때문에 그러한 이름이 있게 되었다고 하는데 그 말대로라면 본래 그 산은 *굿달·*근달(大岳)이었을 가능성이 짙고, 한편 속칭 냇기를 미루어 *낫굿(水岳)(낫귀 〉냇기)이었을 가능성도 배제할 수 없다. 아이누어로 na는 水, nat은 川·谷의 뜻이다. 마을 옆을 흐르는 川尾川의 속칭이 냇기내인 점에서 川을 뜻하는 말은 맨 끝의 내가 담당하고, 맨 앞의 내는 옛 호칭을 보존한 것으로 볼 수 있으며, 공교롭게도 (냇)기의 尾는 종달리의 地尾峰(굿달)의 尾하고 일치하는 점도 간과할 수 없다. 더욱이, 산 남쪽의 아랫마을 지경을 넙팟이라고 하는 점에서 이 역시 산쪽을 *낫굿, 평지쪽을 *낫밧(정확히는 늣밧 〉넙팟)으로 대칭적으로 부른 데서 온 것이 아닌가 싶어진다. 廣田의 뜻이라면 '널븐밧·너른 밧'으로 불러야 언어의 일반적인 이치에 맞는다. 여기서 *낫굿 〉*굿달 〉*달산 〉달산봉의 역사를 재구할 수 있다(탐라지에는 達山의 이름은 實存한다).

이러한 맥락에서 본다면 그 서편의 매봉(鷹峰)도 *뫼−봉에서 왔는지 모른다. 매(鷹)자는 백제어로는 kuti니까 이 산도 원래 *굿달, *굿뫼이었을 가능성도 없지 않다(*굿뫼 〉*뫼봉 〉매봉). 한국어의 일상어에서도 다른 계통의, 같은 뜻의 두 말이 복합하여 하나의 말이 되는 경우가 있다.

夜밤·개川·늪池·足발·손手… 등이 그것인데, 地名에서도 그러한 造語방식이 성립할 수 있음을 가히 예상하고도 남는다.

그렇다면, 山의 명칭이 굳(굴)−달−뫼의 역사가 생생하게 드러나는 것이 된다. 先住民의 언어−加羅어(고구려계)−신라어의 맥이 한 줄기처럼 잡히는 것 같아서 퍽 흥미롭다. 게다가 城山의 호칭이 굴이었을 가능성은 延婚浦 설화에서 일본국 사자가 구름(kur) 속으로 사라졌다는 대목에서 미룰 수 있었고(실지 고구려는 굴~군), 水山里의 大王山, 弓帶岳 등의 호칭은 모두 굳(굴)과 관련된 것으로 보인다.

그렇다면, 기이하게도 제주섬의 동쪽해변에 가까운 山名에는 古形의 잔영이 남아 있는 셈이 되는데, 이는 古語는 가장자리에 남는다고 하는 언어지리학적인 원리의 평범한 한 예를 보여주는 것이다.

결국, 제주도에는 선주민의 山의 호칭 kut(kur)이 존재한 것이 되어 그것들의 主山인 한라산의 호칭의 하나로 굿달이 있었다는 것이 문헌뿐만 아니라 현존 지명의 造語의 패턴에서 확인된다. 이는 본래의 굳(굴)에다 고구려어계의 '달'이 겹쳐서 이루어진 것이며, 그것을 絶岳으로 義訓借한 것은 絶자가 긎다(〉끊다)의 뜻 이외에 뛰어나다라는 뜻이 있어서이다. 이 굿달이 근달로도 교체되어 大岳 곧 한라산의 딴 호칭과도 연관되게 되는 것도 자연의 이치라고 보겠다(1993. 8. 19.).

7.5.4. 가마달 · 釜岳

이조 효종 4년(1653년)에 토박이의 석학 高弘進의 監校를 받으면서 당시의 제주 목사 李元鎭이 엮은 耽羅志를 보게 되면 그 山川條의 漢拏山의 부분에 한라산의 호칭으로 漢拏 · 頭無岳 · 圓山이 열거되고 이어서 釜岳(釜岳以山之頭皆有池)이 나온다. 釜의 새김이 가마인 점에서 이는 가마달의 訓借字임에 틀림없다.

이 가마란 말은 일본어에서도 그대로 쓰인다. 일본어의 내력에 대해 쓴 이론의 옛 책들(倭訓栞 · 東雅 · 古事記傳 · 大言海)은 모두 이 말은 한국어에서 왔다고 기술하고 있으니 본래부터 한국어의 고유한 것임을 알 수 있다. 또 일본의 아오모리(靑森)방언에서는 가마를 kanma라고도 하므로 그 발음이 아주 옛적에는 kama/kanma로 교체되었는지 모른다.

그러면 이 kama/kanma는 과연 어떤 뜻이었을까? 보통, 지명은 그 위치나 지형의 형상에 입각하는 것이 보통이다. 설마 한라산이 형상적으로 가마솥과 같아서 그랬다는 것은 아닐 것이다. 앞서의 탐라지의 설명에는 산의 머리(kan/kam)에 못이 있어서 물(na)을 담아두는 그릇(kama)과 같아서 그렇게 釜岳으로 지어졌다고 하는데, 이 민간 어원설에 따른다면 아이누어의 '上'(kan/kam '上', kana·kanna '上의')에 '水'(na)가 있는 山으로 풀이되어서 정상에 백록담을 이고 있는 백록담의 정황과 上上峰의 뜻을 잘 나타낼 뿐만 아니라 한라산의 호칭 kamatar·kannatar하고도 잘 연관된다고 할 수 있다. 그리고 예부터 한라산은 神仙이 거처하는 산으로 여겨왔기 때문에 kamatar은 神岳의 뜻으로도 풀이된다. 神(熊)은 아이누어 kamuy, 일본어 kami₂(<kamui)(熊은 kuma)이며, 한국어에서는 단군왕검의 儉(kɐm, 신라의 왕호의 干이 이와 관련되는 것으로 보인다(여기서도 kɐm/kɐn과 같은 m/n교체가 있다). 한국의 삼국사기·삼국유사에 나오는 신라 임금 왕호에는 맨 끝에 kan(干)이 오는데 대해, 일본의 일본서기에 실려 있는 왕호의 맨 끝에는 kami(神)가 온다. 이는 한국어의 CVC구조를 일본어에서 받아들일 때 음절 말의 n비음을 쉽게 -m음으로 받아들였기 때문이다. 지금도 일본인은 -n 받침을 특별한 경우 외는 소리내지 못한다.

한라산의 kamatar의 풀이에 참조되는 문헌상의 예증자료로는 서기 기원 전후에 일본의 南九州의 韓國岳 근처에 위치한 九州의 盟主國 邪馬臺(또는 邪馬壹)를 들 수 있다. 이는 곧 kam(a)(王·神)의 所居(tə/it)로 풀이되는 데(김공칠 1991), 그 배경이 되는 韓國岳 karanatar/kannatar과도 호칭이 연관된다. 邪馬臺에 대하여는 일본에서 yamato₂로 읽지만, 邪의 음은 zja이나 이는 또 ga에 소급되므로 필자는 kama로 읽는다. 이 일대는 Kumaso(熊襲)의 본거지이기도 하였다. 韓國岳도 語中의 na(國·地)가 kuni(國)로 교체되어 있지만 원래 이 kuni가 아이누어의 山의 뜻인 kur(u)이 교체형이었는데 현대어의 kuni(國)로 재해석되어 그렇게 된 것으로 본다. 어떻든 지금은 karakunitake로 부르고 있다.

이와 같이 이들이 배경이 되는 韓國岳이나 우리의 한라산은 본래는 kan(na)/kam(na) 上(水)·神의 뜻이겠지만, 그 뒤에 後住民의 언어에 의하여 재해석된 것으로 보아야 한다. 音形은 옛 그대로 전승될 수 있으나 의미는 통하지 않으므로(민간어원으로 남고) 다른 뜻으로 바뀐다. 그것이 바로 南九州에서의 韓國岳 그리고 漢拏山이다. 韓國岳의 경우 그 발밑에 있는 산의 꼭대기에 大浪池가 있는데 大浪를 훈독하면 kan－na가 될 수 있으므로 여기에 옛 호칭의 흔적을 남기고 있다고 하겠다.

그럼 kamatar·釜岳의 호칭과 한라산의 또 다른 호칭 굿달·絶岳과는 어떤 관계가 되는가? 지금으로서는 가장 옛것으로 거슬러 올라갈 수 있는 호칭은 先住民의 ①kanna/kamna/kama－kur이다. 뜻은 上水岳 또는 神岳일 것이다. 後住民이 前項의 kanna/kamna를 떨어뜨리고 tar(岳)을 복합시킨 것이 ②kur－tar/kut－tar 곧 絶岳이다. 前項을 전승하면서 새로운 언어로 재해석한 것이 ③kannatar 漢拏山·韓國岳이요, 이를 n/m교체시키거나 본래의 音形을 이어받아 재해석한 것이 kamatar·釜岳이다.

그럼, 문헌상의 기록에 입각한 이러한 풀이(특히 先住民의 것)가 현존지명의 실례에서 그 뒷받침을 얻을 수 있을까? ①은 한라산의 산중턱이나 기슭에 散在하는 ㉠水岳이라는 山名에서 얻을 수 있을 것 같다. 특히 한라산 남쪽으로 면면이 이어지는 물오름－東水岳－(黑岳)－水岳－靈川岳의 호칭은 주목해야 한다. 또한 정상에 물이 고인다는 한림읍 今岳里의 ㉡수岳(금오름·검은오름)이나 부근에 岩泉水가 흐르고 물이 고인다는 애월읍 今德里의 ㉢今德岳(거문덕오름·感恩德岳)의 이름들은 ㉠은 音形만 바꾸고 ㉡, ㉢은 의미(用字)만을 바꾼 대표적인 경우로 볼 수 있다. 특히 ㉡의 경우 부근에 개구리오름이 있고(동남쪽에 이시돌) ㉢의 경우는 극락오름이, 그리고 남쪽에 큰오름이 있어 모두 山의 옛말 kur과도 상관되는 점에서 이들 호칭들은 모두 오랜 옛것을 그대로 간직한 것으로 볼 수 있다. 정말 이들 하나하나에 제주섬의 오랜 역사의 파노라마가 생생하게 펼쳐져 있는 것 같다(1993. 9. 14.).

7.5.5. 감낭오름 · 柿木岳

일찍이 필자는 한라산의 호칭에 관한 몇 가지를 다루면서 kur 山, kamna/kanna 上水·神水, kam 神, na 水와 같은 옛 탐라어를 발굴한 바 있다. 이러한 옛말의 흔적은 제주섬의 곳곳에서 발견된다. kur의 경우는 같은 뜻을 지닌 다른 말과 복합된 형식을 지닌다. 大坪里의 屈山(軍山)은 굴/메/오름의 복합형식이고 河源里의 狗山峰은 굿/산/봉, 終達里의 地尾峰은 굿/달의 복합형식이다. 下川里의 達山峰은 지금은 달/산/봉의 복합형식이나 원래는 나/굿이었을 것이다.

한편, kamna의 경우는 音形이 비슷한 다른 말로 한자어화하거나 재해석되면서 남아 있다. 이 중에서 甘山里의 감산(柿山)의 경우는 神山오름·神仙峰으로 불리는 점에서 神(kam)의 뜻이 그대로 보존되고 있다. 이 오름의 남쪽으로 이어진 남당물동산 바로 밑에 남당물이 있는데 이는 kamna의 na의 흔적이 될 것이다. 柑山里의 별칭 한밧은 한라산이 kamna〉kanna〉hanna로 바뀌면서 kan이 大로 재해석된 것처럼 같은 과정을 거쳐서 나온 것이다. 또 이와 비슷한 경우가 漢南里의 고나물〉한남의 경우다. 다르다면 한라의 경우는 나라를 뜻하는 나(羅)가, 한밧의 경우는 밧(田)이 한남의 경우는 남(南)이라는 뜻으로 풀이한 차이다.

이외에도 回泉동의 가마물내의 가마물, 三陽2동의 가물개(甘水동)의 甘水천(지금의 上水道源)의 가마·가물도 이와 연관된 것으로 보인다. kamna와 비슷한 가마물은 回泉동과 三陽동의 경계에 있는데 지금은 거의 메워져 버렸다. 그것을 '감돌다의 回와, 샘물의 泉'으로 의역하면 回泉동이요, '단물'의 甘水로 音譯과 의역을 겹치면 甘水동(甘水泉)이다.

上水·神水의 kamna 또는 그 일부분인 kam의 音形이 검은(黑)으로 받아들여져 山名이 검은오름(黑岳)으로 바뀌거나 비슷한 音形의 가마오름(釜岳), 가문이오름(感恩岳·加文岳), 거문오름(巨文岳)으로 된 것도 있다. 수岳리의 금악(금오름·거믄오름), 我羅동의 錦山(錦泉)(ᄀ마로·걸머리)(금산물·알새미가 있다)도 같은 부류에 속한다고 본다.

축척 2만5천분의1 지도를 보면 조천·남원경계의 黑岳의 정상에 물이 고여 있고, 善屹里 水望里 新禮里의 각각의 북쪽에 있는 검은오름도 주변에 물이 있는 점에서 거문/가문이라는 호칭이 kamna에 연유됨을 확실하게 한다.

탐라지를 보면, 제주목에는 御乘生岳, 長兀岳(물장올), 元堂岳, 笠山, 小禿岳이, 정의현에는 成佛岳, 水城岳, 水盈岳, 水頂岳, 水岳이, 대정현에는 柹木岳에 물이 있는 것으로 기록되어 있다. 柹木岳은 대정현 북쪽 25리에 있고 오름 남쪽에 샘이 있다고 기록되어 있다. 이 오름이 앞의 지도에 나타나지 않아서 찾기가 어려웠으나 서부산업도로상의 東廣里로 접어드는 고갯길 오른편에 있고, 속칭 감낭오름임을 확인하였다. 이 오름은 원물오름(院水岳)과 나란히 있는 並山이어서 지도상에는 院水岳으로 나온다. 이 오름의 동남편 기슭에 원물이 있다. 일견 연못과도 같지만 어떤 가뭄에도 마르지 않는다고 하니 岩泉生水로 보고 있다. 이 감낭오름에 오르면 사방에서 많은 오름들이 한 눈에 들어오는데 동쪽으로 조근대비악·영아리오름, 그 아래로 개오름(戌岳)·논오름이, 서북쪽으로는 당오름·정물오름, 서쪽으로 돌오름, 남쪽으로 남송악(남송이오름)·넙개오름이 펼쳐지면서 제주섬 오름공원의 한 블록을 이룬다. 그 중에서 영아리오름은 水望里의 영아리와 마찬가지로 물이 있고, 논오름은 漢南里의 論古岳과도 비슷한 이름이다. 역시 물이 있는 남송악, 넙개오름 등에서 아이누어로 물을 뜻하는 na가 na/nə/no로 바뀌면서 각각의 오름 이름에 고착된 것이 확인된다. 한라산의 kamna/kanna, 감낭오름의 kamna의 na와 맥을 같이 하는 것이다.

감낭오름과 並山을 형성하는 원물오름의 원물도 원+물의 복합형식으로, 원은 아이누어의 wen '水多'에서 유래하는 말이 아닌가 싶다. e와 ə는 가까운 음이므로 원으로 읽는다. 大屹里 院동의 원오름(꾀꼬리오름) 기슭에 있는 洪氏入島기념비 바로 앞쪽에 있는 '원'도 이와 연관된 것으로 본다. 어떻든 이들 오름의 호칭이 물과 관계된 것은 틀림없고 그것이 kamna/kanna, na, wən의 형식으로 남아 있는 것이 된다.

이제, 여기서의 논의를 간추리면 선주민이 이 섬에 上水·神水란 뜻의
kamna/kanna란 말을 남겼으며, 이를 후주민이 그 音形을 감(枾·神), 감낭
(枾木), 가마(釜), 감(回), 감물(甘水), 금(水, 錦), 검은(黑)으로 재해석·한자
어화하여 오늘에까지 전승되고 있다는 것이다. 이러한 점에서 탐라지의 枾
木岳, 속칭 감낭오름의 존재는 이러한 사실을 뒷받침하는 것이 되어 옛탐
라어의 귀중한 자료를 제공해 준다고 하겠다(1994. 3. 21.).

7.5.6. 成佛岳

탐라지의 정의현 山川에 기록되기를 成佛岳은 현의 북쪽 15리에 있는
縣城 부근에 있고, 오직 이 오름에만 샘이 있다고 했다. 지금의 동부산업도
로로 가면 대천동 교차로에서 성읍 쪽으로 향해서 성읍2리에 이르기 전
도로 서편의 명성목마장(성불악목마장으로 개명) 서쪽에 이 산이 있다.
도로상에서 바라보는 성불악은 그 중간 협곡이 마치 여체의 오묘한 부
분과도 같아서 화제가 되고 있기도 하다.
그 좁은 협곡을 올라가면 정상에 미처 오르기 전에 그러니까 정상에서
동편 아래에 정방 1m가량 되는 샘이 있다. 어떤 가뭄에도 마르지 않는 淸
泉이라 하여 예전에는 많은 이들이 마시러 출입했다지만 필자가 올라가
보니 주변이 그다지 청결하지 않은 듯 싶었다.
이 成佛岳이라는 호칭은 탐라지의 기록에 나오는 그대로 그 샘에서 연
원되지 않았나 싶다. 예전에는 절간이 있었기에 그런 이름이 전승되었다지
만 그것은 하나의 民間語源說일 것이다. 암자라면 모를까 절이 들어설만
한 자리는 못된 것 같다.
필자의 가정대로 샘에서 山名이 기원된 것이라면 그 원이름은 심부리가
될 것이다. 샘의 중세어는 심이다. 이를 한자로 訓借하는 경우는 泉(岳)으
로 나타낼 수 있으나 音借하는 경우는 적절한 글자가 없다. 그래서 그것에
가까운 成(佛)자로 나타낸 것이다. 成(셩)의 ŋ운미(ㆁ받침)는 후속의 佛자의

첫소리 p음에 의해 역행동화되면 자연적으로 m운미(ㅁ받침)가 나오게 되므로 셤(불)과 같이 되어 심에 가까운 음이 된다. 특히 제주사람에게는 이(싑)~애(샘)의 발음이 어려워 거의 에(셈)음으로 나오게 되므로 더욱 그럴 수 있다. 문제는 후항의 (셩)불이 무슨 뜻이냐 하는 것인데 싑부리가 샘이 있는 오름이라는 뜻이라면 응당 부리는 산이라는 뜻이라야 한다. 이는 제주섬의 山名 산굼부리의 부리와도 연관될 듯도 싶다.

먼저, 아이누어에도 산의 호칭이 많지만 그 중에 nupuri가 있다. 한국어에는 멧부리가 있는데 이는 메+부리의 중복어일 것이다. 멧나무는 산나무, 멧짐승은 산짐승을 가리킨다. 사전에서는 멧부리를 산등성이나 산봉우리의 가장 높은 꼭대기로 기술되어 있지만 필자가 충남 홍성읍의 백월산에 갔을 때는 그 서부주민은 산 아래쪽을 가리키고 있었다.

꼭대기든 아래든 산을 가리키고 있음에 틀림없다. 16세기초에 지어진 한자 학습책인 훈몽자회에 嶽(岳)은 묏부리 (악), 峰은 묏봉우리(봉), 岫는 묏부리(슈), 巓은 묏부리(뎐)로 나온다. 특히 嶽은 큰 산을 가리키니 부리가 산의 뜻임에 틀림이 없다. 단군신화를 보면 桓雄天王이 태백산 마루의 神檀樹 아래로 내려와 거기를 神市라 했는데 神市의 市는 그 획에 따라 it(訓)로 읽을 수 있고 pur(音)로 읽을 수 있다. 전자로 읽으면 kamit이 되어 고대일본의 발상지이고 女王所都인 邪馬壹(kamait)과 같은 것이 되는데, 그 원 뜻은 사막의 오아시스와 같이 神山에서 淸泉이 나오는 자리가 될 것이다. 후자로 읽으면 kampur이 되어 이 역시 고대 일본의 서울에 있는 神山으로 신성시하고 있는 kaguyama(香具山)에 얹히는 수식어 kanaput과 같은 것이 된다. 제주섬의 한라산, 가마달(釜岳), 거믄오름, 감낭오름 등의 호칭도 桓雄의 강림의 터전의 호칭을 이어받은 것이 된다. 일본어에서 산기슭을 humoto(<pumoto)라 하는데 이는 pu‑moto로 분석되고 moto는 근본, 뿌리, 밑, 곁의 뜻이 있는 만큼 pu는 응당 산을 가리킨다고 보는 것이 옳다. 일본어의 특징상 한국어의 받침소리는 내지 못하므로 pur을 pu로 냈음에 틀림없다. 한국에서도 원시 내지 고대에 산을 piri/puri로 불렀던 흔적은 있

다. 魏志東夷傳의 마한 지명에 楚山塗卑離가 나오는데 이를 同格의 병렬구조로 본다면 山=卑離가 된다.

이와 같이 成佛岳이 순수한 우리말 심부리에서 왔다면 이는 언어와 역사 면에서 중요한 뜻을 지닌다. 일본어의 산을 뜻하는 puru, pi가 역시 한반도와 제주섬에서 전파된 것이 되겠고, 산의 호칭이 pur(일본어 樓觸(峰) kusipuru), kur(일본어 kura, 高倉山·神倉山), tar(일본어 take)의 교체적 변화의 추적을 통해 역사의 通時性을 재구할 수 있게 된다(1997. 8. 27.).

7.5.7. 山房山

제주 도내에 분포되어 있는 산명은 거의가 −오름(岳)과 −峰으로 되어 있고 드물게 −뫼, −달, −망으로도 보인다. 한라산, 산방산, 영주산, 성산, 군산과 같이 山이 따르는 것도 있다. 탐라지를 보게 되면 山이란 이름으로 된 것도 많지만, 그것들은 전승된 이름을 나중에 한자어화한 것으로 보인다. 예컨대 仁城里의 바굼지오름이 簞山으로 표기된 것과 같다.

한라산도 별칭 가마달(釜岳), 굿달(絶岳) 등이 있고 그 원형은 굴이었을 것인데 城山, 軍山도 마찬가지이다. 특히 후자는 굴메오름이라는 이름이 남아 있다. 그렇게 되면 山이란 이름이 있으면서 별칭이 없는 것으로는 산방산과 영주산 등만이 있는 셈인데 영주산이 한라산을 가리키는 것이면 별칭이 있는 것이 되고 성읍리의 영주산이면 유별하다 하겠다.

산방산의 호칭에 대하여는 탐라지에는 山房(동국여지승람에는 山房山)으로 되어 있고, 한라산의 한 봉우리가 무너져 여기에 솟아났다는 옛이야기가 첨가되어 있다. 이어서 山房의 남쪽 벼랑에 큰 석굴이 있고 중이 그속에 굴암을 지었다고 주기하고 있다. 여기서 산방의 어원을 산속의 굴에서 연유한다고 해석하기도 하는데, 이와는 반대로 산명을 한자어화 할 때 굴암이라는 뜻에 끌려서 山房이라는 한자를 골라 쓴 것으로 보는 게 옳을 것 같다. 현재의 산방이란 音義는 그러한 한자어와는 관계가 없다고 본다.

현재 산방산의 별칭을 찾을 수 없는 한, 산방이란 음형식의 음미를 통해서 그 뜻을 풀어볼 수밖에 없다. 여기서 우리는 앞서의 산방의 유래에 대하여 유의하지 않을 수 없다. 아이누어 san은 내린다·내림·언덕이라는 뜻을 지닌다. 곧 앞서의 전설의 (봉우리가) '무너져 내리다'와 연관된다. 그리고 아이누어 pa는 머리·위쪽, pake는 머리의 뜻을 지닌다. 곧 앞서의 전설의 (한라산의 봉우리)와 연관된다. 곧, sapa·sanpak은 '내려온 머리'이고 여기에 산의 뜻을 지닌 kur가 있었다고 가정했을 때 sanpakur은 '(내려온)언덕머리의 산'이 된다. 문헌에 山房 그리고 山房山의 두 호칭이 있는 것도 그리고 간혹 산방굴산이라 하는 것도 이들 어형(k의 비음화와 한자어화)에서 연유한 것으로 보아진다.

kur 가정의 근거는 먼저 산방산 둘레의 지명들이 온통 굴왓으로 되어 있다는 데 있다. 산방산 바로 북쪽의 德修里는 산방산 쪽이 앞굴왓, 그 서편은 서굴왓이고, 산방산 서남편 沙溪里 大田洞은 굴왓동네이다. 그 지경에 굴(窟)이 있어서가 아니고 또 대전동 지경을 보면 쿨(草, cf. 일본어 kusa '草')과도 관계가 있는 것 같지 않다. 이는 산방산의 원명에서 유래된 것으로 보인다. 산방산 부근에 설촌된 山房洞도 산방굴에서 연유한 것 같다.

곧, 마을 이름이 山名에서 오는 것은 흔한 일이다. 山房洞의 설쿰·큰물 동네란 이름과 大田洞의 굴왓 그리고 북쪽의 큰가름동네의 호칭들은 모두 굴이 큰(大)으로 재해석된 데서 온 듯 싶다.

또 하나의 근거는 산방산에 대한 민간설화에 두고 있다. 그 대충 이야기는 「산방덕 할머니가 한라산에서 앉아 있는데 포수한테서 노루로 오인되어 화살을 얻어맞게 되자 화를 내어 포수에게 돌을 던진 것이 산방산이 되었다」고 하는 것인데, 기이하게도 이 이야기에 나오는 낱말 하나 하나가 아이누어와 연관된다. 아이누어로 이야기하면 '사람(kul)이 산(kul) 바위(산)(kuttu) 앉아(kuteai) 있으니 사냥오두막(kucha)에서 암곰(kuramu)으로 오인(kuchare)하여 활(ku)을 당기니 놀랜소리(kusan)를 내며 암석(kut)을 던지다(kochin)'와 같이 되어 오히려 사실적인 원형 모습 그대로가 된다. 선주민들이 남겨 놓은 호칭을 풀이하다 보면 同音異義語가 나오고 이를 연결하다 보면 하나의 스토리가 엮어지기 마련이다. 일찍이 최남선(1938)은 山房의 san은 아이누어로 비탈이란 말이고 paŋ은 아이누어로 아래를 의미하는 '바나·바나게'에서 왔다 하고 전체가 비탈진 아래 생긴 것이라는 이름이 된다고 하였다. 이는 山房이란 한자의 語義에 얽매어 산방산 자체보다는 그 일부분을 풀이하는데 그쳐서 단순한 類音대조에 그치고 있다.

산방산의 줄기는 하나는 절벽을 이루는 용머리(무루)이고, 하나는 지형이 내려앉은 곳(아이누어 san ke), 해변가(아이누어 sa ke)이다. 내려앉은 곳은 큰물, 거문지리이니 용의 거처로는, 지형의 호칭이나 정황이 그럴싸하다. 형제섬을 바로 앞에 둔 토끼동네(섬의 tka와 유관한 듯)에서 바라보는 산방산과 용머리는 마치 거북이의 형상과도 같다. 거북은 神을 뜻하는 kem(일본어 kami '神', kame '龜', 아이누어 kamui '神')과도 상통한다(가락국記의 龜何歌의 서두 참조). 한라산(kemnakur)에서 뻗어온 산방산과 용머리는 神(山)의 혈연이며 龍神의 화신이다. 그 일대의 큰물과 거문지리는 용신의 서식처요, 남쪽의 망망대해는 용신이 비상할 세계다. 실지 송악산에서 바라보는 이 일대의 절경은 누구나가 탄식하듯 신의 조화 그대로가 아닌가 (1994. 2. 17.).

7.5.8. 물찻오름 · 水城岳

제동목장에서나 그곳을 약간 지난 남조로의 남북군 경계근처에서 붉은 오름 오른편으로 바라보는 물찻오름의 형상은 마치 유선형의 機首의 옆모습처럼 생겼다. 일설엔 이 오름의 호칭이 그 꼭대기에 물이 차 있는 데서 왔다고 하나 그것은 물과 잣의 두 낱말 사이에 사이ㅎ이 개재되는 현상을 간과한 데서 온 잘못된 해석이다. 물이 차 있다는 식의 命名은 따로 탐라지의 水盈岳에서 찾아볼 수 있다.

이에 대해 물찻오름은 탐라지의 水城岳에 상당하며 정의현의 북쪽 30리에 있고 산꼭대기에는 벼랑이 城을 두른 듯 하고 그 안에 큰 못이 있다고 기록된 점으로 미루어 물찻의 찻은 차다(滿)의 뜻이 아니고 잣(城)의 뜻으로 풀이된다. 耽羅巡歷圖의 勿左叱岳의 左叱표기가 이를 뒷받침한다.

잣은 아이누어의 cas, casi에 상응한 것으로 이는 울타리(圍, 塀), 城의 뜻이다. 아이누어 지명이 아직도 많이 남아있는 일본의 東北지방, 그 중에서도 아키타(秋田)지방의 방언에도 sasi로 남아있다. 일본의 고대문헌에서도 이와 동일한 것이 보인다. 서기 600년 전후의 신라의 향가(慧星歌)에 城叱의 어구가 보이는데 이는 둘째字 叱을 ㅅ의 末音첨기로 본다면 '잣'을 표기한 것으로 볼 수 있다. 향가에서는 그와 같은 末音첨기 방식으로 신라어의 명사를 한자로 音譯한 예가 많다. 곧 心音(ᄆᆞ숨), 秋察(ᄀᆞ슬), 岳音(오름), 道尸(길) 등이 그것이다.

15세기에 중국어의 음과 우리말의 對譯을 한자로 기록한 朝鮮館譯語에도 城(升)雜思(당시 중국음은 자스)가 보인다. 물론 15세기 이후의 한글 문헌에도 잣(보기 城山 잣뫼)이 보인다. 따라서 잣=城이란 말은 문헌상으로 신라시대부터 중세에 이르기까지 우리나라에서 줄기차게 써 내려온 것을 확인할 수 있다. 또한 이 말이 탐라어로서 오랫동안 쓰인 것도 앞서의 탐라지의 기록이 보증한다. 한편 고구려에서는 城의 낱말로서는 kuru(溝漊)가 문헌에 보인다. 魏志東夷傳의 고구려條의 溝漊 句麗名城也의 기록이 그것이다. 오랑캐들이 그렇게 불렀다고 하니 옛부터의 전승임에 틀림없다. 이는 아이누어의 kur 山·岳와 관계되는 것으로 옛적에는 城이란 모두 산에 있는 城砦이었다. 보다 후세의 삼국사기지리지의 고구려 지명에서도 城이 kur 忽(買忽一云水城)로 나타난다. 백제는 잣과 kur의 병용이 보인다. 그렇다면 신라에서는 잣, 고구려에서는 kur, 그 중간지점인 백제에서는 잣과 kur의 병용이 있었다는 것인데, 이는 언어지리학상 재미있는 문제를 던져준다. 곧 잣과 kur가 의미분화와 곁들여 어느 쪽이 보다 古形인가 하는 것이다.

그런데 물찻오름과 水城岳이 대응된다면 그 語詞구성이 특이하다. 물이 찬 오름이라면 퍽 자연스러운데 이는 따로이 水盈岳이 있다. 아무래도 물

의 잣이란 유속관계는 부자연스럽다 하겠다. 물과 잣이라는 병렬관계도 예
상할 수 있겠으나, 지명에서 그와 같은 구성법은 흔치 않다.

　필자는 여기서 하나의 추론을 제기한다. 원래 이 산은 *나굿(굴) '水山'
이었고 이것이 나중에 물잣으로 재해석된 것으로 본다. 그렇다면 kur>잣
의 通時性을 얻을 수 있고 앞서 던져진 문제에 대한 해답도 제공하는 셈
이 된다.

　이제는 나굿으로 재건되는 상당한 이유가 제시되어야 하는데, 우선 전
항의 *na의 재건의 근거는 앞서 말한 山名 구성의 특이성과 제주섬 전역에
서의 나굿(水山), 물미(水山), 검은오름의 분포, 그리고 水城岳의 사방의 오
름이 모두 물장오리, 물오름, 여문영아리, 물영아리, 민오름, 거문오름 등
'물'이란 말이 얹혀 있다는 사실에 의한다. 그리고 물찻오름의 별칭이 검은
오름이라는 데도 있다. 그래서 아주 옛적에는 이 오름은 *감나굿(굴)으로
불렸을 가능성이 있다. 후항 *굿(굴)의 재건의 근거는 水城岳의 북쪽은 지
구리(오름), 서쪽은 넙구리(오름) (괴팽이오름), 남쪽은 거린(오름) (巨人岳),
동쪽은 구드리(오름) 붉은(오름) 등 온통 굿(굴)의 흔적으로 차 있다는데 있
다. *감나굴의 추정은 옛적에 人家가 있었던 감낭골의 실존에 있었다. 이
상의 추정이 맞는다면 上水, 神水의 kamna(kur)의 音形을 계승한 것은 검은
(오름), (kam)nakur을 의역한 것이 水城岳이 된다.

　어떻든, 이러한 논의를 통해서 우리가 얻어낼 수 있는 사실은 옛 탐라어
는 아이누어, 신라어, 백제어, 고구려어, 일본어와 공통의 언어 세계 안에
있었다는 것과 바로 그러한 증표는 물찻오름=거믄오름의 대응관계가 보
여주고 있다는 점이다(1994. 7. 23.).

7.5.9. 元堂岳

　탐라지의 제주 山川條를 보면, 元堂岳은 州의 동쪽 20里에 있고 봉우리
에는 龜池라는 못이 있는데, 그것은 큰 가뭄에도 마르지 아니한다고 적혀

있다.

이 오름은 지금의 행정구역으로는 三陽洞(서흘개)에 속하며 보통 원당오름·원당봉으로 불린다. 이 오름의 호칭도 같은 뜻을 지닌 낱말의 복합형식인 듯 싶다. 곧, 원달>원당/岳(峰)과 같이 풀이된다. 원당봉 동쪽 아랫편은 탑산왓이라 하는데, 이 역시 달/산/왓에서 왔을 것이다. 여기서의 '달'은 굿달의 '달'처럼 고구려어계의 山을 뜻하는 말이다.

원당봉 중턱에는 元堂寺가 있다. 이 절의 경내에 有形문화재 제1호이며 보물1187호로 지정된 5층 석탑이 있다. 그래서 이 절을 元堂佛塔寺라고도 하는데, 석탑의 안내문에는 고려 충렬왕 26년(1300년)에 元나라 황제가 왕자를 얻기 위하여 건조했다는 전설이 있다고 씌어 있다. 그것은 전설이니 확인된 것은 아니다. 더욱이 巫俗에서 말하는 堂과는 거리가 멀 것이다. 따라서, 元堂(岳)의 호칭은 元나라나 堂과는 무관할 것이다. 元堂寺에는 生水가 있는데 지금은 우물로 꾸미면서 양수기로 끌어올리고 있으나, 옛적에는 그대로 음료수로 사용하였다고 한다. 곧, '원'이었을 것이다. 이런 점에서 원당봉의 원은 元나라와 무관하게 아이누어로 물을 뜻하는 '원'에서 온 것으로 본다. 아이누어의 '원'은 물이 많다는 뜻인데, 지명으로 쓰일 때는 ①험준한 곳 ②교통이 어려운 곳 ③飮用에 쓰이지 않는 물의 뜻으로 쓰인다(知里 1956:143). ③의 뜻이 여기의 정황과 약간 어긋나는 것 같지만 여기서도 마소에의 제공에도 쓰인 점에서 큰 다름은 없다.

원당봉 봉우리에 있는 龜池의 크기는 문헌상으로는 알 수 없으나 전해오는 말로는 원래는 4백평 남짓의 논밭과 같았다고 한다. 지금은 거의 메워지고 연못으로 가꾸어져서 50평 남짓의 연못으로 되었다는 것이다. 이것은 지금의 門降寺 원당봉 연못이 해당될 것이다. 龜池란 호칭은 제주 전역에서 발견되는 가마물·가매물의 漢譯과 다를 바 없다. 龜의 새김은 한국어는 거북(<거붑), 일본어는 kame(<kamai)이고 p/m의 교체는 흔한 일이어서(Kor. nup~Jap. numa '沼'), 거의 틀림없다. 지명이 지형에서 유래되듯 원당봉의 호칭도 이상의 물과 관련될 것이다. 오름의 서편 아래쪽에 있는

나부기동산·영산이빌레 등에서도 그 방증을 얻을 수 있다. 여기서의 '나'
는 물을 뜻하고 '영'은 영아리의 '영'과도 관계한다. 門降寺에서 약간 내려
오면 굼부리왓이 있는데, 형상이 마치 산의 굼부리형이다. 굼부리란 말이
凹·窪形을 뜻하는 보통 명사적인 것도 확인된다. 원래 이쪽에도 물이 고
여 있었는지도 모른다.

원당봉 말고도 '원'이란 말이 추출될 수 있는 것으로는 필자가 이미 밝
힌 바 있는 감낭오름의 원물과 원오름의 '원'이 있고 그밖에 上加里 院洞
의 옛터를 들 수 있다. 이 곳은 서부산업도로로 운전면허시험장 좀 지나서
納邑里쪽의 갈림길 근처에 있다. 도로변에 院址의 석비가 서있다. 원래 이
자리에 院이란 마을이 있었고 길가에 5·6채의 人家가 형성되어 있어서
지나는 길손이 잠시 휴식을 취하고 갈증을 푼 곳으로서 사막의 오아시스
와 같은 곳이었다고 적혀 있다. 그만큼 교통도 불편한 곳이었기에 일찍이
'원에 가지 못해 원, 오지 못해 원'이라는 속언이 전한다. 이 院址의 뒤꼍은
동남쪽의 느코매오름 뒷편에서 내려오는 산물내의 냇창이다. 느코매의 생
수 말고도 서남쪽 바르매오름의 홍쿨에서도 생수가 나온다고 하니 이 일
대가 물이 많은 곳이었음을 가히 짐작하고도 남는다. 느코매오름은 느/코
매/오름으로 분석되는데, '느'는 앞서 나(水)와, '코매'는 역시 앞서의 가마/
가매와 관련될 것이다. 그 오름의 별칭 큰오름도 '가마'와 같은 kamna에서
유래했거나 山의 kur에서 유래했을 것이다. 그렇다면 이 오름도 옛적에는
나굴/나굿 혹은 가마굴/가마달이 병용되어 느코매로 복합했다고 가정할
수 있다. 이는 옛 탐라어끼리 합쳐진 경우이고, 涯月里의 구마물·큰물같
은 것은 후대어와 복합된 것이라 할 수 있다. 특히 큰물은 섯동네알원이라
고도 하니(애월코지에는 작지알원도 있다), '원'이란 말이 여기서는 같은
뜻의 물과 겹친 형태로 남아 있다.

이상의 논의를 통하여 우리는 '원'이라는 옛 탐라어를 발굴할 수 있고,
kamna의 교체형으로 가마/감낭 말고도 가매/코매/구마/고마(高內里의 고
망물)등의 분포를 확인할 수 있다(1994. 4. 16.).

7.5.10. 거믄오름(上)

1993년 7월 8일자 한라일보 논단에서 한라산의 어원을 다루면서 이는 아이누어의 kan(上), kanna(上水)와 관계 있다고 언급한 바 있다. 물론 神의 kam/kan/kəm과도 관련된다.

아이누어로 神山은 kamuynupuri이다. 湖畔에 있고 부락의 배후를 지키는 산을 이른다. 일본에서의 그 전형적인 예를 찾는다면 관광 명소의 하나인 하코네(箱根)에 있는 kamiyama(神山), komagatake(駒が岳), kanmurigatake(冠が岳)를 들 수 있다. 한라산의 別稱 kamatar(釜岳) 그대로다. 이들 산의 기슭에는 주위가 18km나 되는 火口原湖 asino湖(해발7백23m)가 자리잡고 있다.

이보다 규모가 작은 것으로는 九州 남부에 있는 karakunitake(韓國岳)와 그 발치에 있는 oonami'ike(大浪池)를 들 수 있다. 그 산명 역시 한라산의 kanna/kanrakur 그대로이며 거기에 산을 뜻하는 take(한국어 tar)가 이중으로 겹쳐 있다. oonami'ike도 어원상 kan(大)na(浪)로 풀이되는데 그것을 訓譯한 것이 현재의 명칭이다. 이 역시 火口湖이며 표고 1239m, 주위가 1.9km나 된다.

그 다음 규모가 훨씬 작아지는 것은 Yamato(大和)명지방과 Izumo(出雲)지방에 산재해 있는 kannabi(kamunabi)이다. 말음절의 bi는 山의 뜻으로 puri에서 piri>pii>pi로 변해온 것으로 보기 때문에 이 역시 아이누어의 kamuynupuri의 축약형일 것이다. kannabi는 제주도의 오름처럼 그리 높지 않는 산이며 그 山頂·山腹의 어느 곳에 마르지 않는 湧泉이 있다. 제주섬의 한라산, 거믄오름의 名實 그대로이다. 다르다면 산을 뜻하는 요소가 산·오름·pi 등으로 分化된 것뿐이다.

이 kannabi(kamunabi)의 호칭은 서기 3세기의 문헌 魏志東夷傳韓條에 나오는 마한 지명 kamhapiri(監奚卑離)의 호칭 유형을 이어받은 듯하다. 이 kamhapiri를 이병도(1959:286)는 충남 홍성군의 金馬川가로 추정했으나 필자의 2차에 걸친 현장조사 결과로는 이보다 서쪽인 홍성읍의 (白)月山을 기준한 것 같다. 산의 호칭도 박(白)달(月)(그 진위는 차치하고 북한의 단군릉

도 대박산 곧 박달에 있다)이며 남서쪽에서는 가운데 봉우리를 갓모봉이
라 부른다. 정상에서 잠시 내려오면 淸泉이 있고 남서쪽 기슭에 갈마샘이
있다. 지금은 메워져서 양수기의 기점으로만 쓰이지만 그 이웃 公里(그 아
래는 伐里)에는 湧泉이 그대로 있다. 이 일대의 지형을 보게 되면 그리 높
지 않는 산들이 옹기종기 모여 있어서 원시수렵생활 근거지로서는 다시없
는 好適地로 보았다. 당시의 생활 터전과 그 命名은 산이나 샘을 근거했음
이 틀림이 없다. 그래서 그 지역에서 으뜸이 되는 산(白月山), 神水(上水)가
있는 산(갓모봉)으로부터 監奚卑離가 유래되었을 것이다.

이러한 호칭이 일본에 건너가서는 kannabi, kana/kane/kama/kame/kami 山
등의 이름을 곳곳에 남겼고 제주도에는 kam(柑=神山), kama(釜岳), 감낭(柿
木), 거믄(오름) 등의 山名을 남겼다고 하겠다(1997. 8. 15.).

거믄오름(下)

제주섬에는 거믄오름이 많다. 신례리의 거믄오름(물찻오름·水城岳)에
대하여는 이미 언급한 바 있다. 선흘리의 거믄오름, 송당리의 거믄오름은
전자는 석거므니, 후자는 동거믄오름으로 구별하는데 후자는 산굼부리 밑
으로 물소리가 난다고 한다.

금악리의 거믄오름(금오름)은 산굼부리에 언제나 물이 고여 있다. 그 주
위에서 바라보는 둘레의 산의 경관은 神의 조화 그대로이다.

한편, 한라산 북쪽으로 연동의 거믄오름이 있다. 이 오름의 남쪽 중턱에
생수가 나오는데 지금은 거의 메워져버렸다. 이들 오름들은 한라산을 중심
으로 삼았을 때 동서남북으로 포진하고 이는 셈이다. 가시리의 巨文岳, 동
광리의 감낭오름까지 고려한다면 대각적인 교차적 분포까지 이른다. 모두
제주섬의 요충을 차지하고 있어 이는 원시탐라 先人들의 생활터전과 그
分布圈을 시사하고 있다 하겠다.

평양 동남쪽의 祥原의 바로 서쪽의 검은모루(黑隅里)(지도상으로는 평

양·원산 간의 고속도로변)의 석회암 동굴에서 큰곰, 동굴곰(멸종), 그리고 지금은 우리나라에 없는 코뿔소, 무소, 큰뿔사슴 등의 짐승뼈가 발굴되었다(金元龍 1986:11).

충남 公州 동쪽의 장기면 石壯里 금강 北岸에서는 구석기 유물이 나왔다. 공주 금강변은 곰나루이다. 현존의 그 지명은 서쪽에 치우쳐 있으나 보통 명사적으로 공주의 금강변 일대에 씌었을 것으로 본다. 가라의 김수로 왕이 하늘에서 내려온 龜旨峰도 검모루이다.

고대 일본의 서울의 하나였던 아스카(明日香)가 고조선의 서울 아사달(阿斯達)의 칭호에서 유래한 것은 주지의 사실인데(k: t 교체, 김공칠 1995: 140) 그 중심지인 雷岳도 그 이름은 kamitake(神岳), kannabi, mimoro(제주섬의 물뫼 水山)다. 그 가까이에 있는 Yamato(大和) 三山의 하나인 Kaguyama(香具山)에 얹히는 수식어(枕詞)도 검은굴과 간나비이다. 그 산 북록엔 어떤 가뭄에도 마르지 않는 큰 못 huruike(古池)가 있다. 그 이름엔 아이누어로 큰, 한국어로 으뜸의 뜻이 담겨있다.

이렇게 보아온다면, 거믄오름은 원시(수렵), 고대(취락)의 선인들에게 필수 불가결한, 마르지 않는 샘이나 못을 간직한 요소 곧 上水의 산, 神水의 山인 神山의 호칭임을 알 수 있다. 이러한 지명이 한반도에서 제주도로 일본으로 전파되어 다소간의 변형을 거치면서 비슷한 호칭으로 남아있다는 것은 그만큼 그 지명이 선인들에게는 절실한 것이었고, 그래서 끈질기게 이어져 온 것인데 우리는 그저 그 뛰어난 전승력에 감탄하고 고마워할 뿐이다.

필자는 1997년 8월 7일부터 8월 10일까지 오사까 교류센타에서 개최된 제5차 조선학국제학술토론회(12국에서 450명 참가, 북한학자는 불참) 언어분과에 참가하고 '일본 萬葉集 제1권에 투영된 한국어의 復元'이란 제목으로 논문을 발표하였는데 그 내용의 일부는 지명의 현지답사의 결과에서 나온 것이다. 대회 기간 및 귀국의 여백 시간을 이용한 현장조사를 통하여 tatta(龍田) 神社의 배경이 되는 산이 kannabi임을 알아냈다. 현지인들은

goboo산으로만 알고 있지만 神社에서는 '神社의 kamunabiyama'라고 부른다. 동쪽편에 고구려 승 담징의 原圖로 된 금당벽화로 유명한 法隆寺가 있다. 따라서 kamunabi는 법륭사의 배경 산, 곧 urayama(裏山)도 된다. 山頂 가까이 湧泉이 있으며 山腹에 湧水池 sakuraike 등이 있다. 또 이웃 지역에 mimoro도 있다. 이는 제주섬의 물뫼(水山)와 名實상부하다. 모두 제주섬 山名의 후예 혹이면 동기간들이 아닌가!(1997. 8. 18.).

7.5.11. 黑岳

北海道의 지붕이라고 하는 大雪山 連峯 중에 黑岳(kurotake, 높이 1,984m)이 있다. 그 이름도 검은오름과 같고 높이도 한라산과 비슷해서 흥미로웠다. 그래서 북해도에 온 지도 얼마 되지 않았지만 일단 가보기로 하였다.

삿포로에서 특급열차로 旭川까지 1시간반 거기서 버스를 타고 약 2시간 거리의 層雲峽에서 黑岳 아래턱까지 가는 로프웨이가 있다. 標高 600m에서 1,300m까지의 간격이다. 그 지역은 針葉樹林帶이고, 1,300m에서 1,500m까지는 다시 리프트로 가는데 그 지역은 上部針廣混交林이었다. 1,500m부터는 도보로 올라간다. 정상까지 1,700m, 소요시간은 1시간이다.

정상에 올라가 보니 連峯 中央火口(鉢平)는 눈아래 보인다. 결국 大雪山 連峯의 이름들은 이 中央火口를 에워싸고 있는 봉우리의 이름으로 되어 있는 셈이다. 이 火口는 한라산의 그것보다 규모가 훨씬 크지만 물이 고였던 흔적은 사라져버렸다. 다만 有毒온천(琉毒온천이라 부름)이 있고 赤石川의 근원이 되고 있어 옛적에는 물이 고여 있었음에 틀림없다. 또 그렇게들 말하는 이도 있었다. 그렇다면 한라산(釜岳 kama岳), 검은오름과도 지형상의 공통점을 지니는 것이 된다. 그럼, 검은(감은)과 일본어의 kuro(黑)하고는 어떻게 연관되는가. 검다(黑)란 말은 이미 알려져 있는 바와 같이, 한국어, 일본어, 아이누어, 알타이어가 매우 흡사하게 생겼다. 아이누어로 kunne라 하지만 이는 kur로 환원된다. 그것은 일본어의 kuro하고 대응된다.

한편, 한국어는 검은/감은 그리고 가라가 있다. 가라는 직접 연관될 것이고 검은/감은 은 간접적으로 연관될 것이다. 아이누어의 어근에 해당한 kur은 그림자라는 뜻이고 그 경우 한국어의 글메와 닮은 데가 있다. 한국어의 구름(雲)도 이와 관련시키기도 하는데 거기서 어중의 ㄹ(r)음이 탈락되면 일본의 Kumo(雲)가 될 수 있다. 한국어의 검은/감은 도 그러한 과정을 거쳤는지 모른다.

이러한 音形들이 山名에 이용하게 된 것은 아이누어의 kamuynupuri(神山), kann/kamna(上水·神水)란 말이 있어서 그와 비슷한 음이었기 때문으로 여긴다.

그것들이 山名으로 전해 왔지만 점점 본래의 의미가 퇴색하여 後人들은 그 類音인 kanna/kana山, 혹은 kamuna/kumana/kumaga岳(山)이든지 kəmun오름, kara/kuro/kura岳 등으로 變容시켜 간 것으로 여긴다.

따라서, 북해도의 黑岳의 경우도 한라산, 검은 오름과 마찬가지로 kamuynupuri(神山)의 축약형이거나 kamna/kanna(上水·神水)에서 온 것으로 보고 싶다. kam/kan이라는 어형에 치중하게 되면 한국어의 검은/감은과 아이누어의 kunne와 연관된다. 또 n과 r과의 교체가 있게 되면(곤난: 골란과 같이) kara, kuro가 되어 韓國岳·黑岳과 같이 된다. 大雲山 連峯의 하나로 kamigawa (上川)岳이 있는데 이 역시 kama(川·水는 na)에 왔을 것이고 kumaga(熊が)岳도 같은 계열이다. kam/kan/kuma에는 '大'의 뜻도 있으므로 大雲山의 전체가 원래 kamuna/kanna였을 가능성이 크다. 그 傳承에 따라 上川岳, 熊岳, 黑岳으로 각 봉우리에 命名되었을 것이다. 행정구역 이름도 kami(上)gawa (川)이다. 九州 南端의 kara(韓國)岳과 大浪池, 山形縣의 kumano(熊野)岳과 okama(釜)池 등을 같은 계열로 본다면 이와 同類의 지명들이 한반도로부터 제주도·九州·本州·북해도로 열을 지어 분포하고 있어서 시사하는 바가 매우 크다(1997. 10. 31.).

7.6. 地名

7.6.1. 我羅의 어원

제주시 아라동의 '아라'란 말이 어떠한 뜻을 지닌 말이냐고 곧잘 질문을 받는다. 그만큼 그 語詞구성이 원초적이고 인상적이다. 그 형식이 a의 연속구성이면서 그 중간에 활음(滑音) r이 개재되어 있다. 곧 인간이 내는 소리 가운데 가장 부담 없이 자연스럽게 낼 수 있는 형식이며 음색도 매끄럽고 곱다. 이 '아라'란 말에서 연상되는 것은 아래(下)란 뜻이다. 한라산의 아래쪽에 있으니 당연하다. 중세한국어에 아리(下), 고대일본어에 'ərə(降)'가 있고 튀르크어 alt(下), 몽고어 ala(股間) 등에서 재구되는 공통알타이어 ala(下)가 있는 점에서 옛부터 그런 말이 쓰였다고 볼 수 있다.

그 다음은 앞(前)이란 뜻이다. 중세한국어 앒(알+ㅂ), 아리(下의 아리하고는 악센트가 다르다)가 이에 해당된다. '앞'은 대개 남쪽과 통하므로 한라산의 앞쪽이란 뜻은 아닐 것이다(한라산을 기준해서 그 뒤쪽, 북쪽임을 고집한다면 몽고어의 aru '後·北'가 연상된다). 아라2동의 正北의 알오름(알봉·別刀峰)의 앞쪽이고, 그 남쪽으로 풀이하는 게 좋을 것이다. 아라 지경을 '아라위'라고 하는 연유도 여기서 왔을 것이다. 州를 기준했을 때도 州의 동쪽에는 東의 뜻인 사라봉이 있고, 북쪽은 山地이니 이것이 산뒤(뒤는 북쪽의 뜻)로 재해석된 것으로 보면 남쪽의 '아라'와 어울려 위치적 정황이 잘 들어맞는다고 하겠다.

또 '아라'란 말에는 고대로부터 샘(泉)이란 뜻이 있었다. 이는 아라동의 금산의 원이름이 알샘인 점에서 보증된다. 고구려 옛 지명 泉井郡이 원래 於乙買였던 데서 샘이 於乙 곧 올(>알)이었음을 가히 미룰 수 있다. 제주 섬의 오름 영아리의 '아리'도 이와 연관될 지도 모른다(오름의 뜻도 있었던 듯함).

또한 '아라'에는 옛적에 거칠다(荒), 새(新)의 뜻이 있었다. 현대어에서는 사라졌지만 문헌어 또는 고대일본어에 그 흔적을 볼 수 있다. 일본의 萬葉集에 arano라면 人家에서 멀리 떨어진 거친 들판이란 뜻이며, aratasi는 新의 뜻이다. 아라동이 州에서 떨어져 있고 새로이 개척한 것이라고 의식해 왔다면 충분히 그 쓰임이 예상된다. 南槎錄과 眈羅紀年에 적혀있는 지명 廣壤의 廣자가 曠과 통하는 점에서(光자와도 통하여 지금의 光陽은 여기서 연유된 듯) 曠이 荒地라는 뜻이므로 廣壤은 바로 그러한 뜻을 지닌 '아라'를 한자로 의역한 것이라 할 수 있다

고려사 지리지에 3神이 황량한 들판에서 사냥을 하였다고 하는데(三人遊獵荒僻) 바로 그 곳이 ara 곧 廣壤이다. 지금의 光陽(<廣壤)은 ara보다 바다 쪽으로 북쪽편에 있으나 옛날에는 그 일대도 포괄하여 사용한 것으로 보아야 한다.

필자는 1992년 8월 중국 북경에서 열린 제4차 조선학 국제학술토론회에서 삼국유사에 나오는 단군조선의 阿斯達이 實在하고 그것은 밝고 새로운 도읍이라는 뜻이며, 일본인의 동경의 고장이며 이상향인 asuka(明月香·飛鳥)는 아사달에서 연유한다는 요지의 내용을 발표한 바 있다. 이 자리에는 북한의 사회과학원 언어연구소장과 김일성 종합대학의 조선어문학부실장 등이 동석하고 있었다. 그 후 얼마 있다가 북한에서 단군능을 발굴했다는 신문기사가 있었다. 또 필자는 1993년의 논문에서 가야의 阿尸良(阿羅라고도 함)이 앞서의 阿斯達과 맥을 같이한다고 기술한 바 있는데, 1994년 8월 19일자 신문에서 그 곳(경남 함안군 가야읍 도항리 고분군 <사적84호>)에서 首長급유물이 대량 출토되었다는 기사를 보고는 그런 일들이 필자의 발표와 무관한 단순한 우연일까 하는 생각마저 들었다. 어떻든 필자의 견해가 고고학적 유물로 입증된 것이니 생각하기만 해도 절로 흐뭇해진다.

또 '아라'에는 어른이란 뜻이 있다. 光州本千字文에 良(良에는 長·首·賢人의 뜻이 있다)의 訓音이 알량으로 보인다. 튀르크어의 eren, 몽고어의 erxun, 아이누어의 aragur(王)과 통하는 것이다. 탐라어의 乙那의 乙과도 상통할 것이다. 기저모음을 ᄋ[ᄇ]로 보았을 때 ɐr/er [ər]/ar의 교체가 충분히

예상되기 때문이다. 이 ar의 音相에서 시조의 卵生설화가 고구려·신라에서 생긴다.

이상과 같이, '아라'란 형식에는 여러 가지 의미가 관계되는데, 그렇다고 이들이 아무렇게나 분산되어 있는 것은 아니다. 탐라의 首長(알)이 한라산 아래(아리·알) 샘(알)이 있는(알) 곳에서 새로이(알) 개간한 곳(아라)으로 집약되고, 한 나라의 개벽신화가 재건된다. 정말 신기한 일이 아닐 수 없다. 구절 하나 하나가 ar(a)로 구성되는 것도 흥미롭다. 허나 확실한 재건은 上泉壇과 교체되는 山泉壇과 我羅里 일대에서 유물이 발굴되는 날(어쩌면 이미 도굴되었는지도)을 기다릴 수밖에 없다(1994. 9. 10.).

7.6.2. 朝天邑 산간지명

조천읍 산간지대에 특이하게 흘(屹)이라는 접미사가 붙은 지명들이 있다. 선흘, 대흘(하늘), 와흘(노놀) 등이 그것이다. 모두 공교롭게도 ㄴ받침 아래 이어지기 때문에 ㅎ발음이 원래부터 있었는지(屹의 글자에 끌린 것인지) 미심쩍으나, 와흘 남쪽에 니흘이라는 지명이 있는 점에서 일단 ㅎ발음이 원래부터 있었던 것으로 추정된다.

필자는 일찍이 1960년대에 이들 지명 접미사 흘을 고구려 지명 홀(忽)에 비긴 바 있다. 忽은 중국 고대한자음(xmuət>xuət), 일본한자음(吳音 koti, 漢音 kotu)을 참조할 때 초성이 ㄱ과 ㅎ음이 어울리는 소리로 보이기 때문에 그 대비에 좀 문제가 있었다. 게다가 忽이라는 지명은 고구려, 북옥조에 보이는 溝漊와도 상통하는 것으로 보기 때문에 더욱이 초성에 ㄱ음이 어떤 형태든 반영된 것으로 보아야 했던 것이다. 그럼에도 조천읍의 흘을 忽에 대비한 것은 모음이 'ㅡ'였다는 점(만일 ㄴ글자였으면 일찍이 포기했을 것이다. 왜냐 하면 대비의 거리가 그만큼 멀어지기 때문이다), 그리고 地形과 주변 지명(북촌, 左面)의 상황도 고려한 것이었다. 따라서, 언어학적 측면으로서는 그야말로 빈약하기 그지없는 가설이었다. 그런데도 어이없는 것은 어떠한 보강도 없이 이러한 가설이 그대로 남에게 답습되거나 아예 他 說로까지 둔갑되고 있다는 사실이다.

여기서 금세기 초 그러니까 지금부터 1백년 전에 고구려 지명 忽에 관한, 일인학자 시라토리(白鳥庫吉)와 나카다(中田薰 뒤에 동경대 교수) 사이의 논쟁의 일단을 소개하고자 한다.

1890년 일본의 동양사학자 시라토리는 고구려 지명 忽은 伐·弗·火와 같은 것으로 보고 城邑으로 보고 나중에 句麗까지 포함시켰다(白鳥 1890ab). 이에 대해 1904년 나카다는 忽(hol)은 洞(kol·gol)과 같은 것이며 山谷의 부락을 뜻하기 때문에 原의 뜻인 伐·弗·火와는 별개라고 비판하였다(中田 1904)(일본의 kohori도 같은 계열이며 어중 h음은 장음을 표기하기 위한 것이라 하였으나, 이는 잘못된 것 같다). 이에 대해, 시라토리의 답론은 이미 1900년에 언어학잡지에 실린 논문(白鳥 1900)에서 忽은 kol>hol로 보고 溝 漊, 몽고어 khota '城'과 같은 것으로 수정하였으며 나카다가 지적한 일본어 kohori는 忽과 같지 않다고 하였다(그러나 한국어 고을과 忽·溝漊와 견주고 있는 것은 문제점이다. 이는 일본어 kohori와 관련될 것임). 1905년 나카다는 다시 시라토리가 남한 지역에 忽(骨)의 지명은 없다고 했지만, 백제 周留城의 州流須祇의 표기가 남한에서의 kul의 존재라고 하였다(이외에도 백제지명엔 寶城郡伏忽·辟城縣辟骨이 있다). 왜냐하면, 日本書紀에 나오는 須祇 suki '村'은 한국어 스굴>시골(훈몽자회에는 스굴鄕)에 대비할 수 있고 이는 스-굴로 분석되기 때문에 굴이 忽·骨과 같은 것으로 볼 수 있다고 한 것이다(中田 1905).

이러한 일인학자 사이의 논쟁을 여기에 소개한 것은 외형상 A는 B와 같다는 식의 논의는 이미 1백년 전에 다 되어 있다는 이야기고 지금도 그 수준을 되풀이하는 것은 좀 문제가 있지 않겠느냐는 것이다. 지금으로서는 새로운 것을 조사하고 보강·취사를 꾀해야 할 것으로 느낀다.

앞에서도 말했지만, 흘이란 음이 만일 홀이였다면 이미 필자의 주장은 버렸을 것이다. 그리고 ㅎ이 ㄱ과 교체되지 않는 음이었어도 마찬가지다.

몽고어의 x의 경우는 그 위치에 따라 강한 ㅎ소리와 ㄱ소리로 나온다. 그 유성음 r도 일본어의 경우 g : ɤ : ø 교체 현상이 있다. 한국어도 h : k 교체 현상이 있다(흑다 : 극다 '太', 닷홉 : 닷곱 '5合'). 그래서 고구려어의 kuru/kur/hur과의 연관을 꾀할 수 있는 것이다.

그러나, 이것만으로는 모자라다. 지형적 특색과 주변 지명과의 상관성도 고려되어야 함은 물론이다(既述). 여기에다 흘(屹)로 바뀌기 이전 또는 교체관계에 있는 kul이라는 지명의 흔적을 찾아내야 한다. 필자로는 아직은 선흘 동쪽의 큰굴왓·작은굴왓(寧坪에도 굴왓이 있고 틀랑굴 등 굴 접미사의 지명이 많다.)·귓나물 그리고 와흘 남쪽의 지그리(오름), 와산(눈미) 남쪽의 꾀꼬리(오름) 정도밖에 찾지 못했다. 과연 이들이 kul의 흔적인지 문제되겠지만, 그 중에 앞서의 귓나물(못이름)은 귀중한 자료가 된다고 생각한다. 아마도 어중의 '나'는 관형격의 흔적으로 보인다. 이외에 대흘2리의 고븐달(曲月洞)(寧坪의 다라굿도 참조)을 감안하면 조천읍 산간지대에 고구려의 흔적이 반영되고 있는 것만은 틀림없다. 게다가 와흘리 섯동네(세가름)의 와흘窟, 선흘리의 알바메기 동쪽의 이시돌(阿斯達을 연상시킨다.) 바메기(아이누어 pamaki '웃쪽의 터진 空地'를 연상시킨다). 그리고 알바메기와 웃바메기 사이에 있는 仙人洞, 그리고 유명한 산굼부리(시라토리 說 대로라면 kul과 교체 가능) 등 우리의 흥미를 자아내는 지명들이 적지 않다. 어떻든 先史의 신비감이 감도는 일대라고 아니할 수 없다.

지금으로서는 이 지역 일대의 도굴을 방지하고 제격의 발굴이 있을 때까지 잘 보존하는 길밖에 없다(물론 가옥신축이나 정지작업시에도 시공주의 협조가 필요하다(1993. 1. 5.).

7.6.3. 모시리

제주의 서남단 모슬포 일대의 지명은 우리의 주목을 끌게 한다. 그 중에서도 모시리·빗진여(또는 빗진내)·가파도·마라도 등의 이름이 특이하다. (모시리 포구 돈지동의) 돈을 (빗진여에서) 빚지면 (가파도 이름 그대로) 갚아도 좋고 (마라도 이름 그대로) 말아도 좋다는 俗言이 있듯이 이 지역은 예부터 공동생업권으로서 끈끈한 연대감으로 맺어왔을 뿐만 아니라 교역도 활발하여, 진취성에서 오는 위험부담의 면죄부가 공인되어 온 듯 싶다.

모시리는 이들 공동생활권의 중심지였기 때문에 중세어 ᄆᆞ술>ᄆᆞ슬(>마을) '里'에 비길 수 있다. 외지에 다니러 갈 때에 ᄆᆞ실 다니러 간다고 하는데, 모시리의 對岸인 가파도 北岸도 모시리라고 하는 점에서 양쪽의 왕래가 일상적이었음을 가히 짐작하고도 남는다. 이 ᄆᆞ술·ᄆᆞ실은 아이누어의 mosir/mosiri '國土·世界'와 상통한다. 한국어의 ᄆᆞ술과 아이누어의 mosir(i)와의 관련성에 대하여는 이미 아이누인으로 동경대학을 나온 언어학자 Ciri(知里眞志保)에 의해 지적된 바 있다(1956).

문제는 보통명사적인 모시리가 하필이면 모슬포 일대의 지명으로 어떻게 정착하였겠느냐는 것과 또 그것을 어떻게 설명할 수 있겠느냐 하는 것이다. 이는 앞에서 언급한 대로 끈끈하나 공동생활권의 연대감에서 옛것을 고착적으로 보존하였다고 볼 수 있는 데서, 또 그것은 다음과 같은 사실들로부터 미루어 볼 수 있지 않을까 한다.

가파도와 마라도의 호칭이 아이누어로 풀이될 수 있는 가능성은 이미 언급한 바 있다(이 책에서는 다음 항에 나온다). 게다가 빗진여(빗진내)의 빗치는 두 가지로 풀이되는데 첫째는 아이누어 petci '川'에서 온 것으로 풀이하는 것이다. 볫(陽)~빗(光)의 경우나 겡이~깅이(蟹)의 경우처럼 빗치를 petci에 비길 수 있다. 다만, 지금의 빗진여는 모슬포 포구의 서쪽편에 있는 여(海岩)쪽을 가리키기 때문에 내(川)가 아니지 않겠느냐는 것이 문제다. 필자가 보기로는 모슬포 포구는 원래 하천의 하류에 있었던 것으로 보인다. 지형으로 보아서 신영물·여진물·사니물 일대가 하천의 하류의 형상이다. 특히 신영물 근처는 예전에 내였고 홍수가 터지곤 하였다고 한다. 지금은 메워지고 콘크리트가 씌워져서 눈에 보이지 않으나 분명히 그 아래로는 도랑이 나 있다. 사실, 그 일대가 하천의 하류지역이 아니었다면 빗진 여는 현재의 상황 그대로 해안의 바위가 된다. 그래서 두 번째 풀이는 아이누어 pisne '海岸'에 상응시키는 것이다. pis에는 돌과 해안이라는 뜻이 있다. 빗이~빗이(借)의 교체와 같이 빗지내를 pisne에 비길 수 있다. 이러한 두 가지 풀이는 그 곳의 상황으로 보아서 상충적인 것은 아니다. 하천의 하류쪽과 바로 그 앞에 있는 해안의 바위가 비슷한 이름으로 호칭된 것이 지형의 변화에 따라 합류될 수 있기 때문이다.

이러한 아이누어로서의 풀이는 주변지역의 지명에서도 더 얻을 수 있어야만 한다. 모시리에서는 멀리 떨어져 있지만, 마라도나 가파도 그리고 해상에서는 우뚝 솟아 보이는 大坪里의 屈山(軍山)(지명표기에서 屈~軍의 교체는 삼국사기지리지의 고구려 지명에도 보인다. 軍那縣本屈那)도 아이누어로 풀이된다. 아이누어로 山은 굴이다 여기에 역시 山을 뜻하는 뫼가 결합하여 굴뫼가 되고 또 여기에다 오름이 결합하여 그 별칭이 굴메오름이 되었을 것이다. 아마도 河源里의 狗山峰(굿산망)도 이와 같은 유형의 명명으로 본다.

이렇게 시야가 미치는 같은 세계의 山名도 같은 말로 풀이된다는 것은 단순한 우연으로 보기는 어렵다. 게다가 아이누어에 國土·世界라는 뜻의 mosiri 외에 서쪽이라는 뜻의 mosiripok이란 말이 있으니 이러한 두 가지 말 뜻에 어울리는 모시리에 그 이름이 굳혀졌다고 할 수 있다.

모시리가 모살(모래)이 많아서 그 이름이 있다고 하기는 하나(沙溪里라면 몰라도), 모시리의 지형이 그럴 것 같지 않고 또 어떤 방언에도 모래를 모실/모슬이라고 하지 않는다. 동국여지승람에는 毛瑟(浦), 탐라지에는 摹瑟(浦)로 표기된 점에서 모살과는 무관한 모시리/모스리임에 틀림없다. 따라서, 모살이란 音形을 딴 못살포라는 불명예의 명명의 근거는 없어지는 셈이다(1994. 1. 12).

7.6.4. 가파도

가파도의 관문인 항개 포구 입구에 세워 있는 가파도 開耕 120周年 기념비(1962년)와 그 옆에 나란히 세워있는 한글의 해설문비(1985년)의 첫머리에 가파도의 옛 호칭으로 蓋島, 蓋波島, 加波島, 加乙波知島, 더위섬 등이 열거되어 있다(1987년에 간행된 가파국민학교의 가파도지에는 비문의 내용이 소개되어 있다).

이들 호칭의 어원에 대하여는 지금까지 한자어에서 왔다고 하는 것이 일반적이었다. 그것은 가파도는 물결이 더한(거센) 곳이므로 加波로 쓰였다는 것과 파도가 섬을 덮었다고 해서 蓋波라고 했다는 것이다. 이러한 해석은 본말이 전도된 것으로 원래 '가파'라는 音形과 비슷한 호칭이 있어서 그것이 나중에 한자로 표기하게 될 때 이왕이면 가파도의 정황에 맞는 한자를 골라서 加波 또는 蓋波로 나타내었다고 봄이 옳다.

그렇다면, '가파'란 말은 본래 어떤 音義를 지닌 것이었을까? 먼저 그 유명한 하멜표류기(일조각판 1954년)에 나오는 Quelpart를 참조하기로 한다. Qu는 화란어에서는 외래어에 쓰이는 Kw와 같은 표기이며 l은 다음 자음에 이어질때는 모음을 길게 하는 경향이 있다. r도 마찬가지이다. 그렇다면 이 철자는 대체로 ᄀᆞ(ㄹ)파−의 음을 나타내고 있다고 하겠다. 중세한국어 'ㆍ'(아래아)는 舌縮而聲深(혀가 오그라져서 소리가 깊숙하다)의 소리다. 이는 'ㆍ'자의 字形 그대로 입안에서의 天의 象形이다. 게다가 부수적으로 원순성을 띠게 되는 소리이다. 역으로 말해서, Quelpart의 철자는 현지의 ᄀᆞ(ㄹ)파−의 소리를 정확히 묘사한 것이라 할 수 있다. 그런데, 여기에는 ㄹ 받침이 실지로 있었던 같기도 하다. 그것은 加乙波知島라는 호칭과 송악산과 가파도 사이의 해협의 호칭 골새(<*ᄀᆞ을새)가 있기 때문이다. 이 경우의 加乙波(知)는 ᄀᆞ을밧(邑外) 또는 ᄀᆞᆯ바(並島, 마라도와 나란히 있는 섬)의 뜻이 될 것이다.

그러나, 중세어에 의한 이러한 풀이가 성립한다 하더라도 이는 상대적으로 후세의 것이 될 것이다. 그렇다면 보다 원초적인 호칭은 과연 무엇이었을까?

필자로서는 역시 한자어 아닌 '더위'라는 호칭에 유의하고 싶다. 이는 남방계어의 섬의 뜻인 tka에서 유래하였을 가능성이 크다. 필자가 일찍이 지적한 바 있지만 tka가 한국어화할 때 모음이 끼어 들어서 taka, təka, toka가 되고 말모음이 탈락하여 tak(닥), tək(덕), tok(독)이 된다. 이러한 섬 이름이 한국의 남해안과 일본의 규슈(九州) 연안에 무수히 분포하고 있음에서 뒷받침된다. 가파도의 주변에도 동쪽 편의 독개, 가파도항의 표시물이라고 할 수 있는 가마귀돌 그리고 동여, 동앞여 등의 호칭이 산재하는 점에서 이들과 무관하지 않은 듯 싶다. 그 중에서 tək이 外破된 təku에서 어중의 k가 탈락하여 더우/더위가 된 것으로 본다. 이 덕섬은 나중에 덮섬으로 교체된다. 받침 ㄱ과 ㅂ의 교체는 제주방언 더프다~더끄다(蓋), 어둡다~어둑다(暗)에서도 보인다. 그것은 가파도의 형상이 평평한데서 덮다(覆), 덮개의 뜻을 지닌 것으로 전승(해석)하게 되었을 것이다. 이것을 한자어화한 것이 蓋島이다. '덮개'는 아이누어로 kamup(pe), kotoumpa, '덮다'는 아이누어로 kamure, 일본어 kaburu/kabuseru이다(어중 m/b 교체는 흔한 일이다). 튀르크어도 '덮개'는 kapak, '덮다'는 kapali로 나타난다. 만주어도 평평한 뜻으로 kapahũn이 쓰인다. 이와 유사한 어휘들이 이 고장에서 사용된 것이라면 가파도항의 가마귀돌은 남방계어의 섬의 뜻의 '돌'에다가 북방어의 이들 '덮개'의 kamu/kapu의 말이 얹혀서 된 것 같다. 이 덮개의 생김새는 박쥐가 날개를 편 모양과 흡사하다. 박쥐는 아이누어로 kappa이다.

여기서, 가파도의 호칭은 남방계어의 섬의 뜻인 덕(독)이라는 말과, 地勢의 偏平形(아이누어 kapari)에서 유래되는 원시한국어(한국어·아이누어·일본어의 祖語)의 '덮다', '덮개'라는 말 kamu(p), kotoumpa(어중의 t가 r로 교체되면 加乙波에 가까워짐)과 그 형상어인 kappa 등에서 유래되었다는 것을 알 수 있다. 한쪽에서는 음을, 다른 한쪽에서는 '덮다'라는 의미를 취해서 후대의 한국어로 풀이된 것이 더위섬이다. 이는 곧 남방계어의 혼적은 덕(더위), 돌, 원시한국어의 흔적은 가파/가마로 남긴 셈이 된다. 가마귀돌은 그 합성어의 흔적일 것이다. 가파와 가마는 공용되다가 물결 波의 어원 해석에 끌려 가파로 굳힌 것으로 보인다. 여기에는 邑外·並島의 kərpa(t)의 재해석도 한 몫을 했을 것이다(가파도가 원래 굴밧(蘆田)이었을 가능성이 있어 이와 관련해서 해석할 수 있으나 해협의 굴새와 상치되어 배제된다).

옛적에 제주섬의 山北은 조천 일대가, 山南은 가파도가 통상교역의 牛耳를 쥐었다고 하는데 어쩌면 하나는 북방계, 다른 하나는 남방계의 대표적인 활동무대였는지 모른다(1993. 11. 13.).

7.6.5. 마라도

제주섬의 서남단 모슬포 포구로부터 가파도까지는 남으로 5.4km, 가파도 항개 포구로부터 또 남으로 마라도 선착장까지는 5.5km, 그래서 가파도와 마라도는 나란히 등간격으로 형제섬을 이루면서 한국의 최남단 파수꾼이 된다. 면적은 가파도가 84ha 마라도가 30ha이므로 가파도가 큰 섬이고 마라도가 작은 섬이 된다. 이는 가파도의 큰돌, 마라도의 장군돌(<쟈근돌)이란 지명에서 상징화되고 있다.

가파도와 마라도의 형제섬은 함께 1914년에 하모리에서 분리되어 가파도란 하나의 행정단위를 이루다가 1981년에 마라도는 따로 분리된다. 이러한 지리적·행정적인 정황을 보고 가파도의 어원이 중세어 굴바(並)와도 유관한 점이 이해될 것 같다.

탐라지에는 마라도가 摩蘿島로 적혀 있으나 지금의 도명은 馬羅島이다. 이러한 표기들은 한자의 字義와는 무관한 것으로 마라도라는 소리로 전승되어 온 것을 임의의 한자로 표기한 것에 불과하다. 그렇다면, 옛부터 전승되어 온 마라도란 어떤 뜻의 호칭이었을까?

아마도 '마'는 마프름(南風)에서 보이듯 남쪽이라는 뜻이었을 것이다. 부족(지역)명, 국명에 방향어가 얹힌 예가 옛 문헌에 보인다. 신라의 斯盧(羅)는 시(東)가, 고구려의 五部 예컨대 絶奴部=北部=後部에서 '뒤'가 (絶 dziwät에서 한국어 뒤, 일본어 siri가 된다) 얹혀 있다. 제주방언의 '마'는 일본어의 mahe(>mae 前)와 연관되는 점에서 그 실존이 인정된다. 南=前의 관련은 고구려의 灌奴部=南部=前部에서도 확인된다. 마라도의 '마'가 前=南의 뜻이라면 후항의 '라'는 韓日고대지명에 잘 보이는 盧 또는 奴와도 같이 퉁구스·만주어의 na(나라·지역·땅·기지)와 관련될 것이다. 그렇다면 남쪽의 땅·구역·터전이란 뜻이 된다.

그런데, 마라도의 둘레는 온통 '덕'이란 지명으로 싸여 있다. 그 중에서 주목되는 것은 '남덕'인데, 이는 곧 '마라의 덕'이 나중에 '남덕'으로 재구성된 것 같다. '덕'은 말할 것 없이 독(돌)과 함께 남방계어의 섬의 뜻인 tka의 흔적일 것이다. 가파도의 큰 돌, 마라도 남단의 장군돌은 대조적으로 각각 큰 섬과 작은 섬의 호칭의 흔적을 남기고 있다.

한편으로 마라도의 지형은 마치 귀(耳)의 형태로 되어 있다. 지명은 지형에 따라 命名되는 것이 예사이므로 이에 걸맞는 것에 아이누어의 maratto (熊耳)가 있다. 가파도의 형상이 덮개 혹은 박쥐의 형상과도 닮아 그와 관련된 호칭과 연관되듯 마라도 역시 섬의 형상에서 유래한다고 봄은 무리가 아니다.

또 한편으로 마라도의 한자표기가 탐라지에는 까다로운 글자 摩蘿島로 썩어있는 점을 유의할 필요가 있다. 앞 글자는 범어(梵語)의 音譯字에 잘 쓰이는 글자이고 일본에서는 ma와 ba 양쪽으로 읽히는 것이다. 탐라지의 편자로서는 마라도의 어원이 불분명하여 외래어적인 것으로 느껴져서 일부러 그러한 글자를 선택했는지 모른다. 일찍이 한국어에 영향을 주었고 일본어와도 관련된다고 보는 드라비다어(범어하고는 異系이나 차용관계가 있다)를 보게 되면 kapâtha는 '나쁜 길·경로', para는 '가장 떨어진 곳'의 뜻이다. 이는 가파도와 마라도의 정황에 들어맞는 말들이다. 일본어에서 摩를 ma와 ba로 읽듯이 para와 mara는 자연스레 음운교체될 수 있다. 소위 상상의 섬 파랑도는 이런 점에서 마라도의 호칭과 유관된 것으로 보이며, 실지 마라도 이남의(가장 떨어진 곳의) 海中岩島에 비기는 정도이다.

이외에 북방계어의 Dagur 몽고방언을 보게 되면, kabetegial은 '약간 평평한' 것을, maloodan은 '2인자', malehe는 '모자'를 가리킨다. 이 역시 가파도의 형상과 마라도의 위치 및 형상에 어울리는 것들이다.

결국, 이러한 상관적인 어휘의 존재는 무엇을 뜻하는가? 원시한국어는 물론 이들과 유사했을 것이나 오랜 세월이 흐르는 사이에 그것들은 死語가 되었을 것이다. 그런데도 mara 또는 kapa의 어형이 어떠한 의미와의 연관도 못 가지면서 지금까지 오랫동안 쓰여온 것은 그만큼 이 형식이 아주 간명하고 기본적인 틀로 되어 있어서 많은 이에게 애용되고 쉽게 전승되었기 때문일 것이다. 만일에 마라도의 발음이 까다로웠으면, 의미도 환기되지 않으므로 일찌감치 다른 것으로 대체되었을 것이다. 이런 경우 거의 한자어화하는 게 보통이다. 그러나, 그 이름이 공교롭게도 이 두 섬의 위치와 형상에 관련된 이상의 어휘들이 비슷한 어형을 지녔기 때문에 先人에게는 깊이 뿌리 박혔을 것이고, 남방계어의 tka系가 덕과 돌로 변형되었듯이 나머지의 북방계어(드라비다어도 그 분파로 보는 게 유력)의 여러 어형들도 공통적이고도 간명한 mara, kapa로 자연스레 조정될 수 있었을 것이다.

현재로서는 이상의 여러 말들이 사라져버려서 마라도와 가파도의 의미가 환기되지 않아서 안타깝지만, 이들 섬 이름에 여러 가지 근원의 것이 깃들어 있다고 생각하니 마냥 신비롭기만 하다(1993. 12. 11.).

7.6.6. 소섬

고향이 성산읍 쪽이어서 그 쪽에 가고 올적마다 바다 위에 떠 있는 소섬을 버스 칸에서 바라보게 되는 데, 그 때마다 신기하게 느껴지는 것은 항로의 나침반 같은 위치에다 섬 이름이 특이하게 소섬이라는 것, 그래서 건널목의 물발이 세다고 하는 이 섬에 교통수단이 열악한 고대에 용케도 소들이 건너왔다는 것, 또 섬 이름에 어울리게 소머리오름의 느긋한 경사나 섬 분위기가 매우 목가적으로 느껴진다는 것이다.

현지에서는 어떤가하고 꼭 한번 찾아가려고 몇 번이나 벼르곤 했으나, 아직껏 가보지 못하고 있다. 교통편에 대한 무지와 염려 때문이다. 가서는 겸사겸사 꼭 묻고 싶은 것이 섬 이름의 유래에 대한 것인데, 그냥 여기서 그 쪽 출신 분들에게 물어보면, 소가 많았다는 것과 섬의 형상이 소가 누운 형상과 같은 데서 그랬을 것이라는 이야기다.

필자가 기대한 것은 옛날에 토끼섬이나 축(<죽<둑)섬 또는 둑섬(또는 이에 가까운 음)으로 부르지 않았나 하는 것인데, 그러한 말은 전혀 들은 기억이 없다고들 한다.

그런데, 어째서 그러한 이름을 기대하는가 하면, 도내를 비롯해서 국내 해안 및 일본 九州 연안에 그런 섬 이름이 많기 때문이다. 그래서 혼자 상상하기를 옛날에 축섬이라고 불렀는데, 그 '축'이 무엇이냐고 풀이할 때에 소를 뜻하는 한자 축(丑, 北東의 뜻도 있다. 일본의 逸文伊豫國風土記 天山에서 東北을 usi(소), tora(범)로 훈독하고 있다.)이었다고 하고, 나중에 섬 이름을 고치게 되는 계제에 이왕이면 순수한 우리말로 소섬, 한자로 쉽게 牛島로 하지 않았나 한 것이다.

만일 그렇다면, 소섬의 선인들은 매우 소박하고 단아한 언어감각을 지니고 있었다고 할 수 있다. 다른 데서는 죽도를 쥐섬으로 부른 듯한 데가 있는가 하면, 牛角島－牛耳島－쇠머리섬－防築島 등 다양하다. 모두 tuka－tuki－teka 등에 관계 있을 것이다.

어떻든, 소섬의 이름의 유래에 대한 나의 발상은 그럴듯하지만, 소섬에서의 토끼섬, 축/둑/독섬으로 전승된 이름이 확인되지 않는 한, 하나의 환상에 불과하다.

다만, 섬의 형상(臥牛)의 傳承은 둑>눅>눕으로 바뀔 가능성이 있고, 또 소섬의 서북쪽 飛揚島 내해에 獨津浦, 獨津串이 있으니, 탁이나 독 혹은 둑이라는 원 지명을 추출할 가능성이 없지 않다. 전남의 珍島는 삼국사기지리지에 因珍島郡海島也로 되어 있는데, 珍은 古訓으로 돌~독(珍惡山縣 : 石山縣, 참조)이어서 독이란 원 이름이 珍으로 표기되었다고 볼 수 있는 것(辛兌鉉 1958에는 돍)도 참조된다(因珍은 바돌 '海' ?).

어떻든, 여러모로 신기하게 여겨지는 이 섬에 대한 나의 환상, 곧 본 이름을 찾으려는 욕망이 나를 그냥 있게 두질 않았다. 소섬의 바로 서쪽(대안인) 종달리에 가서 물어볼 생각을 떠오르게 한 것이다. 요행히 소섬에서 살다가 왔다고 하는 50대 중반의 이를 만나, 소섬 남쪽의 소머리오름(종달리에서는 섬머리로 부름)의 벼랑 아래쪽을 톨카니(~가끔 톳카니로 들림)라고 한다는 것을 들었다(물론 소섬 출신 분들에게 다시 확인한 것은 두말할 것 없다). 耽羅巡歷圖에는 東頭로 기록되어 있다. 곧 독머리=섬머리에서 독=섬이 抽出된다. 이러한 것들은 다른 데서 돌(섬), 독(도), 토끼(섬), 뚝(섬), 죽(<둑)(섬)이라고들 하는 것과 상관되는 것으로 tka '島'의 흔적임에 틀림없다. 소섬 북쪽의 요지 돈을레(錢屹洞)의 돈도 독과 관계 있을 것이다(독늘레>돈늘레). 그래서, 소섬의 원 이름을 돌섬 내지 독섬(獨島 참조)이나 죽섬(竹島 築島 참조)에 가까운 것이었다고 추정할 수 있게 된 것이다. 종달리 東洞(頭文浦)에서는 소섬을 '물 막은 섬'이라고 한다는데, 이는 죽섬(다른 데서의 防築島 참조)을 연상케 한다. 또 東洞 일대가 동동, 두문이캐, 동바당, 둥근(모살) 등 이름이 있는데, 꼭 동녘이라는 뜻과 결부시켜야 하는 건지, 소섬쪽과 전혀 관계없는 것인지 생각해 볼 여지가 있다.

덧붙여서 종달리의 옛이름은 끗다리이다. 제주도의 맨 동쪽이며 따라서 아침해가 맨 처음 떠오르는 지역이 끝다리가 될 수 없다. 이는 필시 조천읍 산간지대에 南進한 종족이 東進하여 (한민족이 건너간 고대 일본이 그렇다) 다다른 곳이기에 그런 이름이 주어졌을 것이다. 고구려에서는 산을 達이라고 했는데, 아마도 종달리의 地尾峰은 원래 긋달이었는데, 그것이 나중에 한자로 그렇게 의역된 것이 아닌가 싶다(그렇다면 고구려어가 제주도에 들어왔다는 증표의 한 보탬이 된다)(1992. 10. 27.).

7.6.7. 영아리 · 올리소

제주시에서 남조로를 경유하는 버스편으로 표선면 · 남원읍 경계에 들어서면 왼편에 (여른)영아리와 물영아리를, 오른편으로는 멀리 조천 · 표선 · 남원 경계의 거문오름을, 그 다음에 민오름을 바라보게 된다.

(여문)영아리에는 물이 없고 물영아리에는 있으니, 탐라지에 못이 있는 것으로 기록되어 있는 水頂岳(정의현의 西30里)과 水盈岳(정의현의 북30里)의 어느 하나가 물영아리일 것이다. 이름으로 볼 때는 水盈岳이 水靈岳 곧 물영아리가 맞는 것 같으나 方位가 좀 이상하다(한라산 쪽을 北으로 보았다면 어느 정도 맞지만). 우연히 만난 어느 할머니의 말로는 물영아리의 굼부리에 깊은 물이 있고 그것은 마르는 일이 없었다고 하니 탐라지에, 큰 못이 있고 그 밑바닥이 없다고 하는 水頂岳이 이에 가까울 것 같다. 혹이면 한자의 名이 水井岳이었는지도 모른다.

그 굼부리란 일본어의 kubo · kubomi(凹 · 窪)(둘레가 높고 중앙이 움푹 들어간 곳)와 音義가 유사한 점에서 원래 이 말은 *kubur이고 일본어는 *kubu>kubo로 바뀌었다고 해석된다. 중세한국어 kumki(穴)나 kupur(–kupur)(曲)도 여기에 연관되지 않나 싶다. 일본어 kubomi는 그 명사형이다. 그렇다면 그 유명한 산굼부리의 어원 해석도 이에 맞추어 가능하지 않은가 한다.

물영아리의 물은 마르지 않는 샘과 같으니 아리는 고구려어의 얼(於乙) '泉'(> ər)과 연관시킬 수 있다. 어두모음에 차이가 있지만, 기저모음을 ㅇ(ʌ)로 보면 문제되지 않는다. 심지어 iri의 형태도 일본문헌(日本書紀)에 보인다. 고구려 명장 泉蓋蘇文(연개소문의 딴 표기)이 伊梨柯須彌로 기록된다. 앞 해석의 난점은 앞가지 영의 어원이 미상인 데에 있다. 그래서, 영아리를 靈岳에서 ㄱ받침이 ㄹ로 바뀐 것(보기: 비아기~빙아리 '雛', 터어키어 tag~고구려어 tar '山')이거나 한자어 盈에 아리가 붙은 것(보기: 缸(항)아리, 顎(악)아리, 相(상)아리)이라고도 할 수 있으나, 한자어에서 연유되는 점이

걸린다. 오름이라는 뜻을 살려서 아리가 다리(岳)에서 왔다고 하면(足의 다리가 아리로 쓰이듯. cf. 일본어 asi '足'), *여(의)다리>영아리가 되어서 어떤 형상을 본뜬 이름이 될 수도 있다. 만주어에 alin '山'이 있는 것을 보면 ari 자체가 山의 뜻이었는지도 모른다(아리 아리랑 고개의 가사도 여기에 연유하는지도 모른다. 이와 對句가 되는 쓰리 쓸리랑도 山의 수리에서 왔다면 더욱 그렇다). 한편으로 아이누어의 yanwakka(泉·水源)를 형태분석하면 yan은 위로 오르다, wakka는 水(일본어 waku는 沸)로 될 수 있는데 뒷부분의 wakka만 우리말로 올(泉)로 바꾸면 湧出하는 泉의 뜻으로 풀이할 수 있다. 아이누어의 어말 -n는 ŋ과도 비슷한 점이 있으므로 yan이 우리말로 영으로 바뀔 수 있다. 그렇게 되면 앞서의 井岳·泉岳·靈岳의 해석들과 어울릴 수 있다. 어리/아리(<ᄋᆞ리) '泉'의 해석은 더 나아가 ᄂᆞ리(>나리>내 '川', 아이누어 nai)와도 관련되기 때문에 한라산의 어리목의 해석에도 도움이 된다.

河泉이며 食水泉인 수망리 한짓도의 올리소, 한남리 한냇도(절도)의 올리소(올리뜸물), 신례리 만질냇도의 올리소(이외에도 토산리 솔내의 올리소)도 이에 관련될지 모른다. 첫음절의 모음이 문제지만 그 곳에 오리가 헤엄쳐 놀았다는 어원해석에 끌려서 오리로 바뀔 수도 있다. 압록강의 鴨水가 阿利水(삼국유사)로 기록되어 있는 것도 참조된다. 소는 중세한국어 소ᄒᆞ(潭)(아이누어의 so '瀧')와 音義가 같다고 할 수 있다. 수망리의 올리소는 크니물이라고도 하는데, 이는 kana·kunna(上水·山水·神水)와도 관계가 있을 것이다. 여기의 물줄기는 거믄오름(곧 kamna·kama)이다. 신례리의 올리소는 여기서 天祭·祈雨祭를 지내고(里祭·포제는 탕근동산의 동쪽 상산ᄆᆞᆯ에서) 한남리·토산리의 올리소는 큰 당과 관련되는 점에서 얼(泉) 이상의 특별한 말이었는지 모른다. 그렇다면, 먼저 몽고어의 uul에 견줄 수 있는데 거기에는 근원의 뜻과 山의 뜻(uul=agula '山')이 있다. 몽고어의 u는 o에 가까운 음이어서 이는 ool(오름과도 유관)과 거의 같다. 다음은 올리소가 특별구역이라는 점에서 만주어·몽고어의 oro(장소·영역)나 몽고어 ulas(olas)(국가·국민, 본래는 보다 좁은 뜻이었다고 보아서)에 견줄수 있다. 아주 옛적에는 水源의 관리가 최우선 국책이었다고 보기 때문에그러한 소(潭)라는 뜻일 수 있다. 나라(國)의 어원을 나(地)＋랑(접미사)으로보기도 하는데(李基文 1972), 이는 나(水)＋랑(구역·국가)으로 본다면 보다原義에 소급될 수 있다. 수망리의 옛 이름 무우라(< *물우라)가 바로 이와같은 형식이라 할 수 있다. 소(潭)라는 뜻을 뒷받침하는 것은 올리소가 있는 냇도의 to의 명칭이다. 내의 이름에 to가 붙는 보기로는 화북동의 別刀川이 있는데 pet은 아이누어로 川이다. 내는 물이 흐르지 않으면 물웅덩이와 같은데, 이를 아이누어로 to라 이른다. 곧 올리소의 so와 냇도의 to가 서로 의미상 어울린다.

특히, 신례리의 경우 동편으로 생기오름내, 서편을 만질냇도가 흘러서마을근방에서 합쳐지는 그 형태가 마치 창자와 같아서 아이누어의 yoshpe(川流의 屈曲)형 곧 屈川이다. 이 yosh의 音形만 따서 중세어 여스·여싀(狐)로 풀이하여 신례리를 狐村(cf. 東國與地勝覽 卷38 狐村川, 孤兒縣)이라하였다. 여싀에서 ᅀ 자음이 탈락하여 여이 곧 예가 됨으로써 禮村이 된다.

정말, 배경의 경승도 신기하지만, 그 내력이 담겨있는 지명 또한 묘미가있다. 지명의 탐색은 마치 소박한 인간의 심성과 슬기의 탐구와도 같다. 보람도 있지만 참 어려운 일이기도 하다(1993. 10. 14.).

7.6.8. 금산물

1994년 5월 28일자 한라일보 14면 기사를 보면 건입동 원로회에서 그곳의 지난날 명소의 유적을 후세에 전하기 위해서 금산유허비를 건립하였다고 한다. 이 유허비는 건입동 동민 일동의 이름으로 1993년 12월에 금산물(지금의 금산수원지)에 세워진 것이다. 그 비문을 보게 되면 그 곳 금산은山地浦를 내려다보는 언덕으로 본래 제주 특유의 暖帶林이 우거져 入山이통제되었던 곳이었기에 禁山이라고 했다고 한다. 그러나, 지금의 수원지의 이름은 錦山으로 되어 있다.

이와 비슷한 경우가 납읍리의 금산이다. 여기는 아직까지 제주 특유의 난대림이 보존되어 있는데, 禁山이란 이름이던 것이 지금은 錦山으로 바뀌었다. 그러한 한자의 바뀜은 본래의 지명과는 상관이 없다. 순수한 고유의 지명을 한자로 옮기는데 이리저리 갖다 붙인 것에 불과하다. 처음에는 신성한 곳이라 해서 禁山, 나중에는 풍치가 비단같다고 해서 錦山으로 고친 것으로 볼 수 있다. 그런 면에서는 아라동의 錦山(錦泉, ᄀ마로, 금산물)도 마찬가지일 것이다.

이들 호칭의 앞가지 '금'은 본래 神·上·大의 뜻과 관련되고 神水·上水의 kamna/kama의 생략형으로 볼 수 있다. 그 교체형 kum(a)(애월리의 구마물), kɯn(덕천리·시흥리의 큰물, 납읍리의 큰샘), kam(a)(회천리의 가마물), kan(서회천동의 ᄀ는새), kom(a)(고내리의 고마물, 법환리의 공물), kon (김녕리의 고냥물), kəm(거문데기의 거므니물), kən(장전리의 건나물) 등이 사방에 분포되어 있다. 받침에서의 m:n의 교체가 주목된다. 水德里의 流水泉도 비문에 甘泉이 湧出하는 것으로 되어 있으니, 이것도 kam(감물)과도 관련되는지 모르겠다.

덕천리(거머리)의 德泉은 큰물(上下德泉에서 飮用으로 쓰인 웃물·모사니물을 큰물이라 불렀다)의 訓譯이며, 김녕리의 漢水는 그 音訓譯이다. 실제 그곳에 飮用의 고냥물·수감물이 있고 김녕의 古名인 금녕의 유래도 이와 관련될 성싶다. 강정리의 江汀도 이와 같은 音訓譯으로 볼 수 있다. 이들 지명들은 모두 生水와 관련된다. 다만 납읍리의 금산은 그렇지 않은 게 기이하다. 다만 그 금산의 지형이 溜水形이고 또 실제 동편에 지금은 말라 있지만 '돗샘'이란 食水用의 溜水井의 자취가 있는 점에서 또 약간 떨어져 있기는 하지만 북쪽 편에 역시 食水로 쓰인 큰 샘이 있는 점에서 전연 무관하다고만 할 수 없다. 이러한 모든 정황으로 보아서 금산물의 '금'은 물과 관계 있는 것만은 틀림없고, 그렇다면 한라산·거믄오름·감낭오름 등에서 추출되는 kama의 생략형이라고 할 수 있다.

그런 면에서 건입동과 아라동의 금산물의 형태분석은 1)금 - 산물일 가능성이 크다. 이외에도 2)금산 - 물 혹은 3)금산 - 산물일 수 있겠으나 그 일대는 山이란 이름은 커녕 오름 또는 峰이란 이름이 주어질 地形은 아니다. 그 점에서는 2)는 배제된다. 3)은 1)의 전제하에 산의 중의법으로 쓰일 수 있다.

그럼 1)의 분석을 택했을 경우 산물의 뜻은 무슨 뜻이 될까? 한국어의 音義에 구애된다면 ①산(山)의 물, ②산(生)의 물, ③샘(泉)의 물이 있게 된다. 사전에서의 풀이는 어떤 것은 生水로, 어떤 것은 샘물로 되어 있다. '산물'과 어구성이 비슷한 '산내'는 하나의 사전에는 '산에서 갑자기 흘러내리는 내'로 되어있고 다른 데는 아예 수록되어 있지 않다. 사전적인 풀이 말고 경험상으로 ①은 보통 해변가의 산물은 山에서 내려온 물로 의식하는 점에서 ②는 溜水泉은 죽은 물, 流水泉은 산물이라고 하는데서 ③은 금산물은 錦泉이라고 漢譯한 데서 그 풀이가 성립될 수 있는데 이러한 言衆의 어원의식의 중심은 '내려오는 물'에 있다고 보겠다. 그래서, 필자는 산물의 그 本義를 ④산(下)의 물로 풀이한다. 아이누어의 san(下)이 이에 상당한다. 신성한 물, 웃쪽에 있는 물에서 물의 총칭(복합어의 일부분)으로 쓰인 kamna에 대해 산물은 위에서 내려오는 물의 상대적인 의미관계로 쓰인 것으로 보인다. 山地의 금산물 남쪽의 '느리물'의 이름은 이에 대해 매우 시사적이다.

끝으로 한마디, 이 섬의 젖줄이라 할 수 있는 산물의 맥이 옹결되고 절단되어 가는 오늘의 현실은 매우 안타깝다. 수德里의 流水泉처럼 산물의 순결과 옥소리를 이 섬의 사방에서 다시 되살릴 수 있으면 한다(1994. 6. 22.).

7.6.9. 어음비

축척 2만5천분의 1인 제주도 全圖(국토지리원, 1986)를 보던 중 애월면 어음리 부근의 어음비라는 특이한 지명을 보았다. 이미 출간되어 있는 두어 개의 제주도 지명모음을 보면 어음리를 이전에 어린비, 어림비로 불렀다고만 되어 있고 어음비는 보이지 않는다.

말음절의 −비는 일본의 Yamato(大和)지방과 Izumo(出雲)지방에서 많이 보이는 간나비·감나비라는 지명(김공칠 1997)의 말음절 −비와 같아서 큰 흥미를 유발시켰다.

서부산업도로변 운전시험장에서 조금 더 대정 쪽으로 가다보면 납읍 쪽으로 꺾이는 길이 있어 그 쪽으로도 갈 수 있지만, 바리매오름 바로 발치에서 오른편으로 꺾으면 바로 어음리 쪽으로 갈 수 있다. 그 길을 가다보면 어음2리에 들어서면서 도로 오른편에 돔베물이 있고 거기서 좁은 간이 포장길로 들어가노라면 돌부리가 울뚝불뚝한 길이 나온다. 조심조심 차를 한참 가다보면 왼쪽으로 꺾이는 좁은 길이 더 나오는데 잠시면 왼쪽 편에 빌레못이 보이고 그 북쪽에 유명한 빌레못 동굴이 있다.

이 동굴에서 1973년 5월에 큰곰(brown bear), 赤鹿(red deer), 노루(roe deer) 化石의 뼈와 함께 玄武岩製의 人工石片, 骨製 밀개, 숯 따위가 발견되었다. 이는 구석기시대 중기 제4빙기 초까지 올라가는 유적이라고 주장되고 있다(金元龍 1986:16 참조). 그렇다면 최소한 1만년전의 것이 아닌가. 1973년 7월 한달간 발굴작업에 참여한 鄭永和 교수의 보고(1974)에 의하면, 제1문화층에서 발견된 齒牙 등 큰곰의 化石이 보여주는 상대적 연대는 한반도에서는 적어도 50만년 내지 1만년 전 사이를 가른다고 한다. 큰곰은 중국의 周口店에서 中期 洪積世에 해당하는 시기의 地層에서 出土한 적이 있으며 아시아를 터전으로 氷河期에 많이 번식한 동물이다.

이처럼 중요한 동굴이 노변에 표지판 하나 없고 동굴마저 종유석을 훔쳐 가는 이들 때문에 출입구를 봉쇄해 버렸으니 어이없는 일이다. 위치가 좁은 구석길이었던 탓에 찾지 못해 헤매던 중에 요행히 감귤원에 일을 보러 오신 친절한 분을 만나 이분이 차를 동승하면서까지 안내해 주셨으니까 망정이지 하마터면 헛걸음할 뻔했다. 일본같은 나라였으면 교육위원회

(文化財관장)같은 곳에서 벌써 70년대에 향토자료관 같은 것을 지어놓고 동굴모형실, 발굴자료의 모형자료실 등을 알뜰하게 꾸며 놓았을 것이다.

빌렛못과 동굴 사이로 내려다보면 바다 위에 가까이 떠 있는 비양도와 눈아래 봉성리의 낮으막한 오름들이 평화롭게 어우러져 있는 정경이 한 폭의 그림과도 같다. 탐라의 先人에게는 더할 나위 없는 이상적인 보금자리였을지도 모른다.

여기서 잠시만 내려가면 어음1리이다. 이 서편에 수령 4백10년의 팽나무(수고 18m)가 있고 그 서편에 정자내가 있다. 그 냇창을 조금만 내려가면 湧泉의 공새미/곰생이가 있다. 그 '공'은 원래 湧泉의 호칭에 얹히는 '곰'과 같은 것일 것이다.

문제는 어음비라는 마을 이름인데 현지에서는 어린비/어림비/어름비로 부르고 있다. 이 말은 무엇을 뜻하는 것인지 아직도 모르고 있다고 한다. 그래서인지 卑下的으로 이해하고 있는 듯도 싶었다. 어진 先人들이 후손에게 궂은 이름을 남길 리는 없고 일상적인 생활 터전에서 어떤 특징적인 지형의 이름임에 틀림없을 것이다. 그렇다면 공새미, 돔배물, 빌레못과 같은 고지대에 필수불가결한 생활용수와 관련된 어떤 이름이 아니겠느냐고 추측할 수 있다(1997. 9. 4.).

고려 때 편찬된 삼국사기 권 37권을 보면 고구려 지명에 泉井口縣一云 於乙買串(지금의 파주군)과 泉井郡一云於乙買(지금의 덕원군)가 나온다. 여기서 泉=於乙의 등식을 얻을 수 있는데 그렇다면 고구려 사람들은 샘(泉)을 '얼'이라고 불렀다는 것이 된다. 또 삼국사기 권35를 보게 되면 이 지명들은 나중에 한자로 전자는 交河郡, 후자는 湧州로 고쳐진 것으로 되어있다.

交는 古語로 '얼다·얼우다', 현대어로 '얼리다'이다. 원래 泉을 뜻하는 명사 '얼'에 어미가 붙어 동사화 되면서(샘물이 솟아 나온다) 그 의미는 잊혀지고 그것을 同音語인 交와 湧의 뜻으로 받아들여 그러한 한자명으로 고쳐진 것으로 풀이된다. 그렇다면 어음리의 옛이름 어린/어림/어름은 泉에서 연유하는 동사의 관형형 내지는 명사형이며 거기에 '비'가 접합하여 복합명사가 된 것으로 볼 수 있다.

그럼, 후접한 '비'는 무엇일까? 지금의 비교언어학적 관점으로는 두 가지의 뜻풀이가 가능하다. 하나는 산의 뜻이다.

이에 대해서는 졸고(김공칠 1995 : 21)에서 언급한 바 있다. 이 밖에도 일본의 萬葉集 4026番歌에 '비'가 산의 뜻으로 나온다. 다른 하나는 우물이란 뜻이다. 우리나라 우물의 '우'와 일본어의 wi '井'는 pu~pi에서 왔을 가능성이 있기 때문이다. 만일 이러한 再構가 성립한다면 어음리의 어린비는 고구려 지명 泉井과 똑같은 것이 된다. 그러나 유감스럽게도 산의 뜻으로 풀이하는 것과 같은, 우물로 쓰인 예들이 아직도 안 보인다. 또 앞서의 고구려 지명에서 井은 모두 買(물의 뜻)하고 대응시키고 있고 나중에 한자로 고친 때도 河를 대고 있다. 그래서 '井'하고는 거리가 멀다. 그렇지만 원래의 지명이 만일 물이었다면 泉水라 쓸 것이지 왜 泉井으로 썼겠느냐는 말이 나올 수 있다. 어떻든, 고구려 지명 泉井과 어음리의 어린비의 대응문제는 두고 생각해 볼 것이다.

그래서 필자는 지금으로서는 '비'를 산의 뜻으로 받아들이고 싶다(아니 고대에는 同音異議語가 많았기 때문에 두 가지 뜻을 겸하고 있었는지 모른다).

그 남쪽에 있는 바리매(오름)의 발치로서 산 자체는 아니나, 멀리 바닷가나 봉성리 쪽에서 바라보면 산이나 다를 바 없다. 先人들이 어음리를 그 자체로서 혹은 바리매의 발치로서 산으로 의식했더라면 어린비는 곧 얼(泉)이 있는/솟는 산이란 뜻이 된다. 어음리에는 곰새미/공생이를 비롯해서 돔베물, 빌레못 등이 있어 바닷쪽에서 바라볼 때는 山頂에 샘/못/이 있는 특이한 곳이다. 그래서 얼의(샘의)/얼인(샘물이 나오는)/어름(샘물)의 비(산)라는 호칭이 형성된 것으로 본다. 모음 사이의 ㄹ은 잘 떨어져 나간다. 나리>내, 모로>뫼, 오리>외 등 그예는 허다하다. 그래서 지금의 어음리의 이름으로 남게된 것이라 하겠다.

고구려말인 얼(泉)은 그 후에 사라지고, 고려 때의 계림유사(1102년 쯤)를 보게 되면 한자어로 표기되어 있고(泉曰泉), 이조 초기의 조선관역어(1410년 쯤)를 보게되면 清泉이 물근시(清泉墨根色)로 되어있다. 특히 후자의 예는, 어음리의 공새미가 공생이로도 불리는 것은 이조 초기에도 그와 같은 발음경향이 있었기 때문이라는 것을 보여준다. 따라서 어린비/어림비/어름비에는 고구려말의 흔적이 남아있는 것이 되고, 공생이에는 이조 초기의 흔적이 남아 있다는 것이 된다. 훈몽자회 등 16세기에 나온 한자학습서에는 泉은 모두 쉽(>샘)으로만 나온다. 이렇게 되면 어음리의 마을 이름과 그 지경의 샘·못 이름에는 우리말의 고대(고구려)로부터 고려~이조 초·중기~현대에 이르기까지의 어휘가 반영되어 있다는 것이 되어 그것들은 정말 귀중한, 역사의 산 증언이 아닐 수 없다. 돔베물의 돔베도 그 형상으로 보아 고구려말의 冬非 '圓'과 유관할 듯 싶다(1997. 9. 10.).

7.6.10. 이어도 이어도사나

언제부터인지 또 누구의 제안에 따라 그렇게 되었는지는 모르지만, 동경의 섬 또는 제주섬의 별칭으로 이어도란 말이 많이 쓰인다. 텔레비전의 지방프로로서, 신문의 타이틀로서, 다방·음식점·상점 등의 상호로서 애용되어 항상 우리의 시선을 끌게 한다. 그만큼 그 호칭이 이 섬사람들의 정서를 달래고 절실한 소망을 표상화하고 있다고 하겠다. 그렇지만, 막상 이어도란 무슨 뜻인가 하고 되묻는다면 그 어원에 대하여 세간에서는 어떻게 대답을 할까?

이 音形이 특이한 것은 모음의 연속으로 되어 있다는 점이다. 음운에 관한 술어를 빌린다면 모음충돌(hiatus) 현상이다. 이러한 현상은 언어의 이치상 자연스럽지 못해서 가급적이면 이를 피하려는 것이 보통이다. 따라서, 고대의 한국어에서나 일본어에서는 이러한 현상은 드물다. 현대어의 '아이'의 경우가 있지 않느냐 하겠지만, 이는 원래 '아히'에서 유래한 것이므로 경우가 다르다. 게다가 이 역시 아이>애로 축약되는 게 일쑤이다. 예외적으로 '아이구'와 같은 감탄사가 있겠지만, 이러한 말은 사람의 감정의 직접적 표출이기 때문에 예외일 수밖에 없고, 이 또한 '애구'로 축약되기도 한다. 어떻든, 이어도의 경우는 모음충돌의 경우가 되어서 우리의 옛것의 고유한 것으로 보기는 힘들다.

또 한 가지 문제되는 것은 이어도의 '도'의 형식이다. 모음 '오'는 '우'보다 나중에 발달한 것으로 보기 때문에 그만큼 '도'의 형식은 연대가 상대적으로 뒤지는 것이 된다. 게다가 '도'를 '島'로 풀이하고 있다면, 결국 한자어가 되어서 순수한 우리 고유의 것이 못되고 만다.

또한 이어도란 이름에 상응하는 섬을 아직 찾아내지 못하고 있고, 상상적인 섬 혹은 언젠가 매스컴에서 떠들썩한 海中의 岩島로 억측하고 있는 것 등은 그만큼 종전의 풀이가 온전치 못함을 시사하고 있다.

또한 민요에서의 '이어도사나' 구절을 '이어도에서 사나'로 해석하는 경향이 있는데 이는 문법상으로 불완전한 풀이가 될 수 있다. 이어도가 단순한 하나의 장소적 명사라면 그 다음에 처소격의 격표지가 따르기 마련이다. 목적격의 경우처럼 처소격의 격표지도 생략되는 경우가 있으나 일반적으로 생략되지 않는 게 많은 언어에 있어서 공통된 현상이다. 다만 지명이나 위치명사 다음에는 처소격의 격표지가 생략될 수 있으므로 전적으로 틀렸다고는 할 수 없지만, 그 경우도 '사나'의 뜻은 살고싶다가 되므로(고대일본어의 희망조사 na 참조) '이어도(에)사나'로 풀이된다. 한편 '이어도를 사나'의 형식이 원형이라면 목적격의 '를'이 생략되는 게 정상이나 이 때는 그 뜻이 이상하게 거래적인 것만이 연상되므로 일단 이를 배제한다.

그런데, '이어도사나'의 곡조의 육성을 듣게 되면 '이여도산나'와 같이 들려서 이들의 음연속이 긴밀하여 이어도에 살자와 같은 뜻이 연상되는 외에 하나의 단어와 같이 지각하게 되어서 이어도와 이어도사나는 각각 같은 뜻의 단어의 반복과 같이 여겨지기도 한다.

이러 저러한 이유로 필자는 이어도에 대한 과거의 풀이는 재고할 필요가 있다고 생각한다. 문헌이나 방언의 뒷받침 없이 어떻다고 하는 것은 정말 문제가 된다고 보는 것이다. 그렇다면, 이에 대한 가능한 새로운 해석으로는 어떤 것이 있을 수 있을까(1994. 5. 14.).

이어도의 어원에 대하여는 다음과 같은 풀이가 있을 수 있다.

첫째는 여럿이 힘을 함께 내면서 지르는 '어기여차/어여차'와 같은 감탄사로 볼 수 있다. 이 풀이는 해녀들이 물질하러 헤엄쳐 나갈 때, 그리고 어부들이 배를 저어나갈 때 힘내기 위해서 내는 소리이니 일리가 있으나, 바다에 있을 때만 쓰인다는 점에서 부분적으로만 맞는 것 같아서 좀 걸린다.

둘째는 이어도의 古形은 '이어두'이므로 이를 제주의 별칭 瀛洲에 비기는 것이다. 탐라지의 제주의 古跡을 보게 되면 탐라를 세칭 瀛洲山이라고 하였다(정의현의 山川에도 瀛洲山이 나온다).

제주섬과 산 뿐만 아니라 제주바다까지 瀛洲라고 한 기록이 있다. 南槎錄에 인용된 決勝亭上樑文에는 제주는 九韓의 하나로… 바다는 곧 瀛洲라고 하였다.

瀛洲란 말의 유래는 옛부터 중국에서 海中의 三神山으로 蓬萊·方丈과 함께 瀛洲를 꼽은 데서 온 것 같다. 여기서 이 말을 차용한 당시의 제주섬 誥者들은 이어두, 이어두산으로 받아들인 것으로 볼 수 있다. 이러한 풀이의 강점은 이어도/이어도사나의 병존형을 설명할 수 있고, 또한 후자의 분석의 불합리성이 제거되는 데 있다. 대개 이어도란 音形이 나타나는 민요는 대개 바다와 연관되는 바닷길/바닷물/배 등의 공통적인 소재로 되어 있는 점에서 이어도가 어떠한 뱃길이나 헤엄칠 때의 표적 또는 기상이 되고 있는 점에서도 그러한 풀이는 가능하다.

다만, 문제가 있다면 瀛洲의 喉內鼻音尾의 ŋ이 탈락되고 있는 점인데, 대개 한자음의 ŋ은 한국에서는 ㅇ으로, 일본에서는 i/u로 받아들이고 있는 점(보기 江 kau>koo, 定 tei), 방언에 따라 그러한 현상이 있을 수 있고 특히 하나의 拗音節을 두 음절로 확장시키면서 그 반대 보상으로서 韻尾를 떨어뜨릴 수 있는 점에서 문제되지 않는 것으로 보인다.

　셋째는 둘째의 풀이와 각도를 달리해서 생각하는 경우이다. 곧, '이어두'란 원초적인 단어가 이 섬에서 쓰이고 그것이 중국에서 瀛洲로 音譯하였다고 보는 것이다.

　이는 이어도란 音形을 우리가 어떻게 풀이하는가에 따라 그러한 해석의 성립 여부가 판가름난다.

　여기서 참조되는 것은 아이누어의 iyotta이다. 이는 '가장 많다'라는 뜻이다. 또한 일본이 고대의 正史인 日本書紀의 서두를 보게 되면 태초에 부부의 두 神이 창출한 일본나라는 八洲國이었다. 여기에 大자를 얹어서 大八洲라고 하지만, 원래는 八洲였다. 大八洲는 古音으로 ohoyasima라 읽지만, 大자를 빼면 yasima이다. 八은 본래 yatu이므로 yatusima로 불리다 tu가 파찰음화되어 후행하는 마찰음과의 중복으로 탈락된 것으로 본다. yatu는 우리말의 여덟/여러와 비슷한 말이고 앞서의 (i)yotta(i는 접두사)와도 상통한다. 곧 八에는 많다는 뜻이 있으므로 의미상으로도 공통된다. 고대한국어의 기본모음 ɐ를 상정했을 때 그 拗音 ya/yə/yo의 교체는 충분히 예상할 수 있는 일이다.

　제주섬은 원래 모든 면에서 풍부한 곳이었다. 아득한 삼국시대 이전에 곧 신라·백제·고구려 같은 강력한 부족국가가 탄생하고 水田의 기법이 개발되기 이전에는 한반도의 모든 지역은 조그마한 群小국가로 메워져 있었다. 그 때의 제주섬은 이들 국가와는 비교가 안 될 만큼 農畜水産物이 풍부하고 규모가 큰 하나의 단일국가였다. 아마도 이 때에 海上交易의 牛耳를 잡고 있던 제주섬에는 iyotta/iyatu의 호칭이 주어져 있었던 것으로 보인다. 그 호칭을 중국에서는 瀛洲로 音譯하였고, 일본에서는 八洲로 모방한 것이라 볼 수 있다.

　이렇게 본다면, 이어도란 호칭은 원래 '이어두'였다는 가능성이 있게 된다. 그렇다면 이 글의 서두에서 언급한 音形의 문제점은 사라진다. 따라서, 현재 널리 쓰이고 있는 이어도보다는 이여도가 보다 古形에 가까운 것이라고 할 수 있다.

이어도는 제주섬의 音形이 간직된 특이한 호칭임에 틀림없다. 필자의 풀이대로라면, 이는 원시시대부터 전승되어온 그야말로 경제적·정신적 풍요로움을 과시한(나중에는 동경으로), 상징적인 언어가 될 것이다(1994. 5. 21.).

7.6.11. 阿斯達

고려 충렬왕 때 승 一然이 지은 삼국유사에 의하면, 단군왕검께서 이 땅에 새 나라를 건국하면서 서울로 정한 데가 아사달(다른 부분에서는 阿斯達 곧 白岳으로 되어있고 또 다른 부분에서는 白岳에서 아사달로 옮긴 것으로 되어 있다)이다.

이 阿斯達의 풀이에 대하여는 종래에 朝山(李丙燾 1959), 子山(梁桂東 1950), 母邑(李炳銑 1982) 등 여러 가지가 있고 또 이들을 同音異義語로서 포괄하기도 한다. 필자로서는 아무래도 朝山과 子山은 도읍의 칭호로는 어색하게 느껴진다. 이에 阿斯에는 新의 뜻과 朝明(朝陽과는 좀 다르다)의 뜻이 간직되고 있음을 주장하였다. 이는 1992년 8월 21일 중국 북경에서 열린 제4차 조선학 국제학술토론회 언어부회에서의 발표의 일부분으로 필자가 제기한 것이다. 마침 그 자리에는 북한에서 사회과학원 언어연구소 소장인 정모 박사와 김일성 종합대학 조선어문학부 실장인 오모 박사가 동석하게 되어 있어서 아사달의 본고장 평양에서는 어떻게 생각하고 있는지 알고 싶기도 했던 것이다.

필자가 내세운 논지는 대충 다음과 같다. 첫째는 주변언어에서 아이누어의 ashit/ashi(ri) '新', 일본어의 ata(rasi)<*asta(rasi) '新' 등과 대비될 수 있는 가능성이 있다는 것이고, 둘째는 문헌상으로 삼국사기 신라本紀에 나오는 파사왕조(婆娑王條)의 新月城의 딴 이름이 在城인 점에서 곧 在=新의 관계가 설정되고 asa/asi=新의 추출이 가능하다는 것이다. 그것은 在의 古訓은 *아시(>이시)로 보이기 때문이다. 제주방언에 不在는 '엇다'이어서 a/ə

교체법칙(김공칠 1983)에 의해 在는 '앗다'이기 십상이다. 일본어 在가 ari/aru인 것도 이는 한국어 as-/asi-에서 유래한 것으로 볼 수 있다. 현재 한국어에 在의 뜻의 '앗다'가 남아 있지 않고 잇/이시(>있다)만이 남아 있어서 문제가 되지만, 지금 남아 있는 '앗다'란 말엔 가지다(앗다>빼앗다)라는 뜻도 함유되어 있어 언어에 따라서는 있다란 말과 가지다란 말이 상통하는 경우가 많을 만큼 앗>잇의 변동을 추정할 수 있다. 그렇다면 在城의 在는 asa/asi가 되고 그것을 의역한, 신라의 새 城 新月城은 阿斯達의 호칭과 비슷한 것이 되어진다.

셋째로는 朝明은 새로운 날이 새었다는 뜻인데 新朝·來日과 통하여 일본어의 asita와 연결된다. 한국어 어제, 어저(께) '昨'에 대해 아자·아적은 a/ə교체법칙에 의해 내일·朝明이 되기 마련인데 여기서 阿斯와 연관지을 수 있다.

다만 z: s의 발음의 차이가 나지만 이들은 같은 마찰음으로 유성과 무성의 차이 뿐으로 서로 교체되는 경우가 많아 문제되지 않는다.

넷째로는 한국의 阿斯達 勝地의 명성은 그대로 일본에도 파급되어 일본인의 동경의 고장이며 이상향인 asuka(明日香)로서 뿌리 박혔는데, 그것은 일본인이 자랑하는 고대 서정시 萬葉集歌에 나오는 asuka(明日香)의 지명에 飛鳥(tobutori)라는 일정한 수식어(枕詞)가 얹히는 데서 추정할 수 있다. 飛鳥(tobutori)를 한국어로 풀어보면 날아가는 새의 날새(飛鳥)와 날이 새는 날새(朝明)의 뜻이 겹치고 있다. 이것은 곧 asuka의 뜻을 나타내는 한국어의 날새가 飛鳥라는 訓借字로 표현되고 그것이 후일에 原義와 관계없이 일본어로 직역된 것이 tobutori라는 訓이라고 할 수 있다. 그리고 阿斯達의 達 taH의 ta는 t:k 교체(보기, 한국어 조곰:일본어 조또 稍, 제주방언의 손톱:손콥)에 의해 일본어에서 ka로 받아들여진 것이다.

비록 충분치 않지만 이렇게 풀이되면, 단군왕검이 내일의 밝은 세상을 위하여 새롭게 立都한다는 뜻에서 阿斯達이란 이름이 지어진 것으로 볼 수 있고, 나라 이름 朝鮮도 아침의 고요한 나라이기보다 밝은 새아침의 새

나라란 뜻이 보다 원 뜻에 가까운 것이라 할 수 있다.

그런데, 이러한 필자의 발표가 있은 후 약 3개월이 지난, 1992년 11월18일자 조선일보에 일본의 아스카에 대한 해석이 필자와 비슷한 것이 게재되었다. 다만, 아스카의 ka를 한국어의 어저께 · 그저께 · 보름께의 께와 견주고 있는 것이 다르다면 다르다(따라서 阿斯達까지는 언급 못하고 있다). 그러나, 주목되는 것은 한국어에 처음을 뜻하는 말로 '아시'가 있다고 했는데 그 출처는 잘 모르지만, 만일 틀림없다면 앞서의 필자의 주장에 하나의 보강이 된다. 왜냐하면, 처음과 新은 서로 상통할 수 있기 때문이다(cf. 아이누어 ashinko 始).

이 외에, 阿斯를 asu usu로 읽고 '松'을 夫斯 · 부스로 읽고 있는 申采浩 (1924)의 주장은 흥미롭다. 阿斯達이 松岳이 아닌 것은 白岳 이외에 그러한 이름이 보이지 않는 점에서 확실하나 音形이 白岳의 pereter, 松岳의 pesetel (그래서 일본어 matsu 松과 연결된다)과 같이 비슷하게 나가서 포용되었을 가능성이 있다. 이에 고구려의 松의 夫蘇/夫斯와 관련되고 백제 · 고려의 立都와 관련된다는 것은 전적으로 무시할 수 없는 일이다. 단군 건국으로부터 신라 · 백제 – 고려에 이르기까지 立都의 칭호의 맥박이 줄곧 이어져 왔는지 모른다.

그러나, 여기에 조천읍 선흘리의 부소오름을 결부시키는 것은 좀 성급한 일이다. 왜냐하면 부소오름이 선흘의 正北에 있으면 모를까 남쪽에 그것도 알밤오름 – 윗밤오름 – 거문오름을 건너서 있으므로 다른 오름을 제치고 선흘과 연결시켜야하는 연유와 부소오름의 부소가 소나무와 연결되는 증표를 앞으로 찾아야 하기 때문이다. 阿斯達이나 asuka의 지명 역시 이름 그대로 主山의 동쪽 내지 동남쪽의 양달 쪽에 분포하는 것이 일반적이다. 일본의 Nara현의 明日香(飛鳥)이 그렇고 일본 각지에 있는 asuka가 그렇다. 제주도에서는 선흘리 알바메기 동쪽이 이시돌이다. 그렇다면 한라산의 동남쪽에도 그러한 지명이 있을 법한데 뚜렷이 나타나 있는 것은 없다. 가시리 윗쪽의 안좌름(安坐洞, 안좌오름)이 그 흔적이 아닐까?(1992. 12. 25.).

8. 연구의 요약

여기서는, 지금까지 다루어 왔던 내용을 차례로 요약하고난 다음에 거기에 담겨있는 의미를 음미함으로써 마무리 짓고자 한다.

1.1. 탐라어는 언어인 이상 分派언어의 한 가지이고 고립된 언어는 아니다.

분파언어와의 관계를 추구함으로써 탐라어의 起源에 거슬러 올라갈 수있다. 특히, 탐라어는 일찍부터 한반도 언어하고는 간격이 있는 독자적인 위치에 있었으므로 이들과는 획을 긋고 또는 연관지으면서 연구할 수 있는 이점이 있다.

1.2. 탐라어의 起点의 연구는 곧 탐라국의 기원문제, 종족의 계통 문제와도 관련되고 결국은 동일 광역권인 한국과 일본 민족의 형성 내지 친족관계의 구명에 이르게 된다. 주변언어와의 비교를 통하여는 제주방언의 다양성에서의 인종적 요소 또는 기층현상의 여부도 밝히게 되는데, 이는 사회적으로는 오늘의 제주사회의 구조나 문화적 성격을 파악하는 데도, 도움이 된다. 또한 탐라어 연구는 제주방언의 역사적 연구이므로 15세기 한글 문헌 이전의 언어 재건을 통하여 국어사 연구에도 기여하게 된다.

2.1. 탐라어는 좁게는 탐라 건국으로부터 국가로서의 지위가 완전

히 상실한 이조 태종 때까지 탐라에서 사용된 일련의 언어를 지칭하며, 넓게는 탐라의 명칭에 구애됨이 없이 탐라 건국 이전의 先史시대, 州胡, 乇羅의 언어에까지 미친다. 탐라국의 실존은 내외 문헌에서 확인되며 탐라 건국과정은 고려사 지리지 등 여러 문헌에 삼성시조 신화로서 투영되고 있다. 그 신화의 후반에 15대손 高厚・高淸 등이 신라 盛時에 신라를 섬긴 것으로 되어 있는데, 이는 삼국사기의 文武王 2년 … 耽羅國主佐平 徒冬音律(一作津)來降과 동일연대의 기록으로 본다. 그것은 文武王 역시 가라의 世系로 15代孫이 되고 당시는 신라 盛時이기도 하기 때문이다.

이 기록에 뒤이어 탐라는 武德 이래에 백제에 臣屬하고 신라 文武王 대에 이르러 신라의 속국이 되었다고 했으니, 武德은 가라국 최후의 君主 金仇亥의 第2子의 武德으로 본다면 탐라는 가라─백제─신라의 순으로 섬겼음을 알 수 있다. 그리되면, 탐라어의 最古限을 현실적으로 확언할 수 없다 하더라도 문헌상 서기 1세기에 건국한 가라국과의 연관이 확인된다.

2.2. 탐라 자체의 空間性은 작지만 위치의 특수성으로 인해서 주변의 여러 지역 언어와의 관련성은 크다고 하겠다. 그 중에서도 북에서 알타이족에게 밀리어 아이누족이 한반도를 거쳐 탐라, 서일본으로 거쳐갔을 가능성이 있다. 官名, 지명 기타 어휘에서 그 흔적이 보인다. 일본의 九州 이남의 琉球人들이 多毛하고 지명도 아이누어와 관련되는 사실에서 만일에 아이누족이 그 곳에까지 갔다면 그것은 한반도로부터 九州→琉球에의 南下를 전제하지 않을 수 없다.

남으로는 말레이・폴리네시아어족이, 서남으로는 몬・크멜족이 海洋의 이동의 이점을 이용하여 대만, 琉球, 일본으로, 혹은 東중국으로부터 황해 연안을 따라서 아니면 직접 탐라 및 한반도의 남해안에 도달하였을 가능성이 있다. 남한 일대의 古지명에는 남방계 언어의 영향이 있다는 증언도 더러 있다. 일본에서는 B.C 3세기 이전에는 남방계의 언어가 행하여지고 그 이후는 알타이어적인 문법체계와 모음조화를 가진 남한의 언어가 건너와서 원시일본어가 성립된 것으로 보고 있다.

　서쪽으로는 중국의 영향을 간과할 수 없다. 그 중에 현저한 것은 북중국으로부터의 한자의 수입이고 남중국으로부터의 稻作문화의 전래다. 그리고 한자식 造語法에 의한 官名·人名·地名이나 한자 어휘 등은 언어문화에 큰 영향을 끼쳤다. 한자어가 제주도에서 방언화된 것으로는 정강(健康), 청산(城), 촐(草儿), 시상(世上), 즈냥(節約) 등이 있다.

　2.3.　서기 3세기 경의 중국의 위지동이전의 기록을 보면 기원 전후에 한반도에는 부여·고구려·예·옥저 등의 북부 계열과 마한·진한·변한 등의 남부 계열의 삼한이 분포하고 있었다. 북부 계열은 고구려어를 중심으로 해서 그 異同만 언급되고 있는데, 그 계열은 대체로 동일한 언어를 사용한 것으로 되어 있다. 이에 대해 남부 계열은 진한어를 중심으로 해서 그 異同이 언급되어 있는데 약간의 혼선이 있다. 진한어는 마한과는 다르나, 변한과는 비슷하기도 하고 다르기도 하다는 것이다. 이는 진한과 변한 일부 그리고 州胡에는 先단계의 언어가 남아 있어서 그렇다는 것으로 해석된다. 결코 언어계통의 차이에서 오는 것은 아닐 것이다.

　북부 계열과 남부 계열의 異同에 대하여는 한마디의 언급도 없는데, 이역시 선후단계의 차이에서 온 것으로 본다.

　한반도에서의 先단계 언어로는 古朝鮮語가 있다. 북부 계열도 원래 고조선의 영역에 있었다. 남부 계열의 진한어도 고조선어계이다. 韓의 前身이 辰인데 辰→三韓→辰韓의 축소를 거친 것으로 본다면 고조선어 곧 辰語로 볼 수 있다. 辰語의 몇 가지가 아이누어로 해독이 가능하다는 것은 先단계 언어는 그것과 연관성이 있음을 말해 준다.

　북부 계열에는 同系인 퉁구스어가 밀어 닥쳤을 것이고, 그래서 고구려의 어휘에는 그것과 관련된 것이 많다. 삼국시대 후반에 이르러는 각 계열의 방언적 차이가 커진 것으로 볼 수 있다.

　그리고, 삼국의 지형적 차이도 있고 해서 삼국사기지리지에 투영되고 있는 삼국의 어휘 리스트에는 겹치는 것이 그리 많지 않다. 그럼에도 고구려어의 忽(지명접미사), 述爾(峯), 功木(熊), 沙非斤(赤)이 백제어의 忽, 骨, 述, 公, 所非와 유사하고 고구려어의 於乙(泉), 破旦(海)이 신라어의 乙, 破珍과 유사하다. 그리고 백제어 夫里(지명접미사), 翰(大)이 신라어의 火, 韓과 유사한 것을 보면 不傳의 나머지 리스트에서는 공통된 것이 많았던 것으로 본다.

가라어의 경우, 얼마 되지 않은 것 중에서 신라어, 백제어와 유사한 것도 있지만, 특히 고구려어와 유사한 것이 더 있고 吐(堤), 巨老(鵝) : 古衣(鵠), 推(三) : 密(三), 탐라어에서도 고구려어가 보여서 주목된다.

3.1. 　탐라어 연구자료는 직접자료는 물론이고 간접자료적인 문헌마저 결핍되어 있기 때문에 얼마되지 않은 간접자료적인 문헌의 기재 사항과 지명, 기타 등에 의존할 수밖에 없다.

3.1.1. 　탐라어를 직접적으로 기록한 문헌은 없다. 탐라지에서는 縣別山川條의 지명, 古跡條의 古記云, 風俗條에서 金淨의 풍토록에 실린 土人語音과 州記의 제주도 특유의 어휘 몇 가지 등이 이용된다.

耽羅紀年에서는 탐라의 여러 호칭과 건국신화에 대한 여러 注記사항을 얻을 수 있다. 제주도의 건국신화에 대하여는 기타의 瀛洲誌, 南槎錄 등도 이용된다.

중앙 史書의 地理志인 고려사지리지, 세종실록지리지, 동국여지승람에서도 건국신화가 실려 있다. 동국여지승람에는 縣別의 山川과 古跡, 地名이 있다.

개인 文集인 海東繹史, 燕岩集, 耳溪集 등에서도 건국신화, 제주도의 古名 등을 얻을 수 있다.

탐라국 史實을 입증하거나 탐라어와 대비되는 한반도 언어를 抽出할 수 있는 자료로는 국내에는 삼국사기, 삼국유사, 중국 것으로는 위지동이전,

후한서동이전, 梁書동이전 등 다수가 있으며, 일본 측 자료로는 일본서기, 古事記, 萬葉集 등이 있다.

그리고 탐라어의 殘存語의 연구 또는 중세국어와의 대비에서 불가결한 12~16세기의 국내외 문헌(계림유사, 조선관어역어, 용비어천가, 석보상절 …)도 중요하게 이용된다.

3.1.2. 방언에는 古形이 보존되어 있고, 또 방언 내의 변이형의 비교를 통하여 그 層位와 古形을 알아낼 수 있으므로 이는 과거의 방언 연구의 유효한 연구자료로 이용된다.

따라서, 古語性이 짙은 俚語에 대한 전문적인 수집이 필요하다. 거기에는 한반도에 존재하지 않는 어휘가 포함될 수 있다. 한반도에 존재하지 않는 어휘가 곧 古탐라어라고 할 수는 없지만 판별작업을 거치면 추려낼 수 있을 것으로 본다.

3.1.3. 지명은 固着性과 保存性이 큰 데서 古語를 충실히 그리고 풍부히 제공한다. 그리고 지명은 종족의 이동과 같이 하므로 제주도의 古地名과 한반도 및 일본의 지명의 대비를 통하여 이동의 경로를 확인할 수 있다. 지명에는 俗傳이 따르기 마련인데, 그 참조 여부에 신중을 기할 필요가 있다. 현장에서 채집한 지명의 해석에 대한 나름대로의 방법을 익히고 단순한 어형의 대비만을 가지고 同源, 同系임을 속단하는 일은 없어야 한다.

3.1.4. 지명 이외에도 고어를 발견할 수 있는 것으로 민요, 전설, 巫歌 등을 들 수 있다. 제주도에는 이러한 민속적인 殘存문화가 양적으로 풍부하고 질적으로 희귀하여 이것들을 잘 다루면 많은 탐라어가 채취될 것으로 본다. 이 연구에서는 삼성신화와 일본측 史書에 전하는 전설을 대상 삼아서 새로운 해석을 가하면서 어휘들을 추출해 보았다.

| **3.2.** | 탐라어 연구는 옛 제주도 언어의 실상을 밝히는 연구이므로 그 방법에 있어 역사적 연구의 방법에 의존할 수밖에 없다. 흔히 역사적 연구의 방법으로 1) 문헌적 연구, 2) 방언의 조사 연구, 3) 비교 연구, 4) 언어 연대학 등을 들 수 있다.

3.2.1. 탐라어 연구에서는 직접문헌의 결핍으로 그 역사를 엮기는 어렵고 간접문헌 및 자료의 주석을 통한 관계 어휘의 추출에 힘쓸 수밖에 없다. 문헌 주석을 위하여 고대 언어의 어휘, 어법, 표기법, 한자음 등에 대한 기초적 소양이 필요하다. 게다가 특정 언어에 대한 깊은 천착은 물론 주변 언어의 문헌과 연구서, 사전 등을 충분히 활용할 수 있어야 한다.

3.2.2. 방언의 조사를 통하여 노출된 어휘의 변이형·分布形을 확인함으로써 그 新古를 가려내고 最古形 또는 基語를 재건할 수 있다. 이에는 언어지리학적 분석의 방법이 활용된다. 어떻게 보면 탐라어 연구는 제주도의 古代 내지 中古의 방언의 역사를 재현하는 방언사의 연구이기도 하다.

3.2.3. 비교방법에서는 1) 계통적, 문화적, 지리적인 관계없이 두 언어의 관련성을, 2) 어떠한 역사적 관계가 있는 언어 사이에서의 借用을, 3) 같은 계통에 속하는 언어 사이의 역사적 관계를 구명하는 것 등이 있다. 탐라어 연구에서는 비록 엄밀하지 못하다 할지라도 3)의 방법이 중심이 된다. 해당 언어로는 한반도 언어는 물론이고 아이누어, 일본어도 당연히 헤아리게 된다. 한편 2)의 방법으로 차용의 문제도 다루면서 그것이 차용이 아닌 基層의 자취인지 혹은 먼 同系性에서 연유하는 것인지의 여부도 밝힐 필요가 있다. 해당 언어로는 대륙 동남부의 언어를 생각할 수 있다.

3.2.4. 비교연구의 하나의 보강의 방법으로 언어연대학이 있다. 조사 항목의 타당성, 두 언어의 대응여부의 판단, 분열 연수의 계산방법 등의

문제점이 있어 지금은 이 방법을 전적으로 신뢰하지 않으나, 두 언어 사이의 어휘조사가 잘 이루어지고 그 대응이 확실한 것이면 유력한 참고자료로 이용될 수 있다. 아이누어, 혹은 일본어하고 적용해 볼 수 있다.

4.2.1. 남방계 민족으로는 1) 태평양 남양에 분포되어 있는 말라야-폴리네시아종족, 2) 동남아의 대륙 내부에 분포되어 있는 종족 등이 있는데 이들을 크게 남방 어족이라 한다. 1)에서는 인도네시아어, 2)에서는 몬·크멜어 그리고 여기에 티벳·버마어족까지 포함시켜서 논의될 수 있다.

最古限 BC 1세기 이전의 弁辰人 및 北九州의 倭人들의 文身은 이들과 관계 있는 것으로 보고 있다.

Jaba原人과 北京原人 사이에는 관계가 있으며, 대륙 漂移 이전의 陸續때에 고대인의 이동이 있었다고 본다. 그 경유지는 印度支那의 해안지대로 추정되는 바 남방계의 일부는 필리핀, 대만 琉球에까지 올라왔다고 본다.

4.2.2. 티벳-버마족의 原住地는 양자강 水源지방이어서, 양자강 以北의 연안을 따라 한국 서해안을 거쳐 일본으로 갈 수 있었을 것이다.

한편 중국, 티벳의 東部, 북라오스부터 雲南에 걸치는 瀾滄江변의 도시 卡若(karuo)에서 기원전 3천년의 신석기 시대의 유적이 발견되어 거기서 조의 재배와 돼지의 사육이 행해진 것을 알게 되었는데 이는 제주도의 사정과 비슷하여 그것이 전파적인 것인지, 환경자생적인 것인지는 분명치 않지만 관심이 가는 일이다.

티벳·버마어와 일본어와는 同系라는 학설이 일찍부터 주장되어 왔다. 2인칭 대명사 na의 형태는 고대일본어의 na와 같은 형식이다. 그리고 父·母·姉·兄들의 가족관계의 어휘에서 일본어·琉球語에서 보이는 것과 같은 a 접두사, wu, o 접두사도 주목을 끌게 한다. 한국어도 어두에 유사한 형식이 보이는데 접두사로 분리될 수 있는지는 두고 볼 일이다.

그러나 어휘적으로 일본어와 유사한 명사 10여 개 제시된 정도이고 유사형을 찾기가 힘들다. 문법적으로, 1) 主-目-述의 어순, 2) 性·數·格에 의한 어형변화가 없고, 3) 조사·조동사의 기능, 4) 인칭대명사의 유사 등 유형적인 유사성이 보이는 한편, 동사의 활용이 복잡하지 않는 것, 형용사가 명사의 바로 다음에 올 수 있다는 등 다른 점도 있다.

음운면에서는 어두 ŋ음의 존재, $C_1C_2C_0C_3V$의 어두자음군의 존재 등의 다름이 있다. 다만 중세한국어에서는 이와 비슷한 psk나 -, pst-의 어두 자음군이 존재하여 주목된다.

4.2.3. 예전에 동남아 대륙 내부를 점거하고 양자강으로부터 그 이북의 연안을 따라 한국의 서해안 혹은 琉球를 거쳐 일본에까지 미쳤을 것으로 보는 몬·크멜어족의 언어와는, 1) 접사가 붙어서 형성되는 특수한 조어법, 2) 인체 어휘의 유사, 3) 대명사의 近·中·遠칭의 구별 등의 유사성이 있고, 4) 음운적으로 현대 크멜어의 모음체계가 제주방언의 그것과 흡사하며,

i	ɯ	u
e	ə	o
ɛ	a	ɔ

5) 지명에 끼친 영향은 상당한 것으로 해석되고 있으며, 그 중에도 제주도의 島名과 일본의 島名도 몬어의 tka에서 유래된 것으로 보고 있다. 그러나, 主-述-目, 그리고 被수식어-수식어의 어순으로 표현하고, 한국어와 정반대로 어근 앞에 접사를 얹힘으로써 사동화, 명사화하는 등의 현저한 차이도 있다.

그러나, 제주방언에서도 主-述-目의 어순의 사용 예가 없지 않다.

느 먹언댜 밥.

느 먹으라 저 괴기. (괴기=고기)

느 가라 집에.

피수식어 – 수식어의 어순은 한국어, 일본에서 보이는 형용사 술어문이 계사를 개재시키지 않는 점에서 그 흔적일 수 있다. 어근 앞에 접사를 얹혀서 사동화하는 유형은 아이누어에서의 수동화가 있다. 원래는 이런 용법이 있었는지 모른다.

4.2.4. 지금은 인도의 東히말라야의 골짜기에 있는 레프차족의 언어는 일본인 학자에 의하여 일본어와 同系이며 그것은 萬葉시대(629~778년경)의 일본어 그대로 쓰이고 있다고 한 데서 유명해진 것이다. 접두 · 접요사를 많이 쓰고 어순도 같은 유형이나 수사의 20進法이 다르다. 어휘면에서 의성어와 의태어가 많은 것은 한국어 · 일본어와 비슷하고, 비교어휘도 많이 예거되었지만 음운적으로 대응할 가능성은 적다.

4.3.1. 인도네시아어족은 北上하여 대만에까지 分布되어 있고 심지어 琉球지방의 원주민도 인도네시아 계통이라는 주장이 유력하다.

인도네시아어는 음운상으로 일본어와 일치되는 점이 많다. a, i, u, e, o 5모음체계이며 祖語는 a, i, u, ə의 4모음체계로 보는데, 이는 원시한국어, 원시일본어도 그러한 체계였다. 음절은 원칙적으로 개음절이고, 고저 악센트를 지닌다. 지금의 일본어가 그렇고, 고대 한국 지명의 음운체계, 중세어 및 현 한국어 방언의 성조 체계가 그렇다. r와 l의 구별도 없고 문법에서 성별이 없고, 격은 격조사로 나타내고, 동사는 인칭, 수에 의한 변화도 없고 관사도 없다. 이중 주어문도 많다는 등의 공통된 부분이 적지 않다.

그러나, 어순에서 피수식어 – 수식어, 主 – 述 – 目, 조동사 – 본동사 등의 현저한 차이를 보여 주고, 어휘면에서 인체어휘를 제하고는 비교가 그리 용이치 않다. 인체어휘는 몬 · 크멜어의 그것과 유사한 점은 주목되는 일이다. 특이한 형태변이적 현상으로 前鼻音化현상이 있는데, 이는 일본어와 같이 하는 현상으로 지적되고 있다.

　이상에서의 공통현상의 존재를 가지고, 알타이어 渡來 이전에 직접 일본에, 아니면 한국의 남부에 미친 남방계 문화를 알타이어계가 일본으로 가져간 것으로 풀이하는 이가 많다.

4.3.2. 　대만의 新高山 등의 山地를 중심으로 하는 高沙族도 복잡한 종족으로 이루어져 있으나, 그 종족 중 일부는 아직도 母系制의 풍습을 지니고 연령계급적인 사회구조를 형성하고 있다. 언어면에서는 대명사·형용사·동사의 용법은 인도네시아어의 그것과 공통하며 어휘도 대응하는 점에서 인도네시아어계로 본다. 이러한 高沙族의 언어습관 중에, 長幼관계만 문제 삼아서 형과 누님을 하나의 명칭으로, 남동생과 여동생도 같은 명칭으로 표현하는 게 있다. 제주방언에서는 형제간 그리고 자매간은 성님과 아시로 호칭한다. 다만, 남동생이 여성의 윗사람에게 누나, 여동생이 남성의 윗사람에게 오라방, 오빠가 여동생에게 누이, 누나가 남동생에게 오레비 등으로 성별로 分化되고 있기는 하다.

　일본의 ani(兄), ane(姉)도 分化된, 어말모음 교체형임을 감안할 때 원래는 동일한 형태이다. otooto(弟), imooto(妹)도 oto와 imo는 얹힌 것으로 보면 같은 oto의 형태였다 할 수 있다.

　친족 명칭도 아버지 쪽과 어머니 쪽은 구별하지 않고 어느 쪽의 伯叔도 같은 명칭으로 부르고 있는 것은 한국어의 아저씨, 아주머니(제주방언은 모두 삼춘(<三寸>), 일본어의 ozi(san), oba(san) 등을 고려하면 비슷한 점도 있다.

　남방어족의 북상 경로의 하나가 대만이므로 이들 언어와의 한국어, 일본어와의 관련 여부를 해결하는 어떤 국면을 찾을 필요가 있다.

4.3.3. 　대만에서 北上하는 경로는 반드시 琉球열도를 거치게 된다. 지명상, 주민의 체질상 그 조상은 인도네시아어계이며 따라서 그 계통의

언어를 사용한 것으로 본다. 그러나, 현재의 사용언어로는 일본어와 同系語 내지 방언으로 대응한다. 두 언어 사이에 음운상의 대응규칙이나 문법상의 일치가 성립하기 때문이다. 그러나 上層的으로 대응한다 하더라도 底層으로는 이질적인 어휘가 많다. 그것들은 南島祖語形과 대응하는 것들이다. 그 물결이 琉球열도를 거치고 南九州에 이르렀다면 한국의 남해안 및 탐라에까지 다소 미쳤을 가능성도 없지 않다.

4.4. 한국 남부에서의 남방계 문화의 흔적으로 稻作문화를 들 수 있다. 제주도의 경우는 乾川이 많아서 일부를 제하고는 稻作을 할 수 없고 陸稻 혹은 燒畑경작이 행해졌는데 이 역시 남방적 요소로 보고 있다. 弁辰지역과 倭지역에는 文身의 기록이 있고 제주도에는 없다. 州胡 곧 제주도도 潛水漁撈를 했을 것이니 文身을 했을 가능성도 있다. 그리고, 州胡人은 상의만 걸쳤다고 했으니 그것은 貫頭衣와 비슷한 것이 아니었나 추측된다. 이 文身, 潛水漁撈, 貫頭衣는 고대의 吳越을 매개로 한 남방문화로 보는 것들이다.

기타 탐라의 수호신은 백조할망인 여성인 점, 母處婚的 遺影이 남아 있는 점, 연령계급적인 사회구성, 최연장 남자酋長制의 유습, 줄다리기(照里之戱), 鬪鷄 등의 놀이, 草墳, 禁繩 등의 습속들이 남아있는 점들은 남방계와 관련되는 것으로 보고 있다.

언어적인 것으로는 j계, w계 중모음의 회피현상(별→벨, 귀→기), 기타의 모음화의 현상(의견→이견), 개음절어(기프다 : 깊다), 동음 또는 유음의 첩어현상(벗벗), 남방계 어휘가 제주방언에서 복합적으로 나타나는 것(굴레 : 입, 것 : 밥, tka : 섬), 인체어휘의 유사성, 가족어휘에서의 모음 접두의 형식, 兄姉를 성별로 동일 호칭(성(님))으로, 弟妹를 성별로 동일 호칭(아시)으로 부르는 것, 제주방언의 명사 어말 및 용언의 연결어미에 ng이 나타나는 것 (바당 : 바다, 먹엉 : 먹어서) 등을 들 수 있다.

제주도내(州胡, 知歸, 遮歸島<竹島>) 및 일본(竹島, 値嘉, 度島)의 島名은 tka의 모음삽입형이며, 모음 前置形으로는 일본에서는 oki(隱岐) < *otki, iki

(壹岐) < *itki , oki(nawa)沖繩)가 있고, 그 otki에 상응하는 지명이 제주도에는 地歸島 正北에 otkui(衣貴)로서 존재하는 점에서 주목된다. 게다가 그 해안가에 면한 爲美里의 속칭은 tømi인데 이는 몬·크멜어의 '집단 구역'이라는 dom(몬비석에는 tum/tømi)과 유사해서 혹이면 남방계인들의 어떤 집단 근거지를 나타낸 것이 아닌가 싶기도 해서 흥미롭다.

4.5. 이상만 가지고 남방계의 영향이 제주도 및 한국 남해안까지 미쳤다고 하는 결정적인 증거는 얻을 수 없다 하더라도 다분히 그러한 가능성이 있을 수 있다고 할 수 있다. 이는 앞으로의 인류학, 민족학, 고고학, 민속학, 언어학 등의 협력적인 연구가 진척됨으로써 그 可否를 단정할 수 있지만, 앞서 보아온 남방계어의 언어현상 중에서 단 한 가지라도 남방계어와의 흔적으로 밝혀진다면 그것은 한국어 형성의 일부로 참여하고 있었다고 하는 중대한 증표가 될 것임에 틀림없다.

5.1. 탐라는 삼한시대에 이미 九韓의 하나로서 엄연한 독립국가였고 삼국시대에 한반도에 있는 국가와 활발히 교통하고 있었는데, 맨 처음 교통한 나라는 가라와 백제이고 가라 멸망후에는 백제에 專屬하고 백제 멸망후에 신라에 來降하게 된다. 어떻든, 제주도가 한반도와의 교통 이후 어느 계열의 한반도 언어의 영향을 받았고 어떻게 탐라어의 基幹이 형성되었는가 하는 문제는 우리의 관심의 대상이다.

5.2.1. 한반도 언어의 계열의 분류에 대해서는, 알타이어와의 관련을 인정하는 외국인 학자 중에 튀르크어, 몽고어·퉁그스어를 묶어서 한국어와 대응시키든지, 보다 몽고어와 퉁구스어를, 아니면 퉁구스어만을 한국어에 보다 가깝게 잡는 이가 있다. 또는 알타이 공통어 이전에 한국어가 분화되면서 아이누어(및 일본어까지)도 이에 포함되는 것으로 보기도 하다.

일본인 학자들은 한반도 언어를 남북의 두 계통의 갈래로 나누고 어떤 이는 남부의 언어는 일본어계라 하고, 어떤 이는 고구려어가 보다 앞서서 일본어와 깊은 관계를 갖는다고 한다.

국내에서도 북방계와 남방계로 나누는 것을 답습하는 이들이 있다. 전자에는 고구려어가 후자에는 신라어가 대표하는 것으로 본다.

비견은, 고조선에 대하여 너무도 소홀히 하는 것 같다. 고구려, 예, 옥저 모두 본래 고조선의 땅이었고, 신라 성립 이전에 그 땅에는 고조선의 유민들이 와서 山谷間에 흩어져 6村을 형성하였으니 한반도 전역에 고조선인이 분포하고 있었다 하겠으므로 이들의 언어가 명실상부한 원시한국어가 될 것이다.

고구려어와 일본어와의 긴밀한 관계는 삼국사기 지리지에 투영된 고구려 영역의 지명의 해석을 통하여 주장되지만, 辰言계의 신라의 왕호도 일본어에 투영되고 있는데서 신라어와의 간격을 두는 것도 문제가 있다. 원시일본어도 그 실상은 복잡하다. 종족의 분포도 잡다하여 문헌에 보이는 것만 하더라도 辰, Kumaso(熊襲), Ezo(蝦夷), Tucigumo(土蜘蛛), 毛人 등등이 있다. 이들은 모두 한반도 또는 제주도에서 건너간 이들이니 그들의 언어 곧 원시일본어는 원시한국어를 계승한 딸언어에 해당한다.

5.3.1. 고조선어는 삼국유사 소재의 단군신화에 있는 어휘를 통하여 그 단편을 엿볼 수 있다. 阿斯達은 고대 일본의 수도 asuku(明日香)에, 강림 장소 神市는 왜인전의 女王所居邪馬壹에 투영되어 있다. 고조선 유민들이 거주한 신라 六村의 호칭의 풀이를 통하여 고조선의 옛 모습의 일편을 엿볼 수 있다.

중국측 문헌에 남아 있는 辰言의 몇 가지 풀이에서도 얻을 수 있다. 辰 지역뿐만 아니라 옥저·고구려도 고조선 땅이었으므로 위지동이전에 반영된 이들 지명에서도 얻을 수 있다. 이들 어휘들이 한결같이 아이누어와 관련되는 것이 주목된다.

5.3.2. 辰은 원래 삼한 전체를 가리키던 것이 동부의 일부 지역을 가리키게 되었다. 辰지역에 쓰인 辰言의 자취로는 신라의 왕호 居西干과 國爲邦, 弓爲孤, 賊爲寇, 行酒爲行觴, 相呼爲徒 등 여러 개의 어휘가 있다. 居西干은 고대일본어의 소위 枕詞에 투영되어 있고, 어휘 國의 邦은 아이누어 paunguru '酋長'에서 gura '人' 형태를 제거한 부분과, 弓의 孤는 아이누어의 ku, ka '弓', 賊의 寇는 아이누어의 ko‐uk '强奪', 酒의 觴은 아이누어의 sake '酒'로 부터의 재구형에서, 相呼는 아이누어의 tura '共‧伴' 등으로 풀이될 수 있다.

고조선어 및 진어가 아이누어와 연관이 된다는 것은 고조선 및 진의 주민이 고조선‐진‐진한‐변진‐일본으로 이동하면서 아이누인에게 전파한 것인지 또는 아이누인이 고조선 및 진의 후예인지는 지금으로서는 알 수가 없다.

辰을 sin으로 읽으면(辰王＝臣智), 마한 국명에 얹혀있는 臣은 辰의 투영이 된다. 일본 문헌에 보이는 토착민의 sino(土蜘蛛＝小竹鹿奧 <志努汗意枳>)도 마찬가지다.

5.3.3. 마한의 50여국의 국명의 대표적인 접미사 卑離는 동옥저, 예의 不耐, 신라‧백제 지명의 夫里‧火 와 同源으로 원래 山의 뜻이었을 것이다(楚山塗卑離). 지금의 충남 홍성읍의 白月山에 상당하는 監奚卑離의 호칭은 제주도를 위시해서 고대 일본 문헌과 口傳에 보이는 山名들과 연관되는 점에서 중요하다. 어느 것이나 山頂‧山腹의 어느 곳에 湧泉이 있다.

5.3.4. 부여, 고구려어, 옥저어, 예어는 동일한 북부 방언군이다. 그 대표로 고구려어를 삼는다. 고구려어는 지명상 지명접미사 忽을 지니며 '토지‧지역'을 나타내는 na형(內, 奴, 惱)이 존재한다. 인명상으로는 u형(및 ju형)의 末音의 경향을 보인다. 어휘상으로 약 80개의 목록을 얻을 수 있는데, 거기에는 퉁구스어, 신라어, 백제어, 일본어, 중세한국어 등에 일치하는 것들이 있다. 그 중 일본어와 중세한국어와의 유사형이 각각 25 전후가 된

다. 고구려의 先관계는 신라어와, 또 그 先단계는 퉁구스어와 分化됨을 시사한다. 곧 원시한국어의 딸 언어인 일본어는 후단계인 고구려어의 흔적을 많이 간직한 것으로 간주된다.

5.3.5. 백제어는 상층과 민간의 말 쓰임이 달랐던 것 같지만 신라인과도 언어는 통했고 고구려어와 같았다는 문헌상의 증언이 있으니 언어상의 차이는 없었다. 왕의 성은 부여씨로 於羅瑕라 호칭하고, 백성들은 鞬吉支라 부른 것은, 전자는 고구려 朱蒙의 卵生, 신라의 赫居世의 卵生의 ar과 상통하며, 탐라의 乙那와 유사하다. 鞬吉支는 그것을 풀어 쓴 표현이다.

백제어는 지명상 신라어의 '火'系와 동일한 '夫里'가 나타나며, 고구려어의 '忽'계와 동일한 '忽'(伏忽), '骨'(辟骨)이 보인다. 이러한 지명의 중층성을 언어 계통의 차이로 보고 백제어가 그 중간에 위치하는 것으로 해석되어 왔으나, 비견은 언어의 층위 혹은 지형에 따라 주민근거지의 호칭이 다르게 나타난 것에 불과한 것으로 본다.

인명상으로는 고구려어의 -u 말음형에 대응하며, 어휘상으로는 고구려어와 신라어에 가까운 것이 있다. 이는 어휘목록 여하에 따른 것으로, 다른 목록 그것도 같은 뜻의 것이었다면 유사한 것이 더 있었는지 모른다.

5.3.6. 신라어는 문헌상 진한어 계열이나 다원적인 요소가 있었던 것으로 본다. 지명상 백제어의 夫里와 연관되는 火형이며, 인명상으로 po, pu 계가 보이는데, 말음 u, o 는 고구려, 백제와도 유사하다. 특히 山川 지명의 인명은 주목되는데 橫川(엇나리), 閼川(알나리) 등은 삼성신화의 乙那의 칭호와 비슷하다. 어휘상으로는 고구려어와 유사한 것이 있고, 백제어와 유사한 것이 있다. 향가 어휘가 중세한국어로 해독이 되고, 향가에 쓰인 격조사가 중세어의 그것과 일치하는 점 등으로 미루어 후기 신라어가 한국어의 基體라 할 수 있다.

5.3.7. 가라국이 변진 일각에 위치한 점을 미루어 가라어는 문헌상 진한어와 변진어를 계승한 것으로 보아진다. 지명에는 신라어계의 '火'형과 백제어의 '己'(城)의 구개음화형 '支'가 보인다. 인명상으로는 고구려어와 同字인 것, 신라식 한자 命名인 것도 보인다. 어휘상으로는 고구려어와 동일 혹은 유사한 것, 백제어 및 신라어와 유사한 것이 있고, 일본어와 관계되는 것도 있다. 한반도 언어가 가라를 매개로 해서 일본에 전파되었음을 시사한다.

5.4.1. 탐라어의 문헌상의 古形인 州胡語는 마한어와는 달랐다. 이 마한어와 다른 남부지역어에는 진한어가 있다. 진한어와 변한 일부의 斯盧어는 先단계인 원시 한어계이며, 마한어와 변한 일부의 언어는 고구려계이다. 따라서, 문헌상으로는 탐라어는 초기 고조선계열의 진한어가 일찌감치 들어온 것으로 볼 수 있다.

5.4.2. 지명상으로는 고구려 지명 '忽'형과 대비되는 '屹'형이 존재한다. 그러한 지명이 분포되는 지역의 北岸에 속칭 뒷개(北村)가 존재하는 점에서, 이는 고구려 5部에서의 北部=後部의 기술과 부합되어 주목된다. 또한 제주도 일원에 나타나는 지명을 보게 되면 山間·수렵 관계의 어휘가 나타나는데 이는 고구려의 경우와 비슷한 경향이다. 신라어의 경우는 농업 분야의 어휘가 많은 편이다.

5.4.3. 인명상으로 가라어의 ~r 형이 많이 보인다.

5.4.4. 탐라어의 어휘가 문헌상에서 추출될 수 있는 것은 다음 것들이다.

- 耽 1) tɐm~tum 耽=冬音=圓 cf. 고구려어 冬非 : 圓
  2) tjɐm 島
- 頭無 tumu (頭無岳又云圓山, 세종실록지리지)
- 乇 1) tak- 高 (튀르크어·몽고어 tag , 일본어 take)
  2) tjɐk 島 (몬어 비석 tka)
- 涉 sjəp~sjəm 島 (島謂之剡 耽涉儋 三音並與剡相類, 해동역사)
- 羅·徒 na~nɐi 川·壤·部落·地方 (徒=都 탐라지, 都=川 삼국유사)
  (만주어·퉁구스어 地, 고대일본어 na(地)·no(野))
- 牟羅 mɐrɐ 高處 (耽牟羅 삼국사기, 백제어 毛良夫里=高敞縣, 신라어 健牟羅 '城', 고대일본어 牟禮, 牟婁 '山', 제주방언 므르 '平高地·棟')
- 西那 sjəna~sjəra 京(以京爲西那, 탐라지) (신라어 京=徐伐, 徐那(伐))
- 高之 koci 藪(以藪爲高之, 탐라지)
- kurre 口(以口爲勒, 남사록) (고구려어 忽次, 古次 '口' 일본어 kuti '口', 남방어계 gutu '口')
- 祿大 noktɛ(草羈謂之祿大, 탐라지) 몽고어 НОГТ '말고삐', НОГТОЛ '(말에)말고삐를 붙이다'
- to 入口·門 (가라어 謂門爲梁云, (cf. 梁亦讀道 삼국유사), 고대일본어 to '門'
- 乙那 ɛrna 族長 (백제어 於羅瑕 '王')
- tar(굿달 絶岳) 岳(고구려어 達 '山')
- ər(어린비 於音里) 泉(고구려어 於乙 '泉')
- cas(물잣오름 水城岳) 城 (신라어 城叱)
- puri(심부리, 成佛岳) 山 (韓 지명 卑離)
- orɯm (以岳爲兀音, 탐라지) 岳, (신라어 岳音)

5.5. 이상과 같이 문헌과 지명 그리고 인명 등으로 볼 때 탐라어는 한반도 계열의 언어 가운데 일찍이 진한어계(고조선어계)가 들어왔으며 서

기 기원후에는 낙동강 하류의 가라를 통하여 북부지역어인 고구려어를 받아들인 것으로 보인다. 탐라 건국 이후의 백제와의 교류 및 신라에의 복속 과정을 거치면서 이들 언어에 同化되어 간 것으로 보인다. 한편, 한반도 언어와는 별개로 남방으로부터의 남방계어의 유입도 염두에 둘 필요가 있다.

6.1. 현재 일본의 북해도 지방과 사할린에 쓰이는 아이누어는 과거에는 고립된 언어로 여겨져 왔으나 근래에 와서는 고대일본어 또는 고대알타이어와의 먼 친족관계가 있을 수 있다는 의견들이 제기되고 있어, 탐라어 연구에 있어서의 주변언어의 대비에서 빠뜨릴 수 없는 언어가 되었다. 구조상의 유사성이나 어휘의 유사성을 알아보고 비교될 수 있는 가능성을 헤아려 보고자 한다.

6.2.1. 일본의 B.C. 3세기 이전의 Zyoomon(繩文) 시대인은 아이누로 보고 있으며 이들의 住居가 竪穴형식이기 때문에 제주도의 삼성혈이 竪穴 거주의 흔적이라면 연관될 수 있다.

일본의 고대문헌에 나오는 토착민 Kumaso(熊襲), Cucigumo(土蜘蛛), Ezo (Eimisi, Emisu)(蝦夷, 夷, 狄)도 아이누와 관련되는 것으로 보는데, 1)은 부여의 神子 解慕漱의 호칭과 닮고, 2)는 豊後風土記의 土蜘蛛名曰小竹.... <志努....>에서 한반도의 前身인 辰과 연결되고, 3)은 枕詞식 표기로 본다면 한국어의 시불(이)(徐伐, 東土, 東原)에 해당되어 한반도의 동부여(동부루 곧 새불), 신라의 古都 시불에 상당한다. 따라서, 이들은 모두 한반도에서 건너간 선주민이란 것을 알 수 있다. 곧 고조선계-辰-신라의 맥을 이어 온 것이 된다.

6.2.2. 아이누인의 종교의 바탕은 샤머니즘의 색깔이 짙다. 샤먼이 酋長이기도 하였다. 고구려의 祭鬼神, 韓의 祭鬼神(信鬼神), 主祭天神名之 天君, 辨辰의 詞祭鬼神, 倭의 卑彌呼事鬼道能惑衆 등의 기록은 한반도로부

터 일본으로 흘러 간 것임을 미루어 볼 수 있다. 16, 7세기의 문헌을 보면 제주도에서도 崇詞鬼·事鬼神이 심했다고 한다.

酋長의 호칭은 ottena, 그 통제하의 사회는 kotan으로 이루어지고 그 사회, 공간을 mosir, 酋長의 근거지는 cas로 이루어지는데, 이 모두가 제주도에 있어서의 乙那(族長), kotan(村), mɘsur(里·隣村), cas(城·柵) 등으로 뭉뚱그려져서 상응하는 점을 간과할 수 없다.

6.2.3. 아이누어로 사람을 kuru(guru)라고 하는데, 아이누어에서 kur~kun의 교체가 있으므로 檀君의 君도 이와 유관한 것으로 보며, 倭의 官名(卑) 狗도 관련될 것이다. 일본의 古記錄에 아이누는 毛人(之國)으로 씌어 있는데, 중국의 山海經에도 毛民之國이 臨海郡의 동남쪽 2천리의 洲島上에 있다고 하였다. 위치상으로는 제주도와 맞지 않으나 기술내용은 부분적으로 州胡(제주도의 古名)의 기사와 중첩되는 점이 있다. 제주도에서 三神人이 나온 굴을 毛興 또는 毛興穴로 호칭하는데 어떤 관련이 있음직도 하다.

과거에는 인종적 특징으로 볼 때는 아이누는 일본인 및 한국인과는 기원적으로 달리 보아 왔지만, 지금은 크게는 Mongoloid이며 같은 인종 내에서의 小進化의 결과로 보기도 한다.

6.2.4. 아이누어를 흔히 抱合語的이라 하지만, 주격과 목적격의 인칭 접사를 제주방언에서 보이는 제로 형태의 조사가 수반한 대명사로 본다면 특이한 것이 못 된다. 다만, 단순하게 조사의 생략만으로 볼 수 없는 것은 자동사 혹은 형용사인 경우 제 1인칭 주격 접사가 접미하기 때문이다. 복수동사의 경우도 동사 뒤에 접미한다.

그러나, 튀르크어, 퉁구스어, 몽고어에도 인칭어미가 접미하는 점에서 유별한 것은 아니다.

6.3.1. 모음은 현재는 /a, i, u, e, o/의 5종이지만, 과거에는 이 이상

이라는 것을 암시해주는 사실이 있다. 만일 先代에 각 모음이 각 2류가 존재한 것으로 가정하면 다음의 일본어의 Nagoya(名古屋)방언의 그것과 비슷하게 될 것이다.

i	ɯ	u
e	ə	o
ɛ	(a)	ɑ

이는 다음의 제주방언의 古形의 체계와도 비슷하다.

i	ɯ	u
e	ə	o
ɛ	a	ɐ

현재의 아이누어의 o에는 분명히 ə로 들리는 것이 있으며 酋長의 ottena 가 탐라어의 乙那, 일본어의 otona(<ətəna)에 대응하는 것이라면 원래 ə음이 있었다고 보겠다.

자음은 한국어, 일본어하고는 계열상의 차이는 없고, 서열상의 차이는 있으나 그것이 후세의 발달임을 감안할 때 원래는 동일한 체계를 지닌 것으로 본다. 종성의 가지도 우리나라의 8終聲과 닮은 데가 있다. 다만 ŋ음이 존재하지 않는데, 고대한국어, 고대일본어의 한자음의 喉內鼻音尾(ŋ)가 ø, u, i, m 등으로 받아들여진 것도 원래 ŋ음을 지니지 않았기 때문으로 보며, 그렇다면 그것은 아이누인의 발음의 기층현상의 결과로 보아진다.

악센트도 원시한국어, 몽고어, 퉁구스어에는 최후의 음절에 자동적으로 높은 pitch가 오는 경향이 있는데, 아이누어도 그렇고 제주방언도 그런 경향이 있다.

음절은 한국어, 아이누어 함께 cVc구조이다. 일본어는 cV구조지만, cV에 후행하는 특수음소 N, T를 cV에 이어지는 −c로 해석할 수 있기 때문에 (음성적으로 −k, −t, −p, −m, −n으로 실현한다), 바탕은 동일한 cVc구조였다고 본다. 아이누어에도 모음조화 현상이 있으며 고대일본어의 패턴과 비슷하다. 고대일본어에서는 a, u 와 o₂는 공존하지 못하는데, 아이누어에서는 a, u 와 o가 공존하지 못한다. 여기서 아이누어의 o는 원래 o₂와 같은 음이었다고 추정할 수 있다.

음운 현상에서는 모음축약, 자음삽입, 동화, 異化, 교체, 도치 등의 유형의 공통성이 있다. 명사의 인칭형의 强形에 h음이 개재하는 것은 한국어의 h종성과 비슷한 데가 있다.

6.3.2. 명사에서 원형에 대한 인칭형의 구별이 있고 인칭형에 h음이 개재하는 특징이 있다. 인칭형에서 기본이 되는 것이 i 모음을 부가하는 것인데, 고대한국어, 제주방언에서도 명사에 i 모음을 부가하여 어형을 이루는 예들이 많다. h음 개입현상은 한국어의 h종성과 비슷한 데가 있고, 동사, 형용사의 어간에 i가 접미하여 명사가 형성되는 것은 아이누어, 한국어, 일본어 모두 공통적이다. 인칭대명사에서 한국어의 1인칭 na, 2인칭 nə 일본어의 1인칭 a<*na, 2인칭 na, 아이누어의 1인칭 a, 2인칭 e 등은 원래 같은 형태였음을 시사한다. 지시대명사에서 近·中·遠의 3分法 역시 세 언어의 공통점이다.

수사에는 한국어와 어형이 공통적인 것도 있으며 수명사와 수관사의 용법의 구별도 같다. 수명사에는 −p(또는 pe)이 부가하는데 그 중 2, 7, 8, 9에서의 −p는 한국어에서 두블, 일곱, 여덟, 아홉 등으로 실현되고, 2, 3에서의 −pis는 한국어에서 셋, 넷, 다섯, 여섯 등으로 실현되는 것과 유관할 듯 싶다. 특이한 減數法에 의한 수사의 命名法은 한국어에서도 있었던 듯하다. 아이누어가 減數·全數의 순인데, 한국어는 全數·減數의 순으로 된 듯 싶다. 11~19의 숫자는 예컨대 11은 하나 남는다 10의 순서로 호칭하고, 고대일본어는 이와 반대로 열 남는다 하나의 식으로 표현한다.

한국어, 일본어와 마찬가지로 동사와 형용사는 기능상 비슷한 일을 하고, 술어적 용법, 연체적 용법, 연용적 용법이 있고 각 용법에서의 범주 구분도 거의 비슷하다. 다만 용언 자체는 활용하지 않고 조용언의 접합에서도 무변화인 것이 특색이다. 한국어, 일본어의 경우도 결과적으로 a, i, u형으로 환원되듯 원래 무변화가 원초적인 것으로 보아진다.

시제가 없고 조용언이 문말에서 완료, 始動, 진행, 예정 등을 나타낸다. 주어가 단수, 복수냐에 따라 용언이 달라지는 것은 특이하다. 어미의 접합에 의한 전성동사의 형성이나 타동사화, 사역화의 유형은 비슷하다.

부사는 용법에 따라 상태적인 것, 정도적인 것, 진술적인 것으로 나눌 수 있는데 이는 한국어, 일본어에서도 볼 수 있는 일이다.

아이누어는 모든 단어가 불변화사이므로 원칙적으로 명사에 부착되는 조사와 동사에 부착되는 조동사는 형태상 구별이 없다. 주격, 목적격의 조사가 ø격인 점은 고대한국어, 고대일본어, 제주방언에서 흔히 보이는 일이다. 부사격의 범주가 향격, 처격, 비교격, 유래격, 기구격, 공동격, 원인격 등으로 나타나는 것은 한국어, 일본어와도 같고 이 경우 격조사가 원칙적으로 부가하는 것도 마찬가지다.

아이누어의 어순은 한국어, 일본어와도 같다. 부정사가 부정되는 말의 앞에도 뒤에도 온다. 이것은 한국어와의 공통점이다.

6.3.4. 아이누어와 한국어(일본어도 곁들어서)와의 어휘 대비를 M. Swadesh의 기초어휘 100항목을 가지고 시도해 본 결과 20개의 대응의 가능성이 보였다. 이외에도 이론적인 설명을 가하면 대응이 가능한 것이 4개, 재구형으로 가능한 것이 9개가 되는 데, 이 모두를 합치면 33개가 된다. 이것을 분열연대 계산표에 맞춰보면 3,400~3,600년의 계산이 나온다. 이는 어디까지나 잠정적인 계산이고 재구형의 대응 등을 뺀다면 더욱 멀어질 것이다. 한일 두 언어의 분열 연대의 계산이 100항목의 경우 2,400년 전으로 나온 것에 비하면 약 천년 더 앞선 것이 된다. 단군의 아사달 定都는 서

기전 2333년(지금부터 약 4,300년 전), 기자조선은 서기전 1122년(약3,100년 전)에 시작되었으므로 그 사이의 시대적 어림이 나온다.

6.4. 종족의 이동은 지명을 수반하므로 만일에 제주도 지명 가운데 아이누어로써 해석할 수 있는 것이 있다면, 이는 아이누가 아니면 아이누와 언어적으로 관계 있는 종족이 제주도를 거쳐갔으리라는 주장을 가능하게 한다.

대표적인 것은 한반도·제주도·일본에 분포하고 있는 kamna/kanna의 지명이다. 아이누어로 kamna/kanna는 上水·神水이며, 神山의 뜻인 kamuy·nupury에서도 볼 수 있다.

三神人이 솟아나온 毛興穴도 아이누어의 makun(바다의 반대쪽 언덕지대, 초대의 선조)로 풀이될 수 있으며 초기 先人들의 생활터전이 아이누어의 1(ara), 2(tu, otu), 3(re)으로 풀이 될 수도 있다.

지명해석에 이용되는 아이누어 어휘로는, mak(뒤, 안으로 깊이 들어간 곳, 산쪽), mosir(國土, 세계), cas(城柵), na(水), wen(水多), kur(山), sari(葦原, 濕原, 沼地), sanke, san(내려오는), pet(川), nay(川), yospe(河流의 屈曲), ke(장소) 등이 있다.

6.5. 결국, 일본의 고대 토착민의 호칭이 한반도와 관련이 있고 한반도의 샤머니즘적인 신앙이 일본 및 아이누에게도 보이고, 특히 제주도에서는 酋長(ottena)과 취락(kotan)과 그 거점(nay), 사회(mosir), 酋長의 근거지(cas)의 호칭이 제주도에서 보인다는 것은 주목되는 부분이다.

언어면에서도 면밀히 검토하면 한국어(제주방언)와 유형적으로 유사한 점이 한두 가지가 아니며, 기초어휘에 있어서도 적지 않은 유사형이 나타났다.

게다가 아이누어로 제주도 지명이 풀이될 수 있는 것도 보여서 아이누가 아니면 아이누와 언어적으로 관계 있는 종족이 일찍이 제주도에서 거주하고 또 일본쪽으로 거처갔으리라는 추정을 가능하게 한다.

<u>**7.**</u>　새로이 시도되는, 문헌(신화, 전설)과 현지조사를 통한 탐라어의 발굴의 사례를 보이고자 한다.

<u>**7.1.**</u>　먼저 탐라의 개벽을 상징하는 三姓신화의 언어학적 분석부터 시작한다. 三姓신화는 어떻게 보면 반도계열의 이동신화와 天降신화가 겹쳐있다. 곧 반도언어의 올(나)칭호의 神들이 개벽하는 내용으로 된다. '올'의 칭호는 알타이어 뿐만 아니라 아이누어에서도 볼 수 있는 것이며 그 중 하나인 '닥올나'는 고대일본어에 나오는 takeru/takesi(建)와도 관련된다. 이제 관련 어휘들을 보면,

　　　탐라어　　　乙那
　　　백제어　　　於羅瑕 '王'
　　　알타이어　　터어키어 er '남자·戰士', eren '賢人'
　　　　　　　　　몽고어　　er '남자', erxun '賢人'
　　　아이누어　　ottena(*əttəna) '酋長·村長' aragur '美·王'
　　　고대일본어　乙名(otona < ətəna) '族長·國司'
　　　　　　　　　arapito '王' araka '王殿'
　　　　　　　　　takeru(建) (탐라어의 高乙那 닥올나)

　神人이 강림한 곳은 굿달(絶岳)이다. 前項 굿은 받침 t～r의 교체를 고려하면 아이누어의 山의 kur에 상응한다. 곧, 先住民의 굿+고구려어의 tar의 造語방식이다. 굿이 再構될 수 있는 山名으로는,

　　　*낫굿 > *굿달 > *달산 > 달산봉
　　　*굿뫼 > 뫼봉 > 매봉

개구리오름

극락오름

큰오름

구드리오름

지구리오름

넙구리오름

屈山(軍山) 굴메오름

sanpakur(山房山)

굿산망(狗山峰)(河源里)

善屹·大屹·臥屹

이들 山名에서 다음이 얻어진다.

탐라어   굴, 굿달(絶岳), 흘(屹)

아이누어 kur '山'

고구려어 tar(達) '山', 溝漊, 忽

神人들의 점거지는 湧泉水가 있는 곳이며 고구려어의 於乙, 탐라어의 얼·알에 상응한 곳이다.

탐라어   얼(어린비·어름비/어림비, 於音里)

          알(샘)

고구려어 於乙(買) '泉'

일본어   izumi '泉' iri(伊梨柯須彌=泉蓋蘇文, 日本書紀)

그 배경이 되는 산은 감나불 > 감나비이다. 전자의 문헌상의 반영은 魏志東夷傳 韓條의 監奚卑離(지금의 忠南 洪城邑 白月山)이며 후자는 일본의 萬葉集, 風土記 등에 반영되어 있는 kannabi(神名備)이다. 그러한 유형의 山

名은 한반도에서 제주도, 일본 전국에 반영되고 있다. 이들의 공통점은 山의 어딘가에 池, 湧泉水가 있다는 것이다.

탐라어 감낭오름(柿木岳)
    漢拏山(kanna>hanna)
    釜岳(kamatar)
    거믄오름(水城岳)
    柑山(柿山, 神山오름)
반도언어 監奚卑離(kamhapiri)/갓모봉/갈마샘
    검모루(龜旨峰)(金海)
일본어 kamnabi(神名備)/神名山(kaneyama 라고도 함)(大和·出雲)
    gama(邪馬壹)
    karakunidake(韓國岳) (九州)
    kumanodake(熊野岳, 火口湖 okama釜) (山形縣)
    kurotake(黑岳, 連峰에 kumagatake <熊心岳>) (北海道)
    kamiyama(神山)/komagatake(駒が岳)/kanmurigatake(冠が岳) (箱根)
    kaneguroyama(對馬 唐州) kannokurayama (神倉山)
아이누어 kamuy – nupuri(神山)
    kanna /kamna(上水·神水)

이들 山前, 山下의 山麓에 ar/ər 泉의 지명이 확대된 곳이 근거지가 된다.

탐라어 ara(我羅洞)
    ar(賢人·長·泉·下·前)
반도언어 앎 '前'
일본어 arano '荒野'
    aratasi '新'
    *əru '降'

공통알타이어 ala '下'(튀르크어 alt '下', 몽고어 ala '股間')

지금 古跡으로 전하는 곳은 三姓穴 곧 毛興穴이다.

    탐라어   毛興(ᄆ군)
             마근내(山地川의 奧流)

    아이누어   makun 바다의 반대쪽 언덕지대/초대의 선조/後·奧에 있다.

神人강림의 시기는 지금으로서 알 수 없고 북방계열의 종족이 지금의
朝天邑 산간지대에 진출한 시기는 A.D. 1세기경으로 추정된다. 그것은 신
라 盛時(진흥왕대로 추정) 제15대손 高厚의 入朝시기가 마침 加羅王系로
볼 때 제 15대손에 상당하는 진흥왕대와 비슷한 점에서 15대 계산의 起点
은 가락국 김수로왕대로 볼 수 있기 때문이다.

북방계열 종족의 진출과 先住세력과의 싸움은 三射石 전설이 암시하고
있다고 보는데 이때부터 高乙那, 良乙那, 夫乙那의 分点시대로 들어간다.
여기서 原形의 탐라의 개벽신화는 새로이 윤색되었는지 모른다.

三神人의 分村 지명이 아이누어의 숫자와 연관된다는 것은, 신라 6村名
의 기원도 그와 같을 수 있다는 가능성이 있는 데서(김공칠 1995:23) 주목
되는 부분이다.

탐라어		아이누어
ara(我羅)	1	sine/ara
otu(吾登)	2	tu/otu
re(蓮洞)	3	re

다음에 우리의 관심을 끄는 것은 온평리의 혼인지 설화이다. 이는 일본의 神功王后 설화와 관련이 되는 것으로 본다. 일본서기에 기록되어 있는 것은 神功王后가 신라를 친 것으로 되어 있으나, 그것은 혼인지 설화와 같은 교류설화 내지는 혼인동맹과 같은 이야기가 과장되어 정벌설화로 뒤바뀐 것으로 본다. 神功王后의 생존시기는 문헌상으로는 확인할 도리는 없으나 설화내용의 정황으로 보아서 서기 3.4세기경의 것으로 보고 있다.

따라서, 三姓신화의 일부분인 온평리 혼인지 설화는 북방계열 종족의 제주도 진출 이후의 동일계열의 일본진출 세력과의 혼인동맹과 같은 사연을 남긴 것으로, 神人쪽에서는 入貢으로, 神女 쪽에서는 進出의 이야기로 남겼을 것이다. 어떻든 이 설화는 3~4세기의 탐라사 재구에 한 몫을 한다고 보겠다. 이 양쪽 이야기에서 추출되는 관련어휘로는 다음의 것들이 있다.

탐라어	pɐrɐ (碧浪)
왜인어	mɐrɐ (末盧), pɐrmi(不彌), mətə(cf. 日本國)
아이누어	mat '女人'(cf. 日本國)
탐라어	yərun (閼雲里)
아이누어	yaruy '漕' yorun/ yorunki 乞
탐라어	sara (紗羅)
신라어	斯盧 > 新羅
아이누어	sar(i) 葦原, 濕原, 沼地
탐라어	takra (乇羅)/ ɬəka (州胡)
고대일본어	takara (nokuni, 寶國) /to₂ko₂yo(nokuni, 常世國)
탐라어	sjəna (西那)'京'

신라어	徐那 (伐) '京'

탐라어	arnɛ (神功紀 阿利那禮河)
신라어	arnɛ (閼川)

탐라어	kamnapur (漢拏山, 釜山)
고대일본어	墨江(大神) 枕飼式表記로 보면 カムナビ(의 守護神)

탐라어	ar'ɛrna (良乙那)/ karu'ɛrna (高乙那)/ pɛr'ɛrna (夫乙那)
고대일본어	底筒男 (枕詞式表記)/中筒男 (枕詞式表記)/上筒男 (枕詞式表記)

탐라어	otkina(tar) (衣貴・山)
고대일본어	okina(ga) (氣長<姓名>) *otki (隱岐, 島名)
	oki (沖島), oki (nawa) (沖縄)

이러한 어휘적 자료 외에 神功 왕후 설화 속의,

1. 神功의 鎭懷石과 제주도 三射石趾의 돌
2. 軍船의 波勢와 제주도의 지형
3. 御馬甘 (養馬職)과 제주도의 牧馬場
4. 阿利那礼河에서의 맹세 내용과 제주도의 氣象
5. 백제국 渡屯家와 제주도의 중계지

등에서 이 설화가 제주도에서 전승되는 혼인지 설화 등에서 윤색 된 것을 알 수 있다.

7.3.   이하의 지명에서의 탐라어의 추출은 중복되는 경우가 있기

때문에 먼저 국가적 명칭과 관련되는 것을 보이고 다음에 지형이나 위치의 어휘로 형성된 취락명, 기타 어휘들을 보이고자 한다.

1) 탐라의 지리적 내지는 국가적 명칭이 문헌에 나타나는 것은 위지동이전 韓條의 州胡를 비롯해서 삼국사기, 삼국유사의 耽羅・耽牟羅・乇羅 그리고 중국 史書 기타에 나오는 涉羅, 舺牟羅, 儋羅 등이다.

이들 명칭은 개별적이라기보다 동일한 호칭이 역사적 변천으로 인해서 그 音形이 조금씩 바뀌어 온 것으로 보아진다. 그 중심적인 뜻은 섬・섬나라란 뜻이다.

이들 호칭들과 상관적으로 추출되는 어휘들은 대개 다음과 같은 것들이다.

탐라어	州胡(təka)
	토끼(섬), 차귀(섬), 지귀(섬), 큰돌(가파도), 장군돌(<작은 돌, 마라도), 남덕 (마라도), 덮개(盖島 가파도), 돌카니(돗카니 牛島)
몬・크멜어	tka '島'
반도언어	토끼(섬), 독(獨島), 죽(<듁, 竹島)
일본어	對海 (təkai, 대마도 古名)
	志賀. 度(taku)島, 德(toku)島, 値嘉(tika), 竹(take)島
탐라어	耽羅, 冬音 '島', 頭無 '島・圓'
반도언어	冬音奈 (강화도)
	徒山 (두모리, 두메?) (진도)
	冬音縣 (耽津古名)
	冬非 '圓' (고구려어)
일본어	玉 (tama) 島
	忱彌多禮. 枕彌多禮 (제주도?)

탐라어	乇羅 '島國'
반도언어	큰 닭섬 (거제도)
일본어	度(taku)島

탐라어	涉羅 '島國' (魏書, 海東繹史)
	躭牟羅 (隋書)
	儋羅 (新唐書)
반도언어	섬
일본어	sima (<cima) '島'

탐라어	屯羅 (乇羅의 자음접변형)
만주어	tun (韓漢淸文鑑 툰, 내·강에 있는 마른 땅)

  2) 이들 호칭은 역사적으로 변천되어 온 것인데, 언제부터 시작되었는지는 확실치 않으나 오래 전부터 국가의 요새지는 있었을 것이고 그것은 잣 '城柵'이라고 불렀을 것이다. 그것은 한국과 일본 古문헌에도 반영되어 있고 주변언어에서도 확인된다.

탐라어	잣 (물잣오름=水城岳)
반도언어	城叱 (신라 彗星歌)
	雜思 (朝鮮館譯語) '城'
	잣뫼 (城山) 중세어
일본어	金刺(宮) (kanasasi, 日本書紀欽明紀)=磯城嶋, sasi (秋田)
아이누어	casi (北海道 도처에)

  추장(ottena)과 취락(kotan) 및 그 거점(nay), 사회(mosiri)의 호칭도 전술한 바도 있지만 아이누어와 탐라어와 동일하다는 것은 시사하는 바가 크다.

3) 국가시대의 중심도읍은 제주시였음은 틀림없겠으나, 제주도 전역에도 취락이 분포되고 있는 것도 의심의 여지가 없겠다. 그 취락명은 원래 지형이나 위치에 입각하여 형성되었을 것이다. 그것들은 先人들의 호칭이 계승되어 온 것으로 보고, 만일 그 역사성이 깊다면 탐라어의 반영으로 볼 수 있다. 지금은 이러한 호칭들이 경우에 따라 확대 또는 축소되기도 하고 변형되기도 하였을 것이다. 그 외에 기타 어휘도 첨가하기로 한다.

탐라어	모시리, ᄆᆞ술
반도언어	ᄆᆞ술
아이누어	mosir '國土・世界', mosirpok '西쪽'

탐라어	예(村) (孤村・禮村)
중세어	여ᄉᆞ, 여ᄉᆡ '狐'
아이누어	yospe '川流의 屈曲'

탐라어	別刀 (川)
아이누어	pet '川', to '물웅덩이'

탐라어	빗진 여 (빗진 내)
아이누어	petci '川'

탐라어	마라도
아이누어	maratto '熊耳'
드라비다어	para '가장 떨어진 곳' cf. 파랑도
Dagur 몽고방언	maloodan '2 인자' malehe '모자'

탐라어	가파도 (화란어 표기 Quelpart, ᄀᆞ(ㄹ)파) 加乙波知島
드라비다어	kapâtha 나쁜 길, 경로

튀르크어	kapak, kapali '蓋'
만주어	kapahūn '평평하다'
반도언어	ᄀ을밧 '邑外', ᄀ올바 '並'
아이누어	kapari '偏平形', kamure '蓋', kappa '박쥐'
일본어	kaburu '蓋'

탐라어	원 (院洞 가매물, 上加里), 섯동네 알원 (애월리), 작지알원 (애월리)
	元堂岳 (龜池, 가마물)
	원물오름 (院水岳, 감낭오름)
아이누어	wen '水多'

탐라어	구마물(애월리), 고망물(고내리), 큰물(시흥리)
	가마물(회천리), 공물(법환리), 건나물(장전리)
	고낭물(김녕리), ᄀ는새(서회천동), 甘泉(流水泉, 금덕리)
	공새미/ 곰생이(어음리)
	*이들은 앞에서 언급한 바 있는 池·湧泉水가 있는 山名들과 관계될 것이다.
반도언어	갈마샘 (갓모봉) (충남 홍성)
일본어	okama (釜) (山形縣)
아이누어	*kamna/ kanna (上水·神水)

탐라어	*나굿 (水山), ᄂ코매오름, 노루생이, 論古岳, 너 (徒·都) 냇기 (川尾川), 냇밧굴내 (山地川 남쪽)
반도언어	*나리>내 '川'
아이누어	na '水', nat/ nay '川', naypo '小川·支流'

탐라어	山地川 산짓굴 (<산기굴), 沙溪里 *sanpakur (山房山), 산물

| 아이누어 | sange · sanke '(山에서) 내려오다', san '내려오다' sa ke '해변가' |

탐라어	頭無岳 (圓山), 돔배물 (어음리)
반도언어	冬非 '圓'(鐵原郡一云毛乙冬非)
	둙盆 (중세어)
일본어	tama '球', tumuri '頭'
아이누어	tama '球'

탐라어	(산) 굼부리
반도언어	kumki '穴', kubur '曲' (중세어)
일본어	kubo, kubomi '凹 · 窪'
아이누어	san '下', nupuri '山'

탐라어	*심부리 (成佛岳)
반도언어	楚山塗卑離(山 = 卑離) (魏志東夷傳韓條)
	심 '泉', 묏부리 '嶽'(訓蒙字會), 묏부리 '峯' (訓蒙字會)
	멧부리
일본어	kannabur (香具山의 枕詞)
	pu(moto) '麓' (pu는 山)
	pur (kusipur 樓觸峯)

탐라어	이여두 '瀛洲'
반도언어	여덟 · 여러
일본어	ya (8) tu, 八洲
중국어	瀛洲
아이누어	iyotta '가장 많다'

탐라어	마 (南·前) 마라도, 마프름 ‘南風’
반도언어	馬韓, cf. 灌奴部 = 南部 = 前部 (高句麗)
일본어	mahe>mae ‘前’

탐라어	*앗다 ‘有’ (↔ 엇다 ‘無’)
	이시다. 이시돌(地名)
	아적 ‘朝’
반도언어	新月城 = 在城 (新羅), 阿斯達 ‘朝明·新의 都’(古朝鮮)
일본어	ata(rasi) (<aratasi) ‘新’ *asta(rasi) ‘新’
	aru/ iru ‘在’
	asu, asita ‘明日’
	asa ‘朝’
	asuka (飛鳥, 明日香) ‘古代日本初期首都’
아이누어	asit·asiri ‘新’
	asinko ‘始’

4) 지금까지 지명조사 등을 통한 현장조사의 결과에 입각하여 주변언어
와의 대비 등을 하여 발굴한 탐라어의 리스트를 제시하여 왔다.

주변언어와의 대비 중에는 격에 맞지 않는 것도 더러 있을 수 있겠지만
탐라어의 실존을 확인한 것만은 확실하다.

이러한 현장조사를 통한 발굴 외에 문헌에 나오는 어휘들에 대하여 비
교언어학적 고찰을 거쳐서 탐라어로서 그 音義를 밝힌 것도 다른 데(김공
칠 1995)에 있다. 그 리스트는 대개 다음과 같다.

a   州胡   乇羅   耽羅   屯羅   涉羅   儋羅
b   乙那   星主   王子   都內

이중에 a에 대하여는 이 책에서 간결하게 언급하였지만 그에 대한 자세

한 논증은 졸고(1995)를 참조하기 바란다. b에 대하여서는 이 책에서 언급되지 않았으니 그에 대한 자세한 논증은 역시 졸고(1995)를 참조하기 바란다. 다만, 참조로 여기에 b의 관련 어휘들만을 제시해 두기로 한다. 乙那에 대하여는,

乙那	탐라어 ətna
한국어	ər'un 長者, əruɯn 上人, uttɯɯm 年長者 우두(머리)
아이누어	ottena 酋長, 部落主
일본어	otona (<*ətəna) 大人, 乙名(族長)

星主에 대한 풀이는 여러 가지 가능성이 있다. 音譯인지 意譯인지 또는 그 혼용인지 문제가 있다. 그 어느 것이든 탐라어로 썼던 것은 틀림없다. 이 모두를 포괄할 수 있는 한자 星主를 골라썼다 봄이 옳다.

탐라어 1.   pɐtnim/ pɐnnim/ pɐrnim
   한국어   pak/ pɐik/ park 長伯, nim 主
   아이누어   pen 上, pake 首·頭長
   일본어   pe₂ 上, nirimu>nimo 主

탐라어 2.   pɐt (pɐn/ pɐr) ― ku(cju)
   한국어   pak/ pɐik/ park 長伯, ku 人
   아이누어   pake 首·頭長, kur 人
   일본어   peku 卑狗 (魏志倭人條)

탐라어 3.   sjət (sjən/sjər) ― nim
   한국어   *səŋ 上
   아이누어   serima(ke) sirima(ke) 保護者
   일본어   setmaku 泄謨觚 (魏志倭人條)

탐라어 4. sjən‑ku (cju) 3의 앞요소와 2의 뒷요소 참조

王子에 대하여는,

탐라어	kɯɾicɐ
반도언어	ki(ə)ci 吉支
	k(ɐ)icɐ 皆次
	kɯɾicɐ 王
아이누어	kiworo 强, sa 頭·上部·上座
일본어	(ko)kisi (大)君, (koni)kisi (軍)君

都內에 대하여는,

탐라어	tanɐi (<*tanari)/tonɐi
반도언어	tanɐr(i) 大率
아이누어	tono 官吏
일본어	(mimi) nari (彌彌)那利 (魏志倭人條)
	to₁ne (<tonai <*tonari) 刀彌 (廷臣)
	to₂neri 舍人 (近侍官)

등으로 풀이될 수 있다.

결국 탐라어의 언어는, 아득한 옛적 것은 알 수는 없어도 州胡의 칭호가 보이는 삼한 시대에는 마한의 언어와 좀 거리가 있는 언어가 쓰인 듯하다. 그 일부는 남방계의 언어일 수 있으나, 삼한의 前身인 辰의 언어가 많이 쓰인 것이 아닌가 싶다. 그것은 현재 문헌상 남아 있는 辰言 몇 가지가 難解한데 아이누어로 풀릴 가능성이 있고, 탐라의 언어도 지금까지 보아 온 대로 아이누어와 관련되는 경우가 많아서 그것들은 辰言의 흔적으로 볼 수 있기 때문이다. 辰의 後身인 辰韓에 고조선 遺民들이 살고 있었던 점에서 이들 언어는 古朝鮮語系로 볼 수 있다.

탐라의 위치적 특수성으로 인해서 이 지역에 일찍이 들어온, 보다 前代의 고조선어계 辰言이 남아 있었기에 그래서 위지동인전에서 州胡의 언어가 韓의 언어와 다르다고 한 것으로 보인다. 그렇지만, 辰言이 韓語에 계승된 부분도 있는 것이므로 州胡의 언어와 韓語와는 크게 다르지 않았다고 본다. 州胡人이 배를 타고 中韓과 交易하는데 큰 지장은 없었던 것으로 보기 때문이다.

격변기의 서기 기원 전후에는 북부계열 특히 고구려계의 언어가 밀려오기 시작하였다고 본다. 그 언어들도 辰言, 韓語들과는 근본은 같은 계열이었을 것이고 따라서 아이누어하고도 무관하지 않았을 것이다. 그것은 지금까지의 탐라어의 풀이에서 서로가 연관되면서 참여하는 면이 있기 때문이다. 일본어도 관련되고 있으나, 비교자료로 이용되는 일본어의 語形이 寄生모음이나 부가요소가 가미되어 있는 점을 미루어 이는 辰言・韓語・고구려어 등의 원시한국어보다 한 단계 뒤진 딸 언어임을 알 수 있다.

탐라가 신라에 복속하고 中央王朝가 신라 – 고려 – 이조로 바뀌면서 자연스레 그 공통어에 순화되면서 한편으로 지역적 특색이 보존되고 해서 제주방언으로 이어져 왔다고 하겠다.

이상과 같이 요약되는 연구 내용 중에 담겨 있는 의미들을 음미하면, 탐라어의 언어 연구는 여러 가지 중요한 뜻을 지니나, 특히 과거의 탐라의 조상들이 사용해 온 언어의 이모저모를 찾아봄으로써 한반도 언어와의 시대적 관련성을 위시해서 주변언어와의 관련성을 밝힐 수 있었던 데에 중요한 의미를 지닌다. 한반도는 일찍이, 아이누어와 관련될 수 있는 고조선어계가 풍미하여 제주도에도 일찍부터 그것이 들어오고, 남방으로부터도 남방계어의 다소간의 영향이 있었음을 밝혀 내었다.

탐라어 연구의 자료적 제약성을 극복하기 위하여, 문헌상의 신화나 설화의 해석을 통하여 혹은 문헌 또는 口傳上의 지명이나 기타의 풀이과정을 통하여 탐라어를 추출하는 새로운 방법을 시도하고 또 그것을 주변언어와의 대비를 통해서 그 실존을 확인한 것도 큰 뜻이 있다고 하겠다. 아이누어 관련어휘와 고구려어계 어휘가 많이 추출됨으로써 이들 언어의 흐름을 감지할 수 있다.

그러한 작업의 결과, 탐라어 영역인 제주도에서만 한정되어 있지 않고 일본 지역에도, 고문헌 및 지명에 반영되어 있는 점에서 탐라어의 교통성과 전파성으로 그 파급이 확인된 것도 뜻 있는 일이다. 곧 당시의 문화교류의 흐름으로 볼 때 파급의 흐름은 한반도 – 일본 외에 한반도 – 제주도 – 일본 쪽으로 움직인 것은 분명하다.

한반도 부족의 호칭과 일본 선주민의 호칭의 연계성으로 미루어 서기 기원 이전부터 한민족의 일본에의 이동·정착을 확인할 수 있고 신화, 설화 등의 새로운 해석을 통하여 기원 이후에 가라를 중개한 고구려계의 일본에의 진출로 일본의 신국가체제의 재편이 가속화되고, 일본에 진출한 그 일파와 제주도와의 경제 협력을 통하여 4세기경에 제주도는 제주도 나름대로 새로운 국가적 체제가 탄생하고, 일본은 일본 나름대로 중앙집권체제가 탄생하는 과정도 확인할 수 있었던 것도 뜻이 있다 하겠다.

제주도의 조상들은 한반도로부터의 끊임없는 流入과 남방으로부터의 영향으로 언제나 긴장과 역동의 순환 속에 살아야 했고, 한반도의 국가 흥쇠 교체에 따라 탐라국의 집권층의 교체도 불가피했다. 그래서 간혹 아첨과 중상을 일삼는 무리도 있었을 것이다.

고조선어계가 아이누와 연관되는 것인지, 일본에 건너간 고조선어계 언어가 아이누에 차용되어 그것이 지금까지 남아있는 것인지 확실치 않지만, 그러한 연관성을 가정하고서 추론한다면 고조선어계 후예의 핏줄은 언어적 재능이 뛰어나고 그래서 언로가 트여 있으며 그래서 고루 더불어 살기를 희구하고, 한편으로 조상을 숭배하고 명예를 존중하는 예의 바른 주민이었다고 본다. 남에 대하여 말이 많고 남에게 기대하는 의존적인 것이 흠이라면 흠이다. 직함의 명예보다 力行의 보람을 얻고, 말을 가려 쓰고 삭여듣는 자세와 대범하고 창의력을 발휘하는 슬기가 필요하다고 하겠다.

참 고 문 헌

김공칠 (1965), 濟州方言의 語彙論的 研究(1), 국어국문학 28.

───── (1967), 耽羅語研究(1), 국어국문학 34·35.

───── (1968), 제주방언의 特異性(下), 제주도 33호.

───── (1977),『方言學』, 正向出版社(1988 3版 新雅社).

───── (1982), 原始韓日 두 言語의 母音體系에 대하여, 국어국문학 87.

───── (1983) The Korean and Japanese Languages about 20 Centuries Ago, Proceedings of the XⅢth International Congress of Linguists.

───── (1987),『日本語語彙論』, 學文社.

───── (1989), 한 일어의 공통어휘연구 - 공통어휘의 발견과 설명 -, 한글 203.

───── (1990), 耽羅語研究 - 古代日本語와의 比較 - 第1部 耽羅語와 倭人語, 日本學報 25.

───── (1991), 倭人語研究, 日本學報 27.

───── (1992), 韓日共通語彙의 새로운 探索, 日本研究 7.

───── (1993), 原始韓日共通語彙研究 - 文獻語의 分析 -, 日本學報 30.

───── (1994), 탐라의 건국신화(6), 한라일보 논단 (12월 9일자).

───── (1995),『원시한일공통어의 연구』, 한국문화사.

───── (1996), 萬葉集 45番歌에 대한 새로운 해석, 日語日文學研究 29.

───── (1997), 日本의 소위 古傳의 枕詞 해독의 연구, 日語日文學研究 30.

───── (1997 b), 日本의 萬葉集 第1卷에 投影된 韓國語의 復元, 제5차 조선학국제학술토론회 Vol. 4 - 人文기타 -

──── (1998), 『萬葉集と古代韓國語』, 筑摩書房.

金斗奉 (1936), 『濟州島實記』.

金芳漢 (1958), 알타이어 第1人稱代名詞, 서울大論文集 人文社會科學, 7.

──── (1983), 『韓國語의 系統』, 民音社.

金錫翼 (1918), 『耽羅紀年』, 瀛洲書館.

金錫亨 (1969), 『古代朝日關係史-大和政權と任那-』, 勁草書房.

김선기 (1968), 한・일・몽단어 비교-계통론의 긴돌-, 한글142.

金完鎭 (1959), 濟州島方言의 日本語語詞 借用에 대하여, 국어국문학 18.

──── (1968), 高句麗語에 있어서의 口蓋音化作用에 대하여, 『李崇寧博士頌壽記念論叢』 乙酉文化社.

金元龍 (1986), 『韓國考古學槪說』, 一志社.

金泰能 (1964), 耽羅의 呼稱에 대한 私考, 제주도 13.

──── (1965), 太宗과 世宗時代의 제주, 제주도 21.

──── (1969), 濟州島略史, 『濟州年鑑』 所收, 濟州年鑑社.

石寅明 (1947), 『濟州島方言集』, 서울신문사.

辛兌鉉 (1958), 『三國史記地理志의 研究』, 宇鐘社.

梁柱東 (1950), 『古歌研究(訂補版)』, 博文書館.

梁洪植 外 (1958), 『濟州島鄕土記』.

李基文 (1958), A Comparative Study of Manchu and Korean, U. A. J. 30. 1-2.

──── (1963), A Genetic View on Japanese, 朝鮮學報 27.

──── (1967), 韓國語形成史, 『韓國文化史大系 V』, 高大民族文化研究所.

李丙燾 (1959), 『韓國史 古代篇』(震檀學會), 乙酉文化社.

李炳銑 (1982), 『韓國古代國家・地名研究』, 瑩雪出版社.

李崇寧 (1954), 『國語學槪說』, 進文社.

──── (1967), 韓國方言史, 『韓國文化史大系 V』, 高大民族文化研究所.

張三植 (1975), 『大漢韓辭典』, 博文出版社.

張籌根 (1964), 『韓國의 神話』, 成文閣.

鄭永和 (1974), 舊石器時代穴居遺跡에 對하여, 文化人類學 6.

秦元日 外 (1971), 耽羅의 學藝·言語·宗敎의 硏究, 제주대학교 논문집 3.

崔南善 (1938), 濟州島의 文化史觀,『六堂崔南善全集 9』, 玄岩社(1974).

崔鶴根 (1959),『國語方言學序說』, 精硏社.

韓致奫 (1814),『海東繹史』.

玄容駿 (1967), 濟州島神話에서 본 婚姻, 濟州大學報 9.

景仁文化社 (1977),『後漢書(全)』.

제주도 (1982),『濟州島誌(上)』.

足立文太郎 (1940), 腋臭と耵聹,『論集日本文化の起源 5』, 平凡社(1973).

鮎貝房之進 (1931),『雜攷新羅王號攷朝鮮國名攷』, 國書刊行會(1972).

──── (1937),『雜攷日本書紀朝鮮地名攷』, 國書刊行會(1971).

泉井久之助 (1959), 南島諸語,『世界言語概説(下)』, 硏究社.

今村豊 (1961), 日本人の東亞に於ける位置－頭長, 頭幅及び頭長幅指數より
　　　　見た－,『日本民族』, 日本人類學會.

江上波夫 (1967),『騎馬民族國家』, 中央公論社.

──── (1982),『對論騎馬民族説』, 德間書房.

太田亮編 (1928),『漢韓史籍に顯はれたる日韓古代史資料』, 磯部甲陽堂.

太谷敏治 (1943),『インドネシア民族史』. 今日の問題社.

大野晋 (1957),『日本語の起源』, 岩波書店.

岩波書店 (1958),『古事記・祝詞』.

──── (1967),『日本書紀(上)』.

大林太郎 (1977),『邪馬臺國』, 中央公論社.

大矢透 (1889), 日本語と朝鮮語との類似, 東京人類學會雜誌 4－37.

崗田謙 (1934),『原始社會』, 弘文堂書房.

小澤重男 (1963), 原始日本語に於ける語頭濁音の可能性について, 東京外國
　　　　語大學論集 10.

─── (1993), 『元朝秘史蒙古語辭典』, 風間書房.

小野武夫 (1942), 『日本農業起源論』, 日本評論社.

金澤庄三郎 (1910), 『日韓兩國語同系論』, 三省堂.

金關丈夫 (1955), 八重山群島の古代文化, 民族學研究 19－2.

金田一京助 (1927), 語法上から見たアイヌ, 『アイヌ語研究』, 三省堂(1960).

河野六郎 (1945), 『朝鮮方言學試 －鋏語考一』, 東都書籍.

─── (1971), 中國語・朝鮮語, 『言語の系統と歴史』, 研究社.

齊藤忠編 (1971), 『日本考古學選集 2, 坪井正五郎集 上』, 築地書館.

崎山理 (1971), マライ・ポリネシア諸語比較形態論, 大阪外國語大學學報 23. 言語篇.

─── (1990), 古代日本語における オーストロネシア語族の要素, 『日本語の形成』, 三省堂.

───(編) (1990), 『日本語の形成』, 三省堂.

白鳥庫吉 (1895a), 古代諸國名稱考, 史學雜誌 6：7－8.

─── (1895b), 朝鮮古代地名考, 史學雜誌 6：10－11, 7：1.

─── (1897), 日本の古語と朝鮮語との比較, 國學院雜誌 4：4－12.

─── (1900), 漢史に見えた朝鮮語, 言語學雜誌 1. 3. 4. 5.

─── (1914), 朝鮮語と Ural－Altai語との比較研究, 東洋學報 4：2. 3, 5：1. 2. 3, 6：2. 3.

─── (1943), 『音譯蒙文元朝秘史』, 東洋文庫.

新村出 (1916), 國語及び朝鮮語の數詞について, 『言葉の歴史』, 創元社 (1942).

高橋亨 (1956), 濟州島名考, 朝鮮學報 9.

知里眞志保 (1955), "アイヌ", 『知里眞志保著作集 3』, 平凡社 (1973)

─── (1956), 『地名アイヌ語小辭典』, 楡書房.

津田左右吉 (1924), 『古事記及日本書紀の研究』, 岩波書店.

坪井九馬三 (1924), 三韓古地名考(1), 史學雜誌 35：12.

鳥越憲三郎 (1992), 『古代朝鮮と倭族』, 中央公論社.

中田薫 (1904), 郡村の起源に關して專門大家の御教示を乞ふ, 史學雜誌 15 : 7.

——— (1905), 韓國古代村邑の稱呼たる啄評, 邑勒, 擔魯及び須祇に就いて, 史學雜誌 16 : 8.

中西重雄 (1959), インドネシア語の構造について, 大阪外國語大學報 7.

——— (1962), インドネシア語における アクセントの特殊性, 大阪外國語大學報 11.

服部四郎 (1954), 言語年代學, 『言語學の方法』, 岩波書店 (1960).

服部四郎 (1959a), 『日本語の系統』, 岩波書店.

——— (1959b), 琉球語, 『世界言語概説(下)』, 研究社.

——— (1971), 比較方法, 『言語の系統と歴史』, 岩波書店.

服部四郎 編 (1964), 『アイヌ語方言辭典』, 岩波書店.

松本信廣 (1942), 『印度支那の民族と文化』, 岩波書店.

——— (1948), 日本語と南方語との關係, 民族學研究 13 - 2.

——— (1949), 和邇の名義, 國語と國文學 26 - 10.

馬渕東一 (1954), 高沙族の分類, 民族學研究 18 : 1・2.

三品彰英 (1964), 三國遺事考證, 朝鮮學報 30.

宮良當壯 (1954), 琉球民族とその言語, 民族學研究 18 : 4.

村山七郎 (1963), 高句麗語と朝鮮語との關係に關する考察, 朝鮮學報 26.

——— (1974a), 南島語起源説について, 言語 3 : 1.

——— (1974b), 『日本語の研究方法』, 弘文堂.

——— (1974c), 『日本語の語源』, 弘文堂.

村山七郎 外 (1973), 『日本語の起源』, 弘文堂.

諸橋轍次 (1984), 『大漢和辭典』, 大修館書店.

Aston, W. G. (1879), 『A Comparative Study of the Japanese and Korean Languages』.

Batchelor, J. (1938), 『An Ainu - English - Japanese Dictionary』, Iwanami - Syoten.

Chamberlein, B. H (1887), 『The Language, Mythology, and Geographical Nomenclature of Japan Viewed in the light of Aino Studies』.

Cincius, V. I. (1975), 『Sravnite'nyj slovar' tunguso - manczursk jazykov』, Tom I. Nauka.

Dauzat, A. (李基文譯) (1929), 『言語學原論』, 民衆書館.

Dauzat, A. (松原秀治譯) (1958), 『フランス言語地理學』, 大學書林.

Dempwolff (1934 - 37), 『Vergleichende Lautlehre des austronesischen Wortschatzes』, Ⅰ Band, Ⅱ Band.

Grønbech, K. et al (1955), 『An Introduction to Classical Mongolian』, Wiesbaden.

Hoop, V. D. (野原達夫譯) (1944), 『インドネシアの原始文化』, 國際日本協會.

Johanson, L.(eds) (1998), 『The Turkic Languages』, Routledge.

Labberton, D. V. H. (1925), The Oceanic Languages and the Nipponese as Branches of the Nippon - Malay - Polynesian Family Speech. T.A.S.J. Ser Ⅱ, Vol. 2.

Lessing, F. D. (1960), 『Mongolian - English Dictionary』, University of California Press.

Miller, R. A. (1971), 『Japanese and the Other Altaic Languages』, Chicago.

Parker, C. K. (1939), 『A Dictivnary of Japanese Compound Verbs』, Maruzen.

Poppe, N. (1960), 『Vergleichende Grammatik der altaischen Sprachen Teil 1, Vergleichende Lautlehre』, Wiesbaden.

───── (1965), 『Introduction to Altaic Linguistics』, Wiesbaden.

Rachewiltz, I. de. (1972), 『Index to the Secret History of the Mongols』.

Ramsey, S. M (1990), 日本語及び朝鮮語におけるアクセントの起源,『日本語の形成』, 三省堂.

Ramstedt, G. J. (金田一京助譯) (1926), 朝鮮及日本の2單語に就て, 民族 1 - 6.

Ramstedt (1924), A Comparison of the Altaic Languages with Japanese, T.A.S.T. 2-1.

———— (1949), 『Studies in Korean Etymology』, Helsinki.

———— (1957), 『Einführung in die altaische Sprachwissenschaft I, Lautlehre』, Helsinki.

Shorto, H. L. (1971), 『A Dictionary of the Mon Inscription from the Sixth to the Sixteenth Centuries』, Oxford University Press.

Smith, K. D. (1975), 『Phonology and Syntax of Sedang, A Vietnam Mon – Khmer Language』, Doctoral dissertation.

Tömörtogoo, D. (1979), 『A Modern Mongolian – English – Japanese Dictionary』.

Whymant, A. N. J. (1923), The Occeanic Theory of the Origin of the Japanese Language and People, T. A. S. J. Ser Ⅲ, Vol. 3.

사·항·색·인

* 차례에서 제시된 사항은 여기서는 줄임

지·명·색·인

*표제의 한글표기는 제주도 지명, 한자표기는 한반도 지명, 영자표기는 일본지명이다.

ㄱ

비교어휘

이 책에 나오는 어휘를 대상으로 하나의 試作으로서 작성하였다. 특히 문헌어(한자어)의 音形의 경우가 그렇다. *는 재구형을 나타낸다.

약호.　A. 아이누어, Bur. 버마어, Cheju. 제주방언, Chin. 중국어, Cin. 辰語, Dag. 다구르어, dia. 방언, Dra. 드라비다어, Ev. 에벤키어, Gily. 길리야크어, Gol. 골디어, Ind. 인도네시아어, Jap. 일본어, Kara. 가라어, Ko. 고구려, Kor. 한국어, Lu. 琉球語, Mahan. 마한어, Man. 만주어, M.K. 중세한국어, Mo. 몽고어, Mon. 몬·크멜어, M.P. 말레이반도어, Nan. 나나이어, O.J. 고대일본어, O.K. 고대한국어, P. 백제어, Pol. 폴리네시아어, Sin. 신라어, Skt. 산스크리트어, Sol. 솔론어, Tam. 탐라어, Tung. 퉁구스어, Tur. 튀르크어, Uzb. 우즈벡어, Yak. 야크트어.

→(그 항목을 보라)

a(g)i (烏伊)　　O.K. 人名(고주몽을 수행)

　　　　　　　A. ay 矢, aki 弟. A. aiai* 갓난아이

ahwa (阿火)　　Sin. 幷

　　　　　　　M.K. ao 並, aoro 並. O.J. aha 合

aki　　　　　　M.K. 子

　　　　　　　O.J. aki(kamunaki /kaminaki 卜者·巫·神子)

akort'ak　　　　Cheju. 顎

　　　　　　　O.J. ago /agi 顎. M.P. dago /anko 顎

amaktono　　　A. 弟

　　　　　　　O.K. 雨師(桓雄을 수행)

an　　　　　　M.K. 内

O.J. ana 穴. 　Mo. aŋ 穴

anc 　　　　M.K. 坐

　　　　　A. a 坐. O.J. ari 在

ani 　　　　M.K. 否

　　　　　A. ina 　O.J. ani 豈, ina 否

ar 　　　　Sin. 第1村(ara), 閼川(ar), 長謁平(ar), 楊山 기슭(ar), 蘿井(ar), 卵(ar)

　　　　　Cheju. ara(我羅), ar(下, 泉名, 河名)

*ar 　　　Tam. 泉(ar sɛm)

　　　　　Ko. ər(於乙) 泉. 　Sin. ɯr(乙) 井. 　Gily. eri 泉

　　　　　O.J. *iri(伊梨) i(－du－mi) 泉, i(－ke) 池, i(－to) 井

ar 　　　　O.K. 好

　　　　　M.K. ar 良. 　A. aara 好

ar 　　　　Cheju. 下

　　　　　M.K arp 前, arɐi 下. 　O.J. *ər－ 降. 　Tur. alt 下

　　　　　Mo. ala 股間. 　Ev. alas 股

*ara 　　　Tam. O.K. 1.

　　　　　A. ara 1, ara 3(ara·wan 7 (3·10))

aragur 　　A. 美, 王

　　　　　P. ɐraha(於羅瑕) 王. 　O.J. arapito 王, araka 王殿.

*aramiər 　O.J. 荒御魂

　　　　　Tam. ara(我羅, 한라산록). 　Ko. O.J. mi(t) 3. 　Kor. ər 魂

　　　　　O.K. Tam. ɐr 王·族長

*ar'arna 　O.J. 底筒男(神名)의 枕詞式 표기

　　　　　Tam. *ar'ɐrna(良乙那)

ɐrna /ɐtna (乙那) Tam. 族長

　　　　　　　Sin. arna(ri) (閼川). 　M.K. ər'um 長者. 　A. ottena 酋長

　　　　　　　O.J. otona(<ətəna) 大人·族長. 　Mon. erxun 賢人. 　Tur. eren 賢人

ar(a)nɛ(<*nari) 　Sin. arnɛ 閼川

Tam. aranɛ(我羅里),　arnɛ(溫平里)

*asɐ　　　　O.K. 新

　　　　　　A. asiri 新

asɐtar (阿斯達)　O.K. 古朝鮮 都邑(朝明·新의 都)

　　　　　　Sin. *astar(新月城=在城). Cheju. *asta 有(↔ əsta 無), isita 在, acək 朝

　　　　　　O.J. *asta(rasi)>atrasi 新, aru /iru 在, asita 明日, asa 朝, asuka(明日

　　　　　　香, 고대일본의 都). A. asit /asiri 新, asinko 始

asiki　　　　A. 5

　　　　　　Sin. asiki(明活·漢岐)

baka −　　　Tung. 發見

　　　　　　Ko. pa' 逢.　O.J. ahu 逢

cas (城叱)　　Sin. 城

　　　　　　Tam. cas(murcas orum 水城岳).　M.K. cas(casmoi 城山).

　　　　　　A. casi 城·柵.　O.J. sasi　城柵

cɐnjak (次若)　Ko. 首·頭

　　　　　　O.J. tuno 角

cɐnjaŋ　　　Cheju. 節約

　　　　　　M.K.(Chinese character) cyər'yak 節約. Chin. jiéyuē 節約.

cyə/tyə　　　M.K. 彼.

　　　　　　O.J. sə 其, A. to·an 彼

cəŋkaŋ　　　Cheju. 健康

　　　　　　M.K.(Chinese character) kənkaŋ 健康. Chin. jiànkāng 健康

c'əŋsan　　　Cheju. 城山

　　　　　　M.K.(Chinese character) syəŋsan. Chin. chéngshān

ci (只)　　　Kara. 城

　　　　　　P. kɯi 城.　O.J. kɯi 城

ci (只)　　　Sin. 長

　　　　　　M.K. kir − 長.　Cheju. cir − 長

cyəs   M.K. 乳

              O.J. ti 乳. M.P. tuh, tuk 女胸. Ind. susu, téték 乳

cʻor   Cheju. 草

              M.K. (Chinese character) cʻo. Chin. cǎor 草儿

cucigumo (土蜘蛛) O.J. 일본先住民名=sino

              O.K. cin 辰, sin. 臣

əmi   M.K. 母

              O.J. əmə 母. Man. eme 母. Mo. eme 女:妻. Tur. eme − 母

emisi   → ezo

ər (於乙)   Ko. 泉

              → *ar

əraha (於羅瑕) P. 王

              Tam. ɐrna(乙那) 族長. O.J. arapito 王, araka 王殿. A. aragur 王

əryuʼ (於陸)   P. 王姓

ərna/ɐrna (乙那) Tam. 酋長・族長

              O.J. otona(<ətəna) 大人, 乙名(族長). A. ottena 酋長

əsa (於斯)   Ko. 横

              M.K. əs − 横

ezo (蝦夷)   O.J. 일본 先住民(枕詞式表記)

              O.K. sɐipɐr 東夫餘, 徐伐, 東土, 東原

hɐi   M.K. 太陽

              O.J. hi 日. Skt. hari 太陽, 日. Ma. šun 太陽.

              Tung. siun 太陽. Nan. siú 太陽. Sol. sigun 太陽

han (韓)   Sin. 大

              P. han (翰) 大. Ko. huɪr 大. M.K. hata 多・大

hyə   M.K. 舌

              Cheju. se 舌. O.J. sita 舌. Ind. *titah 舌

holo   Man. 谷 / golo 河流의 장소

	Mo. gool <*gōl 河・谷. M.K. kor 谷・洞
i (伊)	Ko. 入
	O.J. ir- 入. Tung. i- 入
iki (<*itki)	Jap. 壹岐 (島名)
	Tam. otkui (衣貴) 地名. Mon. tka 島名
ine	A. 4
	Sin. ine (彼部・伊山) 第4村
ip	M.K. 口
	O.J. ipu 言. A. itak 言
ir	M.K. 事
	O.K.(kam)it (神)市. O.J. iti 市, (kama)it (邪馬壹, 女王所居)
	Yak. Uzb. iš 事. Tur. iš 事
iri (伊梨)	→ ər
iwan	A. 6
	O.J. iwa (倭) 6國
*iyətu (瀛洲)	Tam. 영주산, 한라산, 제주바다
	A. iyotta 가장 많다. M.K. yətərp 8, yəro 諸・多數
	O.J. yatu(八洲)
*kamait (邪馬壹)	O.J. 女王所都
	O.K. *kamit(神市) kɐm(王) 儉. Ko. kama 蓋馬. P. kɐmma(金馬) 백제건국도읍
*kamatar (釜山)	Tam. 한라산의 別稱
	M.K. kama 釜. O.K. kama 釜 dial. kanma 釜, okama 釜(池) (山形 縣 熊野岳)
*kamit (神市)	→ *kamait
*kɐm/kam	O.K. 神
	O.J. kamui 神. A. kamuy 神
*kamna	Tam. 上水, 神水

kamnaŋoruum 柿木岳, *kannatr 漢拏山, *kamatar 釜岳

kǝnnamur(長田里), kamamur(回泉里). A. *kamna /kanna 上水.

O.J. kamunabi/kannabi (神名備)

Jap. okama 釜(池) (山形縣熊野岳)

*kamnapǝr   O.J. 墨江(大神), 住吉(大神)의 枕詞式表記(神水의 山)

kamunabi/ kannabi (神名備). Tam. *kamnapur 漢拏山

*kempur   O.K. 神市, 神山.

→ kumpuri

kamunaki/kaminaki O.J. 巫, 卜

O.K. *kem 神, aki 子. A. kamuy 神, aki 弟

kamure   A. 蓋

Jap, kaburu. kabuseru 蓋, Tur, kapak, kapali 蓋

*kan/kam   Tam. 上, 神 kam(san) 柑山＝神山

Mahan. kamha(piri) 洪城 白月山

→ kamna

kenkirci (健吉支) P. 王

→ kyǝsɐ

*ken · kun (桓雄) O.K. 神人

A. kam 上, kamuy 神, kun(～kur) 人. Sin. kan(干) 王. Kor. kun

人. → kem/kam

kenmora (健牟羅) Sin. 城

→ mora

kannabi/kamunabi (神名備) O.J. 일본의 古都 明日香에 있는 山名

Cheju. *kamnapur/kamnakur 漢拏山. O.K. kamhapiri

(監奚卑離) 洪城 白月山. A. kamuy · nupuri 神山

*kannakur   Tam. 漢拏山

O.J. karakuni(dake) 일본 九州 소재의 韓國岳

kap(甲)   Ko. 穴

	O.J. kapi 峽
kapʻa (加波島)	Cheju. 島名, Quelpart
	A. kapari 偏平形, kamup(e) 蓋, kappa 박쥐
	M.K. kɛʼorpas 邑外, kɛrba 並. Jap. kaburu 蓋.
	Tur. kapak, kapali 蓋. Dra. kapǎtha 나쁜길, 경로
karam	Kor. 江 (hankaram 漢江)
	Lu. kāra 河
kar (加尸)	Ko. 犁
	M.K. karɛ 犁. Ma. halha
*karuʼarna	O.J. 中筒男 (神名)의 枕詞式表記
	Tam. *karuʼɛrna (高乙那)
katar (加達)	Tam. 재갈
	Mo. qadaɣar 轡頭
kɛt − (同)	P. 固
	M.K. kut − 固. O.J. kata 固. Mo. küdür 强
kɛzar (秋察)	Sin. 秋
	M.K. kɛzɛr 秋, Cheju. kasɯr 秋
kəcir − (居柒)	Sin. 荒
	M.K. kəcʻɯr 荒
kək(cəŋ)	M.K. 心慮
	O.K. kəʼ(居尸) 心. O.J. kəkərə 心. Mo. kökün 乳房.
	Tung. ukun<*kökün 乳房. Tur. köküz 胸・心.
	M.P. grês, grêh, kröh 肝
kəm −	M.K. 黑
	Cheju. kara(馬毛가)黑, O.J. kuro 黑. A. ekurok, kunne 黑. Mo. xaɾ 黑
	Ma. kara(馬毛가) 黑
kʻe	Cheju. 지경

A. ke 장소

kemasu (解慕漱) O.K. 북부여 神子

O.J. kumaso 熊襲(일본 先住族)

kəp'ur/kəpcuk Cheju. 皮

O.J. kapa 皮. A. kap 皮. M.P. köp(cha－köp 樹皮)

kəro (巨老) Kara. 鵝. Ko. koɯi(古衣) 鵝. M.K. kəyu 鵝

Ma. garu 白鳥. Ev. gārę 白鳥. Yak. xās 雁・鵝

kəs Cheju. 食物

O.J. kate 糧. 南島語系祖形 *ka 食物

kətɯi (骨衣) Ko. 荒

M.K. kəc'ɯr－荒

kir (吉) Sin. 永

M.K. kir 永

koce/korce (忽次・古次) Ko. 口.

O.J. kuti・kutu 口. Tam. kurre. Pol. gutu

koci (高之) Tam. 藪

Kara. kuci 峯巒

kom (公) P. 熊

K. kommo'(功木) 熊. M.K. kom 熊. O.K. kuma 熊

A. kamuy 熊

koma(<kama) P. 백제 都城

(固麻・固馬) O.K. *kᵋmit 神市. O.J. kamait 邪馬壹(女王所都)

kommo' (功木) Ko. 熊

→ kom

kor (忽) Ko. 城

O.J. kui/kuɯi 城. A. kuru 山

kose (古斯) Ko. 玉

M.K. kusɯr 玉. O.J. kusiro 釧

kosɛkar'i (高思曷伊)   Sin. 冠

                  M.K. koskar 冠

kotan   Cheju. 村落

                A. kotan 村落

kouɹi (古衣)   Ko. 鵝

                M.K. kohe 鵠. O.J. kohi 鵠

                → kəro

 ku/kəu (寇)   Cin. 賊

                A. kouk 强奪

kuci (仇知)   P. 金

                M.K. kuri 銅

kuci (俱知)   P. 鷹

                O.J. kuci (久知)   ,

kui   M.K. 耳

                O.J. kiku 聞. A. kisar 耳. Tung. kui‒ki 귀가 먼

kumpɛr   O.J. 墨江(大神), 住吉 (大神)의 枕詞式표기 (大山, 神山)

                → kamnapɛr

                → kɛmpur

kumpuri (<*kumpur) Cheju. 山의 凹

                   O.J. kubo‒/kubomi 凹窪. O.K. kɛmpur 神山(神市)

                   M.K. kumki 穴, kupur 曲

kuo/kwa (弧)   Cin. 弓

                A. ku/ka 弓

*kur‒   O.K. 雲(師) 第3人

                Kor. kur‒ 雲, kɯr‒ 글피, kər 웇의 3. A. kur 雲

*kur   Cheju. 山 屈山/軍山 kurmeorɯm

                Jap. kura(神倉山, 高倉山), kuri(栗山), kiri(桐山).   A. kuru 山

k'ur   Cheju. (草)

O.K. p'ɯr 草, O.J. kusa 草, A. kina 草, Man. orho 草,
Mo. übüsü 草,

kurre (勒) Tam. 口
→ koce/korce

kuru (溝漊) Ko. 城
→ kor

kuru A. 人
Tam. *kur 人. O.K. ‒kun(檀)君. M.K. ‒kun 人
O.J. ku (卑)狗 人

kurum M.K. 雲
O.J. kumo 雲, kura‒ 暗. Jap. kuro/kura 雲蔽, kuru 暮,
A. kuri, niskur 雲

kusurisi O.J. 藥師
M.K. kus 巫

kɯrme M.K. 影, kɯmɯr 影
A. kur 影
→ kurum

kɯi (己) P. 城
→ ci

kɯmɯr (今勿) Ko. 黑
→ kəm‒

kɯr (斤乙) Ko. 文
M.K. kɯr 字

kɯttar (絶岳) Tam. 漢拏山, 地尾峰
O.K. kɯttar 九月山. Ko. tar(達) 山. A. kur 山

kyəi (溪) Sin. 側
M.K. kyəs 傍. O.J. kata 方・片

kyəsɐ (渠師) O.K. 渠師(동옥저, 변진). Sin. kyəsyə/kyəsi 居西

	O.J. kisi 渠師(熊襲), 吉支(族長)
ma (馬)	Tung. 堅
	Ko. ma 堅
mɐi (買)	Ko. 水
	M.K. muɪr 水. O.J. midu 水
	→ muɪr
mɐir (買尸)	Ko. 蒜
	O.J. mira 韮
*mak	Tam. 後方・奧・山쪽
	A. mak 後方・奧, 山쪽
*makuɪn	Tam. makuɪnnɛ(奧川).
	A. 後・奧에 있는
*makuɪn	Tam. 毛興(穴)
	A. makun 바다의 반대쪽 언덕지대, 초대의 시조
marato	Tam. 島名
	A. maratto 熊耳. Dra. para 가장 떨어진 곳
	Dag. maloodan 2인자, malehe 모자
mari (麻立)	Sin. 高處
	M.K. mɐrɐ 棟, 宗
mɐrkə (勿居)	P. 青
	M.K. mɐrk - 清
mɐt	M.K. 伯
	O.J. mətə 元・本, mɐt(ɐ)na 末羅國
mɐzɐr	M.K. 里
	Cheju. mɐsuɪr, mosir(i) 里. A. mosir 國土, 世界
mərip'ak	Cheju. 頭
	M.K. məri 頭. A. pake 頭
mir (推・密)	Ko. 3

                    Kara. 3.　O.J. mi/mitu 3

mir-(密)　　　Sin. 推

                    Kara. 推.　M.K. mir- 推

mok　　　　　M.K. 頸

                    Cheju. yake 頸. A. ok 頸. Ma. monggon. Ev. monggon

mom　　　　　M.K. 身. O.J. muɨ 身. Ind. *mui

mora (毛良)　　P. 高

                    Sin. mora 城.　M.K. moi(<*mori) 山.　Tam. morɐ 高處.

                    O.J. mure 山.　Man. mulu 嶺.　Skt. mūla 造林地

mora (牟羅)(<*mɐrɐ)　Tam. 高處

                                → mora (毛良)

morai　　　　A. 暹流川

                    Cheju. morɛ 川?

mosir　　　　A. 國土·世界

                    → mɐzɐr

muɨr (勿)　　　Sin. 水

                    Ko. mɐi(買) 水.　Kara. muɨr(勿) 水.　O.J. midu 水

                    Mo. mören 河.　Ma. muke 水.　Ev. mū 水

na　　　　　　O.J. 汝

                    Lu. nā/naŋ 汝.　Bur. naŋ 汝.　M.K. nə 汝.　A. e

na　　　　　　M.K. 我

                    O.J. na/a 我.　A. a.　Mo. nada(與格), nadâr(造格), nadâs(奪格), 我

na (那)　　　　Sin. 川

                    M.K. nɛ 川(<*nari).　A. nay 川

*na　　　　　Tam. 水

                    O.J. nami 波.　A. na 水, nat/nay 川.

                    → na(那)

na (羅·徒)　　Tam. Sin. 國名접미사

	Ko. nɐi 川·壤. Tung. nā 地·地方·野·耕地·場所. Gol. na 地
	O.J. na 地. M.K. narah 國/ nai 川
nadan	Tung. 7
	Ko. nanɐn(難隱) 7. O.J. nana 7
nɐi (奴, 內, 惱)	Ko. 壤
	→ na (羅·徒)
nɐimɐi (內米)	Ko. 池
	O.J. nami 波/nada 灘
naypo	A. 小川, 支流
	Cheju. nɛtpaskur 川?
nam	Cheju. 木
	Kara. kam (南) 松
namu	Tung. 海
	→ nɐimɐi
namuɾ (乃勿)	Ko. 鉛
	M.K. nap 鉛. O.J. namari 鉛
nanɐn (難隱)	Ko. 7
	→ nadan
naŋ	Cheju. 木
	→ nam
nari (那利)	O.J. 倭의 官名
	Tam. *nari(冬音津=耽津). Kor. nari 王子·高官에 대한 호칭
*nari (川里)	Sin. 川
	→ na(那)
ni	M.K. 齒
	Cheju. ni/nippar 齒. A. nimaki 齒. O.J. pa 齒.
	Tung. *i(ikte) 齒. Ma. *i(ide) 齒
nip	M.K. 葉

Cheju. ippari 葉 /(nam)səp (木)葉.　A. ham 葉.　O.J. pa 葉

noktɛ (祿大)　Tam. 草韉

Mo. noɤt 말고삐

nu　M.K. 誰

A. nen 誰.　O.J. ta, da 誰

nun　M.K. 眼.

Mo. nud 眼.　O.J. nukid- 讀. A. nukar 見

oki(na) (<*otki) Jap. 隱岐(島名), 沖繩(島名) /iki(壹岐)

Mon. tak 島

okinagatara (息長帶…)　O.J. 姓의 하나(島山의 뜻?)

Tam. otkui(衣貴) 地名.　Ko. tar 山

→ oki(na)

orɯm　Tam. 岳

Sin. orɯm(岳音) 岳.　Mo. ool 山.　Man. alin 山

orriso　Cheju. 특별구역의 소 (潭)

Man. Mo. oro 장소·영역.　Mo. ulas(olas) 국가·국민
(본래는 보다 좁은 뜻).　M.K. soh 潭.　A. so 瀧

osɛ (烏斯)　Ko. 猪

O.J. usi 牛.　Mo. uxer

osɛkam (烏斯含)　Ko. 兎

O.J. usagi 兎

otki (衣貴)　Tam. 地名 (島?)

→ oki (na)

ottena　A. 酋長

→ ɛrna/ɛtna (乙那)

otu　A. 2

Tam. *otu (吾登) 2

pɛi　M.K. 腹 (<*pɛri)

	O.J. para 腹. M.P. pĕrut 腹. Ind. perut 腹. Ma. hefeli 腹部
pak (朴)	Sin. 瓠
	M.K. pak 瓢
pang/pŭng (邦)	Cin. 國
	A. paunguru 酋長, pungi 守・番
pap	M.K. 飯
	Gol. bala 죽. Ma. bədaa 飯・食事
*pɐr	O.K. 伯, 多, 風伯 (第1人)
	O.J. opo - 多/patu 初. A. poro 大, poronno 多. Mo. olon 多
*pɐr'arna	O.J. 上筒男 (表筒男)의 枕詞式表記
	Tam. pɐr'ɐrna (夫乙那)
pɐrta	Cheju. 海穩
	Tam. pɐrna (碧浪國). O.J. pɐrmi (不彌, 倭의 一國名)
*pɐrɐ	Tam. 碧浪(國)
	O.J. mɐrɐ(末盧, 倭의 國名), pɐrmi (不彌, 倭의 國名),
	mətə 本 (日本). A. mat 女人
patan (波旦)	Ko. 海
	Sin. pator(波珍) 海. M.K. pata/parɐr 海. A. atuy 海.
	Cheju. pataŋ 海
pator (波珍)	Sin. 海
	→ patan
pauui/pahyəi (波衣, 波兮) Ko. 巖	
	M.K. pahoi 岩
pər	M.K. 蜂
	O.J. pati 蜂. M.P. padan 蜂
pər (伐)	Sin. 原
	M.K. pər 野. O.J. para 原
pərə' (伐力)	Ko. 綠

M.K. pɯrɯ‐ 靑.　Cheju. pərəŋ 靑

pet/petci　　A. 川

Tam. *pet 川(別刀川)

pi (比)　　P. 雨

M.K. pi 雨

pi (比)　　Kara. 火

M.K. pɯr 火.　O.J. pi 火

piri(卑離)　　Mahan, 山(楚山塗卑離, 監奚卑離)

→ *pur(i)

p'yə　　M.K. 骨

A. pon.　O.J. pone 骨

pyər (別)　　Ko. 重

O.J. pe 重

podɛŋi　　Cheju. 女陰

Kor. poci 女陰.　O.J. potə 女陰.　A. pok 女陰.　M.P. pātu 女陰

poksɛ (伏斯)　　Ko. 深

O.J. pukasi 深

popo　　Cheju. 頰

M.K. spam, spyam 頰.　O.J. popo 頰.　M.P. pipi 頰.　Ind. pipi 頰

psi　　M.K. 種

A. pi 種.　Ma. use 種

puk'ɯ‐　　Cheju. 吹

M.K. pɯr‐ 吹, O.J. puku 吹, pue, 笛, Mo. üliye‐<huli'e 吹,

Ma. fulgiye 吹, A. as 吹(바람이), eparu 吹(입으로)

pur (夫里・火) Skt. pur 성채・요새

→ pur(i)

pɯr　　M.K. 火

O.J. pi 火, aburu 燒.　A. huci, abe 火

*pur(i)   Tam. 山 meppuri 山

                 A. nuppuri 山.　O.J. puru (kusipuru 樓觸峰), pumətə 山麓

purk –   M.K. 赤

                 O.J. aka 赤.　Mo. olaaŋ 赨　Ma. fulgiyan 赤

puru (夫婁)   O.K. 族名, 國名

                 Sin. pur 村.　P. puri 村.　O.J. pure 村, pi(nokuni) 國名.

                 → pur(夫里・火)

                 → pur(i)

pʻurɯ –   M.K. 靑

                 A. hu 綠

re   A. 3

                 Sin. re(禮馬) 3村.　Tam. re (蓮洞=卵多里), kunrak(山名)=大三(所場)

sabun   Cheju. 비누

                 Ind. sabun 비누 cf. 폴투갈어 sabāo

*sɛipɛr   O.K. 東夫餘, 徐伐: 東土・東原(신라)

                 Jap. sapporo 札幌.　O.J. ezo (蝦夷, sɛipɛr의 枕詞式표기)

sɛ(i)ra   O.K. 斯盧, 新羅

                 Cheju. sara 西사라(地名), 紗羅(峰), 사라마을

sɛirapur   Sin. 徐羅伐

                 O.J. 梣衾(takuhusuma, 枕詞式 표기), 梣角 (takudzuno, 枕詞式 표기)

                 Cheju. *sarapur 紗羅峰

san. sanke   A. 내려오다

                 Tam. *san 下, *sanci 川(下流川) *san (kumpuri) 산굼부리.　O.J.
                 saga 下

*sanpakur   Tam. 山房山

                 A. san. 내린다, 내림, 언덕, pa 머리, pake 머리

sapikɯn (沙非斤) Ko. 赤

                 O.J. sabi 錆

sapo' (沙伏)　　Ko. 赤

　　　　　　　　P. sopi 赤. O.J. səpo 楮

　　　　　　　　→ sapikɯn

sara　　　　　Tam. 紗羅(峯), 西사라

　　　　　　　　A. sari　葦原, 濕原, 沼地.

　　　　　　　　→ sɐ(i)ra

sin (辰・臣)　　Cin. A. 世界, 陸地, 地

　　　　　　　　O.J. sino 日本先住民名.

　　　　　　　　→ cucigumo

sine　　A. 1

sino (小竹=志拏)　O.J. 일본 先住民名.

　　　　　　　　　　→ sin.

　　　　　　　　　　→ cucigumo

sisaŋ　　　　　Tam. 世上

　　　　　　　　Chin. shishāng 世上

sopi (所比)　　P. 赤

　　　　　　　　→ sapo'

　　　　　　　　→ sapikɯn

suminoe(no 大神)　O.J. 墨江(大神), 住吉(大神), kamnapɐr(神水의 山)의 枕詞式
　　　　　　　　　　표기

　　　　　　　　Tam. *kannapur 한라산

sur (述)　　　P. 峯

　　　　　　　　Ko. suri (述爾) 峯

suri (述爾, 首泥)　Ko. 峰

　　　　　　　　M.K. sunɯrk 嶺

　　　　　　　　→ sur

*syɐk/*syɐŋ (觴) Cin. 酒

　　　　　　　　A. sake 酒.　O.J. sake 酒

syə (西)　　　　P. 舌

　　　　　　　　M.K. hjə 舌.　Mo. xel 舌

syəm (涉(羅))　Tam. 島

　　　　　　　　M.K. syəm 島.　O.J. sima 島

syən (洗)　　　Sin. 靴

　　　　　　　　M.K. sin 履

syəna (西那)　Tam. 京

　　　　　　　　Sin. syəna(pər) 京

sju (休)　　　Ko. 金

　　　　　　　　M.K. soi 鐵.　Ma. sele 鐵/aisin 金

syu (首)　　　Ko. 牛

　　　　　　　　M.K. syo 牛

syuro (首露, 徐羅) Mon. jeröl, jran 高

ta (徒)　　　　Cin. 相

　　　　　　　　A. ta 이들, tura 伴

*ta　　　　　　O.K. 手

　　　　　　　　O.J. te 手.　A. tek

t'a, stah　　　M.K. 地

　　　　　　　　Lu. tō 平地.　O.J. tuti 地(土地 ?).　A. toy 地

*tag<*tagɯ　　Tur. 山

　　　　　　　　Ko. tar (達) 山.　O.J. take 岳

*tak'ɐrna　　　Tam. 高乙那

　　　　　　　　O.J. takeru 英雄・族長

t(y)ɐk(na)　　Tam. (毛(羅)) 島國

　　　　　　　　Kor. (k'ɯn) tark (島) 거제도.　Jap. taku(度), take(竹) 島名.　Mon. tka 島

takra/təka　　Tam. 毛羅/州胡

　　　　　　　　O.J. takara (no kuni)　寶國 / təkəyo(no kuni) 常世國

tamro (<tamra) (擔魯) P. 邑

ten (旦)　　　Ko. 谷

　　　　　　O.J. tani 谷

t(y)ɐn(na)　　Tam. 屯(羅), t(y)ɐk(na)의 子音접변형

　　　　　　Man. tun 내·강에 있는 마른 땅

tankun (檀君)　O.K. 고조선 시조

　　　　　　A. tam 刀, tama 珠, ton 반짝이다 (鏡 ?).　Mo. tengeri 天

tap (沓)　　　Sin. 立

　　　　　　O.J. tat - 立

tar (達)　　　Ko. 山

　　　　　　O.J. take 岳

　　　　　　→ *tag

tar((絶)岳)　　Tam. 岳 kuttari (終達=地尾山)

　　　　　　→ tar (達)

tə'(德)　　　Ko. 10

　　　　　　O.J. təwo 10

t̂əka (州胡)　　Tam. 島名

　　　　　　Kor. tokki(兎), tok(獨), tyuk(竹) 島名.　Jap. təkai(對海), taku(度),

　　　　　　　　toku(德), tika(値嘉), take(竹) 島名.　Mon. tka 島

təmitar (頭無岳)　Tam. 圓山, 島山

　　　　　　M.K. syəm 島.

　　　　　　→ t(y)ɐm

　　　　　　→ tɯm

　　　　　　→ tyəmitare

tɛ (大)　　　P. 木

　　　　　　M.K. tɛ 竹

*t(y)ɐm(耽(羅))/tɯm　Tam. 島, 圓

　　　　　　O.K. t(y)ɐmna/tɯmna(冬音奈) 강화도, tumɐrɛ(徒山) 진도.

O.J. tama (玉) 島名

tka   Mon. 島

                  Tam. təka(州胡), tak(毛), tokki(兎), tikui(地歸), tyakui(遮歸), 島名

                  → îəka

                  → t(y)ɐk(na)

to (吐)   Ko. 堤

                  Kara. to 堤

to (梁)   Kara. 門

                  Cheju. to 門.   O.J. to 門

to   A. 물웅덩이

                  Cheju. to (別刀), (nɛ)to

to   Cheju. 門

                  → to (梁)

tor (梁)   Sin. 水堰

tor'o'/tor'a' (珍惡) P. 石

                  M.K. torh石, dial. tok,   Mo. čilaɣun <*tïlaɣun <*tala−,

                  Yak. tās, Tur. tāš,   Gol. žollo

t'ømi (爲美)   Tam. 地名

                  Mon. tømi, tum 集團·群·圈·共

tu   A. 2

                  Sin. tor (突山) 第2村,   Tam. *tu 2,   M.K. tu, tur, turh 2

tɯm (耽·多音·頭無) Tam. 圓

                  Ko. tumpi (冬非) 圓.   Jap. tumuri 頭.

                  → t(y)ɐm

t(y)un   Tam. 屯(羅)(毛羅의 子音접변형)

                  → t(y)ɐn(na)

tɯŋ   M.K. 背

                  Ind. tua 背,   O.J. se 背

turh   M.K. 2

       → tu

tyəmitare (忱彌多禮) O.J. 제주도

        → təmitar

tyumuŋ (朱蒙) O.K. 人名(고주몽)

       Mo. sumuun (速門) 矢

uce (于次・兮次) Ko. 5

       O.J. itutu 5

uɾ (乙)   Sin. 井

      → *ar

      → ər

wen   A. 水多

    Tam. *wən 원물(院水岳=감낭오름), 원(원오름=꾀꼬리오름), 院
       洞(kamɛmur), 元堂岳 龜池,(kamamur), 院水岳(kamnaŋoruɯm)

wən   Tam. 水, 泉

    → wen

yərun (閼雲(里)) Tam. 地名(三神女來泊)

    A. yaruy 漕/yorun・yorunki 乞

yospe   A. 川流의 屈曲

    Tam. *yəi<yəsi (狐) 狐村(禮村). M.K. yəzɯ, yəzi 狐

부 록

백산 金公七 博士 年譜

1. 약력

■ 학력

1949.3.25.	표선국민학교 졸업
1951.7. 5.	제주중학교 졸업
1952.3.18.	문교부(교육부) 시행 국민학교교사자격검정고시 합격
1955.3.25.	제주상업고등학교 졸업
1959.3. 3.	공주사범대학 국문과 졸업
1972.6.15.	일본 東北大學 대학원 언어학과 수학
1981.2.27.	한국외국어대학 대학원 일본어과 수료(문학석사)
1983.9.30.	일본 東京大學 대학원 일어일문과정 수학
1994.8.19.	중앙대학교 대학원 일어일문학과 수료(문학박사)

■ 경력

1952. 5.31.	토평국민학교 교사
1959. 4.15.	표선상업고등학교 교사
1959. 8.25.	육군 복무
1960.10.31.	표선상업고등학교 교사
1965. 3. 1.	제주제일고등학교 교사
1969. 9. 1.	문교부(교육부) 시행 일본파견교사선발시험 합격, 일본 파견 근무

1975. 2. 1. 제주제일고등학교 교사

1977. 3. 5. 제주대학 시간강사

1978. 5. 2. 제주대학 전임강사

1982. 4. 1. 제주대학교 인문대학 조교수

1986.10. 1.   〃   〃   부교수

1990. 9. 1. 중앙대학교 대학원 일어일문과 강사

1991. 9. 1. 중앙대학교 문과대학 일어일문과 교류교수

1992. 4. 1. 제주대학교 인문대학 교수

1993. 9. 1. 중앙대학교 대학원 동국대학교 대학원 일어일문과 강사

1997. 9. 1. 일본 북해도대학 문학부 외국인 연구자

2000. 2.29. 제주대학교 인문대학 교수 정년퇴임

■ 상훈

1999.12.17. 제주도 문화상(학술부문) 수상

2000. 2.29. 황조근정훈장(대통령)

2. 연구 실적

■ 연구발표

1963.11. 2. 제주방언의 음운조직과 어사구성, 제6회 국어국문학회 발표
대회 (서울대)

1964.11. 1. 제주방언의 계통문제, 제7회 국어국문학회 발표대회 (부산
대)

1978.10. 아이누어 명사의 형태에 대하여, 한국일어일문학회 발표회
(국제대)

1980. 6. 7. 향가의 명사 표기에 대하여, 제23회 국어국문학회 발표대회
(한국정신문화연구원)

1982. 8.30. 기원전후의 한국어와 일본어, 제13회 국제언어학자회의 (일

본 동경)

1988. 6.24.   한일공통어휘의 재구, 한국일본학회 학술발표회 (계명대)

1988.10.16.   한일공통어휘의 발견과 설명, 일본국어학회 연구발표회 (일
　　　　　　　본 히로사귀대)

1990. 8. 4.   탐라어와 고대일본어와의 관계, 제3차 조선학 국제학술토론
　　　　　　　회 (일본 오사카)

1991. 6. 2.   왜인조의 국명에 대하여, 제19회 일본어 어원연구회 발표회
　　　　　　　(일본 교토)

1991. 9.26.   한일 공통어휘의 새로운 탐색, 중앙대 일본연구소 학술발표
　　　　　　　회 (중앙대)

1992. 8.21.   원시 한일 공통어휘의 재구, 제4차 조선학 국제학술토론회
　　　　　　　(중국 북경)

1994.12.11.   만뇨슈 마쿠라코토바의 신해석, 제26회 일본어어원연구회
　　　　　　　(일본 교토)

1995.12.10.   萬葉集 45番歌의 新釋, 제28회 일본어어원연구회 (일본 요네
　　　　　　　하라)

1996. 6.26.   萬葉集 45番歌에 대한 새로운 해석, 한국일어일문학회 하계
　　　　　　　학술발표회 (한남대)

1996.12. 6.   소위 일본의 古傳의 枕詞의 해독에 관하여, 한국일어일문학
　　　　　　　회 동계학술발표회 (한국외대)

1997. 8. 8.   日本의 萬葉集 第1卷에 투영된 韓國語의 復元, 제5차 조선학
　　　　　　　국제학술토론회 (일본 오사카)

1998. 2. 7.   萬葉集 第1, 2番歌의 枕詞와 歌詞의 新釋, 한국일본학회 동
　　　　　　　계학술발표회 (육군사관학교)

1999. 8.21.   소위 일본의 神功왕후 新羅征討설화 속의 몇 개의 어휘에
　　　　　　　대하여, 한국일본학회학술대회 (한양대)

1999.12.11.   미해독 枕詞에 대한 試讀 한국일어일문학회 동계학술발표
　　　　　　　회 (덕성여대)

■논문

제주 방언의 어휘론적 연구 – 음운조직과 어사구성 –, 국어국문학 28(국
　　　어국문학회), 1965.5.

방언의 의의 – 제주 방언관에 언급하며 –, 어문학 14(한국어문학회),
　　　1966.4.

탐라어 연구 – 서설 및 자료 –, 국어국문학 34·35(국어국문학회), 1967.1.

방언의 연구 – 이론의 체계와 방법의 설정 –, 한글 143(한글학회), 1969.5.

아이누어 명사의 인칭형에 대하여, 제대학보 제19집, 1979.2.

아이누어의 명사의 형태에 대하여 – 한일어와의 비교연구에 관련하여 –,
　　　일어일문학연구 1(한국일어일문학회), 1979.12.

원시 한·일어의 연구 – 공통기어 설정을 위한 –, 한글 168(한글학회),
　　　1980.6.

아이누어의 수사에 대하여 – 한일어와의 비교와 관련하여 –, 연암 현평
　　　효 박사 회갑기념 논총, 1980.9.

위지동의전 왜인조에 보이는 국명에 대한 일고찰(일문), 석사학위 논문
　　　(한국외국어대학 대학원), 1981.2.

원시 한일 두 언어의 모음체계에 대하여 –, 국어국문학 87(국어국문학
　　　회), 1982.5.

향가의 명사표기에 대하여 – 일본어 만엽집의 그것과 대비하여 – (요지),
　　　국어국문학 84(국어국문학회), 1982.6.

아이누어의 대명사에 대하여 – 한일어와의 대조를 곁들여 –, 북천 심여
　　　택 선생 회갑기념 논총, 1982. 12.

The Korean and Japanese Languages About 20 Centuries Ago (요지),
　　　Proceedings of the XⅢth International Congress of Linguistics. Tokyo
　　　1983.

고대 일본어의 주격, 관형격의 형태에 대하여 – 한국어와의 비교를 곁
　　　들여 –, 제주대학교 논문집(인문편) 20, 1985.6.

한국어와 일본어와의 동계론(일문), 세계의 언어학자에 의한 논집 일본

어의 기원, 무사시노서원, 1986.7.

아이누어의 액센트에 대하여 – 한국어와의 그것과 관련하여 -, 임헌도 박사 송수정년기념 한국언어문학 논총, 1986.8.

한일어의 공통어휘 연구 –공통어휘의 대조-, 제주대학교 논문집(인문·사회과학편) 20, 1988.12.

한일어의 공통어휘 연구 –공통어휘의 발견과 설명 -, 한글 203호 한글학회, 1989.3.

한일어의 공통어휘 연구 –공통어휘의 탐색-, 제주대학교 논문집(인문·사회과학편) 28, 1989.6.

고대일본어의 부사격 조사에 대하여 – 한국어와의 비교를 곁들여 -, 제주대학교 논문집 29, 1989.12.

아이누어의 동사에 대하여 – 한일어와의 대조를 곁들여 -, 심전 김홍식 교수 화갑기념논총, 1990.

A Treatment of Korean – Japanese Correspondences 제주대학교 논문집 30, 1990.6.

탐라어 연구 –고대 일본어와의 비교-, 제1부 탐라어와 왜인어, 일본학보 25, 1990.11.

왜인어의 국명에 대하여(일문요지), 어원연구 19(일본어원연구회), 1991.6.

왜인어 연구, 일본학보 27, 1991.11.

한일공통어휘의 새로운 탐색, 일본연구 7(중앙대 일본연구소), 1992.2.

고대일본어의 목적격과 처격의 형태에 대하여 – 한국어와의 비교를 곁들여 -, 일본학보 28, 1992.5.

원시한일공통어휘연구 –문헌어의 분석 -, 일본학보 30, 1993.5.

원시한일공통어휘연구 –기조어휘분식을 통한 기어 -, 고암 황성규 박사 화갑기념논문집, 1993.6.

원시한일공통어의 연구, 박사학위 논문(중앙대학교 대학원), 1994.6.

만뇨슈 마쿠라고토바의 신해석(일문요지), 어원연구 26, 1994.12.

만뇨슈 마쿠라고토바 해독을 위한 한국어적 접근, 일본학보 34, 1995.5.

萬葉集45番歌에의 대한 새로운 해석, 일어일문학연구 29, 1996.12.

아이누어의 모음에 대해서 －한일어와 관련하여－, 웅진어문학 4, 1996.10.

일본의 소위 古傳의 枕詞 해독의 연구, 일어일문학연구 30, 1997.6.

韓日語와 알타이語와의 자음대응, 勝山 鄭致薰교수 定年記念論文集, 1997.8.

일본의 萬葉集 第1卷에 投影된 韓國語의 復元, 제5차 조선학 국제학술토론회 Vol.4 인문 기타, 1998.8.

萬葉集 第1, 2番歌의 枕詞와 歌詞의 新釋, 일본학보 40, 1998.5.

아이누어의 자음과 음절구조 －한일어의 비교와 관련하여－, 인문학연구 4, 1998.12.

■ 저서

『방언학』, 정향출판사, 1977.6.1. (학문사 1981. 중판, 신아사 1988. 3판).

『일본어학개론』, 평화출판사, 1978.8.10.

『일본어문법론』, 탑출판사, 1980.10.10.

『일본어고전문법』, 탑출판사, 1981.10.30. (동양문고 1992. 중판)

『일본어음운론』, 학문사, 1983.10.20.

『고대일본어 문법의 연구(1)』, 학문사, 1986.9.10.

『일본어어휘론』, 학문사, 1987.1.10

『언어 연구의 기초이론』, 한신문화사, 1989.10.30.

『일어학개론』, 시사일본어사, 1994.3.5.

『일어통사론』, 글출판사, 1994.1.25.

『원시 한일 공통어의 연구』, 한국문화사, 1995.7.15.

『일어생성음운론』, 한국문화사, 1996.5.23.

『萬葉集と古代韓國語』, 筑摩書房, 1998.8.20.

『고대 일본어－문법의 기술과 비교－』, 한국문화사, 1998.12.10.

『탐라어 연구－제주 방언의 원류－』, 한국문화사, 1999.9.20.

『아이누어 연구 - 韓·日語와의 비교의 관점에서 - 』, 한국문화사, 2000.2.21.

3. 인적 사항

- 부(故) 金行淑, 모(故) 康辰産의 7남
- 金公七(1934년 10월 17일생), 부인 吳博子(1941년 2월 6일생)

  본 적 : 제주도 남제주군 성산읍 신천리 317번지

  현주소 : 제주시 이도이동 1172번지 12
- 자 金尙賢(서울대학교 인문대학, 공과대학 졸업, 현재 연수 중)
- 여 金尙美(이화여자대학교 대학원 졸업, 독일 체재), 사위 金承晩(육군 사관학교 졸업, 독일 체재), 외손 金기드온·金찬송·金모세(독일 체재)

耽羅語 研究

- 濟州方言의 源流 -

1999년	9월	10일	1쇄		
2000년	3월	10일	2쇄		
2000년	3월	20일	발행		

저　자	金公七
발행인	김진수
발행처	**한국문화사**
	133-112
	서울특별시 성동구 성수1가 2동 13-156
전　화	02) 464-7708, 3409-4488
팩　스	02) 499-0846
homepage	www.hankookmunhwasa.co.kr
등록번호	제2-1276호

값**15,000**원

ISBN 89-7735-659-8 93710